Pompeji. Das Leben in einer antiken Stadt

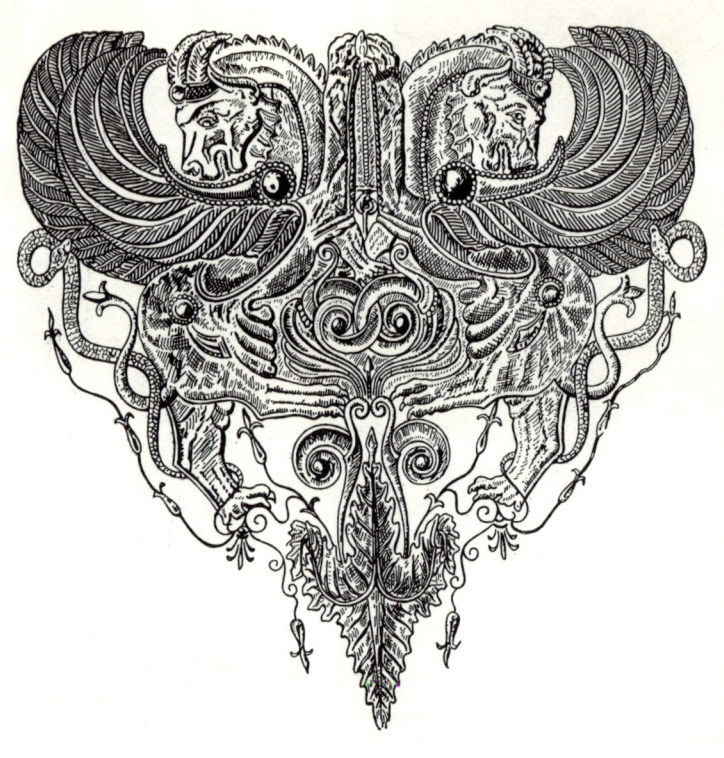

Abb. 1. Ornament der Bronze-Situla aus dem Haus des Menander

Robert Étienne

Pompeji

Das Leben in einer antiken Stadt

Mit 45 Zeichnungen, 25 Fotos
und einem Gesamtplan

Aus dem Französischen übersetzt
von Irmgard Rauthe-Welsch

Philipp Reclam jun. Stuttgart

*Meinem Sohn Roland gewidmet in Erinnerung an unseren gemein-
samen Aufenthalt in Pompeji im August 1962.*

Originaltitel: *La Vie quotidienne à Pompéi*

2. Auflage

Vorwort zur deutschen Ausgabe

Ich weiß die Ehre wohl zu schätzen, die mir als französischem Historiker und Archäologen dadurch zuteil wird, daß mein Buch, sowohl für Studenten als auch für das breite Publikum bestimmt, nun in deutscher Übersetzung erscheint. Dafür bin ich dem Verlag zu großem Dank verpflichtet, zumal er sich bereit erklärt hat, die Übersetzung zu illustrieren.

Ich ergreife gerne die Gelegenheit, mich hier vor der wissenschaftlichen Leistung all jener in Deutschland zu verbeugen, die es sich zur Aufgabe gemacht haben, uns die Vergangenheit der kampanischen Stadt nahezubringen, in erster Linie vor ihrem bedeutendsten Vertreter A. Mau. Mit seinem Namen verbindet sich die erste chronologische Einteilung der pompejanischen Malerei. Die Synthese seiner Forschungen hat er in einem Buch festgehalten, das in der Übersetzung von F. N. Kelsey zum klassischen Standardwerk wurde. Nicht zu vergessen sind außerdem die Arbeiten von C. Zangemeister und Th. Mommsen über die Quittungen des Bankiers Caecilius Iucundus. Die Reihe bekannter Namen reicht von M. Nissen, über A. von Gerkan und K. Lehmann-Hartleben bis zu H. Eschebach. Die Verdienste der einzelnen gerecht zu würdigen und gegeneinander abzuwägen, wäre ein schwieriges Unterfangen.

Es ist noch nicht lange her, daß uns das Deutsche Archäologische Institut zu einem Kolloquium über Pompeji nach Essen eingeladen hat, wo die Resultate fruchtbarer Ausgrabungsarbeiten deutscher Wissenschaftler zur Diskussion gestellt wurden. Mit Befriedigung konnten wir außerdem feststellen, welchen Anklang die Pompeji-Ausstellung in der Villa Hügel bei der jungen Generation fand.

Wenn das vorliegende Buch ein Führer sein kann auf der Pilgerreise zu den Quellen antiken Lebens, wenn es ihm gelingt, das farbige Bild einer Gesellschaft und Kultur in Kampanien zu vermitteln, dann hat es seinen Zweck nicht verfehlt.

R. E.

Erstes Buch
Zerstörungen und Wiederaufbau

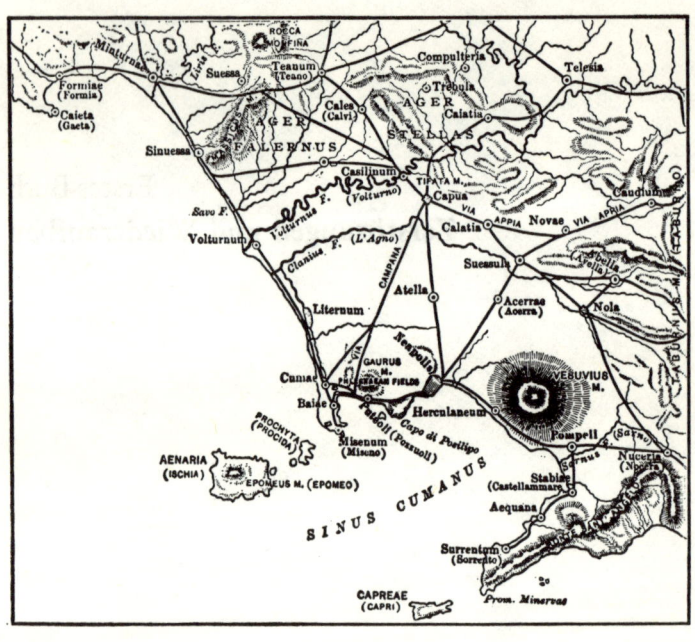

Abb. 2. Karte von Kampanien

Erstes Kapitel
Die Zerstörungen

Das Erdbeben vom 5. Februar 62

Am Himmel von China erschien am 9. August 60[1] im nördlichen Teil des Sternbildes Perseus ein Komet. Während 135 Tagen bis zum 22. Dezember verfolgten ihn die chinesischen Astronomen auf seinem Weg hin zum südlichen Teil des Sternbildes Jungfrau. Die Erscheinung, die auch im römischen Okzident unter dem Konsulat des C. Velleius Paterculus und des M. Manilius Vopiscus beobachtet wurde, kündigte ein Jahr voller Regengüsse, Unwetter und stürmischer Winde an. Gleichsam als Bestätigung der düsteren Weissagungen wurden Achaia und Mazedonien in der ersten Hälfte des Jahres 61 von Erdbeben heimgesucht. Kaum hatte man den Schrecken dieser Katastrophen überwunden, als ein Jahr später am 5. Februar 62[2] unter dem Konsulat des P. Marius und L. Asinius Pompeji seinerseits von Erdstößen erschüttert und völlig zerstört wurde.

Es handelte sich um eine bedeutende Stadt Kampaniens, die am Schnittpunkt der Küsten von Sorrent und Stabiae[3] einerseits und von Herculaneum andererseits lag, Küsten die mit ihrem zweifachen Bogen einen schönen Golf bilden und Pompeji vom offenen Meer abschließen (Abb. 2). Die dem Vesuv benachbarte Gegend war immer wieder einmal in Unruhe versetzt worden, aber sie hatte nie Schaden erlitten, sondern war jedesmal mit dem Schrecken davongekommen. Diesmal war das Ausmaß der Zerstörungen beträchtlich; auch die benachbarten Städte waren nicht verschont geblieben. Folgende Nachrichten gelangten nach Rom: ein Teil der Stadt Herculaneum sei völlig zerstört, und was verschont geblieben sei, gebe zu Befürchtungen Anlaß. Die Kolonie Nuceria (Nocera) 13 km östlich von Pompeji sei zwar nicht schwer betroffen, habe aber doch Anlaß zur Klage. Die schreckliche Plage habe Neapel nur leicht in Mitleidenschaft gezogen; dort hätten Privatleute, aber nicht die Stadt Verluste erlitten. Villen seien eingestürzt; ringsumher hätten auch andere Gebiete die Erdstöße verspürt, aber keinen Schaden genommen. Zu diesen Verwüstungen kamen andere Auswirkungen hinzu: eine Herde von 600 Schafen ging zugrunde; Statuen spalteten sich in der Mitte; Leute verloren den Verstand und irrten wie von Sinnen umher. Nach dem Ausmaß der Verwüstungen zu schließen war Pompeji das Epizentrum des Erdbebens.

Seneca versuchte seiner Erregung Herr zu werden und schrieb das 6. Buch seiner »Quaestiones naturales«, das sich mit dem Erdbeben auseinandersetzt. Er wollte seine verstörten Zeitgenossen wieder aufrichten und sie von ihrem Entsetzen befreien, denn Pompeji bot lange Zeit nur ein Bild der Zerstörung und der Verzweiflung: dem Erdboden gleichgemachte Tempel, zerstörte Häuser, zusammengestürzte Mauern. Kein öffentliches Gebäude, kein religiöses Bauwerk, kein Privathaus war verschont geblieben. Den dramatischsten Augenblick, in dem alles zusammenfällt, hat ein Bildhauer etwas linkisch auf zwei Marmorreliefs dargestellt, die das Privatheiligtum des Bankiers L. Caecilius Iucundus schmücken: auf dem großen öffentlichen Platz, dem Forum, birst ein Triumphbogen und fällt nach Westen; der Tempel des kapitolinischen Jupiter, seine Säulen, Treppen und die Türe der *cella* werden hinweggerissen von der zerstörerischen Erdbewegung, die auch zwei Reiterstatuen berühmter Pompejaner vernichtet. Im Nordosten der Stadt wird die Porta Vesuvio aus der samnitischen Mauer gerissen. Nur der aus Backstein errichtete Wasserturm, der erst in jüngerer Zeit aufgeführt worden ist, hält stand und erspart der bereits so hart getroffenen Stadt die Schrecken einer Überschwemmung. Die Zerstörung der Wasserleitungen in der Stadt erschwerte ohnehin die Rettungsarbeiten; es waren nämlich zahlreiche Brände entstanden, weil in dem Wintermonat die Glut vieler umgefallener Kohlenbecken das Feuer verbreiten half.

Trotz der vielen Toten, trotz der Schrecken des Augenblicks und der Befürchtungen für die Zukunft richteten die Pompejaner ihr Leben nicht so ein, daß man sagen könnte, es sei von der Angst vor dem kommenden Tag geprägt gewesen; sie arbeiteten vielmehr am Wiederaufbau ihrer Stadt.[4]

Die Stadt wird wiederaufgebaut (62–79)

Die erste Handlung der trauernden Stadt ist eine religiöse. Man muß den Zorn der Götter, der sich in dem Erdbeben geoffenbart hat, besänftigen und Sühnopfer darbringen. Aber an wen soll man sie richten? Das Kapitol ist zerstört – der Tempel des Zeus Meilichios muß die tönernen Nachbildungen der Statuen Jupiters, Junos und Minervas aufnehmen – der Apollon-Tempel liegt darnieder; die Laren nehmen die verängstigte Stadt also unter ihren Schutz. Man beschließt, auf dem Gelände einer Straße und einiger Privathäuser zwischen dem Markt und dem Vespasian-Tempel ihnen zu Ehren ein weiträumiges Atrium ohne Dach zu errichten; es erhielt eine Hauptapsis und zwei große Seitennischen. Dieser Sühnebau, der aus den Anfängen der flavischen Zeit stammt, entstand gleichzeitig mit dem im Jahre 79 zweifellos noch unvollendeten Vespasian-Tempel; sein Bau und der des Laren-Heiligtums müssen notwendigerweise zur selben Zeit unternommen worden sein. Denn seit Kaiser Augustus unterscheiden sich die öffentlichen Laren nicht mehr von den Laren des Kaiserhauses. Der Staat hatte sich mit dem Augustus, d. h. mit dem regierenden Kaiser, identifiziert. Auch die Straßenkreuzungen erhalten Kompital-Altäre, die mit viel Geschmack ausgestaltet werden. Die Privatleute lassen sich die Sorge um ihr Lararium angelegen sein, denn es ist das Symbol der Kontinuität sowohl des häuslichen wie auch des öffentlichen Lebens. L. Caecilius Iucundus (V, 1,26)[5] schmückt sein Lararium mit den berühmten Basreliefs, die gewisse Augenblicke der Katastrophe darstellen und gleichzeitig die Versöhnungsopfer verherrlichen. M. Obellius Firmus (IX, 10,1–4) beweist seine *pietas* durch sein Lararium, das bereits sorgfältig mit Stuck verziert ist, während sich der Wandschmuck erst in der Phase der Vorbereitung befindet. In der Casa del Criptoportico (I, 6,2) läßt der Hausherr ein großes, ausgemaltes Lararium errichten, wo eine Merkurbüste in der Art einer Votiv-Terrakotta aufgestellt wird.

Die öffentliche und private Frömmigkeit nahm so die Geldmittel der Kolonie und der Privatleute in Anspruch. Wie konnte die Stadt den Schlag verwinden, der sie getroffen hatte? Sie konnte nur auf

sich selbst zählen. Weder der Staat noch der Kaiser kamen ihr zu
Hilfe; auch der in Pompeji so populäre Nero ahmte nicht Tiberius
nach, der durch seine freigebigen Spenden den zwölf Städten in
Kleinasien geholfen hatte, die durch die Erdbeben der Jahre 17 und
23 zerstört worden waren.[6] In der Tat hatte Nero nach dem Brand
von Rom im Jahre 64 so viel damit zu tun, aus der Hauptstadt eine
»neue Stadt«[7] zu machen, daß er sich nicht noch um Kampanien
kümmern konnte. Die dramatischen Ereignisse von 68/69 – dem
Jahr, in dem sich vier Kaiser um den Thron stritten – zögerten kaiserliche Hilfe für die kampanische Stadt bis zur Zeit Vespasians hinaus. In Herculaneum wurde dann durch die Freigebigkeit Vespasians der Tempel der Mater Deum wiederhergestellt.[8] Pompeji
wurde weniger gut bedacht; aber es verdankte der Großzügigkeit
eines seiner Söhne, des N. Popidius Celsinus, den Wiederaufbau
eines Heiligtums, das einer ausländischen Gottheit geweiht war,
des Isis-Tempels[9]. Wurden die Finanzen der Stadt durch bedeutende
Anleihen bei pompejanischen Bankiers aufgebessert? Wir wissen es
nicht. Jedenfalls endet die Buchführung des Bankiers L. Caecilius
Iucundus, der in normalen Zeiten in der Kolonie die Rolle eines
Steuerpächters gespielt hatte, eben im Januar 62. Das Erdbeben
hatte seiner Tätigkeit auf diesem Gebiet ein Ende gesetzt. Er be-
gnügte sich, den Göttern für die Rettung seines Lebens zu danken
und sein eigenes Haus wiederaufzubauen.

Außergewöhnliche Verwaltungsmaßnahmen

Um die Folgen des Unglücks, das die Allgemeinheit getroffen hatte,
zu überwinden, griff Pompeji zu außergewöhnlichen Mitteln. Das
normale Zusammenspiel der städtischen Institutionen konnte nicht
alle Probleme, die sich aus der Naturkatastrophe ergaben, lösen, es
konnte vor allen Dingen nicht die Rechtsstreitigkeiten regeln. Um
außerdem das Fehlen der normalerweise bestehenden Duumvirn-
und Aedilkollegien auszugleichen, wurde ein besonderer Beamter
– ein *praefectus lege Petronia* (ein Praefekt, der gemäß dem Gesetz
des Petronius gewählt wurde) – vom Senat mit besonderen Voll-
machten in der städtischen Verwaltung ausgestattet.[10]

Diese Maßnahme erwies sich im Hinblick auf die Ausmaße der Katastrophe als unzureichend. Die öffentlichen Archive der Stadt (*tabularium*) waren beschädigt, wenn nicht gar teilweise zerstört worden.[11] Unter den Todesopfern der Katastrophe waren auch Gutsbesitzer und Treuhänder; diese Tatsache mußte die unrechtmäßige Aneignung von öffentlichem Grund und Boden durch Privatleute begünstigen. Als die Angst des ersten Augenblicks verflogen war, sah sich die Kolonie fast ohne Geldmittel und ohne Güter, die sie hätte verwalten oder verpachten können. Außerdem konnte sie kaum auf die Archive zurückgreifen, die zur Lösung der rechtlichen Probleme hätten beitragen können. Die Lage erforderte also ein außergewöhnliches Vorgehen: man brauchte einen Beamten, der seine Machtbefugnisse direkt vom Caesar Vespasianus Augustus herleiten und die Streitigkeiten, die ihm vorgetragen wurden, ohne Berufung entscheiden konnte. Einen solchen Status hatte der Tribun T. Suedius Clemens[12], den Vespasian eilends nach Pompeji sandte mit dem ausdrücklichen Befehl, die öffentlichen Güter der Kolonie zurückzufordern, die sich Privatleute widerrechtlich angeeignet hatten und in ihrem Besitz hielten. Die Entscheidungen des Tribuns erlaubten es, den Kataster der erblichen Güter der Kolonie wiederherzustellen. Grenzsteine, die er auf dem Gelände vor jedem Stadttor aufstellen ließ, erinnerten an seinen Auftrag.

Auf den ersten Blick machte es die Bilanz der Katastrophe deutlich, daß weder die dürftigen öffentlichen Finanzen noch die begrenzten Summen, die seitens der Privatleute zur Verfügung standen, ausreichten, ihre Spuren zu verwischen. Alle Bauunternehmer, alle Zimmerleute, Schmiede, Maler, Stuck- und Mosaikarbeiter mußten aufgeboten werden, um die Ruinenstadt wiederaufzubauen. Aber weder reichte das Potential an Handwerkern, noch stand genügend Baumaterial zur Verfügung, das – wie z. B. der Backstein – widerstandsfähiger oder dem neuen Geschmack angepaßter sein sollte.

Neue Bautechniken

Um schneller und billiger zu bauen, verwendeten die Hausbesitzer natürlich auch das Material, das aus den Ruinen gewonnen werden konnte. Man nützte diese Möglichkeit so gründlich, daß man auf dem öffentlichen Schuttplatz, der zwischen der Porta Ercolano und der Porta Vesuvio eine Höhe von 1,40 bis 1,50 m hatte, nur leichtes Material entdeckte: Ziegeltrümmer und Reste von Pflastersteinen, von Verputz und einfachem Geschirr. Demgegenüber werden neue Techniken der Verzierung sichtbar: neben dem alten *opus caementicium* und dem *opus incertum* – einer Art Bruchsteinmauerwerk mit Kalkmörtel – findet man häufig das *opus reticulatum*, das aussieht wie ein Netzwerk aus Rauten in verschiedenfarbigem, sehr genau behauenem Tuffstein, ein Mauerwerk, das oft zwischen Backsteinpfeilern aufgeführt wurde, und das *opus lateticium*, das ganz aus Backsteinen bestand. Die Farben reichen von Korallenrot über Strohgelb bis zu Havannabraun; die Steine werden mit dünnen Mörtelschichten verbunden. Schließlich gibt es auch noch das *opus mixtum*, in dem Tuff- oder Kalksteinschichten mit Backsteinlagen abwechseln. Die Mauern, die zwar gerissen, aber nicht eingestürzt waren, sind mit Backsteineinlagen repariert; waagerechte Backsteinschichten durchziehen sie, auf denen dann die neuen Backsteinpfeiler aufsitzen. Immer häufiger finden sich Pilaster und Backsteinbögen, die die Gewölbe abstützen wie in den Gängen der Amphitheater; Entlastungsbögen sind bei Backsteinmauern die Regel. Eine weitere bemerkenswerte Technik: an der Großen Palästra sind die umgestürzten Säulen dadurch wieder auf ihren Sockeln befestigt worden, daß man sie mit Blei ausgoß.

Der Wiederaufbau der öffentlichen Gebäude bleibt unvollendet

Angesichts des Mangels an technischen und finanziellen Mitteln darf es trotz der kühnen Schöpfungen der Architekten nicht verwundern, daß kein profanes und kein religiöses Bauwerk des Forums vor 79 vollendet werden konnte. Auf der West- wie auf der Ostseite des Forums findet sich je ein unvollendeter Travertin-Portikus; der Platz in der Mitte war noch ohne Pflaster; den Ehrensäulen fehlten die Verkleidung und die Statuen. Das Kapitol, seit dem Erdbeben ein Trümmerfeld, die Basilika mit ihrer zerstörten Kolonnade, die Kurie, in der niemand aus- und einging, das schmucklose Comitium, die Gebäude auf der Westseite, die alle unvollendet waren, dies alles bot den Pompejanern denselben Anblick, der sich uns noch heute bietet: ein im Wiederaufbau begriffenes architektonisches Ganzes, das man zwischen 62 und 79 nicht hatte vollenden können.

Die anderen Bauten sahen nicht anders aus. Von den beiden ursprünglichen Thermen hatte man nur die auf dem Forum wieder instand setzen können, und zwar nur die Männerabteilung; an den Stabianer Thermen, deren Eingangshalle und *apodyterium* (Auskleideraum) eine neue Stukkatur erhalten hatten, wurde noch gearbeitet; die Zentralen Thermen wurden ganz neu errichtet. Die obersten Ränge des größten der beiden Theater waren völlig zerstört und daher unbenutzbar, und die neue *frons scenae* mit ihrem Nischenwerk im neronisch-flavischen Stil war noch ohne Säulenschmuck. Man hatte indessen bereits die dringendsten Arbeiten am Amphitheater unternommen, damit regelmäßig Spiele stattfinden konnten. Die Begeisterung für die Kämpfe in der Arena hatte dazu geführt, daß die vornehme Wandelhalle, die sich auf vier Seiten des Großen Theaters ausbreitete, in Gladiatorenkasernen umgewandelt wurde. Die Große Palästra hingegen, der Ort der Übungen, Wettkämpfe und Spiele der *iuventus* war noch nicht vollendet; weder war ihre Wasserversorgung wiederhergestellt noch der mit Trümmern übersäte Boden eingeebnet worden.

Schließlich war auch die Wasserversorgung der Stadt noch nicht gesichert. In den ersten Augenblicken der Angst hatte die Stadt wieder auf die antiken Brunnen zurückgreifen müssen, die neben den Regenwasserzisternen das erste Wasserversorgungssystem der samnitischen Stadt gebildet hatten. Das Aquädukt, die Pumpstation eines jeden Viertels und die benachbarten Quellen mußten instand gesetzt werden. Die Wasserbecken und Springbrunnen, die wir in verschiedenen Häusern antreffen – im Haus der Vettier (VI, 15,1), im Haus des Menander (I, 10,4), im Haus des Epheben (I, 7,10–12), im Haus des Trebius Valens (III, 2,1) und des Loreius Tiburtinus (II, 2,2) –, beweisen eindeutig, daß zumindest ein Teil des Wasserleitungssystems repariert war. Im Jahre 79 wurde der Wasserturm gerade gründlich überholt. An vielen Stellen tauschte man noch die alten Leitungen des Aquädukts aus, während eine Hilfsleitung die bewohnten Häuser durch Rohre, die auf den Bürgersteigen der Straßen verliefen, versorgte. Doch die Latrinen des Forums, die Bäder der Thermen und der Großen Palästra waren noch ohne Wasser.

Die Porta Vesuvio haben wir so vorgefunden, wie das Erdbeben des Jahres 62 sie zurückgelassen hatte: das Gewölbe völlig zerstört und die östliche Befestigungsmauer ein gutes Stück weit niedergerissen.

Die Bemühungen um den Wiederaufbau

Trotz der Tatsache, daß vieles unvollendet war, was unangenehme Auswirkungen auf die Normalisierung des Lebens in Pompeji hatte, muß man doch die gewaltigen Anstrengungen der Stadtverwaltung würdigen, der Katastrophe Herr zu werden. Mit Ausnahme des größten Tempels auf dem Forum, an dem man keine Spur von Aufbauarbeiten bemerkt, und der Basilika, bei der sich der Wiederaufbau auf die Umfassungsmauern beschränkte, gibt es kein öffentliches Gebäude, das nicht mehr oder weniger vollständig instand gesetzt, bisweilen sogar ganz renoviert worden wäre; dies gilt sowohl für die Bauwerke an sich als auch für ihre Dekoration. Beispiele sind der Saal der Kurie, das Gebäude der Eumachia, der Vespasian-Tempel und der Markt; an der Dekoration des Apollon-Tempels und der Thermen des Forums arbeitete man noch, ebenso an der Wiedereröffnung des Amphitheaters und am Umbau der vierflügeligen Wandelhalle in eine Gladiatorenkaserne.

Der Wiederaufbau der öffentlichen Gebäude geschah unter Berücksichtigung der städtebaulichen Tradition Pompejis. Im allgemeinen richteten sich die neuen Fassaden nach den alten aus, von leichten Abwandlungen auf Kosten der benachbarten Bauten (Isis-Tempel) und des öffentlichen Grund und Bodens (Stabianer Thermen und Zentrale Thermen) abgesehen. Das alte Straßennetz wurde aufrechterhalten; man beschnitt die Rechte der reichen Familien nicht, die das Privileg eines eigenen Weges genossen, was den Verkehrsfluß doch erheblich behinderte. Kein neuer Platz wurde eingeplant, obwohl man durch solche Maßnahmen den Verkehr in verschiedenen Stadtteilen wesentlich hätte erleichtern können. Nur an einem der zentralsten Punkte der Stadt zog der Städteplaner Nutzen aus dem Trümmerfeld: in der Nähe der Kreuzung des *decumanus maximus* mit dem *cardo maximus* errichtete er die Zentralen Thermen und nahm dafür als öffentlichen Grund und Boden eine ganze *insula* in Beschlag, wo vorher 62 Privathäuser gestanden haben dürften. Die Errichtung eines dritten öffentlichen Bades, die mit der Renovierung der Thermen des Forums und dem Wiederaufbau der Stabianer Thermen einherging, zeigt nicht nur eine Verbesserung der Technik bei der Installation von Badeanlagen (man findet dort ein Warmwasserbad, *laconicum,* und einen geräumigeren Hof für ein größeres Kaltwasserbad) und einen Fortschritt auf dem Gebiet der Architektur (die Fassade mit ihren großen Fenstern kündigt bereits die Bäder-Architektur der Kaiserzeit an), sondern sie entspricht einem gut durchdachten Plan zur Verbesserung des städtischen Lebens, denn in dem Viertel hatte es bislang keine Bäder gegeben. Aber auch dieses Gebäude blieb unvollendet.

Die Schwierigkeiten der Privatleute

Die Schwierigkeiten der Privatleute überstiegen die der Behörden beträchtlich. Daraus erklärt sich, daß nach siebzehn Jahren erst wenige Privathäuser wieder völlig instand gesetzt waren, an den meisten dagegen im Augenblick des Vesuvausbruchs noch gearbeitet wurde. Zur erstgenannten Gruppe zählen wir die reichsten Häuser aus dem Milieu des Geldadels – das Haus der Vettier (VI, 15,1), das Haus des tragischen Dichters (VI, 8,5), das Haus der Holconii (VIII, 4,4), des Epidius Rufus (IX, 1,22) und das Haus des Menander (I, 10,4) –, zur zweiten Gruppe die durch die Katastrophe mehr oder minder zerstörten Häuser des alten Patriziats sowie den größten Teil der Wohnungen der Mittelklasse.

Verschiedene Häuser wurden nie wieder aufgebaut. Man weiß nicht, ob sie von ihren Besitzern freiwillig aufgegeben worden sind – sei es durch Verkauf oder aus Geldmangel – oder ob die Eigentümer unter den Opfern des Erdbebens waren.

So war die Stadt siebzehneinhalb Jahre nach ihrem ersten Unglück immer noch eine gewaltige Baustelle, was die öffentlichen und auch,

was die privaten Bauten anbetraf. Die Mauern waren zwar überall
wieder aufgerichtet, aber häufig noch roh und ohne jede Dekoration.
Auch die Böden waren noch nicht wieder mit Mosaiken geschmückt.
Man hatte ein Heer von Maurern, Tischlern und Zimmerleuten zu
einer perfekt funktionierenden Arbeitstruppe gemacht, aber es war
schwieriger gewesen, eine ausreichende Anzahl von Malern, Mo-
saik- und Stuckarbeitern aufzutreiben, die in der ganzen Stadt mit
den Baumaßnahmen hätten Schritt halten können. Daher ist auch
in vielen reichen Häusern die Dekoration unvollständig, z. B. in
der Casa del Centenario (IX, 8,3), im Haus des Loreius Tiburtinus
(II, 2,2), in der Casa degli Amorini dorati (VI, 16,7), im Haus der
silbernen Hochzeit (V, 2); in vielen anderen sind die Wände entweder ganz ohne Verputz oder mit nur einer Schicht versehen. Schließlich beweisen auch die Kalkhaufen, die man hier und da auf dem
Pflaster – nicht nur in dem sogenannten Haus des Kalks (VIII, 5,28),
sondern auch in der Mysterienvilla – und sogar mitten auf der
Straße gefunden hat, und die mit feinem Stuck gefüllten Halb-
amphoren sowie die Materialien, die zu seiner Herstellung dienten,
daß der Wiederaufbau im Jahre 79 noch in vollem Gange war. Die
Zimmermanns-, Gipser- und Malerwerkzeuge gehörten den Handwerkern, die zum Beispiel in der Casa della Fontana (VI, 8,22) das
tablinum herrichteten; die große Zahl der Farbstoffe beweist ganz
klar, daß es sich nicht um normale Instandhaltung, sondern um
einen Wiederaufbau von Grund auf handelte. Alle Möbel hatten
entfernt und das Silberzeug in einem sicheren Versteck geborgen
werden müssen (Haus des Menander – I, 10,4).
Einige charakteristische Züge der pompejanischen Malerei in den
letzten Jahren ihrer Existenz machen ebenfalls deutlich, daß es an
Malern mangelte. Selbst in den Häusern der Reichen ist die figurale
Malerei selten, die ornamentale überwiegt. Sie ist gekennzeichnet
durch übertriebenen Schematismus, durch mißbräuchliche Wieder-
holung schablonenhafter Themen, durch ein Übergewicht der im-
pressionistischen Landschaftsbilder und schließlich durch den wach-
senden Anteil volkstümlicher Malerei: realistische Szenen in den
Läden, Herbergen und Werkstätten, ausgemalte Lararien und
Altäre an den Straßenkreuzungen: diese reklamehaften und die

religiösen Züge sind besonders charakteristisch für die pompejanische Malerei.

Verglichen mit den öffentlichen Gebäuden und den Herrenhäusern
ging der Wiederaufbau der Läden, Werkstätten und der einfachen
Wohnungen derer, die Handel trieben, ein Gewerbe oder ein Hand-
werk ausübten, rascher vonstatten. Man mußte leben und vor allem
wieder auf die Beine kommen.

Einige Viertel und Straßen und die Knotenpunkte des Verkehrs
und des Handels mit ihren renovierten Häusern und den neuen
Ladenschildern vermitteln uns ein lebendiges Bild vom Aufleben
des städtischen Handels, ein besonders eindrucksvolles Beispiel ist
die Via dell'Abbondanza, so wie die neuen Ausgrabungen sie uns
zeigen mit ihren Läden, Imbißstuben und Handwerksbetrieben, die
vor dem Vulkanausbruch voller Geschäftigkeit waren. In anderen
Vierteln begann das Wirtschaftsleben sich jedoch eben erst wieder
zu entfalten. Von vielen Läden stehen nur die rohen Wände, nirgends eine Spur von einem Ladentisch oder von anderen Einrichtungen, die der Ausübung eines Handwerks oder Gewerbes hätten
dienen können. Vor allem die Tatsache, daß das Gebäude der
Eumachia, der Sitz der reichsten und politisch einflußreichsten Innung, der Walker nämlich, nicht vollendet ist – die Außenmauern
der beiden Langseiten des Kryptoportikus erreichten erst ein Drittel
der ursprünglichen Höhe, und außerdem waren dort provisorisch
Becken aufgestellt worden, in denen der Kalkmörtel angerührt
wurde –, beweist, wie zaghaft sich das wirtschaftliche Leben erholte.
Der große Markt – das Macellum des Forums – war ebenfalls noch
nicht fertiggestellt, und man baute noch am Zwölfeck des zentralen
tholos. Ein außergewöhnliches Faktum: die reichen Bewohner der
Herrenhäuser hatten nicht gezögert, Läden, Herbergen und gewerbliche Räume in Zimmern einzurichten, die vorher vornehmeren
Zwecken gedient hatten. Auch sie mußten rasch zu Geld kommen,
um ihre Häuser wieder aufbauen zu können; und das ästhetische
Gefühl mochte wohl eine Zeitlang darunter leiden, daß die Kessel
einer neuen *fullonica* die Säulen eines eleganten Tuffstein-Portikus
verräucherten.

Auf das Goldene Zeitalter einer geschichtslosen Kolonie folgte das

Eiserne einer Stadt, die sich die Quellen ihres Lebens und ihres Reichtums neu erschloß. In dem Augenblick, in dem sie aus dem Kampf gegen die Naturgewalten als Siegerin hervorzugehen schien, wurde ihr Schicksal für immer besiegelt: einer Stadt voller neuem Lebensmut, die gerade wieder Geschmack an ihrer Existenz gewonnen hatte und auf eine von den Göttern garantierte Zukunft hoffte, bereitete der Vesuv am 24. August 79 den Untergang unter einem Leichentuch von Asche.

Der Vesuvausbruch vom 24. August 79

Wir haben einen Augenzeugen: es handelt sich um Plinius den Jüngeren, der in zwei berühmten Briefen der Nachwelt ein Dokument übermittelt hat, das Filmregisseure locken könnte. Aber welchen Wert hat Plinius' Zeugnis speziell für Pompeji, den Gegenstand, der uns hier beschäftigt, da doch der zukünftige Panegyriker Trajans nur ein einziges Anliegen hatte: seinen Onkel, den Gelehrten Plinius den Älteren, zu verherrlichen, der bei der Katastrophe umgekommen war?

Der Bericht Plinius' des Jüngeren

Hören wir zunächst den zweifachen Bericht des jüngeren Plinius:

»Du wünschst von mir einen Bericht über das Ende meines Onkels, damit Du der Nachwelt möglichst wahr berichten kannst. Ich danke Dir dafür, denn ich weiß, daß seinem Tod ewiger Nachruhm beschieden ist, wenn er von Dir dargestellt wird. Obwohl er bei der Verwüstung der schönsten Gegenden und bei dem denkwürdigen Untergang der Bevölkerung und der Stadt verstorben ist – Umstände, die ihm ohnehin eine Art Unsterblichkeit sichern –, obwohl er selbst zahlreiche Werke, die bleiben werden, geschrieben hat, wird der dauernde Ruhm Deiner Werke seinem Nachleben viel hinzufügen. Ich persönlich halte diejenigen für glückselig, die entweder Werke tun, die niederzuschreiben es lohnt, oder die Lesenswertes schreiben; die Glücklichsten sind meiner Meinung nach aber diejenigen, denen die Götter beides verliehen haben. Zu ihrer Zahl wird mein Onkel gehören, sowohl aufgrund seiner eigenen Werke als auch der Deinen. Um so lieber erfülle ich Deine Bitte, ja ich verlange sogar, daß Du sie an mich richtest.

Er befand sich gerade in Misenum, wo er persönlich das Kommando über die Flotte führte. Am 24. August, ungefähr um ein Uhr mittags, berichtete ihm meine Mutter, es zeige sich eine Wolke von ungewöhnlicher Größe und Gestalt. Er hatte in der Sonne gelegen und anschließend ein kaltes Bad genommen, hatte sich ausgestreckt, etwas gegessen und widmete sich nun seiner Arbeit. Er ließ sich seine Sandalen bringen und stieg auf eine Anhöhe, von wo aus man die wunderbare Erscheinung am besten betrachten konnte. Die Wolke stieg auf – für Zuschauer aus der Ferne war es nicht zu unterscheiden, von welchem Berg; daß es der Vesuv war, erfuhr man erst später –, sie sah ihrer ganzen Gestalt nach nicht anders aus als ein Baum, und zwar wie eine Pinie. Sie hob sich nämlich wie auf einem sehr hohen Stamm empor und teilte sich dann in mehrere Äste. Sie zerfloß wohl deshalb in die Breite, weil sie durch den frischen Luftstoß zunächst zwar in die Höhe getrieben, dann aber, als dieser nachließ, durch ihr eigenes Gewicht wieder herabgedrückt wurde. Zuweilen erschien sie glänzend weiß, dann wieder schmutzig und fleckig, je nachdem sie Erde oder Asche mit sich führte.

Einem so bedeutenden Naturforscher wie meinem Onkel schien das Ereignis wichtig und einer näheren Betrachtung wert. Er ließ ein kleines Fahrzeug segelfertig machen und stellte mir anheim, ihn zu begleiten. Ich erwiderte, ich wolle doch lieber bei meiner Arbeit bleiben; zufällig hatte er mir nämlich etwas zu schreiben übertragen. Er trat eben aus dem Haus, da erhielt er ein Briefchen von Rectina, der Frau des Tascus, die durch die drohende Gefahr höchst beunruhigt war; denn ihr Haus lag am Fuß des Berges, und einen Fluchtweg gab es nur zu Schiff. Sie bat ihn, er möge sie doch aus der bedenklichen Lage befreien. Da änderte er seinen Plan, und was er aus Liebe zur Wissenschaft begonnen hatte, setzte er nun aus Großmut fort. Er ließ einen Vierruderer ausfahren und begab sich selbst an Bord, nicht allein Rectinas wegen, sondern um noch vielen anderen Hilfe zu bringen, denn die Küste war ihrer Schönheit wegen recht dicht besiedelt. Er beeilte sich, dorthin zu gelangen, von wo die anderen flohen; er steuerte geradewegs auf die Gefahr zu, so frei von Furcht, daß er jede Phase der Katastrophe und die ständig wechselnden Bilder, so wie er sie wahrgenommen hatte, diktierte und aufzeichnete.

Schon fiel Asche auf die Schiffe, und je näher sie kamen, um so wärmer wurde sie und fiel dichter, es flogen auch Bimssteine und schwarzes, ausgebranntes und infolge der Hitze zerbröckeltes Gestein herab. Schon entstand eine Untiefe, und der Schutt, der sich vom Berge her angesammelt hatte, machte das Gestade unzugänglich. Mein Onkel zögerte eine Weile, ob er nicht doch umkehren solle; bald sagte er aber dem Steuermann, der ihm dazu riet: ›Das Glück ist mit dem Mutigen! Vorwärts zu Pomponianus!‹ Dieser war in Stabiae, auf der entgegengesetzten Seite der Meeresbucht, wo das Meer allmählich in die sanfte Schwingung und Krümmung der Küste vorstößt. Obgleich hier noch keine unmittelbare Gefahr bestand, spürte man sie doch schon, und wenn sie zunahm, war sie auch hier ganz nah. Pomponianus hatte seine Habseligkeiten bereits auf ein Schiff bringen lassen, fest entschlossen zu fliehen, sobald der widrige Wind sich gelegt hätte. Mein Onkel fuhr mit dem gleichen Wind, der für ihn sehr günstig war, dem Pomponianus entgegen, umarmte den Zitternden, tröstete und beruhigte ihn und ließ sich selbst ins Bad bringen, um die Angst des Freundes durch seine eigene Ruhe zu vertreiben. Nach dem Bade legte er sich zu Tisch, aß heiter oder, was ebenso großartig ist, scheinbar heiter. Indessen leuchteten vom Vesuv her an mehreren Stellen weite Flammenflächen und mächtige Feuersäulen, deren strahlender Glanz im Dunkel der Nacht noch heller wirkte. Um die Leute zu beruhigen, erklärte mein Onkel, dies seien die Bauernhöfe, die die Landleute in ihrer Angst verlassen hätten, und die Villen, die ohne Obhut seien und nun in Flammen stünden, weil niemand das Herdfeuer bewacht habe. Darauf legte er sich zur Ruhe und schlief tatsächlich einen tiefen Schlaf; die Leute, die sich in der Nähe der Tür aufhielten, vernahmen das Schnarchen und das laute Atemholen des beleibten Mannes. Aber der Hofraum, von dem aus der Zugang zum Zimmer führte, lag bereits so hoch voll Asche, daß ein Entkommen nicht mehr möglich gewesen wäre, wenn er sich noch länger darin aufgehalten hätte. Man weckte ihn. Er trat heraus und begab sich zu Pomponianus und den anderen, die noch geblieben waren. Gemeinsam berieten sie, ob sie im Haus bleiben oder im Freien auf- und abgehen sollten. Denn von vielen heftigen Erdstößen wankten die Häuser, gleichsam als seien sie aus dem Boden gerissen, und man hatte den Eindruck, als schwankten sie hin und her. Unter freiem Himmel fürchtete man allerdings das Herabfallen der freilich leichten und ausgebrannten Bimssteine. Beim Vergleich der Gefahren entschied man sich indessen für die zweite Möglichkeit. Mein Onkel folgte dabei der Überlegung, bei den anderen besiegte nur eine Befürchtung die andere. Sie legten sich Kissen über den Kopf und banden sie mit Tüchern fest. Das war ein Schutz gegen den Steinregen.

Schon war anderswo Tag, dort aber Nacht, dichter und schwärzer als alle Nächte bisher. Doch erhellten diese Nacht vielerlei Fakkeln und allerhand Lichterscheinungen. Man entschloß sich, zum Gestade zu gehen, um aus der Nähe zu sehen, ob man sich schon auf das Meer hinauswagen könne; es blieb aber immer noch wild und ungestüm. Hier legte sich mein Onkel auf ein hingebreitetes Tuch, verlangte wiederholt frisches Wasser und trank. Nun trieben die Flammen und der Vorbote des Feuers, der Schwefelgeruch, die anderen in die Flucht und veranlaßten ihn aufzustehen. Gestützt auf zwei Sklaven erhob er sich, brach aber sofort wieder zusammen. Ich vermute, der dichte Qualm hat seinen Atem gehemmt und ihm die Kehle zugeschnürt, die bei ihm ohnehin schwach und eng und häufig entzündet war. Als es wieder Tag wurde – es war der dritte Tag seit seinem Hingang –, fand man seinen Körper unversehrt, ohne Verletzung und in derselben Kleidung, die er zuletzt getragen hatte. Er glich mehr einem Schlafenden als einem Toten.

Währenddessen waren wir, meine Mutter und ich, in Misenum. Aber das hat mit den Ereignissen nichts zu tun; und Du hast nur vom Tode meines Onkels hören wollen. Ich schließe also. Ich möchte nur noch hinzufügen, daß ich berichtet habe, was ich selbst erlebte und was mir unmittelbar nach den Ereignissen, in dem Augenblick also, in dem die Berichte am genauesten sind, erzählt wurde. Du magst auswählen, was Dir am wichtigsten erscheint. Einen Brief zu schreiben und einem Freund zu schreiben, ist nämlich eine Sache, eine andere Sache ist es, Geschichte zu schreiben und für alle zu schreiben. Lebe wohl!«[13]

»Du sagst, daß der Brief, den ich Dir auf deine Bitten hin über den Tod meines Onkels geschrieben habe, in Dir den Wunsch geweckt hat zu erfahren, welche Ängste und auch welche Gefahren ich, der ich in Misenum zurückgeblieben war, durchgestanden habe. An diesem Punkt hatte ich meinen Bericht ja abgebrochen. ›Mag auch der Geist vor der Erinnerung zurückschrecken, so will ich doch beginnen.‹
Nach dem Aufbruch meines Onkels verbrachte ich die übrige Zeit bei der Arbeit, um deretwillen ich zu Hause geblieben war. Dann das Bad, das Essen, ein unruhiger, kurzer Schlummer. Tagelang schon waren Erdbeben vorausgegangen, die deshalb wenig Schrecken erregten, weil sie in Kampanien häufig sind. In jener Nacht nahm das Beben so an Stärke zu, daß alles nicht mehr nur zu wanken, sondern umzustürzen schien. Meine Mutter eilte in mein Schlafgemach: ich meinerseits erhob mich gerade, um sie zu wecken, falls sie noch schlafen sollte. Wir setzten uns in den Hof, einen kleinen Platz, der das Haus vom Meer trennt. Ich weiß nicht recht, ob man es Kaltblütigkeit oder Unvorsichtigkeit nennen soll – ich stand nämlich erst im 18. Lebensjahr: ich ließ mir einen Band Livius bringen und las, als ob ich Muße dazu hätte, ja ich machte sogar Exzerpte, wie ich es schon vorher zu tun pflegte. Da kam ein Freund meines Onkels, der eben aus Spanien hierhergereist war, um ihn zu besuchen. Als er mich und meine Mutter dasitzen und mich lesen sah, tadelte er ihre Passivität und meine Unbekümmertheit. Meine Lektüre fesselte mich deshalb nicht weniger.
Es war bereits gegen sieben Uhr morgens, und doch war das Licht

noch matt und unbestimmt. Die Gebäude ringsum hatten durch
die Erdstöße schon derart gelitten, daß in diesem zwar offenen,
aber doch engen Hof der drohende Einsturz der Mauern eine
große Gefahr darstellte. Da entschlossen wir uns endlich, die
Stadt zu verlassen. Eine fassungslose Menge schloß sich uns an,
jenem Instinkt der Furcht gehorchend, der es für klüger hält,
fremder Einsicht zu folgen als der eigenen; und nun drängten
und stießen uns die Flüchtenden in endlosem Zuge vorwärts. Sobald wir die Häuser hinter uns hatten, machten wir halt. Ein
neues Schauspiel erwartete uns da mit seinen Schrecken. Die Wagen, die wir mitgenommen hatten, schwankten nach allen Richtungen, obwohl sie sich auf ganz ebenem Gelände befanden, und
selbst wenn man Steine vor die Räder schob, blieben sie nicht auf
der Stelle. Das Meer schien sich selbst aufsaugen zu wollen und
wurde durch das Erdbeben gleichsam zurückgedrängt. Jedenfalls
hatte sich der Strand verbreitert und viel Seegetier bedeckte den
trockengelegten Sand. Auf der anderen Seite öffnete sich eine
schreckliche schwarze Wolke, zerrissen durch plötzliche Feueraus-
brüche, die kreuz und quer hervorschossen. Sie loderten in länglichen Feuergarben auf, Blitzen gleich, doch größer.
Da drängte der Freund, der aus Spanien gekommen war, energi-
scher: ›Wenn dein Bruder, wenn dein Onkel lebt, so will er, daß
ihr euch rettet; wenn er tot ist, so hat er gewünscht, daß ihr
überlebt. Warum zögert ihr zu fliehen?‹ Wir antworteten ihm,
daß wir uns nicht um unsere eigene Rettung sorgen könnten, solange wir nichts über sein Schicksal wüßten. Da hielt es ihn nicht
länger, er stürzte hinweg und rettete sich in einem wilden Lauf
aus der Gefahrenzone. Wenig später senkte sich die Wolke herab
auf die Erde und bedeckte das Meer, sie umgab Capri, entzog die
Insel unseren Blicken und verbarg das Vorgebirge von Misenum.
Da flehte, mahnte und befahl meine Mutter mir, auf jeden Fall,
ganz gleich wie, zu fliehen. Ich könnte es, weil ich jung sei; sie,
beschwert von den Jahren und ihrer Korpulenz, werde zufrieden
sterben, wenn sie nicht Ursache meines Todes wäre. Ich antwortete meinerseits, daß ich mich nur mit ihr zusammen in Sicherheit
bringen wolle. Ich faßte sie darauf bei der Hand und zwang sie,

schneller zu gehen. Wider Willen gehorchte sie mir und machte sich den Vorwurf, mich aufzuhalten. Da regnete es Asche, wenn auch noch nicht sehr viel. Ich wandte mich um. Eine dicke Qualmwolke, die wie ein reißender Strom über die Erde dahinschoß, folgte uns drohend. ›Wir wollen ausbiegen‹, rief ich, ›solange wir noch etwas sehen, damit wir nicht auf der Straße in der Finsternis von der Menschenmasse ringsum zertrampelt werden.‹ Wir hatten uns kaum niedergesetzt, da umhüllte uns bereits die Nacht, nicht eine mondlose oder von Wolken verdunkelte Nacht, sondern die Finsternis eines geschlossenen, lichtlosen Raumes. Man hörte das Heulen der Frauen, das Gewimmer der Kinder, die Schreie der Männer. Die einen riefen nach ihren Eltern, die anderen nach ihren Kindern, wieder andere nach ihren Frauen; man erkannte einander nur noch an den Stimmen. Die einen jammerten über sich selbst, die anderen über das Unglück der Ihren. Aus Angst vor dem Tod riefen manche nach dem Tod. Viele hoben die Hände zu den Göttern; groß war die Zahl derer, die glaubten, es gebe keine Götter mehr und über die Welt sei die letzte, die ewige Nacht hereingebrochen. Es fehlte nicht an Leuten, die durch falsche oder erlogene Schauergeschichten die wirkliche Gefahr noch vergrößerten. In Misenum, so erzählten sie, sei dieses Gebäude eingestürzt und jenes stehe in Flammen. Es stimmte nicht, doch man glaubte es. Es wurde ein wenig heller; aber es schien uns nicht das Tageslicht zu sein, sondern das Zeichen, daß das Feuer näher kam; das Feuer blieb aber in größerer Entfernung stehen; wieder brach Finsternis herein, wieder fiel reichlich und schwer die Asche herab. Von Zeit zu Zeit mußten wir aufspringen und sie abschütteln, sonst hätte sie uns völlig bedeckt und durch ihr Gewicht erdrückt. Ich könnte mich rühmen, daß mir in einer so großen Gefahr keine Klage, kein Wort, welches ein Zeichen der Schwäche gewesen wäre, über die Lippen kam, wenn ich nicht der Überzeugung gewesen wäre, ich ginge mit allem und alles mit mir zugrunde; ein trauriger, jedoch großer Trost angesichts des Todes.

Endlich lichtete sich die Finsternis, der Qualm löste sich in eine Art Rauch oder Nebel auf. Bald wurde es wirklich Tag; die Son-

ne schien sogar, aber fahl wie bei einer Sonnenfinsternis. Unseren
Blicken, in denen noch der Schrecken lag, erschien alles verändert
und – wie mit einer Schneedecke – mit einer dicken Schicht Asche
überzogen. Nach Misenum zurückgekehrt, ruhten wir aus, so gut
es ging, und verbrachten eine Nacht voller Spannung und Unruhe
zwischen Hoffnung und Furcht. Die Furcht behielt die Oberhand;
denn die Erde wurde weiter von Beben erschüttert, und die meisten Menschen, von schrecklichen Weissagungen verwirrt, spotte-
ten sowohl über das eigene als auch über fremdes Unglück. Aber
selbst in diesem Augenblick dachten wir nicht daran wegzugehen,
bevor wir nicht eine Nachricht von meinem Onkel hatten, obgleich wir die Gefahr am eigenen Leib gespürt hatten und ihre
Wiederkehr erwarteten.
Dies sind die Ereignisse, die nicht würdig sind, in einem Ge-
schichtswerk erwähnt zu werden. Du magst sie lesen, aber Du
wirst sie nicht niederschreiben; und Du hast es dir selbst zuzu-
schreiben, wenn sie nicht einmal wert sind, in einem Brief festgehalten zu werden, denn Du hast danach gefragt. Lebe wohl!«[14]

Die begrenzte Bedeutung der Berichte des Plinius

Die Texte, die lange Zeit als grundlegend galten, reichen nicht aus,
uns die Ereignisse von Pompeji zu erhellen.
Weder Plinius der Jüngere noch Plinius der Ältere sind in Pompeji
gewesen; sie haben auch keine Informationen aus erster Hand über
den Todeskampf der Stadt erhalten. Die Fahrt des älteren Plinius
läßt sich leicht verfolgen: von Misenum aus ist er mit der Flotte der
großen Schiffe in Richtung Herculaneum aufgebrochen; aber gegen
16 Uhr verhindern der schlammige Lavastrom und die verwüstete
Küste jede Landung; um 18 Uhr gelangt er nach Stabiae, und am
frühen Morgen des 25. August stirbt er den Erstickungstod am
Strand von Stabiae. Plinius der Jüngere verbringt den ganzen Tag
des 24. August in Misenum; am Morgen des 25. August verläßt er
die Stadt und zieht mit der verängstigten Menge aufs Land hinaus.
Am Abend desselben Tages kehrt er nach Misenum zurück. Weder
Zeit noch Standort erlauben es, die Vorgänge des Vulkanausbruchs

und die Auswirkungen auf Pompeji zu verfolgen. Zwar kündigen
bereits vor dem 24. August Erdstöße, die in Kampanien so alltäglich sind, daß sie nicht besonders beachtet werden, den nahen Ausbruch an; aber die um 13 Uhr von Plinius dem Älteren beobachtete
pinienförmige Wolke gehört zur dritten Phase des Ausbruchs, der
zu diesem Zeitpunkt bereits in vollem Gange ist, nicht zu seinen
Anfängen. Die pinienförmige Wolke und der periodisch wechselnde
Auswurf von Asche und Schlacke, dies alles bezeichnet im Bericht
des jüngeren Plinius den Augenblick, wo sich das hochexplosive
Magma noch ziemlich tief unten im Kratersystem befindet, während
das darüberliegende obere Magma bereits ausgestoßen ist. Außerdem erhält Plinius der Ältere gegen 14 Uhr das Briefchen von
Rectina: der Bote hat bestimmt zwei bis drei Stunden für die Strecke
von 38 km zwischen der Gegend von Herculaneum und Misenum
gebraucht. Der Ausbruch dürfte also zwischen 10 und 11 Uhr begonnen haben. Weder die erste noch die zweite Phase hatten von
Plinius dem Jüngeren beobachtet werden können. Als sich Plinius
der Ältere gegen 16 Uhr der Küste am Fuß des Vesuv nähert, ist
Pompeji bereits seit Stunden unter pisolithischer Asche begraben.
Herculaneum, so berichtet der Text, wird von einem schlammigen
Lavastrom, der durch Aschenschichten mehrfach unterteilt ist, ver-
schlungen. Nach den Beobachtungen, die uns Plinius der Jüngere
überliefert hat, erreicht der Ausbruch in den Morgenstunden des
25. August seinen Höhepunkt, als Erdstöße die Villa des Pomponianus in Stabiae zum Einsturz bringen und als Plinius der Ältere
unter einem starken Aschen- und Lapilliregen erstickt. Der Aschenregen dauert den 25. und 26. August über an, erst am 27. zeigt sich
wieder die Sonne.
Misenum wird, als der Wind seine Richtung geändert hat und die
Aschenwolken über den Golf treibt, von weißer Asche überzogen,
die charakteristisch ist für die tieferen Schichten des Magma, das
gegen Ende der dritten Phase austritt. Diese Asche findet sich in
Pompeji nicht, wohl aber im letzten Lavastrom, der Herculaneum
erreicht hat.
So dramatisch die Erlebnisse von Onkel und Neffe auch erscheinen,
so reich an Details sie uns auch überkommen sein mögen, sie sind

doch durch Ort und Zeit so eng begrenzt, daß sie unsere Neugier kaum befriedigen. Wir sind weit davon entfernt, den Verlauf des Ausbruchs in seinen Anfängen zu durchschauen. So wenden wir uns denn – wenn auch mit Bedauern – von den Blättern ab, die über ein vielgestaltiges Ereignis von außergewöhnlichen Ausmaßen berichten. Wir wollen versuchen, anhand der Analyse der vom Vulkan ausgeworfenen Materialien, die die Archäologen abtragen müssen, um die begrabene Stadt wieder ans Tageslicht zu bringen, den wirklichen Verlauf des Ausbruchs nachzuzeichnen.[15]

Die Beschaffenheit des Vesuv

Der Vesuv ist kein einfacher, sondern ein zusammengesetzter Vulkan, genauer gesagt, ein Stratovulkan mit umgekehrter Schichtenfolge, denn die Abfolge der einzelnen Ausbruchsphänomene ist umgekehrt wie bei einem normalen Stratovulkan. Dieser wirft nämlich zuerst weniger zähflüssiges und mehr basisches Magma aus, dann zäheres und weniger basisches bis saures. Der Vesuv zeigt diese Phänomene in umgekehrter Anordnung; Analysen der vulkanischen Felsen des ursprünglichen, des antiken und des neuzeitlichen Monte Somma und des eigentlichen Vesuv haben dies erbracht. Es gibt noch weitere Unterschiede. Bei einem Vulkan, der permanent tätig und dessen Schlot folglich offen ist, haben alle Produkte, seien es Lava, Schlacke oder Asche, eine chemische Zusammensetzung, die konstant bleibt. Der Vesuv aber hatte sich jahrtausendelang völlig ruhig verhalten. War Pompeji nicht auf einem prähistorischen Lava-Erguß erbaut worden? Seit jenem Ausbruch, zu dem kein Menschengedenken zurückreicht, war der Vulkan äußerlich völlig inaktiv gewesen[16]; während dieser Periode war der Vulkanschlot durch einen Pfropfen aus erstarrter Lava hermetisch verschlossen. In einem solchen Fall ist das Magma im Schlot und in der Tiefe des Vulkans ruhig, d. h. nicht dauernd aufgerührt durch entweichende Gase, wie dies bei beständiger Tätigkeit der Fall ist. Es kann sich folglich differenzieren: die Gase steigen langsam in die Höhe und sammeln sich unter dem Lavapfropfen, während die schweren Kristalle in die Schmelzmasse hinabsinken und sich im unteren Teil des

Schlotes und des Magmaherdes sammeln. Wenn nach einer solchen Differenzierung der Pfropfen, der den Schlot verschließt, unter dem Druck der magmatischen Gase nachgibt, setzt der Ausbruch damit ein, daß durch eine gewaltige Explosion zunächst die Bruchstücke des Pfropfens und gleich anschließend die stark mit Gasen angereicherten Magmateile, die wenig schwere Mineralien enthalten und sich in der Luft in porösen Bimsstein verwandeln, herausgeschleudert werden. Es folgen das schwerere Magma und schließlich die Asche, die aus noch schwererem, pulverisiertem Magma, Gesteinsbrocken, Lapilli und Teilchen, die die Explosion aus den Wänden des Schlots gerissen hat, besteht. Ein solcher Ausbruch erschüttert den Vulkan in seinen Grundfesten und hat die Bildung zahlreicher Risse und Brüche zur Folge, die die Entstehung eines neuen Kraters erleichtern, wenn bei der Explosion die Hauptwände des alten Vulkansystems zerstört worden sind. Gegen Ende des Ausbruchs fließt der Lavastrom leicht aus den neuen Spalten, die mit dem Magmaherd direkt in Verbindung stehen. Das austretende Magma ist arm an Gasen und ziemlich zähflüssig. Es bildet einen Lava-Erguß, der Differentiate enthält und eventuell mit schwerem Material angereichert ist.

Die Stratigraphie des vulkanischen Materials

Diese Theorie läßt sich beweisen, wenn man die Stratigraphie des vulkanischen Materials an der Großen Palästra studiert. Der Platz ist so weit entfernt von Gebäuden, daß wir die chronologische Schichtenfolge des vulkanischen Materials hier mit Sicherheit erfassen können (Abb. 3). Zunächst findet sich als unterste Schicht eine 2,60 m dicke Bimsteindecke, die sich in sehr kurzer Zeit angesammelt hat, deren Aufbau man aber analysieren kann: zunächst 5 cm sehr poröser Bimsstein und zahlreiche Lapilli, d. h. winzige Teile des Lavapfropfens, der vor dem Ausbruch den Schlot verschlossen hielt, und andere Lavateile, die aus den Wänden des Schlotes stammen; dann weißlicher Bimsstein, schließlich grauer und schwererer Bimsstein.

In einer Höhe von 2,50 m über dem Boden ist der Bimsstein grau-

grün. Die so verschiedenartige Beschaffenheit des Bimssteins beweist,
daß das Magma vor dem Ausbruch im Schlot stark differenziert
war. Aus den Steinen, die aus den Wänden des Schlotes und aus

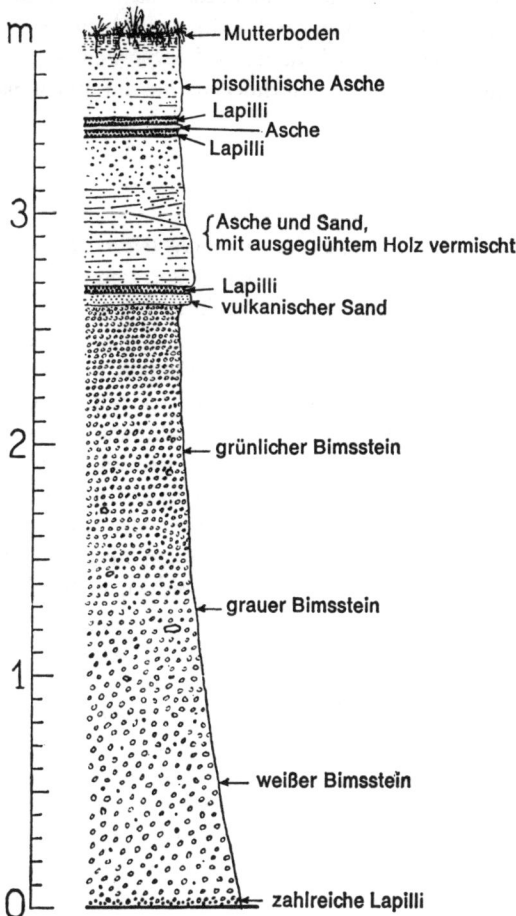

Abb. 3. Stratigraphie der vulkanischen Ablagerungen in der Großen
Palästra

tieferen Bereichen stammen, kann man schließen, daß die in 1,20 m
Höhe abgelagerten Teilchen aus einer Tiefe von 1 km, das Material
in 2,50 m Höhe aus einer Tiefe von 5 bis 6 km stammen. In 2,60 m
Höhe trifft man auf eine 5 cm dicke erhärtete Schicht vulkanischen Sandes, dann auf 3 cm Lapilli, auf 64 cm Asche, die mit
ausgeglühtem Holz vermischt ist, auf zwei weitere Lapillischich-
ten, die eine Aschenschicht umschließen, und auf 30 cm pisolithische
Asche.

Der wirkliche Verlauf des Ausbruchs

Nun lassen sich die Phasen des Ausbruchs leicht rekonstruieren und
die Vorgänge, die sich am 24. August 79 in Pompeji abgespielt haben, beschreiben. Der Vesuv ist urplötzlich erwacht; es gab keine
Warnzeichen, die die Pompejaner in den Tagen vor dem Ausbruch
auf die sich steigernde Aktivität des Vulkans hingewiesen hätten.
Wäre man gewarnt gewesen, hätten sich Todesopfer vermeiden lassen. Die Erdstöße ließen die Bewohner schlimmstenfalls ein Erdbeben befürchten. Der Ausbruch begann mit einem furchtbaren Knall:
der Lavapfropfen sprang heraus, die schwersten Bruchstücke fielen
in der Nähe des Kraters nieder. Kaum war der Schlot offen, da ließ
er auch schon unter einer heftigen Explosion mit hohem Druck stark
mit Gasen angereichertes Magma entweichen; so wurden Lavateilchen mehrere tausend Meter in die Luft geschleudert; das Gas
strömte aus, und zurück blieb der sehr poröse Bimsstein. Mit der
Höhe nahm die Geschwindigkeit ab, gleichzeitig blähten sich die
Lavateilchen auf und gaben dabei eine große Menge heißer Gase ab.
Der gashaltige Auswurf, der zunächst die Form einer Säule hatte,
strebte in der Höhe infolge der expansiven Kräfte der Gase schnell
auseinander. Als die Gewalt des Auftriebs nachließ, fiel Bimsstein
in großen Mengen rund um das Bergmassiv, besonders aber in den
südlichen und östlichen Gebieten. Sie begruben Pompeji unter sich,
zumal auch der Wind die Asche nach Südosten trieb. Nach dieser
Phase, die durch den Auswurf des Bimssteins charakterisiert ist und
den Schlot freigemacht hatte, rissen die Gase nur noch kleine Mengen Magma mit, die mit Teilchen aus den Wänden des Schlots ver-

mischt waren, und riefen von Zeit zu Zeit einen sandigen Aschenregen hervor. In dem Augenblick, da das Ausströmen der Gase nachließ, stürzte der obere Teil des Schlotes in sich zusammen und verhinderte eine Zeitlang den Austritt des Gases. Schließlich riß der steigende Druck den Schutt auseinander und schleuderte ihn in die Luft, wodurch es zeitweilig zu Lapilliregen kam; dann verstärkte sich der Aschenregen wieder. Außerdem hatte das Freiwerden des Schlots dazu geführt, daß sich der hydrostatische Druck über dem Magmaherd senkte. Das Magma in der Tiefe, das mit Gasen übersättigt war, begann zu brodeln, stieg in den Schlot und befreite sich unter gewaltigen Explosionen von den überschüssigen Gasen. Dadurch kam es zu erneuten Ausbrüchen pulvriger Asche, die sich hauptsächlich aus den glasartigen Produkten des Magma zusammensetzte: dies ist die Hauptphase des Ausbruchs; ein großer Teil Kampaniens war mit dichten Staubwolken bedeckt, die Gase mit sich führten, hauptsächlich Wasserdampf und Chlorwasserstoffsäure. Wegen der zähen Beschaffenheit des Magma verlaufen die Explosionen nicht gleichförmig, sondern in stärkeren und schwächeren Wellen. Erdstöße und Spaltenbildung begleiten die Explosionen. Außerdem kondensieren die gleichzeitig mit der Asche ausgeschleuderten großen Mengen Wasserdampf, die Asche verklumpt durch den Kontakt mit den Wassertropfen und bildet in der Luft pisolithisches Material, das wir in der obersten Aschenschicht von Pompeji vorfinden. Nach und nach läßt die Gewalt der Explosionen nach, und zwar in dem Maße, in dem das Magma an Gas verliert; mit dem einfachen Ausstoß von Wasserdampf, den keine Asche mehr begleitet, tritt der Ausbruch in die Endphase ein. Das Gestein des Berges, das nun seine Stütze verloren hat, gibt infolge seines Gewichtes nach, und die Spalten lassen das Magma austreten; Lavaströme fließen über Gebiete hin, die vom Vulkan ziemlich weit entfernt sind, z. B. über Castello di Cisterna; aber zu diesem Zeitpunkt – am 26. August und in der darauffolgenden Nacht – gab es keine Pompejaner mehr, die davon hätten Notiz nehmen können.

Dio Cassius[17] hat die Explosion des Pfropfens festgehalten; er spricht von einer außergewöhnlich großen Anzahl von Steinen, die bis zum Gipfel des Bergmassivs hochgehoben wurden, und von dem

Aschenregen[18], der bei Plinius dem Jüngeren den wesentlichen Teil der Schilderung ausmacht. So können wir denn folgendes Schema von den Ereignissen erstellen:

Datum	Standort des älteren Plinius	Standort des jüngeren Plinius	Beobachtungen des älteren Plinius	
24. August 79 10 h	Misenum	Misenum		
13 h			Pinienförmige Wolke über dem Vesuv, in der Asche und Erde enthalten sind.	
16 h	An der Küste, in Richtung auf Herculaneum		Beobachtung von Aschenregen, Bimssteinen. Untiefen im Meer. Von Steinbrocken übersäte Küstenlandschaft. Schlammige Lava.	
18 h Nacht	Stabiae	An der Küste. Kurze, unruhige Nacht.	Aus dem Vesuv aufsteigende Feuersäulen. Der Wind weht von Herculaneum Richtung Stabiae.	
25. August 6–7 h	Begibt sich an den Strand, wo die Schwefelluft zum Erstickungstod führt.	Verläßt die Stadt.		
Nachmittag und Abend		Rückkehr nach Misenum.		
26. August Nacht				
27. August	Sein Leichnam wird am Strand entdeckt.			

Das Drama des Untergangs der Bewohner von Pompeji können wir uns anhand des Berichtes des jüngeren Plinius über den Tod seines Onkels vorstellen. Doch vor allem sind es die Toten von

Beobachtungen des jüngeren Plinius	Der wahre Verlauf des Vulkanausbruchs
	Mehrere Tage vor dem 24. August Erdstöße als Vorboten des Ausbruchs.
Heftige Erdstöße, trübes Licht.	*1. Phase* (10 h): Der Lavapfropfen springt heraus. *2. Phase* (10 h 15): Feiner Staub wird vom Wind nach Osten getrieben. Im Verlaufe des Vormittags wird Pompeji begraben. *3. Phase* (13 h): Aschenregen. Pompeji ist gänzlich begraben, alles Leben ist dort erloschen. Schlammige Lava in Herculaneum. Herculaneum ist abgeschnitten (16 h). Alles Leben ist erloschen (18 h). Das Erdbeben hält an.
Risse in den Straßen, das Meer zieht sich zurück. Der Wind weht nun in entgegengesetzte Richtung. Die Wolke, die aus dem Vesuv aufsteigt und vom Wind heruntergedrückt wird, verbirgt Capri und das Kap von Misenum. Weiße Asche hat Misenum wie Schnee bedeckt.	Stabiae wird begraben.
Das Erdbeben hält an. Misenum ist unbeschädigt.	
In Stabiae herrscht wieder normales Tageslicht.	*4. Phase:* Lavastrom in Castel-Cisterna. Ende des Ausbruchs.

Pompeji selbst, die uns in ihrer Zahl und durch ihre Körperhaltung an den letzten Augenblicken ihres Todeskampfes teilnehmen lassen.[19]

Der Abguß der Körper

Fiorelli hatte als erster im Februar des Jahres 1863 den genialen Gedanken, Abdrücke von den Körpern der Pompejaner, die man gefunden hatte, zu machen. Glühendheißer Bimsstein hatte sich in einigen Fällen auf den Körper derjenigen aufhäufen können, die in den ersten Augenblicken des Ausbruchs umgekommen waren. Das Feuer verzehrte das Fleisch, man fand das blanke Skelett, wie z. B. im Haus des Skeletts (VII, 14,9). Häufiger legte sich die feuchte Asche fest auf die Leichen und drang in die Höhlungen des Gesichtes und in die Falten der Kleider. Sie erstarrte rund um den Körper, der erhalten geblieben war, bewahrte wie eine Hohlform seine Konturen und umschloß das Skelett. Man brauchte nur diese Hohlform mit flüssigem Gips auszugießen, und schon entstand ein getreues Abbild der Gesichtszüge, der Gesten und der Haltung im Augenblick des Todes, Bilder von Pompejanern, die uns heute noch erschüttern.

Im Unterschied zu Herculaneum, das von einem schlammigen Lavastrom bedroht und schließlich begraben wurde und dessen verstörte Einwohner ihr Heil in der Flucht gesehen hatten, glaubten die Bewohner von Pompeji, im Gedanken an die Katastrophe von 62, daß sie in ihren Kellern, unter Gewölben und in einem Kryptoportikus, kurz in irgendwelchen Winkeln, sicher seien und dort das Ende des Alptraums abwarten könnten. Diejenigen, die flohen, mußten sich einen Weg durch die Lapilli bahnen; aber viele erstickten an den Schwefeldämpfen, die den Aschenregen begleiteten.

Der Todeskampf der Tiere war ebenso schmerzhaft wie der der Menschen. Bei Vesonius Primus (VI, 14,20) hatte man vergessen, den Hund, der im Atrium angekettet war, freizulassen. Durch die Öffnung des *compluvium* rieselte Schlacke in den Raum. Das unglückliche Tier kletterte auf die Asche, soweit es die Kette zuließ. Schließlich war der Hund besiegt; er drehte sich auf den Rücken, versuchte unter dem Einsatz seiner ganzen Kraft, sich zu befreien, und verendete. Ein schreckliches Drama spielte sich zur gleichen Zeit im Haus der Vestalinnen (VI, 1,7) ab: dort fraß der Hund seinen Herrn.

Der Todeskampf der Pompejaner

Im Hause des Fauns (VI, 12,2–5) konnten sich die Eigentümer nicht dazu entschließen, ihre Schätze im Stich zu lassen. In aller Eile suchte die Hausherrin ihre kostbarsten Besitztümer zusammen: goldene Armreifen in Schlangenform, Haarnadeln, Ohrringe, einen silbernen Spiegel und eine mit Goldstücken gefüllte Börse; dann erst wandte sie sich zur Flucht. Aus Angst vor der Asche kehrte sie ins *tablinum* zurück; kurz darauf stürzte das Dach ein und begrub die Unglückliche samt ihren Schätzen unter sich. Die anderen Hausbewohner erstickten in ihren Verstecken.

Im Haus des Pansa (VI, 6,1) hatten die Bewohner die Kunstwerke sorgfältig verpackt, insbesondere die kleine Bronzegruppe »Bacchus und der Satyr«, die sie mitnehmen wollten. Kaum waren sie im Garten angelangt, da warfen sie die Plastik in eine nahestehende Kupfervase. Die Eigentümer konnten entkommen; vier Frauen aber, die in demselben Hause eingemietet waren, versteckten sich und erstickten.

A. Cossius Libanus (VI, 2,4 – Haus des Sallust) konnte fliehen; doch seine Frau verlor Zeit bei der Suche nach ihrem Schmuck; drei Frauen einfacher Herkunft begleiteten sie, als sie auf der Straße, ihr Geld, ihren Spiegel und ihre Schmucksachen in der Hand, starb.

Alle Bewohner des westlichen Stadtteils hatten nur den einen Gedanken: Flucht in Richtung Herculaneum. Dies war unüberlegt und inkonsequent, denn die vom Wind getriebene Aschenwolke brach über sie herein, und ein schlammiger Feuerstrom begrub die Schwesterstadt. Die Gräberstraße verdiente ihren Namen nie so sehr wie in diesem Augenblick: einige Pompejaner wurden – ausgestreckt auf den Polstern des *triclinium* – beim Totenmahl überrascht. Andere glaubten, daß die Mausoleen einen sicheren Unterschlupf bieten könnten, wie z. B. die Frau, die dann mit ihrem Kind von Säulen erschlagen wurde. Unter dem Portikus auf der rechten Seite fanden

bei der Villa des Diomedes eine reichgeschmückte Frau, die ein
Kind auf dem Arm trug, zwei junge Mädchen und zwei andere
Personen den Tod, ein erschütternder Trauerzug.

Die Villa des Diomedes war mit einem Kryptoportikus versehen,
der zum Garten hin durch Luken Licht erhielt. Man bewahrte dort
die Weinamphoren auf, die mit der Spitze in den Boden versenkt
waren. Der Eigentümer glaubte, daß das Gewölbe den Hausbewoh-
nern Sicherheit bieten könne; er brachte seine Familie und vierzehn
Bedienstete dorthin. Seine Gattin trug Schmuck um den Hals und
an den Handgelenken; sie hielt ein Kind auf dem Arm; ihr Sohn
und ihre Tochter, die ebenfalls Goldschmuck trug, waren an ihrer
Seite. Der Hausherr hatte ihnen Brot, Früchte und andere Vorräte
bringen lassen, damit sie bis zum Ende der Aschenflut aushalten
könnten. Er legte in ein Stoffsäckchen zehn Goldstücke und achtund-
achtzig Silbermünzen. Dann wandte er sich, den Schlüssel in der
Hand, zur Haustür; ein Sklave begleitete ihn. Weit kamen sie
nicht; auf der Schwelle starben Herr und Sklave unter einer Aschenschicht. Die übrigen, die sich im Kryptoportikus versteckt hatten,
ereilte das gleiche schreckliche Ende. Auch sie erstickten unter der
Asche, die durch die Luken eindrang, vor allem aber an den tödlichen Gasen. Vergeblich suchte das junge Mädchen seinen Kopf in der
Tunika zu verbergen. Achtzehn Opfer wurden hier unter der Asche
begraben.

Etwas weiter, in der Mysterienvilla, entdeckte man elf Leichen: drei
Frauen wurden in der ersten Etage beim Einsturz des oberen Teils
des Hauses unter den Trümmern begraben. Die sechs Arbeiter, die
mit der Instandsetzung der Villa beschäftigt waren, flüchteten ins
Kellergewölbe und starben dort. Ein junges Mädchen kam in der
Nähe der Haustür um. Der Türhüter zog sich in einen hermetisch
abgeschlossenen Winkel zurück; der Tod fand ihn auch dort.

Im ganzen südlichen Stadtteil, wo die Aufbauarbeiten besonders
schnell und sorgfältig vonstatten gegangen waren, verrät alles dieselbe kopflose Verwirrung, dieselbe Sorge, den Familienschatz zu
retten, die Kunstwerke in Sicherheit zu bringen und das Heil in der
Flucht in Richtung auf die Stadttore und von dort aufs Land zu
suchen.

In der Casa del Criptoportico (I, 6,2) diente ein Flügel im Jahre 79 als Vorratsgewölbe. Einige Bewohner beschlossen, durch die Luken in den Garten zu klettern, statt in der luftlosen Galerie zu ersticken; draußen starben sie unter der Asche. Ein Mädchen suchte in seiner Verzweiflung und Todesangst Schutz im Schoß seiner Mutter, wo es den Kopf verbarg.

Im Hause des Menander (I, 10,4), das der Hut des Freigelassenen G. Poppaeus Eros anvertraut war, drängten die Bewohner ins *tablinum* zurück: zwei Greise und zwei Erwachsene brachen in der Nähe der Tür zusammen. Die Sklaven im Oberstock beschlossen zu fliehen, als sie sahen, daß die Lapilli im Atrium bereits 2,50 m hoch lagen. Einer eröffnete mit einer bronzenen Lampe den Zug, und die neun Männer, die die hölzernen Stufen der Treppe hinabstiegen, starben zwischen der Treppe und der Tür. Zwei Frauen flüchteten hingegen in den ersten Stock und wurden unter den Trümmern des Daches, das unter dem Gewicht der Asche nachgab, begraben. Im hinteren Teil des Hauses zog sich der Aufseher der Sklaven in seine Kammer zurück und bedeckte sich mit Kissen und Decken. Aber auch hier taten die tödlichen Gase ihr Werk, und seine im Todeskampf verkrampften Hände ließen eine Lederbörse mit seinem ganzen Vermögen zu Boden fallen: zwei Goldstücke, neunzig Silberstücke und dreizehn Bronzemünzen.

P. Cornelius Tages hatte mehr Glück; er ließ sich die »Statue des Epheben« aus seinem Garten bringen (I, 7,10–12), umwickelte sie mit Tüchern und entfloh. Im Haus des Priesters Amandus aber (I, 7,7) starben neun Familienmitglieder in der Eingangshalle; die Straße hatten sie nicht mehr erreichen können. Im Haus des Paquius Proculus (I, 7,1) flüchteten sich sieben Kinder in die Exedra; sie wurden unter den Trümmern der ersten Etage begraben.

Die öffentlichen Gebäude und die Tempel boten ebensowenig Schutz wie die Privathäuser. Die Priester der Isis waren im *triclinium* um einen Tisch versammelt, der mit Brot, Wein, Geflügel, Eiern und Fisch bestellt war, und nahmen ihre Mahlzeit ein. Angesichts des Vulkanausbruchs beschlossen sie, einem aus ihrem Kreis den Tempelschatz anzuvertrauen: sie beluden ihn mit einem Sack, in den sie frisch geprägte Goldmünzen mit dem Bildnis des Titus, die Statuetten der Isis und Trinkschalen hineingepackt hatten; aber der Unglückliche kam trotz seiner Eile nicht weiter als bis zur Ecke der Via dell'Abbondanza; er stürzte, und der Inhalt seiner Bürde verstreute sich. Zwei seiner Begleiter wurden erschlagen, als ein Teil der Kolonnade des Forum triangolare zusammenbrach. Die übrigen erstickten in der Nähe einer Treppe hinter der Küche. Ein letzter wollte einen Ausweg finden: mit Hilfe einer Hacke durchbrach er zwei Zwischenwände, vor der dritten starb er.

Die Gladiatorenkaserne wurde zu einer tödlichen Falle für ihre Bewohner. Zwei, die in Ketten lagen, gingen elend zugrunde, denn niemand kümmerte sich um sie; die anderen zogen sich in bestimmte Räume zurück. Der Tod ereilte dort dreiundsechzig Menschen, unter ihnen eine vornehme Dame von Pompeji, die herrlichen Schmuck trug: ein Smaragdkollier, Ohrringe und Armbänder. Sie war wohl gekommen, um einem Helden der Arena ihre Bewunderung auszudrücken.

In der Palästra brachen die Menschen, die dem Einsturz des Portikus entgangen waren, unter der heißen Asche zusammen, die den Hof füllte: ein Chirurg, der seine Tasche bei sich trug, und ein junger Athlet mit zwei Schabeisen und einem Ölfläschchen. Diejenigen, die sich in die Räume der Bediensteten geflüchtet hatten, starben dort. Ein Priester der Isis kam in der Asche um, als er den Hof überquerte, um seine heiligen Gefäße in Sicherheit zu bringen.

Hastig eilten die Pompejaner in Richtung der südlichen Stadttore, der Porta di Stabia oder der Porta Nocera, aber auch sie entgingen nicht ihrem Schicksal. Auf dem Forum wurden einige von stürzenden Säulen erschlagen. Im Gäßchen der Skelette zählte man sieben Tote: eine junge Frau, die ein Kind erwartete, verlor bei der Suche nach ihrem Schmuck, ihrem Silberzeug und ihrem Geld viel Zeit, dann verschloß sie ihr Haus mit dem Schlüssel. Dieser Verzug brachte ihr den Tod unter der Asche ein. Hinter ihr kamen eine Frau und ein vierzehnjähriges Mädchen, das vor seinem Tod seinen mit dem Gewand bedeckten Kopf auf den Arm gebettet hatte. Ein Sklave von riesenhafter Gestalt, der sie begleitete, starb neben ihnen.

Eine Stadt, aus der nach und nach alles Leben schwindet – welch

erbarmungswürdiges Schauspiel! Aber ich kenne nichts Ergreifende-
res als die Gebärden der dreizehn Toten, die vor nicht allzu langer
Zeit, im Jahre 1962, in Pompeji gefunden wurden, und zwar in
der Nähe der Porta Nocera. Drei Familien hatten sich unter einem
Dach versammelt, um sich vor den Lapilli zu schützen, später vor
der Asche, die zusammen mit einem wolkenbruchartigen Regen
herabfiel. Dann versuchten sie wegzukommen. Ein Sklave eröffnete
den Zug, einen Sack auf den Schultern, der wohl Verpflegung für
unterwegs enthielt. Er fiel nieder unter der Last seiner Bürde und
unter dem Ansturm des Windes, gegen den er ankämpfen mußte.
Hinter ihm gingen Hand in Hand zwei kleine Knaben, die sich mit
einem Ziegel oder einem Stück Eisen zu schützen suchten. Ihnen
folgte ein Paar mit einem kleinen Mädchen. Die Frau ist in die
Knie gebrochen; sie preßt ein Stück Stoff gegen ihren Mund und
versucht so, sich gegen die tödlichen Dämpfe zu schützen. Der alte
Mann, der den Zug beschloß, fiel zu Boden und machte verzwei-
felte Versuche, wieder auf die Füße zu kommen, indem er sich auf
beide Arme stützte. Er wollte den Seinen helfen oder ihnen wenigstens einen letzten Blick nachsenden.

Mit brutaler Gewalt vollbrachte der Tod sein Werk in Pompeji und
in der umliegenden Gegend. Der einzige Weg der Rettung wäre
der über das Meer gewesen. Wie viele dachten daran, ihn zu benützen, wie viele konnten ihn benützen? Das Meer muß wohl aufge-
wühlt gewesen sein und veränderliche Untiefen gehabt haben wie
bei Herculaneum. Nur wenige dürften gleich nach der ersten Explosion aufgebrochen sein. Auf jeden Fall hatten sie Stabiae und Herculaneum passieren müssen. Der Bote der Rectina ist ein Beispiel
dafür. Der Historiker findet angesichts einer solchen Katastrophe
nur Einzelschicksale, Menschen, die von derselben Angst gezeichnet
und von demselben Selbsterhaltungstrieb geleitet sind. Er möchte
gerne die letzten Worte, die letzten Gedanken, die letzten Gesten
eines jeden mit Hilfe seiner Vorstellungskraft beschwören. Falls er
sich nicht als Moralist gebärdet, glaubt er kaum, daß es historische
Aussprüche, Gedanken an die Ewigkeit oder theatralische Gesten
waren, die die letzten Augenblicke der Pompejaner begleitet haben.

Auch in den Stunden des 24. August 79 enthüllt Pompeji noch Alltäglichkeit, schmutzige Alltäglichkeit bisweilen, die dennoch erschüttert – ein kurzer Tag für den Historiker, ein langer Tag für
diejenigen, die seine Qualen ertragen mußten.

Zweites Kapitel
Wiederentdeckung und Ausgrabungen

Pompeji, aufgegeben und vergessen

Bei Städten pflegt man nicht wie bei Herrschern zu rufen: »Die
Stadt ist tot, es lebe die Stadt!« Am 27. August 79 mußten sich
selbst die größten Optimisten unter den Pompejanern, die der
Katastrophe entgangen waren, der Einsicht beugen, daß Herculaneum vom Erdboden verschwunden und Pompeji für immer begraben war. Rom, dem der Wind Asche und Staub zugetragen hatte,
schickte eine Untersuchungskommission,[1] bestehend aus zwei *con-
sulares restituendae Campaniae*; sie konnten lediglich das Los der
Flüchtlinge erleichtern und retten, was noch der Rettung wert war.
Auf dem Forum ragten aus einer 4 m dicken Lapilli- und Aschenschicht noch einige Säulen empor; man forschte systematisch nach
religiösen Standbildern und Kultgegenständen, damit die Götter,
die in Pompeji verehrt worden waren, nicht aufgegeben würden.
Alles, was danach noch über der Asche emporragte, wurde eingeebnet. Die reichen Hausbesitzer versuchten natürlich, ihre kostbarsten Gegenstände zu bergen. Leute, die heimlich nach Wertsachen
suchten, unternahmen die reinsten Raubzüge. Sie haben Spuren
ihrer höchst unanständigen Aktivität auf den Mauern Pompejis
hinterlassen; einer schrieb den bekannten Satz nieder, in dem er
seine Sehnsucht nach dem fernen Rom ausdrückt.[2] Manch ein Un-

vorsichtiger bezahlte seine törichte Kühnheit mit dem Leben. Aber nach und nach nahmen Gras und Weinreben Besitz vom Territorium der Stadt, Humus bildete sich über der Aschenschicht, und als Kaiser Titus durch Kampanien reiste, mußte er sich der Meinung der Senatoren anschließen: das Schicksal Pompejis war ein für allemal besiegelt. Die Verewigung seines Andenkens war nun ausschließlich Angelegenheit der Schriftsteller. »Werden die künftigen Jahrhunderte glauben können, daß Städte und ihre Bewohner unter ihren Füßen begraben liegen und daß die Felder ihrer Ahnen in einem Meer von Feuer untergegangen sind, wenn erst einmal die Ernten wieder heranreifen und diese Wüste wieder grünt?« schreibt Statius.[3] Martial[4] beweint die untergegangenen Städte:

»Dies ist der Berg Vesbius (Vesuv), gestern noch in Grün gehüllt und von Reben beschattet; ein edler Wein hat hier mehr als einmal unsere Kufen überströmen lassen. Dies sind die Höhen, die Bacchus mehr liebte als die Hügel von Nysa, auf diesem Berg tanzte einst der Chor der Satyrn. Venus zog diesen Ort Lakedämonien vor, dieser Platz war berühmt durch den Namen des Herkules: alles ist in Flammen versunken. Dunkle Asche bedeckt den Boden, und die Götter selbst hätten gewünscht, daß ihnen dies nicht erlaubt gewesen wäre.«

Das vierte Buch der sibyllinischen Orakel sieht in der Katastrophe die Strafe des Himmels, die Titus, den Sieger über die Juden, treffen sollte. Plinius der Jüngere berichtet Tacitus als Zeuge über den Untergang der kampanischen Städte und den Tod seines Onkels, Plinius' des Älteren. Dio Cassius überliefert ebenfalls den Vulkanausbruch des Jahres 79. Aber der Name Pompejis wurde bald vergessen. Die Bauern nannten das Gelände *civitas, cività,* die Stadt. Von diesem Zeitpunkt an bis ins 19. Jahrhundert, genauer bis zum Jahre 1860, dauerte die Jagd nach den vergrabenen Schätzen.

1. Die Schatzsuche (80–1860)

Es ist nicht ohne Nutzen, die wichtigsten Stationen aufzuzeichnen.[5]
Es wird sich zeigen, daß kein Prophet in seinem Heimatland etwas
gilt, aber auch, daß ganz Europa trotz der abscheulichen Praktiken
der sogenannten herrschaftlichen und königlichen Ausgrabungen
im 18. Jahrhundert von Pompeji erobert wird, von Pompeji, das
aus der Asche emporsteigt und die ganze Welt mit den bislang unbekannten Formen seiner dekorativen Kunst entzückt.

Fiktionen

Die Renaissance läßt erstmals Sinn für Archäologie erkennen. 1488
erwähnt die »Cornucopia« des Nicolo Perotto die beiden verschwundenen Städte; 1502 beschreib Sannazaro in seiner »Arcadia«
eine imaginäre Ausgrabung Pompejis an dem Platz, der Città genannt wird. Seine poetische Fiktion lenkt die Aufmerksamkeit auf
die begrabenen kampanischen Städte; die Briefe Plinius' des Jüngeren und die Aufschrift *»Herculanum oppidum«* auf einer Landkarte des Ambrogio Leone aus dem Jahre 1513, die auf das Gebiet
von Portici verweist, tun ein übriges. 1561 veröffentlicht Leander
Alberti in Neapel eine Beschreibung Italiens, in der er die ungefähre
Lage der verschwundenen Städte angibt.

Verpaßte Gelegenheiten

Als der Graf Muzzio Tuttavilla im Jahre 1592 das Wasser des
Sarno durch eine unterirdische Leitung in seine Villa Torre Annunziata führen wollte, mußte er das Gebiet von Pompeji durchqueren;
aber sein Architekt, der Römer Domenico Fontana, wußte nicht,
daß unter dem kleinen Hügel mit dem Namen Città Pompeji lag.
Bei der Arbeit kam man ganz nahe an das Amphitheater und den
Isis-Tempel beim Forum heran. Eine gute Gelegenheit wurde ver-
paßt. 1607 meldete der neapolitanische Historiker Carpaccio einige
Funde, aber er wußte nichts damit anzufangen; die Inschriften –

selbst »*decurio Pompeis*« – konnten nicht sinnvoll gedeutet werden; man glaubte, eine Villa des Pompeius gefunden zu haben.

Der Vesuvausbruch im Dezember 1631, der in seinem Verlauf dem des Jahres 79 sehr ähnelte, weckte das Interesse für die begrabenen Städte. Auch diesmal gab es Flüchtlinge, 40 000 an der Zahl, die der Schlammstrom vor sich hertrieb, riesige Verwüstungen und mehr Todesopfer als 79, denn eine 5 m dicke Lavaschicht bedeckte Resina. 1637 versicherte Lucas Holstenius, ein in Rom lebender Hamburger, in seinen »Adnotationes«, daß man Pompeji an der Stelle von Cività suchen müsse, aber man glaubte ihm nicht, und 1651 beschrieb Camillo Pellegrino in den »Antiquitates Campanae«, wie Francesco Balzano im Jahre 1688, die Lage von Pompeji und Herculaneum nur sehr ungenau. 1689 kam es bei einer Brunnenbohrung zu den ersten Ausgrabungen: man entdeckte die horizontalen Lapilli- und Aschenschichten, verschiedene Gegenstände und Inschriften, die von »*Pompeis*« sprachen. Einmal mehr ging man an der Wahrheit vorbei und glaubte an eine Villa des Pompeius. Banchini protestierte 1699 in seiner »Storia universale« gegen diese Auffassung. 1693 bestätigte Guiseppe Macrini in »De Vesuvio«, Überreste einer Stadt bei Ausgrabungen, die sich an die Entdeckungen des Jahres 1689 angeschlossen hatten, gefunden zu haben.

Die Wechselfälle der Politik führten dazu, daß Anfang des 18. Jahrhunderts Österreich über Süditalien und Neapel herrschte, vertreten durch die Vizekönige. Die österreichische Besetzung, gegen die der Himmel zu protestieren schien durch einen neuen Vesuvausbruch im Jahre 1707, gab den Anstoß zu den sogenannten herrschaftlichen und königlichen Ausgrabungen, die die Vorliebe des Kaisertums für Pompeji und Herculaneum wecken sollten.

Ausgrabungen ohne System

Zuerst profitierte Herculaneum von der Aktivität eines Moritz Emanuel von Lothringen, des Fürsten d'Elbœuf. Die ersten Ausgrabungen erfolgten planlos in den verschiedensten Richtungen durch Brunnen und Stollen (*cuniculi*), und zwar in Resina. D'Elbœuf glaubte, den Herkules-Tempel freigelegt zu haben, aber bei dem

Fundort der drei Statuen handelte es sich um das Theater. Er
schenkte die Statuen dem Prinzen von Savoyen als Schmuck für sein
Schloß Belvedere in Wien. Gegen die Zerstreuung der ersten Kunst-
gegenstände, die die Erde Kampaniens freigegeben hatte, protestierte der Papst. Man gab die Ausgrabungen auf. Karl III. von
Spanien, König beider Sizilien seit 1734, veranlaßte, daß die Ausgrabungen in Herculaneum und dann auch in Pompeji von 1738
bis 1745 mit vorher nicht gekannter Intensität betrieben wurden.
Die Arbeiten wurden von Rocco de Alcubierre, einem spanischen
Vermessungsingenieur geleitet. Im Theater, das sich durch eine
Inschrift eindeutig identifizieren ließ, fand man Statuen, Sitzreihen,
eine Quadriga, das Standbild des Marcus Nonius Balbus und ein
Gemälde, das Theseus' Sieg über den Minotaurus darstellt. Mit welcher Begeisterung sprach der toskanische Humanist Don Marcello
Venuti von diesen ersten Funden! Doch sie wurden beeinträchtigt
durch die Beschränktheit eines Alcubierre, der sich nur für die Statuen interessierte und die Bronzelettern der Inschriften auf den
Schutt warf. Der König hatte sich ein richtiggehendes Ausgrabungs-
monopol zugunsten des Hofes gesichert. Dies war an sich eine weise
Entscheidung: so verzettelten sich die Anstrengungen nicht, und es
ließ sich vor allem vermeiden, daß alle möglichen Leute Ausgrabungen vornahmen. Niemand durfte graben, zeichnen und Notizen machen ohne die Erlaubnis des Königs. Aber leider umgab sich der
König nicht immer mit qualifizierten Mitarbeitern, die Alcubierre
hätten überwachen können. In Herculaneum wurden die Arbeiten
1745 eingestellt. Am 23. März 1748 begann der Geistliche Marto-
relli, ein Neapolitaner, mit den Ausgrabungen in Pompeji; diesem
stand weiterhin Alcubierre zur Seite, der allerdings glaubte, Stabiae
freizulegen. So erklärt es sich, daß man 1948 den zweihundertsten
Jahrestag des offiziellen Ausgrabungsbeginns feierte. Die Grabungen begannen 200 m vom Fortuna-Tempel entfernt, in der Nähe
der Kreuzung der Via Stabiana und der Via di Nola. Die Ausbeute
war interessant: Einrichtungsgegenstände, Münzen, Statuen, Fresken
und am 19. April der erste Leichnam. Aber Alcubierre war der Arbeit an dieser Stelle sehr bald überdrüssig – offiziell handelte es sich
ja nicht um Pompeji – und begann wieder mit Ausgrabungen in

Herculaneum. Dort entdeckte er die erstaunliche Villa der Papyri, deren Statuenschmuck und Peristyle den König und die Königin entzückten. Die Bibliothek des Hauses enthielt 1800 Papyrusrollen. 1754 nahm man die Ausgrabungen in Pompeji wieder auf, und im Jahre 1763 konnte man dank der Inschrift »*respublica Pompeianorum*« endlich Cività mit Pompeji identifizieren, ohne daß ein Zweifel blieb.

Frankreich und die neuen Entdeckungen

Frankreich[6] interessierte sich für Pompeji und Herculaneum seit den ersten Entdeckungen. Der Fürst Anne-Claude-Philippe de Caylus weilte 1715 an Ort und Stelle. Der Präsident des Brosses schrieb in Neapel seine »Lettres familières écrites d'Italie en 1739 et 1740« und stellte der Académie des Inscriptions et Belles-lettres in Paris 1749 das Buch »Descrizione delle prime scoperte della antica città d'Ercolano« vor, das Marcello Venuti 1748 verfaßt hatte.

Die neuen archäologischen Forschungsergebnisse waren in Paris wohl veröffentlicht worden, aber sie hatten keinen unmittelbaren Einfluß auf die französische Literatur; das im Klassizismus neu erwachte Interesse manifestierte sich indirekt. Die »Nouvelles Littéraires« des Abbé Raynal besprachen 1748 sehr skeptisch die Abhandlung »Mémoire sur la ville souterraine découverte au pied du Mont Vésuve«. Für die »Encyclopédie« schrieb der Chevalier de Jaucourt 1758[7] einen begeisterten Artikel über Herculaneum; auch Pompeji widmet er eine kurze Notiz. Dies alles bestätigt das wiedererwachte Interesse für die Antike im Frankreich des 18. Jahrhunderts. Die Reisenden Marigny, Le Blanc und Cochin steuerten 1751 ihr Zeugnis bei. Aber noch lange machte die Administration allen, die sich für die Ausgrabungen interessierten, die größten Schwierigkeiten. Auf dem Gelände und im Museum von Portici durften sie nur unter der Aufsicht eines Wächters Notizen machen.[8] 1754 erklärt Cochin, daß ganz Europa dringend Einzelheiten zu erfahren wünsche.

Eben zu dieser Zeit bemühte man sich in Italien, parallel zu der eigentlichen archäologischen Arbeit die ersten Ergebnisse der Ausgrabungen zu publizieren. 1755 gründete Karl III. die Akademie von Herculaneum, die trotz der typisch neapolitanischen Intrigen den Verlauf der Ausgrabungen in Pompeji und Herculaneum förderte. In Pompeji legte man die Villa der Julia Felix frei, leider wurde das Gebäude später wieder verschüttet. »Le Antichità d'Ercolano«, ein Werk von Francesco Valetta, machte 1757 durch Kupferstiche die Öffentlichkeit mit den Malereien bekannt.

Der Gesandte Frankreichs in Neapel, der Marquis d'Ossun, sandte im März 1759 den ersten Teil des Werks an Natoire, den Direktor der Académie de France in Rom, mit dem Auftrag, es an Marigny, den Bruder der Madame de Pompadour und Direktor der königlichen Bauten, weiterzuleiten. Nach und nach gab man den auf Kosten des Königs nach Rom geschickten Künstlern die Erlaubnis, nach Neapel zu reisen und an Ort und Stelle den Geist der antiken Kunst in sich aufzunehmen, den sie dann nach Paris übertragen sollten.

Caylus verfolgte den Fortschritt der Ausgrabungen von Paris aus; informiert wurde er von Barthélemy und Paciaudi, die am Ausgrabungsort geblieben waren. 1752 hatte er Zeichnungen von Gegenständen veröffentlicht, die man der unermüdlichen Aufmerksamkeit der Neapolitaner hatte entziehen können. Doch die Arbeiten der Gelehrten und Archäologen erregten bei den Schriftstellern nur ein mit Ironie vermischtes Interesse. Der Graben zwischen der Académie française und der Académie des Inscriptions et Belleslettres war tief. Voltaire, der sich sonst für alles interessierte, erwähnt Pompeji in seiner berühmten Korrespondenz mit keinem Wort. Montesquieu macht sich über seinen Freund Guasco, der im Piemont Ausgrabungen vornimmt, lustig: »Ihr seid alle Scharlatane, ihr Herren Altertumsforscher.«[9]

Die Haltung Diderots verdeutlicht diese Einstellung. 1769 berichtet er in der »Correspondance littéraire« von Grimm über das Werk eines gewissen Fougeroux, »Recherches sur les ruines d'Herculanum«[10]: »Sie haben ein schlechtes Buch geschrieben...einen unvollkommenen, trockenen Katalog.« Er macht sich lustig über Caylus, der den Wunsch geäußert hatte, sich in einer etruskischen Urne bestatten zu lassen:

Ci-gît un antiquaire acariâtre et brusque.
Ah! qu'il est bien logé dans cette cruche étrusque!

Hier ruht ein mürrischer, barscher Altertumsforscher.
Ei, wie gut ist er doch in dem etruskischen Krug
untergebracht!

Gewiß hat Diderot Sinn für die klassische literarische Tradition in den Werken Homers und Vergils, aber Altertümer sind in seinen Augen läppisches Zeug und Sammler »Pedanten und Besessene, die die Antike durch die kleine Brille der Antikomanie betrachten.« Und doch, unterscheidet sich denn die geduldige, minutiöse Arbeit der Archäologen so sehr von dem Vorhaben Diderots, das er in der Veröffentlichung der »Encyclopédie« verfolgt? Sah er denn nicht, daß es sich für sie wie für ihn um die Bestandsaufnahme einer Kultur handelte? Doch Diderot interessiert sich nur für sein eigenes Jahrhundert und übernimmt in seine »Encyclopédie« archäologische Forschungsergebnisse, die aus veralteten Büchern stammen.

Die Antike erregte die Neugier der vornehmen Gesellschaft; die Mode beweist es. 1763 schreibt Grimm, daß sich in Paris alles im griechischen Stil kleidet. Eine Komödie von Barthe, »L'Amateur«, proklamiert: »Alles ist griechisch.« Durch die zeitgenössische Kunst, die ihrerseits unter dem Einfluß der alexandrinischen Kunst steht, werden die Schriftsteller von der Antike beeinflußt. Chénier, der immerhin einige archäologische Veröffentlichungen in der Hand gehabt hat, las vor allem Homer und die Alexandriner. Herculaneum und Pompeji beeinflußten seine Dichtung nur indirekt: Vermittler waren David, mit dem er freundschaftlich verkehrte, und der Stil Louis' XVI., der pompejanische Motive verarbeitet. Diderot[11] hatte im Salon des Jahres 1763 seine Freude an der »Marchande à la toilette« von Vien, einem Bild, das sich heute in Fontainebleau befindet. Es soll laut Katalog nach einem Gemälde aus Herculaneum gemalt sein.[12]

Abbé Barthélemy allerdings, der im Winter 1756 in Portici arbeitete, schrieb das Buch »Voyage du jeune Anacharsis en Grèce«, das 1788 erschien, mit genauen Kenntnissen über die in Herculaneum und Pompeji entdeckten Gegenstände. In London und Paris informierte man sich darüber in einer Auswahlausgabe der Abbildungen aus »Le Antichità d'Ercolano«. Das Werk Barthélemys übte einen beträchtlichen Einfluß in der Zeit der Revolution und des Empire aus. Man denke z. B. nur an das Diner im griechischen Stil bei Madame Vigée-Lebrun im Jahre 1790: man servierte griechische Gerichte, die Geladenen trugen antike Gewänder und Lebrun spielte Pindar.

Die Rolle Winckelmanns

Der Einfluß der kampanischen Entdeckungen auf die französische Literatur ist also gering; er wirkt sich aber auf dem Gebiet der Kunst und der Mode aus. Die Vorliebe ist allgemein, was die Dekoration (Abb. 1) und auch, was das antikisierende Mobiliar mit seinen Dreifüßen und Sphinxen und die spartanische Sittenstrenge betrifft, die Jean-Jacques Rousseau 1760 in Mode brachte. Die Begeisterung für Pompeji umschließt den Sektor des Geistigen wie den des Dekorativen. Gegen Ende des Jahrhunderts hat Winckelmann – der bezaubernde Enthusiast, wie Grimm ihn nennt –, der gefühlsbetonte Ästhet und sensible Archäologe, gewonnenes Spiel, in Frankreich ebenso wie in ganz Europa, wo man endlich die volle Tragweite der Entdeckungen begreift, die man vorher boshaft als »neapolitanische Aufschneidereien« bezeichnet und abgetan hat. Er war der Sohn eines Flickschusters aus Stendal in der Altmark und Autodidakt. 1755 kam er nach Italien und erwarb sich in dreizehn Jahren ausgezeichnete Kenntnisse auf dem Gebiet der antiken Kunst. Ohne Hemmungen kritisierte er die erbärmlichen Methoden der Ausgräber von Herculaneum und Pompeji. Trotz eines Empfehlungsschreibens des Kurfürsten von Sachsen galt er am Hof von Portici als suspekt und durfte die im Museum aufbewahrten Kunstschätze nicht studieren. 1759 mußte Karl III. bedauerlicherweise das Königreich Neapel aufgeben, um den Thron von Spanien zu besteigen. Dank der von ihm mit größter Freigebigkeit unterstützten Ausgrabungen hinterließ er Neapel ein Museum, das in der Welt nicht seinesgleichen hatte; er betrachtete es als Staats-, nicht als

Familienbesitz. Einige Bildbände von Pasquale Carcani und vor allem die gelehrten Mitteilungen Winckelmanns, der auch hier mit kritischen Äußerungen über die Ausgrabungsmethoden nicht sparte, verbreiteten seinen Ruhm in ganz Europa. Zu diesem Zeitpunkt schlug Karl Weber neue Ausgrabungen vor; er wollte einen ganzen Sektor systematisch freilegen und alle Arbeitskraft auf Città konzentrieren. Man entdeckte in Pompeji in der Nähe der Porta Ercolano eine Herberge, die Grabstätte der Istacidii, das Grab der Priesterin Mamia; und ganz Europa nahm Kenntnis von den Funden.[13] Durch die Briefe Winckelmanns verbreitete sich die antike Mode. In Frankreich übersetzte Philippe de Caylus den zweiten Brief Winckelmanns und löste damit eine heftige Kampagne gegen den Sachsen am Hof von Portici aus; Winckelmann durfte das Museum nicht mehr betreten.[14] Unterdessen lohnten schöne Entdeckungen die Arbeit der Ausgräber in Pompeji, wo der Spanier Francesco La Vega den Platz Karl Webers eingenommen hatte. 1764 kam das überdachte Theater ans Licht, 1765 der Isis-Tempel mit einer Inschrift, die den Namen dessen nennt, der ihn wiederaufgebaut hatte. Die Fresken in den Priestergemächern wurden Battista, dem Vater des Giacomo Casanova, anvertraut, der die Geschichte der antiken Bauwerke Winckelmanns illustriert und ihm nach einem Streit Fälschungen geschickt hatte.

1767 kehrte Winckelmann auf Wunsch des englischen Gesandten Hamilton, der in Archäologie sehr bewandert war, nach Neapel zurück. In Pompeji war Winckelmann bei der Freilegung eines Gebäudes beteiligt, das man später als die Gladiatorenkaserne erkannte. Kurz nach dem großen Vulkanausbruch von 1767, dem siebenundzwanzigsten nach 79, fand Winckelmann den Tod: auf niederträchtige Weise wurde er 1768 in einer Herberge ermordet. Es war ihm nicht gelungen, die Ausgrabungstechniken zu verbessern. Sobald man die Bestimmung eines Gebäudes erkennen konnte, gab man die Grabungen auf und suchte nur noch nach Wertgegenständen, Schmuck und Münzen. Als Pionier der Archäologie hat Winckelmann Europa die Bedeutung von Pompeji und Herculaneum enthüllt. Die Archäologie schuldet ihm für immer ein ehrendes Andenken.

Beschleunigung der Ausgrabungen

Von 1770 bis 1815 gehen die Ausgrabungen dank des Interesses
zweier hochgestellter Damen schneller voran.
Der leichtlebige und unfähige König Ferdinand I. war mit Char-
lotte, einer Tochter Maria Theresias, verheiratet, die den Namen
Caroline annahm; sie begeisterte sich für die Ausgrabungen und
interessierte auch ihren Bruder Joseph dafür, der seinerseits Ferdinand dazu veranlaßte, die Arbeiten zu unterstützen. 1771 begann
die Freilegung der Villa des Diomedes, und im Dezember 1772 fand
man in ihrem unterirdischen Gang achtzehn Leichen, unter ihnen die
eines jungen Mädchens, das 1852 Théophile Gautier zu der romantischen Novelle »Arria Marcella« inspirierte. Die Veröffentlichungen wurden fortgesetzt, aber ohne Subventionen von seiten des
Königs. La Vega stellte den ersten Generalplan der Ausgrabungen
von Pompeji auf. Aber nur noch wenige Arbeiter waren an Ort und
Stelle. Nach dem Ausbruch von 1779 hielt man das Museum von
Portici für bedroht und verlegte es nach Neapel; es wurde in einem
1580 errichteten Gebäude untergebracht, und so entstand nach einigen Vergrößerungen und Änderungen das Nationalmuseum. Der
Ruhm Pompejis verbreitete sich: Goethe besuchte die Ausgrabungs-
stätten am 11. März 1787; aber die Stadt enttäuschte ihn ein wenig.
Der englische Gesandte Hamilton, in zweiter Ehe mit Emma Lyons
verheiratet, beteiligte sich ständig an den Ausgrabungen der Stadt.
1789 sind Odeon und Theater vollständig freigelegt.
Der Krieg in Europa, der 1792 ausbrach, lähmte die Ausgrabungen.
Eine Kanonenkugel enthauptete die Reiterstatue des M. Nonius
Balbus, und im Jahre 1798 besetzte die französische Armee unter
General Championnet Neapel. Gebildet und über die Entdeckungen von Pompeji wohlunterrichtet, gab der General Befehl, die Arbeiten wiederaufzunehmen; in der Region VIII, 2, 1–5 trägt ein
Haus seinen Namen.[15] 1799 räumte Frankreich den Thron, 1806
besetzte es ihn wieder. Joseph Bonaparte übertrug einem Korsen,
Christoph Saliceti, die Ausgrabungsarbeiten und stellte ihm ein-
hundertfünfzig Arbeiter zur Verfügung. Aber Geldmangel setzte
den Arbeiten enge Grenzen; man beschränkte sich auf die unmittel-

bare Umgebung des Hauses des Sallust in der Straße des Merkur.
1808 bestieg Joseph den Thron in Madrid und überließ seinen Platz
Murat, einem Mann, der sich für Archäologie begeisterte. Die Königin Caroline hatte ebenfalls großes Interesse an den Ausgrabungen. Sie siedelte nach Portici über, leitete die Arbeiten und verwendete ihre persönlichen Einkünfte dafür. In ihrer Korrespondenz
verbreitete sie die neuesten Nachrichten über die Funde. Sie zeigte
sie ihren Gästen, u. a. auch der Schwägerin des Zaren am 6. April
1811, und schenkte ihr das zweibändige Werk des Francesco Pira-
nesi, des Sohnes des Giambattista, über das Theater von Herculaneum. Ch.-Fr. Mazois veröffentlichte die »Ruines de Pompéi« in
zwei Bänden, ergänzt durch Gau in den Jahren 1822 bis 1839. Man
stellte die Stadtgrenzen fest und legte die Mauern im Bereich der
Via consularis frei; am Theater und an der Basilika wurde gearbeitet. Man entdeckte neue Skelette und nahe dabei einen Münz-
schatz. Am 11. April 1815 besuchte Caroline noch die Ausgrabungs-
stätten, am 17. zeigte sie sie Jérôme Bonaparte, am 18. Joseph. Als
Napoleon besiegt war, mußte Murat mit Caroline fliehen, die sich
freiwillig gefangennehmen ließ und dann in Triest lebte.

Verlangsamung der Ausgrabungen

Mit der Rückkehr der Bourbonen verlangsamten sich die Ausgrabungen bis zum Jahre 1860. Ferdinand I. kam allein nach Neapel
zurück, Caroline, die Königin beider Sizilien, war tot. Er hatte
kaum Sinn für die Belange der Archäologie. Die Stelle von La
Vega, der 1815 gestorben war, nahm Antonio Bonnucci ein; die
Ausgrabungsplätze waren verödet; 1818 arbeiteten dort nur noch
dreizehn Arbeiter.
Pompeji wird zur Attraktion. Für berühmte Gäste inszeniert man
Entdeckungen, indem man kurz vor ihrem Erscheinen Gegenstände
vergräbt. Grund und Boden, den Murat angekauft hat, wird wieder
verkauft. Die Unruhen von 1820, ausgelöst durch die Rebellion des
Generals Pepe, der Ausbruch des Vesuvs von 1822 verlangsamen die
Arbeiten noch mehr. 1823 legt man das Forum und die zugehörigen
Monumente frei, außerdem das Viertel um das Theater, die Gladia-

torenkaserne, den westlichen Teil der Stadtmauer, die Viertel in der Nähe der Porta Ercolano, einen großen Teil der Gräberstraße, das Amphitheater und Häuser, die im Norden die Via Stabiana säumen. 1824 gräbt man den Tempel der Fortuna Augusta und die Thermen auf dem Forum aus, wo man 718 Öllampen findet. Franz I., König seit 1825, interessiert sich mehr als sein Vater für Pompeji. Man legt das Haus nördlich der Thermen auf dem Forum, eine Bäckerei, das Haus des tragischen Dichters frei. Besuche von Monarchen häufen sich: 1826 kommt Leopold I. von Belgien, Ludwig von Bayern 1829. Der König läßt die Ausgrabungen in Herculaneum wiederaufnehmen.

Sein Sohn, Ferdinand II., der ihm 1830 nachfolgt, zeigt weniger Interesse. Man gräbt das Haus des Fauns aus, wo man das große Mosaik der Alexanderschlacht bei Issos findet. Diese Entdeckung erregt sofort ungeheures Aufsehen. Doch es mangelt an Geldmitteln; die Arbeiten in Pompeji verlangsamen sich wieder, in Herculaneum werden sie 1855 ganz eingestellt. Pius IX., der sich 1849 nach Gaeta geflüchtet hatte, besichtigt Pompeji. 1851 kommt Maximilian, der Bruder Franz Josephs von Österreich. Nach dem Attentat vom 8. Dezember 1856 tritt Ferdinand II. den Thron an Franz II. ab, der sein Königreich 1860 unter dem Druck der Anhänger Garibaldis verläßt. Am 7. September zieht Garibaldi in Neapel ein, 1861 geben die Bourbonen in Gaeta ihren Widerstand auf. Garibaldi bietet Alexander Dumas, der ihn unterstützt hatte, die Leitung des Museums und der Ausgrabungen und den Palazzo Chiaramonti als Residenz an. Dumas will französische Architekten hinzuziehen, aber die Neapolitaner demonstrieren vor dem Palazzo gegen diesen Plan. Schließlich weicht Garibaldi der Schläue Cavours, der piemontesischen Armee und Viktor Emanuel II. Im Rahmen des neuen Königreiches Italien sollte nun eine neue Epoche für die pompejanische Archäologie anbrechen. Wenn auch Rom noch nicht die politische Hauptstadt war, so blieb doch Pompeji die Hauptstadt der Archäologie.

2. Die Ära der wissenschaftlichen Ausgrabungen

Nach den sporadischen und von der Methode her angreifbaren
Recherchen der Altertumsforscher, nach der langen Periode der
Schatzsuche, in der das Museum mehr galt als die Ausgrabungsstät-
ten, nachdem Pompeji Schauplatz so vieler Komödien gewesen war,
die man vor den gekrönten Häuptern Europas hatte abrollen lassen, mußten nun endlich ernsthafte, wissenschaftlich fundierte Untersuchungen beginnen. Schon Chateaubriand verlangte, daß man
alles an Ort und Stelle lassen solle, weil man seiner Meinung nach
bei einem Gang durch Pompeji mehr lernen konnte als bei der Lektüre antiker Schriftsteller. Es gereicht der piemontesischen Dynastie
zur Ehre, daß sie dies begriffen hat, daß sie die besten Archäologen
als Leiter der Ausgrabungen berief, daß sie die Freilegung der Stadt
planmäßig vorantrieb und das Leben Pompejis der historischen
Wahrheit getreu wiederzuerwecken verstand. Dies Leben war nun
nicht mehr nur Vergangenheit, es gewann wieder Bedeutung für die
Gegenwart.

Giuseppe Fiorelli und die Begründung einer wissenschaftlichen Methode [16]

Viktor Emanuel verstand sofort – und sei es nur um des Ruhmes
seiner Dynastie willen –, wie wichtig es war, die unter der Herrschaft der Bourbonen vernachlässigten oder lässig betriebenen Ausgrabungen wieder aufzunehmen. Er schuf einen Fonds, um die Arbeiten zu finanzieren; vor allem aber ernannte er am 20. Dezember
1860 Giuseppe Fiorelli zum Direktor, den Mann, der sich für
diesen Posten am besten eignete. Er war Numismatiker, siebenunddreißig Jahre alt und begeistert von der Ausgrabungsarbeit;
1848 hatte man ihm bereits die Beschreibung ausgegrabener Objekte
übertragen. Neider ließen ihn wegen seiner liberalen Ansichten
gefangensetzen. Als er aus dem Gefängnis kam, war er stellungslos;
da bot sich ihm die Chance, dem Bruder des Königs Franz II., dem
Prinzen von Syrakus, zu beweisen, daß die römischen Leichen, die
angeblich unversehrt in Cumae entdeckt worden waren, aus Wachs

modellierte Gesichter hatten. Seine Aufrichtigkeit als Wissenschaftler und seine kritische Haltung verhalfen ihm zum Posten des Sekretärs beim Prinzen von Syrakus. Viktor Emanuel erkannte seine Begabung. Fiorelli wurde auch zum Professor für Archäologie an der Universität von Neapel ernannt; zwischen 1860 und 1864 veröffentlichte er ein dreibändiges grundlegendes Werk »Pompeianorum Antiquitatum Historia«, das die ganze Geschichte der Ausgrabungen in Pompeji festhält.

Am 7. Januar 1861 arbeiteten 512 Ausgräber an Ort und Stelle. Man brauchte eine neue Methode, um das wahre Gesicht Pompejis wiederherzustellen. Die erste Vorbedingung war ein detailliertes Tagebuch über die Ausgrabungen und nicht simple Berichte über Besuche gekrönter Häupter oder ein ungenaues Verzeichnis der Funde, das weder eine Beschreibung des Mauerwerks gab, noch Angaben über die genaue Lage machte. Das Ausgrabungstagebuch mußte eine Art erster wissenschaftlicher Prüfung der Objekte enthalten; am Anfang hatte es noch einige Mängel. 1876 beginnen in den »Notizie degli Scavi delle Antichità« in regelmäßigen Abständen Berichte über die Ausgrabungen zu erscheinen, wie dies seit 1874 im »Bollettino di Corrispondenza archeologica« des Deutschen Archäologischen Instituts üblich war. Man verfügt außerdem über Berichte, die Fiorelli selbst verfaßt hat in den Jahren, in denen er die Ausgrabungen leitete; »Gli Scavi di Pompei dal 1861 al 1872«, erschien 1873 in Neapel.

Vergessen wir nicht, daß man vor Fiorelli oft blindlings darauf losgegraben hat und dabei den Schutt in unmittelbarer Nähe des Ausgrabungsplatzes aufhäufte. Wollte man dann ein freigelegtes Gebäude besichtigen, mußte man zuerst über Erdhaufen klettern. Die freigelegten Gebäudeteile (Säulen, Gemälde) waren der Witterung ausgesetzt und verfielen rasch. Fiorelli schloß einen Vertrag mit einem Unternehmer, der die Beseitigung des Schutts übernahm, und begann die freigelegten Häuser und Tempel miteinander in Verbindung zu bringen. Zu diesem Zweck mußte ein vorläufiger Plan der Straßen und Gäßchen der Stadt aufgestellt werden; er erlaubte Fiorelli, Pompeji in Regionen und Häuserblocks aufzuteilen und jedes Wohnhaus, jeden Laden mit einer Kennummer zu versehen.

Das System wurde, kaum abgewandelt, bis heute beibehalten. Außerdem unterließ man es fortan, zuerst die Straßen zu räumen, weil die Gefahr bestand, daß dabei die angrenzenden Häuser einstürzten. Man legte die Häuser frei, indem man sich zunächst durch das Dach Zugang verschaffte. Mit Hilfe kleiner Kipploren schaffte man im Verlauf der Ausgrabungen den Schutt weg. Nachdem die meisten Stadtteile im Westen von Schutt befreit waren, machte man sich an die östlichen Regionen.

Fiorelli beschloß, die Malereien und Fresken nicht mehr von ihrem originalen Untergrund abzulösen, sondern sie an Ort und Stelle zu lassen. Er, der die Überwachung der Arbeiten sehr ernst nahm und alles genau kontrollierte, entdeckte 1863 auch die Methode, wie man durch Abgüsse die jeweilige Stellung und Haltung der vom Tode überraschten Pompejaner konservieren konnte. Das Drama Pompejis wurde gegenwärtig. Die kleinsten Einzelheiten des Alltags konnten erhalten werden, das Körbchen mit verkohlten Bohnen und Zwiebeln, das im Lupanar gefunden wurde, die einundachtzig verkohlten Brote im Ofen des Bäckers; sie waren rund und in Achtel unterteilt wie die Einpfünderbrote, die noch heute in der Gegend von Neapel und in der Stadt selbst gebacken werden. 1869 führte Fiorelli Viktor Emanuel durch das Ausgrabungsgelände; dieser fand die Ausgrabungen so interessant, daß er 30 000 Lire aus seiner Privatschatulle zur Finanzierung beisteuerte. Unter den neuen Funden sind zu erwähnen das Lupanar, das sich anhand seiner kleinen Zimmer, der Stellen, an denen die Betten gestanden hatten, der Gemälde und Inschriften eindeutig identifizieren läßt, eine Bäckerei und das Haus des Caecilius Iucundus (V, 1,26). Fiorelli interessierte sich auch für Herculaneum, wo er die Arbeiten wieder in Gang brachte. Aber 1875 ging er nach Rom und übernahm die Generaldirektion der Museen und Ausgrabungen. Sein Verdienst ist es, eine Methode erarbeitet und den festen Willen bewiesen zu haben, sie auch anzuwenden.

Von Michele Ruggiero (1875–93) bis Vittorio Spinazzola (1910–24)

Michele Ruggiero

Michele Ruggiero, in seiner Eigenschaft als Architekt Mitarbeiter Fiorellis seit 1864, übernahm 1875 die Leitung der Ausgrabungen und behielt sie bis 1893. Zunächst war de Petra sein Assistent, dann de Petra zusammen mit Sogliano. Was den Arbeitseifer, was die Neuorientierung in der Methode der Restauration, was die Resultate der Entdeckungen betrifft, so war diese Periode der Ausgrabungen in Pompeji eine der erfolgreichsten. Sie begann unter dem glücklichen Vorzeichen der Veröffentlichung der Rechnungstafeln, die zwei Jahre zuvor im Haus des Caecilius Iucundus (V, 1,26) entdeckt worden waren.

Nach der Erforschung des Stadtbildes von Pompeji im großen durch Fiorelli beschäftigten sich die Ausgrabungen nun mit den oberen Stadtvierteln. Man versuchte, sich an das östliche Tor des oberen *decumanus*, an die Porta di Nola, heranzuarbeiten. 1877 bis 1878 wurde das ganze Gelände der Zentralen Thermen ausgegraben; es zeigte sich, daß die Bauarbeiten nicht abgeschlossen, d. h., daß sie erst nach dem Erdbeben von 62 errichtet worden waren. Man wählte eines der schönsten Häuser im Ostteil (IX, 8,3) und widmete es dem achtzehnhundertsten Jahrestag der Katastrophe, die Pompeji begrub. Dort entdeckte man die Statue des Satyrn mit dem Weinschlauch und die Gemälde von Bacchus und vom Vesuv. Man erforschte die *insulae* der Region IX (4,5,6,7 in den Jahren 1877–80; 8, 1880/81 und 1886–89), dann die *insulae* der Region V an der Via di Nola und der Via Stabiana (1, 1875/76; 2,3,4, 1881–87). Als man im Jahre 1891 an der *insula 2* die Arbeiten wiederaufnahm, entdeckte man das Haus der silbernen Hochzeit (V, 2), dessen korinthischer *oecus* ein schönes Beispiel für den Einfluß der hellenistischen Architektur auf das pompejanische Haus liefert.

Die schwierigste und verdienstvollste Arbeit wurde bei der Ausgrabung der *insula 2* in der Region VIII zwischen 1883 und 1891 geleistet. In diesem Viertel schmiegen sich mehrgeschossige Häuser an die Flanke eines antiken Lava-Ergusses. Zwischen 1886 und 1887 wurde entlang der südlichen Mauer eine Gruppe von Gräbern entdeckt, die einen Weg säumte, der Pompeji mit Nocera verbunden haben dürfte. 1889 legte man die Porta di Stabia frei und fand zwei Gräber. Ab 1878 untersuchte Ruggiero das antike Küstengebiet von Pompeji. Die achtundvierzig Skelette, die man auf dem Landgut Valiente in Richtung auf den Sarno hin fand, bestätigten, daß die meisten Opfer des Vulkanausbruchs unter den Einwohnern zu suchen waren, die aus den Toren der Stadt flüchteten, den Hafen und die Küste aber nicht erreichen konnten. Schließlich wagte man sich auch an stratigraphische Untersuchungen: von Duhn und Jacobi am griechischen Tempel des Forum triangulare (1889), am gleichen Platz Sogliano im Jahre 1890 und auch an der Südostecke der Basilika (1884) und auf dem Gebiet des Macellum (1884), allerdings ohne greifbare Resultate.

Das Beste an Ruggieros Arbeit ist seine klare Einsicht in das Phänomen des Untergangs von Pompeji. In seinen Restaurationsarbeiten überwand er die Skrupel Fiorellis und respektierte dabei doch die originalen Strukturen. Seine beiden großen Erfolge sind das Atrium im Haus der silbernen Hochzeit und das Haus mit dem überhängenden Balkon (VII, 12,28). Von den siebenhundert Gemälden, die er entdeckte, schickte er nur fünfzig ins Museum von Neapel, in den anderen Fällen stellte er die Mauern, die die Bilder tragen, wieder her, um sie an Ort und Stelle behalten zu können.

Giulio de Petra

Giulio de Petra (1893–1901 und 1906–10) war der geeignete Nachfolger. Sein Ruf als Wissenschaftler war seit der Entzifferung der *tabulae ceratae* des L. Caecilius Iucundus und durch seine langjährige Tätigkeit als Inspektor der Ausgrabungen fest begründet. Die siebenjährige Amtszeit de Petras kann als einer der arbeitsreichsten Abschnitte der Ausgrabung bezeichnet werden. Die berühmtesten Bauten kamen ans Tageslicht: das Haus der Vettier (VI, 15,1), das Haus des Lucretius Fronto (V, 4,11) und schließlich die Mysterienvilla.

In den ersten Jahren setzte man lediglich – und mit gutem Grund –

die Räumung der nördlichen Stadtviertel fort, d. h. der Regionen
V und VI. 1893 befreite man endlich das grandiose *caevidium* des
Hauses der silbernen Hochzeit (V, 2) von den Schuttmassen. Das
Haus hatte seinen Namen zu Ehren des Besuches von Umberto und
Margherita von Savoyen erhalten. Von August 1894 bis November
1895 legte man ein Haus frei, das sich als das schönste erweisen und
schließlich das bekannteste Gebäude von ganz Pompeji werden soll-
te: das Haus der Vettier (VI, 15,1) und die ganze *insula* 15. Vom
24. Februar bis 14. September grub man das kleine wunderschöne
Haus des M. Lucretius Fronto aus (V, 4,11). 1899 wurde die Gladiatorenkaserne (V, 5,3) an der Via di Nola teilweise freigelegt.
In den Jahren 1897/98 kam ein Teil des Mauerwerks zwischen den
Türmen X und XI der Befestigung ans Licht, ein Vorspiel für künftige Forschungsarbeiten. Man begann mit Ausgrabungen an der
Terrasse hinter der Basilika, wo man schließlich Reste eines Tempels fand, der der Schutzgöttin der Stadt, der *Venus Pompeiana*,
geweiht war. Nur oberflächlich untersuchte man den Jupiter- und
Apollon-Tempel und das angebliche Gefängnis (*aerarium*) auf dem
Forum. Das Hauptaugenmerk richtete sich in dieser Zeit auf die
wichtigen und unerwarteten Entdeckungen in der unmittelbaren
Umgebung Pompejis und auf dem Lande. Es zeigte sich, daß man
nun die beiden Hauptprobleme der antiken Topographie zu lösen
hatte: die Lage des *pagus suburbanus* und des antiken Hafens. Tatsächlich weckte die Entdeckung einer Inschrift der *magistri* des *pagus
Augustus Felix suburbanus* (Oktober 1897), eines schönen Mosaiks
in der sogenannten Akademie des Platon (Juli 1897) und einer
Jünglingsstatue aus Bronze (November 1900) die Hoffnung, daß
man die ersten Bestandteile des wichtigsten *pagus* von Pompeji ge
funden hatte. Zur gleichen Zeit behauptete ein Privatmann, der von
der Begeisterung für Pompeji und vom Ausgrabungsfieber besessen
war, Gennaro Matrone, im sumpfigen Gelände südlich der Stadt die
Küste und den Hafen Pompejis entdeckt zu haben. Er entdeckte
eine Villa maritima (1899–1901), und mit viel Phantasie identifizierte er sie mit der Villa Ciceros; unter den Skeletten von Menschen, die vor dem Ausbruch geflüchtet waren, wollte er auch das
Skelett von Plinius gefunden haben. Seine gewagten Schlußfolge-

rungen weckten viel Polemik und heftige Meinungsverschiedenheiten unter den Mitgliedern des Ausgrabungsdirektoriums.

Mit viel Glück gelingt es privaten Ausgräbern, zahlreiche Villen freizulegen; einige davon sind mit Malereien und Kunstgegenständen ausgestattet, die für uns sehr wertvoll sind, weil sie uns den ersten klaren Einblick in den *ager Pompeianus* vermitteln. Die letzte Periode der Amtszeit de Petras war leider gekennzeichnet durch bedauernswerte Verluste, durch skandalöse Spekulationen von Politikern und Geschäftsleuten, die zu Unrecht den ehrenhaften, seriösen Charakter Giulio de Petras befleckten. In die zweite Periode seiner Direktion von 1906 bis Juli 1910 fällt auch die für die Malerei wichtigste Entdeckung, die der Mysterienvilla (lange Zeit Villa Item nach dem Besitzer genannt); da sie rechtzeitig vom Staat erworben wurde, kam es nicht zu einem anderweitigen Verkauf: letzte Großtat eines Wissenschaftlers, der das Opfer unverdienten Unglücks wurde.

De Petra war der kühnste Neuerer auf dem Gebiet der Restaurationsmethoden. Herangebildet in der Schule des hervorragenden Architekten Ruggiero und unterstützt von einem ausgezeichneten Techniker wie Cozzi, zögerte er nicht, Dächer und Mauern zu restaurieren und Pompeji ein neues Gesicht zu geben. In der Epoche eines Fiorelli hätte man ein solches Vorgehen sicher verurteilt. De Petra restaurierte das Dach des rhodischen Peristyls im Haus der silbernen Hochzeit (V, 2), des Peristyls und des Saales im Haus der Vettier (VI, 15,1), das Dach der oberen Etage des viersäuligen Atriums in einem Haus der Region VI (15,10), des Hauses des M. Lucretius Fronto (V, 4,11). Wir verdanken ihm auch die methodische Wiederherstellung der Gärten des pompejanischen Hauses, eines weiteren wesentlichen Elementes, das Leben und Atmosphäre der wiederentdeckten Stadt mitbestimmte.

Ettore Pais

Der große Historiker Ettore Pais war vom 25. März 1901 bis zum 5. Juni 1905 Direktor des Museums von Neapel und der Ausgrabungen von Pompeji. Dank seinem energischen Einschreiten wurde das allzu großzügige Entgegenkommen, dessen sich private Ausgräber erfreuten, die am Schleichhandel mit Entdeckungen im *ager Pompeianus* interessiert waren, eingeschränkt. Aber seine Amtszeit war zu kurz, als daß er radikale Neuerungen in das Ausgrabungsprogramm hätte einführen können. Die Instandsetzung des Nationalmuseums von Neapel nahm ihn sehr in Anspruch, denn infolge der Entlassungen von Wissenschaftlern und Technikern durch seinen Vorgänger konnnte er nur über relativ wenige Mitarbeiter verfügen.

Die Arbeiten in den nördlichen Stadtvierteln zwischen der Region V und VI gingen weiter; man wollte die Ausgrabungen entlang der Via Stabiana und der Via di Nola vervollständigen. Von 1901 bis 1902 legt man die Reste der Porta Vesuvio, die eingestürzt war, frei, ebenso das wichtige Bauwerk, an dem man das System der Wasserversorgung der Stadt studieren konnte, das *castellum aquae*, das sich an den *agger* der Stadtmauer und an das Tor anlehnte. Das letzte Stück der Via Stabiana wurde ebenfalls freigelegt; nun konnte man die Grenzen des bewohnten Gebiets entlang dem *cardo maximus* festlegen. Weitere Wohnhäuser entdeckte man zunächst in der *insula 4* der Region V neben dem schönen Haus des M. Lucretius Fronto (V, 4,11) und fand zwei Häuser, von denen eines nach einem Gemälde, das die Legende der Rhea Silvia darstellt, Haus der Ursprünge Roms genannt wird. Die Arbeit ging dann weiter in der *insula 3* entlang der Via di Nola. 1903 entdeckte man bei der Freilegung der Via Stabiana das Haus der Ara Maxima (VI, 15,16), das wichtig für die Kenntnis des römischen Herkules-Kultes ist, und die kostbare Casa degli Amorini dorati (VI, 16,7), die 1905 vollständig ausgegraben war. Ein Beispiel für das große Patrizierhaus mit einem der größten viersäuligen Atrien Pompejis bot das Haus des Obellius Firmus (IX, 10,1–4). 1903 begannen die Ausgrabungen, sie wurden 1905 wiederaufgenommen und 1911 abgeschlossen. Nach der Erforschung des Dionysos-Theaters in Athen durch Dörpfeld und Reisch fesselte die Bühne des Theaters von Pompeji natürlich die Aufmerksamkeit der Wissenschaftler. 1902 unternahmen Dörpfeld und Mau die ersten Bohrungen, 1906 setzten sie ihre Arbeiten fort. Zum zweiten Mal nach den oberflächlichen Untersuchungen von Duhn und Jacobi am dorischen Tempel wandte man hier die Methode der Bohrung im Kellergeschoß eines pompejanischen Bauwerks an.

1901 schloß man die Ausgrabungen im *pagus maritimus* ab, soweit sie ohne Trockenlegungen durchführbar waren; eine Bronzestatuette des Herkules Epitrapezos konnte der Sammlung des Museums hinzugefügt werden.

Unter der Direktion de Petras hatten sich schwierige Rechtsstreitigkeiten angehäuft: Differenzen mit privaten Eigentümern bei der Verteilung und Schätzung der gefundenen Objekte, Differenzen mit den Besitzern verschiedener Landparzellen, die zum Stadtgebiet gehörten und den normalen Fortschritt der Ausgrabungen notwendigerweise hemmten. Gewisse Entscheidungen traf Pais mit der Absicht, die bisher geleistete Arbeit zu kritisieren und gegen sie zu polemisieren: z. B. ließ er die Mauern der Räume, die mit Schutzdächern zu versehen waren, vorher nicht erhöhen. Er rechtfertigte sich mit der Scheinbegründung, so könne Arbeit eingespart werden; im Grunde verurteilte diese Maßnahme alles, was man seit Ruggiero für die Konservierung der Wandgemälde und Dekoration Pompejis *in situ* unternommen hatte.

Aber der Wunsch nach Neuerungen trug auch Früchte: Pais ersetzte das alte System der Kipploren durch eine Feldbahn, mit deren Hilfe die Schuttmassen weggeräumt und in Sanierungsgebiete an der Küste transportiert werden konnten.

Antonio Sogliano (März 1905 bis Ende 1910)

Er hatte unter der Direktion Ruggieros und de Petras seine Studien absolviert, einen Posten innegehabt und gedachte, deren Nachfolger zu werden. Deshalb hatte er bereits 1901 den *Lincei* sein Arbeitsprogramm vorgelegt: Abtransport des alten Ausgrabungsschutts und Lagerung weit außerhalb der Stadtmauern, systematische Erforschung des *pagus suburbanus* jenseits der Porta Vesuvio, Ausbau des Museums und Untersuchung der unterirdischen Anlagen der Stadt. Er erwarb das Besitztum Grosso-Ferrari, das die Ausgrabun-

gen an der Via dell'Abbondanza behinderte, aber er konnte seine
Pläne nicht ausführen; Spinazzola profitierte von seinem Kauf.
Fünf Jahre lang blieben die Ausgrabungen auf dem Stand, den
de Petra erreicht hatte. Sogliano beschränkte sich auf die Konsoli-
dierung des Erreichten und legte weder eine neue *insula* noch ein
neues Haus frei. Er trieb die Ausgrabungen nördlich des Hauses der
silbernen Hochzeit (V, 2) bis zur Stadtmauer nicht voran – wie es
wünschenswert gewesen wäre –, er beschäftigte sich auch nicht mit
dem unteren Teil des *decumanus,* der Via dell'Abbondanza. Es sind
allerdings einige Fortschritte jenseits der Porta di Nola zu verzeich-
nen, wo die schöne Grabstätte mit Exedra der Aesquillia Polla freigelegt wird. Bedauerlich sind aber die Konzessionen, die man der
Ferrovia Circumvesuviana macht. Vor der Porta Vesuvio findet
man eine nicht weniger bedeutende Gräbergruppe, unter anderen
das Grab des Aedilen Vestorius Priscus, das mit Szenen aus dem
Leben des Verstorbenen dekoriert ist. Ein anderer Teil der samnitischen Nekropole findet sich unter dem Garten der Villa mit den
Mosaiksäulen, einer Villa, deren Gesamtanlage zu erforschen bislang
nicht gelungen ist.
Während der Amtszeit Soglianos begann die Diskussion über einige
der wichtigsten Fragen der pompejanischen Archäologie: über die
sogenannte etruskische Säule, über die Architektur der Basilika;
über Plan und Aufbau des Forum triangulare, der Bühne und der
Befestigungsanlagen. Doch es gelang der Forschungsarbeit Soglianos
nicht, diese Probleme zu lösen, auch nicht die Fragen, die die pompejanischen Stadtbehörden betrafen. Er kam zu keinem endgültigen
Resultat, weil er verbissen nach einem zweiten Pompeji suchte, das
seiner Meinung nach nach der Katastrophe von 79 erbaut sein
mußte.
Wirkungsvoller waren während dieser Jahre die Schutz- und Re-
staurationsmaßnahmen, die dank der Mitarbeit des begabten Architekten Cozzi mit Kühnheit angepackt und glücklich durchgeführt
wurden: die Restauration des korinthischen *oecus* im Haus der silbernen Hochzeit (V, 2), der das schönste Beispiel für einen *oecus*
mit Säulen im pompejanischen Haus liefert; die Wiederherstellung
des Peristyls in der Casa degli Amorini dorati (VI, 16,7); die Neu-

gestaltung des *cenaculum* im Haus des Cenaculums in der Region V und des Portikus im Haus des Sallust (VI, 2,4), des Bades in der Villa des Diomedes und des Balkons am Lupanar, vor allem aber der Schutz der zahlreichen Gemälde durch Trockenlegung der Mauern und durch Auflegen einer Bleilamelle. Das Hauptproblem, das Sogliano geradezu beängstigte, war die Konservierung der pompejanischen Ausgrabungen. Er wandte sehr viele, verschiedene technische Hilfsmittel an, die noch heute in Gebrauch sind.

Vittorio Spinazzola

Die fünf Jahre, die seiner Amtszeit vorausgingen, waren angefüllt mit inneren Streitigkeiten und einer neuen Krise in der Leitung der Ausgrabungen. Sie hatten trotzdem in der Entdeckung der Mysterienvilla einen brillanten Abschluß gefunden. Nachdem Sogliano Pompeji verlassen hatte, um sich ganz seiner Professur zu widmen, nach der Periode, in der die Leitung unverständlicherweise bei einem Verwaltungsbüro in der Soprintendenza von Neapel gelegen hatte, und nach der unwiderruflichen Entlassung de Petras berief man in die Leitung und Oberaufsicht über die Ausgrabungen den glühenden Enthusiasten Vittorio Spinazzola, der den weiteren Arbeiten (1910–24) den Stempel seiner Persönlichkeit aufdrückte.

Als erstes schlug er vor, die Freilegung der nördlichen Stadtviertel, die seit kurzem über einen Bahnhof der Ferrovia Circumvesuviana an der Porta di Napoli leicht zu erreichen waren, und des oberen Teils des *decumanus* ganz einzustellen und statt dessen die Entdeckung der südlichen Stadtteile voranzutreiben, die von den Ausgrabungen an den ersten *insulae* der Region I noch kaum berührt waren; außerdem wollte er die unterbrochene Arbeit längs des unteren *decumanus* kurz hinter den schönen Häusern des Epidius Rufus und des Epidius Sabinus wiederaufnehmen.

Sein Ziel war es, das Stadtzentrum mit dem Amphitheater zu verbinden, das bislang von der bewohnten Zone noch abgeschnitten war, und die Straße zum östlichen Stadttor, zur sogenannten Porta di Sarno, zu finden: ein umsichtiges Programm, weil es sich mehr dem Stadtplan anpaßte als der blinden Erwartung glücklicher Zu-

fallsentdeckungen und weil dadurch eher das wirtschaftliche Leben
der Stadt im Bilde ihrer Hauptstraße deutlich werden sollte; dies
erschien wichtiger als neue Häuser zu entdecken. Aber die Schwierigkeiten und Hindernisse häuften sich. Die Beschränkung auf die
Fronten der Gebäude zu beiden Seiten einer Straße, die in einer
Länge von 600 m freizulegen war, bedeutete, daß man nicht nur
auf die Ausgrabung schöner und vielversprechender Häuser verzichten mußte, sondern auch auf die genaue Kenntnis des Verwen-
dungszwecks eines Ladens, eines Geschäfts, von Gebäuden besonderer Form; man war dann allein auf die Interpretation von
Reklamebildern, Wahlplakaten oder Graffiti auf den Fassaden angewiesen, die aber nur selten eindeutig waren und in einem einleuch-
tenden Zusammenhang mit dem Hausinneren standen. Außerdem
mußte man die Fassaden gegen den Druck und die Feuchtigkeit der
dahinterliegenden Erdmassen schützen. Man konnte sich also nicht
an den ursprünglichen Plan halten; wenn man besonders inter-
essante Räume fand, arbeitete man sich bis zum Hintergäßchen in
die *insula* vor. So ergaben die Ausgrabungen auf den ersten vier-
hundert Metern ein unzusammenhängendes Bild; sie ähnelten einem
Fluß, der sich ausweitet und wieder verengt; bis heute hat man diesem Mangel an Kontinuität nicht abhelfen können.
Es ist nur zu wahr, daß sich das Leben einer Straße nicht von dem
der angrenzenden Häuser trennen und daß sich die Natur eines
Raumes oft nicht allein durch die Türöffnung und die Inschriften
bestimmen läßt. So gibt es denn nach wie vor Gebäude, deren Verwendungszweck nicht bekannt ist oder nicht eindeutig bestimmt
werden kann, wie z. B. die bekannte Schola Iuventutis, der Ver-
sammlungssaal der Jugend. Man hätte besser ganz darauf verzichten
sollen, die reichen Häuser auszugraben, und die Arbeiten auf die
Läden, Geschäfte und die anstoßenden Räumlichkeiten beschränken
sollen; so hätte man den gesamten Rahmen des wirtschaftlichen Lebens rekonstruieren können. Aber damit hätte man den Ausgräbern
eine schmerzliche Wahl aufgezwungen. Der Erste Weltkrieg unter-
brach die Arbeiten, noch bevor die Hälfte des Programms durchgeführt werden konnte und bevor das Amphitheater erreicht war.
Sich an eine einzige Straße zu halten, ist für den Ausgräber aber

auch von beträchtlichem Vorteil: Einheitlichkeit der Restauration und der Konservierung von Malereien, Reklame-Inschriften, der Einrichtungsgegenstände in den Läden, all dies zusammen enthüllte ein ungeahntes Pompeji. Keine andere Straße von Pompeji, keine antike Straße überhaupt konnte einen so lebendigen, farbigen Eindruck vermitteln. Man begreift daher die Begeisterung über die neuen Ausgrabungen an der Via dell'Abbondanza. Sie waren für die Öffentlichkeit zwar zunächst nicht zugänglich, doch das Interesse wurde wachgehalten durch Berichte von Journalisten, durch den Beifall der Privilegierten, denen ein Besuch gestattet wurde, und den Protest derer, die nicht zugelassen wurden.

Dieser Abschnitt der Amtszeit Spinazzolas wurde getrübt durch Untersuchungen, die dem Andenken dieses Mannes nicht allzu gut taten, der doch Pompeji sehr geliebt, viel für die Stadt getan und für uns heute den Überblick über das genannte Straßenstück geschaffen hat. Denn verschiedene Malereien, die wohl der Reklame gedient haben (die Venus auf der Quadriga mit Elefanten, die Prozession der Kybele, das Geschäft des Verecundus, die Büsten von Gottheiten auf dem Architrav eines Ladens), gehören zu den eigentümlichsten Zeugnissen, die wir von dieser Art populärer Malerei voll provinzieller Frische besitzen.

Spinazzola entdeckte auch die *fullonica Stephani,* ein Beispiel für einen kleinen Industriebetrieb in einem Privathaus, und das *thermopolium* der Asellina. Er wählte für seine Ausgrabungen die Häuser aus, die er für die reichsten hielt: das Haus des Paquius Proculus (I, 7,1) mit einem der schönsten Mosaiken; die Casa del Criptoportico (I, 6,2), wo man Dekorationen im II. Stil fand; das Haus der Ceii, das Haus des Trebius Valens (III, 2,1), das des Pinarius Cerialis (III, 4,4) mit dem schönen Gemälde der Iphigenie in Aulis, das Haus des Moralisten und vor allem das Haus des Loreius Tibertinus (II, 2,2) mit seinem weitläufigen Garten. Diese wunderbare Anlage hätte auf der Stelle eine gesonderte Veröffentlichung verdient; deren Fehlen machte sich lange Zeit schmerzlich bemerkbar.[17]

Amedeo Maiuri
A. 1924–41

Siebenunddreißig Jahre lang (vom 1. September 1924 bis zum
1. Oktober 1961) stand Amedeo Maiuri der Direktion der Ausgrabungen in Pompeji vor. Man kann sich vorstellen, wie wichtig eine
solche Kontinuität für die Ausgrabungsarbeiten, für die Restauration und für die Lösung der Probleme war, die die freigelegte Stadt
aufwarf. Sein Hauptverdienst besteht in der Überwindung der
Krise des Zweiten Weltkriegs: voller Vertrauen auf die Zukunft hat
er die Freilegung der heimgesuchten Stadt wiederaufgenommen.
Sein Tod Ostern 1963 hat alle Pompeji-Forscher mit Trauer erfüllt.

Die Via dell'Abbondanza

Zwischen 1924 und 1941 hat Maiuri viel ausgegraben, vor allem
im Gebiet der Via dell'Abbondanza. Es galt, auf einer Straßenseite
nacheinander alle *insulae* freizulegen, um einen Gesamtüberblick
zu erhalten. Die *insula 7* wurde zwischen 1924 und 1926 ausgegraben; trotz ihres bescheidenen Aussehens waren die Häuser interessant wegen verschiedener Entdeckungen (z. B. der Bronze-Ephebe
bei P. Cornelius Tages – I, 7,10–12), wegen Malereien (z. B. das
Triptychon im *triclinium* des Priesters Amandus – I, 7,7 – und das
Nil-Fresko im offenen *triclinium* des Hauses des Tages). 1926 waren die Arbeiten an der *insula 6* abgeschlossen. Man hatte dort eine
wunderschöne Silberschale mit einer Verzierung aus Nereiden und
Tritonen, Bilder mit Theaterszenen und die Tischbeine des P. Servilius Casca Longus gefunden; dieser Mann hatte an der Verschwörung gegen Caesar teilgenommen, sein Hausrat war dann verstei-
gert worden; und so waren die Tischbeine in die Hände eines reichen pompejanischen Händlers gekommen. Zwischen der *insula 6*
und der *insula 10* legte man die Straße des Isis-Tempels frei. Die
insula 10 war 1934 ganz ausgegraben. Zwei Drittel ihrer Fläche
nimmt das Haus des Quintus Poppaeus, das sogenannte Haus des
Menander, ein (I, 10,4). Seine Ausmaße und der reiche, aus hundert-
achtzehn Stücken bestehende Silberschatz, die Größe der Sklaven-

wohnung, der ein Verwalter vorstand, machen es zu einem der
schönsten Häuser Pompejis. Die Existenz einer Bibliothek und die
Porträts von Dichtern beweisen ein Verständnis für Literatur, wie
es in der Provinz selten vorkommt. Daneben steht das Haus der Liebenden (I, 10,11) mit Peristyl und Obstgarten.
Die *insula 8*, die zwischen 1937 und 1941 freigelegt wurde, hatte
am meisten unter dem Erdbeben gelitten. Das Haus 17 wurde Haus
der vier Stile genannt wegen seiner reichen, alle Stile umfassenden
Dekoration. Wichtig war die Entdeckung einer indischen Götter-
statue aus Elfenbein im Haus 4–5, Beweis für die Beziehungen zwischen Pompeji und dem Orient unter Nero. In diesem Bezirk befanden sich viele gewerbliche Betriebe.

Der Platz des Amphitheaters und die Große Palästra

Im September 1932 nahm man die Ausgrabungen an der Via
dell'Abbondanza wieder auf in der Absicht, den Anschluß an das
Amphitheater herzustellen, seine Umgebung freizulegen und eine
Verbindung mit dem modernen Pompeji zu schaffen, um den Touristen den Zugang zu den Ausgrabungen zu erleichtern. Zwischen
1933 und 1935 dringt man 140 m auf der Via dell'Abbondanza vor.
Man findet das ursprüngliche Niveau der Arena des Amphitheaters
und stellt fest, daß sich die Anlage ein Stück weit an die Stadtmauer
anlehnt. Auf der anderen Seite des Platzes wird ein Gebäude freigelegt, das einen erstaunlichen Umfang (142 mal 107 m) und im
Innern einen bemerkenswerten Portikus hat, der an drei Seiten
aus Säulen besteht; er ist mehr als 300 m lang; außerdem ist ein großes Bad (34,55 mal 22,25 m) vorhanden; man erkannte in der Anlage die Palästra, in der sich die pompejanische *iuventus* übte. Bei
der Entdeckung der Palästra fand man unter dem Portikus zahlreiche Tote und an den Säulen viele Graffiti. Von 1935–1939 legte
man die Palästra frei und restaurierte sie.

Die Mysterienvilla

Der Privatbesitzer hatte nur einen Teil der Mysterienvilla ausgegraben; eine vollständige Freilegung schien wünschenswert, schon

um der Deutung der Gemälde willen. Man mußte außerdem für ihre Konservierung sorgen. Maiuri konnte einen Sonderkredit auftreiben und die Ausgrabungen 1929/30 fortführen; so kam die Vorstadtvilla eines Patriziers aus dem 1. Jahrhundert zutage. Die Entdeckung einer Statue der Livia beweist, daß die letzten Besitzer, die Istacidii, die Verehrung der kaiserlichen Familie gepflegt haben. Die Restauration sicherte das Gebäude endgültig.

Brunnen und Kanalisation

Die zufällige Entdeckung (April 1928) eines antiken Brunnens bei der Porta Vesuvio führte zu einer intensiveren Erforschung des Wasserversorgungssystems in der vorrömischen Epoche und des Funktionierens der öffentlichen Thermen. Man erkannte, daß es für die ältesten Einwohner der Stadt, die Osker und Samniten, keine Kleinigkeit gewesen sein dürfte, dreißig Meter tiefe Brunnenschächte durch eine harte Bank aus vulkanischem Trachyt zu bohren und das Wasser rationell auf die Thermen, Straßen und Häuser zu verteilen. Noch bemerkenswerter war die Entdeckung einer großen Leitung des städtischen Aquädukts längs des Bürgersteigs der Via Stabiana, die in ziemlich kurzen Abständen mit Inschriften versehen war, damit man sie leicht reparieren und ersetzen konnte. Die Untersuchung der Leitungen bewies, in welch kritischem Zustand sich das städtische Aquädukt im Augenblick des Vesuvausbruchs befand: das Erdbeben hatte es stark beschädigt. Es wurde kaum ausgebessert, man war vielmehr dabei, es völlig zu erneuern; diese Annahme wird durch die Tatsache unterstützt, daß die Stabianer Thermen und die *natatio* der römischen Palästra gar nicht an die Wasserleitung angeschlossen waren.

Die Freilegung der Stadtmauer

Eine der verdienstvollsten Unternehmungen der Epoche Murats war die vollständige Erforschung der Stadtmauer (1813/14) gewesen; in dieser Zeit war ein Abschnitt der Befestigungen zwischen der Porta Ercolano und dem Turm XI vollständig ausgegraben

worden; ansonsten hatte man sich darauf beschränkt, die Mauer-
krone zu verfolgen und die dazugehörigen Türme festzustellen.
Mazois stellte eine graphische Rekonstruktion her; aber die stören-
den Ablagerungen des Ausgrabungsschutts rund um die Mauern,
Erdrutsche und die wuchernde Vegetation hatten schließlich das
Mauerstück bei der Porta Ercolano wieder begraben. Maiuri hielt
es für nötig, einen mindestens 8 m breiten Graben längs der Mauer
zwischen der Porta Ercolano und der Porta Vesuvio ausheben zu
lassen, um die Struktur der Kurtinen (Zwischenwälle) und Türme
studieren zu können. Die Arbeiten zwischen 1933 und 1934 machten deutlich, welch riesige Trümmermassen die Alten nach dem Erdbeben von 62 im Pomerium aufgeschüttet hatten: das Niveau hatte
sich um 1,50 bis 1,60 m gehoben. Außerdem legte man den Mauer-
mantel, die Schießscharten und die Krone des Turmes X frei; der
Turm wurde restauriert, die Rekonstruktion von Mazois gleichzeitig korrigiert.

Die Ergänzung der Ausgrabungen in der Region VIII

Die früheren Ausgrabungen in der Region VIII unter Ruggiero und
de Petra hatten zwar den großen Häuserkomplex, der sich am Süd-
hang des Hügels zwischen der Straße der Schulen und dem Forum
triangulare hinzog, von ihrem Leichentuch aus Erde befreit, sie
hatten aber den unteren Etagen der Häuser, die das Tal zu ihren
Füßen beherrschten, noch nicht die rechte Perspektive wiedergeben
können. Eine dicke Schicht von Lapilli und Asche, die durch den
Ausbruch von 79 auf den Terrassen und Dächern angehäuft worden war, und noch mehr die Schuttmassen von den Ausgrabungen
auf dem großen Platz des Forums und in anderen *insulae* der Region hatten einen Wall gebildet, der höher war als das Niveau der
Fenster und der die Öffnungen der Kryptoportiken und Vorratsgewölbe verbarg. Man hatte sie zustopfen müssen, um zu verhindern, daß sich Fremde bei den Ausgrabungen einschlichen. So war
ein besonders charakteristischer Zug des pompejanischen Stadtbildes verlorengegangen: die in Etagen aufgebaute Stadt mit ihren
terrassenförmig absteigenden Häusern, die eine herrliche Aussicht

genossen, da sie am steilen Abhang längs der Flanke des Hügels
angelegt waren.

Im Herbst 1936 nutzte man eine Senke auf dem Gebiet zwischen
der alten und der neuen Nationalstraße, die es aufzuschütten galt;
Maiuri begann, die Schuttmassen an dem Hügel auf rationelle Weise
wegzuschaffen, konnte das Niveau beträchtlich absenken und legte
die Fassaden der Häuser so weit wie möglich frei. Wenn man die
Erdmassen nicht wegschaffen konnte, ließ er Gräben ausheben, um
die verdeckten Gebäudeteile sichtbar zu machen (Häuser des Sarnus
und Josephs II.). Dies war eine undankbare, aber notwendige Arbeit. Man mußte sie weiterführen, damit Pompeji wieder atmen
und damit man die Vorstadt aus antiker Zeit erforschen konnte.

Stratigraphische Ausgrabungen

Die lebhaften Diskussionen der letzten fünfzig Jahre über die
grundlegenden Fragen, die Pompeji betreffen (der ursprüngliche
Stadtplan, die Entwicklung der Stadt, die wahre Tragweite des griechischen und etruskischen Einflusses, Ursprung und Entwicklung des
pompejanischen Hauses), haben bewiesen, wie wichtig es war, die
Forschungen auf die unterirdischen Regionen auszudehnen. Nur indem man die Arbeiten an den wichtigsten und topographisch bedeutendsten Punkten (an den Foren, Tempeln, Stadtmauern, den
ältesten Häusern) auch in tiefere Schichten vorantrieb, konnte man
hoffen, in die noch dunkle Periode der Ursprünge der Stadt Licht
zu bringen. Die früheren Sondierungen waren zu kurz und zu flüch-
tig gewesen, denn sie hatten der Erforschung von Teilproblemen
gegolten. Über mehrere Jahre hinweg führt Maiuri nun eine systematische Untersuchung durch, die die schwierigsten und umstritten-
sten Probleme, die die Stadt und ihre Gebäude aufgaben, klären
sollten. Heute kann keiner, der sich ernsthaft mit dem vorrömischen
und vorsamnitischen Pompeji befaßt, seine Forschungen übergehen.
Von beträchtlicher Bedeutung für die Klärung des Ursprungs und
der Entwicklung der Befestigungsanlagen waren Grabungen, die
1926/27 im Bereich des *agger* Mauerstücke aus *opus quadratum* zutage brachten; diese Teile gehörten zur präsamnitischen Mauer und

waren zweifellos unter griechischem Einfluß entstanden, der nach
der Schlacht von Cumae (474–450 v. Chr.) in der Stadt stark zuge-
nommen hatte. 1929 nahm man die Arbeiten am dorischen Tempel
auf dem Forum triangulare wieder auf; dort hatten 1899 Duhn und
Jacobi und später Sogliano gegraben. Die neuen Arbeiten erbrach-
ten eine reiche Ernte von Terrakotten, die Bestandteile der Architektur waren; sie allein genügten, um die Geschichte des Tempels in
der griechischen und samnitischen Periode zu erhellen. Nicht weniger fruchtbar waren die 1931 auf der *area* des Apollon-Tempels
durchgeführten Sondierungen; man entdeckte eine beträchtliche Anzahl Terrakottateile, die zur Verkleidung eines kleinen archaischen
Tempels gehört hatten, Vasenfragmente ionischen und attischen Ursprungs aus dem 6. und 5. Jahrhundert und einige Bucchero-Kera-
miken mit etruskischen Inschriftenfragmenten, die bewiesen, daß
etruskische Bevölkerungselemente während der etruskischen Periode
Pompejis (525–474 v. Chr.) am Leben des Tempels und am Apol-
lon-Kult teilgenommen hatten. Zwischen 1935 und 1941 führte man
Sondierungen auf dem Forum durch: man entdeckte Läden aus der
frühsamnitischen Zeit, die ohne Portikus einen Platz umgeben hatten,
der die gleiche Fläche hatte wie das spätere Forum, aber anders
orientiert gewesen war. Die Arbeiten halfen, den Ursprung und die
verschiedenen Veränderungen der religiösen und profanen Bauten
des Forums und vor allem des Jupiter-Tempels zu klären.
Was die Probleme des pompejanischen Hauses anbetrifft, so führte
man seit 1930 Untersuchungen in dem alten Haus des Chirurgen
(VI, 1,9–10) durch, anschließend im Hause des Triptolemos und in
anderen Häusern. Man entdeckte mehr oder minder bedeutende
Überreste früherer Behausungen, die es erlaubten, die Datierung der
sogenannten Kalkstein-Atrien auf die mittlere und späte samnitische Epoche zu verschieben, und die eindeutig zeigten, daß das
Atrium-Haus am Ende, nicht am Anfang einer langen Entwicklung
in der pompejanischen Baugeschichte stand. Sondierungen und Analysen gestatteten es Maiuri schließlich, den Stadtplan nach dem Erdbeben von 62 n. Chr. zu rekonstruieren.

Restaurationsarbeiten

Für Ausgrabungsarbeiten, wie man sie in Pompeji leisten muß, sind
erhebliche Mittel nötig. Man muß außerdem die freigelegten Objekte an Ort und Stelle schützen und konservieren. Jede Entdeckung
wird von nun an mit einem Schutzdach versehen, nicht nur die
außergewöhnlichen Funde. Bei einer Restauration zählt nur die
Erfahrung dessen, der sein Auge am pompejanischen Milieu ge-
schult hat; das oberste Gesetz, gegen das nicht verstoßen werden
darf, ist die Ehrlichkeit, die darin besteht, niemals etwas Neues für
antik auszugeben. Aber zweifellos dient die Rekonstruktion des
Daches eines Atriums oder eines *cubiculum* oder eines Peristyls nicht
nur dazu, Gemälde, Stuck und Mosaiken zu retten, sondern hat auch
die Funktion, die Architektur zu vervollständigen und die Atmosphäre, die einem Hause eigen ist, sowie das intime Leben eines Gebäudes mit seiner speziellen Beleuchtung wieder zu wecken. Deshalb
hat Maiuri nicht gezögert, das Dach des wunderbaren Hauses des
Menander (I, 10,4) und der Mysterienvilla wiederherzustellen; er
hat aber auch keine Mühe gescheut bei bescheideneren Häusern, die
ebenso reich sind an Aussagewert über das Leben in Pompeji, wie
z. B. das Haus der Liebenden, das Haus des Amandus (I, 7,7), das
Haus des Moralisten.

Nachdem er die Reste der *tribuna* der Basilika erforscht hatte, beschloß er, dieses bedeutendste Gebäude Pompejis teilweise zu restaurieren. Dies geschah 1929/30 mit der Unterstützung Luigi Ja-
conos: es wurde ein voller Erfolg. Man richtete die Säulen des
Forums, der Palästra, des Grabmals der Istacidii und auch des
schönen Monopteros wieder auf, der von dem samnitischen Magistraten Numerius Trebius rund um den heiligen Brunnen auf dem
Forum triangulare errichtet worden war.

B. 1941–51

Der Krieg brachte die Arbeiten in Pompeji wieder zum Stillstand.
Man hätte meinen sollen, daß der Ruhm der Ruinen ausreichen
würde, sie vor den kriegführenden Parteien zu schützen. Doch das

Schicksal wollte es, daß die Monumente, die von blinden Natur-
katastrophen heimgesucht worden waren, auch unter den Auswirkungen des Krieges zu leiden hatten. Im September 1943 kamen
wiederholte Bombardements zu den antiken Katastrophen hinzu.
Hier wie anderswo hatten die Zerstörungen jedoch auch ihr Gutes
für die Archäologie. Unter den Fundamenten des Antiquariums, das
von Bomben getroffen wurde, entdeckte man eine Villa, die das
Erdbeben von 62 nicht ihrer herrlichen Gemälde im großen *triclinium* beraubt hatte; außerhalb der Mauern, im Vorort S. Abbondio,
legte ein Bombenkrater die ersten Steinblöcke frei, die zur Entdeckung eines Dionysos-Heiligtums aus vorrömischer und römischer
Zeit führten. Die Fortführung der Restaurationsarbeiten und die
Wiedereröffnung des rekonstruierten Antiquariums machten diese
Entdeckungen zum würdigen Abschluß des zweiten Ausgrabungs-
jahrhunderts.

C. 1951–61

Die Ausgrabungen konnten 1951 wiederaufgenommen werden, da
die Cassa del Mezzogiorno der Direktion Mittel zur Verfügung
stellte, und zwar in dem Maße, in dem die Schuttmassen zur Verbesserung des Bodens in der Umgebung von Pompeji beitrugen.
Diese Hilfe bedeutete einen großen Fortschritt, denn 1951 waren
von den 66 Hektar des Stadtgebiets noch mindestens 26 auszugraben, ganz zu schweigen von den Gebieten außerhalb der Mauern
und den Vororten. Ziel der Arbeiten war die Freilegung der Regionen I und II im Süden der Via dell'Abbondanza, die Beseitigung
der Schuttmassen, die die Häuser und die Stadtmauer bedeckten,
um zusammen mit dem Pomerium die Nekropole, die sich an ihm
entlangzog, erforschen zu können.

Die Ausgrabung der Regionen I und II

Man entdeckte die Grenze der Regionen I und II, die von dem
cardo (Via di Nocera) gebildet wird; die Straße mündet in die 1954
entdeckte Porta Nocera; es handelt sich um ein vorrömisches Tor,

das in einen Lava-Erguß eingeschnitten ist; durch Absenken des
Straßenniveaus hat man vor dem Tor eine Rampe gebildet, damit
die Karren leichter fahren konnten. Unter den neuentdeckten
Häusern sind zu erwähnen das Haus mit dem schönen Impluvium
(I, 9,1), das Haus mit dem Obstgarten (I, 9,5), auf dessen Gemälden alle Früchte eines pompejanischen Gartens festgehalten sind,
die Casa di Venere (II, 3,3), wo Venus in einer von Amoretten
begleiteten Muschel schwimmt, und vor allem das Haus der Julia
Felix (II, 4,3), das früher schon einmal freigelegt, 1755 bis 1757
aber wieder verschüttet worden war; 1952/53 wurde es erneut entdeckt. Es nimmt allein die ganze *insula 4* ein, wenn man den Garten
und den Obstgarten einbezieht. Im Gebäude selbst sind zu unterscheiden die Wohnung der Julia Felix, ein öffentliches Bad, das
vermietet war, ein Hotel, ein Laden und Mietwohnungen mit
separaten Eingängen. Die *insula 5* muß ein kleiner Weinberg gewesen sein; in der *cella vinaria* hat man den Wein gekeltert und
verkauft. An der Porta di Sarno oder – nach einer oskischen Inschrift – Porta urbulana endete die Via dell'Abbondanza, ein
decumanus, der vom Forum an 1080 m mißt.
Entlang der Via di Nocera findet man Läden, Wirtshäuser, Gärten
mit ländlichen Heiligtümern und Speisezimmer unter freiem Himmel, von Pergolen oder einfachen Dächern geschützt.

Die Beseitigung der jahrhundertealten Schuttmassen

Von 1954 an beseitigte man den Schutt, den zwei Jahrhunderte auf-
gehäuft hatten; die Wälle und Barrieren aus Abraum verdarben das
Panorama der bewohnten Stadtzonen. 500 000 m³ Erde mußten bewegt werden. Die Arbeit ist vollendet in der Südpartie zwischen
der Porta Marina und dem griechischen Tempel und zwischen der
Porta di Stabia und dem Amphitheater. So sind im Schutze des
Hügels aus prähistorischen Lava-Ergüssen die schönen Häuser der
Region VIII wieder sichtbar geworden; ihre großen Fenster und
Terrassen öffnen sich auf das Panorama des Tals, der Berge und
des Meeres hin: ein eindrucksvolles Bild von großer Bedeutung für
die Erforschung der Kunst des Städtebaus. Die Stadtmauer und vor

allem die Nekropole an der Via di Nocera, die sich parallel zur Mauer längs der Straße hinzieht, kommen zur Geltung. Bemerkenswert ist u. a. das Grabmal der Eumachia, einer der reichsten Frauen von Pompeji.

Wünsche für die Zukunft

Die Ausgrabungen gehen weiter und bedienen sich einer bewährten Technik, die nichts zu wünschen übrigläßt. Wahlprogramme und Sommer-*cubicula* tauchen in angemessenen Abständen auf. Man kann dem neuen Direktor, A. de Franciscis, nur alles Gute für den glücklichen Abschluß der Arbeiten wünschen. Er ist sich der Probleme bewußt, die diese Stadt stellt, in der man das alltägliche Leben einer antiken Stadt in seiner ganzen Fülle finden wollte. Sie muß gegen Wind, Sonne, Regen und Pflanzenwuchs geschützt werden. Es darf nicht sein, daß Pompeji ein zweites Mal stirbt, es darf nicht sein, daß es Tag für Tag ein wenig mehr verfällt aus Mangel an Umsicht und Geld. Die Ergebnisse der Ausgrabungen müssen so schnell wie möglich publiziert und in einer umfassenden Photothek festgehalten werden. Es wäre auch zu wünschen, daß die besorgten Appelle eines Maiuri und eines de Franciscis nicht nur die UNESCO und die italienische Regierung, sondern alle Menschen beschäftigen. Der Humanismus besitzt in Pompeji ein Kapital, das er nicht verschleudern und zugrunde richten darf.

Zweites Buch

Die Menschen und ihre Beschäftigungen

Erstes Kapitel
Die Last der Vergangenheit

Das Alltagsleben von Pompeji, gut – aber von welchem Pompeji? Wir kennen bereits zwei: das Pompeji, über das das Erdbeben von 62 hinweggegangen ist, und das von einer 4 m dicken Lapilli- und Aschenschicht begrabene Pompeji; dieses, das letzte Pompeji, war keine ganz neue Stadt. Beim Wiederaufbau hatte man die großen Linien der vorhergehenden Anlage beibehalten und oft Neues auf alten Grundlagen errichtet. In dem Augenblick, wo alles möglich gewesen wäre, wo der Städtebau über den Ruinen des 5. Februar 62 völlig hätte umgestaltet werden können, lastete die Vergangenheit auf Pompeji. Seine ganze Geschichte ist zu jedem Zeitpunkt seiner Entwicklung gegenwärtig. Die Entdeckung der ältesten Vergangenheit einer Stadt ist heute möglich mit Hilfe der stratigraphischen Methode: jede Erdschicht, eine unter der anderen, enthält Zeugnisse vergangener Epochen; dank der Keramikscherben können die begrabenen und folglich unsichtbaren Architekturelemente datiert werden und so zum Wiederaufleben der Vergangenheit beitragen. Wenn man nichts von der Überlieferung des Herkules-Mythos hält, nach dem der wohltätige Heros die dem Geryon weggenommenen Rinder in einem Triumphzug vorbeigeführt haben soll, wenn man dem Namen Pompeji die Etymologie aus πομπή nicht zugesteht, ist die stratigraphische Methode die einzige Möglichkeit, das griechische wie auch das etruskische Pompeji zu erfassen. Doch das vorrömische, d. h. das samnitische Pompeji hat der Kolonie Sullas die städtebauliche Prägung und Architektur gegeben und im römischen Pompeji unauslöschliche Spuren hinterlassen. Die Menschen und die Götter dieser Stadt können sich auf diese Vergangenheit berufen; sie muß deshalb – wenigstens in großen Zügen – dargestellt werden.

1. Pompeji zum ersten Mal griechisch (vor 524)

Das oskische Pompeji

Das erste Pompeji war eine oskische Siedlung auf dem steilen An-lauf[1] des prähistorischen Lavastroms. Das Fischer- und Bauerndorf, das mit dem italischen Stamm der Ausonen in Verbindung stand, war recht bedeutend. Die unregelmäßige Straßenführung in den Regionen VI und VII bezeichnet das ursprüngliche Wohngebiet, dem weder die Griechen noch die Etrusker und Römer Ordnung und Regelmäßigkeit aufzwingen konnten. Da Pompeji reicher war als andere Dörfer Kampaniens, beschränkte es sich auf einen begrenzten Austausch mit ihnen; aber seine Lage sollte es in die Geschichte des westlichen Mittelmeers eintreten lassen. Die Zeugnisse der Alten über das Aufeinanderfolgen der verschiedenen Völker, die Kampanien beherrscht haben, sind oft verworren;[2] aber daß die Griechen vor den Etruskern da waren, steht fest, und nach Strabo waren vor den Etruskern die Cumäer die Herren Kampaniens.[3] Die Ansiedlung von Griechen in Ischia um 760 – die traditionelle Chronologie wird durch neuere archäologische Funde bestätigt[4] – und in Cumae um 740 geht zweifellos der etruskischen Expansion voraus.

Der dorische Tempel (Abb. 35)

Zwei Beweise gibt es für die erste griechische Herrschaft über Pompeji, beide gehören in den Bereich des Tempelbaus und der offiziellen Kulte. Der erste besteht aus den noch bedeutenden Resten des dorischen Tempels auf den Terrassen des Forum triangulare, d. h. auf einem erhöhten Punkt, der das Tal des Sarnus (Sarno) und das Meer beherrschte. Diese Lage weist den Tempel als ein in archaischer Zeit sehr wichtiges Gebäude aus.[5] Seine Größe beweist, daß Pompeji den Griechen alles andere als gleichgültig war; sie hätten sich sonst mit einem bescheidenen Tempel oder einem einfachen Heiligtum an einem weniger bemerkenswerten und sowohl politisch als auch religiös minder bedeutsamen Platz begnügt.

Seine Lage außerhalb des ursprünglichen oskischen Siedlungsgebietes zeigt, daß die Griechen in der ersten Phase ihrer Hegemonie in
Pompeji nicht daran dachten, sich auf Dauer einzurichten; als Herren über den Hafen und die Zugänge zum Hinterland wollten sie
ihre Herrschaft nur durch die Errichtung eines Tempels auf einer
noch von Bauten freien Terrasse nahe an den Wegen zum Hafen
unterstreichen. Dieser Tempel von Pompeji steht an einer Meeresstraße wie der Tempel der Athena und der Sirenen auf der Halb-
insel von Sorrent. Seine auf Ischia hergestellten Terrakotta-Verzierungen, die vor kurzem entdeckt wurden, können aus der Mitte des
6. Jahrhunderts stammen und bestätigen uns die Hegemonie der
Griechen im 7. und 6. Jahrhundert.[6]

Der Apollon-Kult

Das zweite Zeugnis ist die Einführung des Apollon-Kultes in archaischer Zeit. Pompeji liegt im Bereich der Seeherrschaft von
Cumae, und von Cumae ging die Verbreitung des Apollon-Kultes
nach Rom[7] und auf die Etrusker Latiums und Etruriens aus. Von
Cumae kam auch mit Sicherheit die Verehrung Apollons auf Ischia,
in Pozzuoli und Neapel. Diesen Apollon, den die Etrusker bereits
in ihrem eigenen Pantheon verehrt hatten, fanden sie in Pompeji
wieder.

2. Das etruskische Pompeji[8] (524–474)

Die stratigraphischen Sondierungen von A. Maiuri am Apollon-
Tempel haben aus den Tiefen der pompejanischen Erde die ersten
sicheren Zeugnisse für die Präsenz der Etrusker gebracht. Es handelt sich um einige unbedeutende Inschriftenreste auf den Fragmen-
ten einer kampanischen Bucchero-Vase, die für die Werkstätten der
Etrusker in Capua und Nola typisch ist: insgesamt sechs Bruchstücke,
die auf etwa 550 bis 470 v. Chr. datiert werden können; sie waren
bei der Errichtung des ersten samnitischen Tempels auf einen Schuttplatz geworfen worden. Die Schrift bestätigt die Datierung der Ke-

ramikfunde: zweite Hälfte des 6. Jahrhunderts und erste Jahrzehnte des 5. Jahrhunderts. Man kann eine Widmungsformel erkennen, die auf einer Patera, einem Weihegeschenk, angebracht war, und zwar von Leuten, die etruskisch sprachen und offiziell als Tempelbesucher und Spender von Weihegaben im Tempelbezirk der Stadt zugelassen waren. Diese Entdeckung ist von großer historischer Bedeutung; sie liefert den sicheren Beweis, daß Pompeji etruskisch war.

Die Chronologie

Seit wann war Pompeji etruskisch? Die Besetzung von Pompeji ging Hand in Hand mit der Expansion der Etrusker in Kampanien. Die Gründung Capuas wird auf 524[9] datiert; im gleichen Jahr scheiterte ein etruskisch-kampanisches Bündnis gegen Cumae. Diese militärische Intervention, die von etruskischen Händlern und den griechischen Geschäftsleuten von Sybaris ausgegangen war, zielte darauf ab, die Handelsstraßen zu Lande, die den freien Warenaustausch ermöglichten, offenzuhalten. Der Kampf, in den bedeutende etruskisch-kampanische Streitkräfte verwickelt waren, beweist, daß der etruskische Einfluß sich nach Süden über Capua, Nola und Nocera hinaus ausdehnte. Die Nekropole von Pontefratte vor den Toren von Salerno längs des Irno hat die ersten Zeugnisse für die etruskische Expansion geliefert. Die Etrusker, Herren von Acerra, Nola und Nocera, mußten mit friedlichen Mitteln oder mit Waffengewalt im Süden an den Küsten Kampaniens einen Zugang zum Meer finden, und zwar noch südlich von der Mündung des Vulturnus. Nach der Niederlage gegen Cumae – ein etruskischer Sieg über die griechische Stadt hätte den Untergang der ganzen cumäischen Seeherrschaft in Misenum, Baiae, Pozzuoli und Neapel zur Folge gehabt – blieb den Etruskern nur noch der Hafen von Pompeji, die Mündung des Sarno nicht weit von dem ursprünglichen Stadtgebiet; ungefähr um 524 dürfte Pompeji dem Einfluß der See- und Handelsmacht Cumae entzogen worden sein.

Der Sieg von Cumae

Aber Cumae bleibt auf der Hut; es unterstützt das latinische Bündnis gegen die Tarquinier, nimmt dann nach der Überlieferung Tarquinius Superbus auf, als ihn die Revolution von 509 aus Rom vertreibt.[10] Die Straßen über Land werden schnell unsicher; 510 fällt Sybaris. Nur die Meeresstraße zählt für eine sehr lebendige Seeherrschaft, die von der Schwächung des cumäischen Staates nach dem Tode des Aristodemos profitiert. Cumae ruft Hieron von Syrakus zu Hilfe. Der Seesieg der vereinigten Streitkräfte der beiden griechischen Städte über die Tyrrhenier im Jahre 474 wird entscheidend für das Schicksal der kampanischen Kultur. Das Schicksal der Etrusker war besiegelt; der Flotte und der Seeleute beraubt, wurden sie weit von den Meeresstraßen und den Häfen Kampaniens zurückgetrieben. Hieron erreichte von Cumae, daß er sich auf der wertvollen Insel Ischia niederlassen durfte und so seine eigenen Meeresstraßen und die Küste Kampaniens überwachen konnte. Die Syrakusaner gaben diesen vorgeschobenen Posten in dem Augenblick auf, als der Einfluß Athens über den von Syrakus die Oberhand gewann; die Neapolitaner übernahmen wieder die Kontrolle Ischias. Es ist daher unwahrscheinlich, daß die Etrusker nach ihrer Niederlage von 474 ihre Herrschaft über Pompeji, Herculaneum und Sorrent bewahren konnten zu einem Zeitpunkt, da die Syrakusaner zumindest faktisch, wenn nicht sogar auf rechtlicher Grundlage den Golf von Neapel kontrollierten. Der ganze Golf muß unter der Herrschaft der Griechen von Cumae oder wahrscheinlicher noch von Neapel gestanden haben. In den letzten fünfzig Jahren vor der Eroberung durch die Samniten sind die Etrusker nie mehr an den Küsten Kampaniens erschienen.

Die Hinterlassenschaft der Etrusker

Welche Bedeutung hatte die fünfzigjährige etruskische Vorherrschaft für das künftige Schicksal Pompejis?[11] Sie war natürlich begrenzt; in einem alten Streit standen sich die Anhänger einer langen etruskischen Herrschaft und die Verteidiger eines überwiegend griechi-

schen Einflusses auf Pompeji gegenüber. Nach Meinung der ersteren
haben die Etrusker der kampanischen Stadt den Plan, den alten
Mauerring und den ersten Tempel auf dem Forum gegeben sowie
einige Architekturelemente, wie zum Beispiel die Säule, und das
Haus mit dem toskanischen Atrium. Aber man muß sich auf die
Seite der anderen Gruppe stellen. Nur schwer läßt sich eine historische Theorie auf sechs etruskische Inschriften so ärmlichen Inhalts
aufbauen. Sie beweisen lediglich, daß der griechische Apollon-Tempel in Pompeji eine etruskische Phase erlebt hat, und zwar zur Zeit
der etruskischen Vorherrschaft zwischen 524 und 474. Dagegen haben die Etrusker nicht die drei kapitolinischen Gottheiten eingeführt: der Tempel des Jupiter[12] geht in seiner ältesten Phase nicht
über die Mitte des 2. Jahrhunderts v. Chr. zurück; in seiner letzten
Phase stammt er aus republikanischer Zeit. Er verweist uns auf die
erste Einrichtung der sullanischen Kolonie und auf die Einführung
der drei kapitolinischen Götter in Pompeji. Der Tempel folgt übrigens der Ausrichtung des letzten Forums; das ältere Forum war
ganz anders angelegt gewesen. Das Apollon-Heiligtum an der Westseite des Forums hat also die Rolle des Haupttempels in der präsamnitischen Stadt und am Anfang der samnitischen Periode gespielt.
Das Forum von Pompeji war lange Zeit ein einfacher Marktplatz,
umgeben von Läden, deren Reste man unter dem heutigen Niveau
des östlichen Portikus des Gebäudes der Eumachia und bei Sondierungen auf der Seite des Jupiter-Tempels gefunden hat. Es war
nicht das religiöse Zentrum des ursprünglichen Pompeji; das muß
man im Apollon-Tempel suchen.

3. Pompeji zum zweiten Mal griechisch (474–424)

In den letzten fünfzig Jahren der präsamnitischen Periode verstärkte sich der politische und wirtschaftliche Einfluß der Griechen
auf den Hafen und die Stadt Pompeji wieder. In dieser Zeit wird
der dorische Tempel auf dem Forum triangulare teilweise erneuert;
die Terrakotta-Verzierungen werden vollständig ersetzt, wie dies
eine Reihe von Wasserspeiern aus Löwenköpfen und Keramikplat-

ten beweisen, die nicht aus der Zeit vor der zweiten Hälfte des 5. Jahrhunderts stammen können. Auch der Apollon-Tempel erhält neue Dekorationen. Doch die zweite Periode griechischer Vorherrschaft zeigt sich vor allem in zwei bedeutenden Unternehmungen: dem Bau der Befestigung, deren Reste man im Korpus des *agger* der samnitischen Mauer an der Porta Ercolano und der Porta Vesuvio gefunden hat, und der Einbeziehung der Region VI in den Bereich dieser Mauer.

Die Diskussion der Wissenschaftler

Man muß erwähnen, daß die Wissenschaftler diese beiden Werke nicht immer den Griechen zugeschrieben haben. Nach von Gerkan[13] ist die alte oskische Stadt, bestehend aus den Regionen VII und VIII – wie wir gesehen haben –, unverändert geblieben bis zur Eroberung durch die Samniten, d. h. während 250 Jahren der Autonomie, des griechischen Einflusses und der Herrschaft der Etrusker. Die erste Erweiterung der Stadt wäre demnach das Werk der Samniten gewesen, die die Stadtmauer im Norden, Osten und ein großes Stück weit im Süden ausgebaut hätten. Von Gerkan glaubte, daß die Nordgrenze der oskischen Siedlung – des *vico dei Soprastanti* –, die tief eingeschnittene Via Stabiana, eine ausgezeichnete natürliche Verteidigungslinie darstellte. Nichts war weniger wahrscheinlich. Was die nördliche Linie anbetrifft, so hätte sie niedriger gelegen als der ganze nordwestliche Stadtteil, dessen Gelände stufenweise vom *vico dei Soprastanti* zur Porta Ercolano und zur Porta Vesuvio hin ansteigt. Unter diesen Bedingungen darf man nicht annehmen, daß vor den Samniten keiner der Beherrscher Pompejis auf den Gedanken gekommen wäre, die Verteidigungslinie auf diesen erhöhten Platz zu verlegen. Außerdem hat eine Sondierung unter dem Turm des Merkur (dem Turm XI der samnitischen Mauer) die Reste eines ursprünglichen Stadttores zu Tage gebracht, das sich auf die Straße des Merkur, d. h. auf den ursprünglichen *cardo*, hin öffnete. Für dieses Tor war der einheimische schwarze Tuff, *pappamonte* genannt, verwendet worden, ein Material, das zur Errichtung der ältesten Bauten der Stadt gedient hatte. Es repräsentiert – dies haben die Sondierungen im *chalcidicum* (Eingangshalle) der Basilika, im Apollon-Tempel und im Haus des Triptolemos bestätigt – die älteste Bauphase Pompejis, die man nicht in die erste samnitische Epoche verlegen kann. Es wäre überdies ganz unwahrscheinlich, daß die Samniten, die für die Befestigung ihrer Bergdörfer den harten Kalkstein des Apennin zu bearbeiten verstanden, ausgerechnet ein so weiches, wenig widerstandsfähiges Material verwendet hätten.

Die Befestigungen von Pompeji

Was logisches Denken ergeben hatte, wurde durch Sondierungen, die Maiuri[14] an den verschiedenen Stadttoren und an einigen Mauerabschnitten aus der samnitischen Zeit durchführte, bestätigt. Sie beweisen die Existenz einer aus viereckigen Blöcken bestehenden griechischen Mauer mit doppelten Kurtinen in vorsamnitischer Zeit. Die äußere Mauer war nicht höher als 4 m; kleine Treppen in der Nähe der Tore bildeten die Zugänge zum Wehrgang. Das Material war ausschließlich Kalkstein vom Sarno. Dieser Befestigungstypus ohne *agger* (Aufschüttung) ist eindeutig aus griechischen Befestigungswerken herzuleiten. Der Aufbau der Mauer erinnert an die griechischen Mauern von Cumae (6. Jahrhundert), Neapel (5. Jahrhundert) und Paestum (7./6. Jahrhundert). Poseidonia-Paestum mit seinen Kalksteinmauern – das Material stammte aus Anschwemmungen – konnte das Modell für die Struktur und die Bautechnik, die in besonderer Weise dem Kalkstein des Sarno angepaßt war, liefern.

Die Mauer folgt in der Region VI dem Verlauf der späteren Mauer. An der Porta Vesuvio, unter dem Turm XI und an der Porta di Stabia hat man die Spuren von Toren der griechischen Mauer gefunden; dies unterstreicht, daß die samnitische Befestigung und das System ihrer Tore den vorangehenden Konstruktionen nachgebildet waren: die Vergangenheit befiehlt der Gegenwart. Die griechische Mauer wird im Westen[15] die Regionen VII und VIII, die ursprüngliche Siedlung, und die neue Region VI umfaßt haben, was eine Ausweitung des Stadtgebietes beweist. Das griechische Pompeji mußte sich schützen, um der etruskisch-kampanischen Koalition, die immer noch lebendig war, und den kleinen Zentren etruskischer Politik und Kultur bei Nola und Nocera, die überlebt hatten, die Stirn bieten zu können.

Die Region VI

Die Region VI ist im Vergleich mit anderen Stadtvierteln besonders regelmäßig angelegt und eigenartig orientiert. Es ist wenig wahrscheinlich, daß die Samniten, die sich in anderen mächtigen Städten Kampaniens, in Cumae, Capua und Nola innerhalb solider Mauern niedergelassen haben, ausgerechnet in Pompeji, während der ersten Jahre ihrer Besetzung, die Urheber einer strengen Stadtplanung gewesen sein sollen, einer Planung, die erstmals eine unorganische Stadtanlage in eine feste Ordnung gezwungen hätte, was weder den Griechen noch den Etruskern vorher gelungen war.

Die Region VI liefert ein so perfektes Modell einer städtischen Siedlung, wie sie nur in den nach dem System des Hippodamos angelegten Städten zu finden sind. Die Länge und Enge der *insulae* setzen eine große Erfahrung im Städtebau voraus, der darauf abzielt, die Zugangswege und die Kommunikationsmöglichkeiten innerhalb eines Viertels zu vervielfältigen. Es ist unwahrscheinlich, daß die Samniten eine solche Erfahrung auf den steilen Höhen des Apennin erworben und den Ehrgeiz besessen haben, diese Erfahrung erstmals in Pompeji anzuwenden. Die Annahme, daß sie das nordwestliche Viertel bereits vorfanden und als Modell für die östlichen Viertel genommen haben, ist viel einleuchtender. Man braucht doch nur einen Blick auf die griechischen Städte in Kampanien zu werfen, z. B. auf Neapel und Herculaneum, und schon findet man Beispiele für geometrische Regelmäßigkeit und für die Praxis langgestreckter, enger *insulae*. Nur die Griechen können die Region VI im Zusammenhang mit der Entwicklung der neuen Stadtmauer geplant haben; sie fügt sich wie eine große Raute in den älteren, unregelmäßigen Plan der oskischen und etruskischen Stadt ein und paßt – wenn man sie auf 460 bis 425 datiert – gut in die Entwick-

lung der Städteplanungen nach den Entwürfen des Hippodamos im
westlichen Mittelmeer.[16]
Das archaische Pompeji erscheint nicht als unbedeutender oskischer
Weiler, der mehr oder minder ungewissen Einflüssen der griechischen und etruskischen Kultur ausgesetzt ist, sondern als eine Stadt
und ein Hafen, um die sich das griechische Seereich und der etruskisch-kampanische Bund streiten; auf Pompejis Boden und in seinen
Bauwerken hat sich die griechische Vorherrschaft verewigt. Die
Italiker von Samnium werden die Stadt den Wechselfällen dieses
Kampfes entziehen und ihr einen betont italischen Charakter ver-
leihen.

4. Das samnitische Pompeji (424–89)

Die samnitische Periode zeichnet Pompeji besonders nachhaltig
sowohl in politischer und institutioneller Hinsicht als auch, was
den Stadtplan und die kulturelle Entwicklung anbetrifft.

Die Eroberung

Die Eroberung war einfach und brutal.[17] Die Angreifer waren
rauhe Bergbewohner aus den Abruzzen und aus Kalabrien, die auf
der Suche nach fruchtbarem Land aus ihren Bergen herabkamen.
Ihre Bewegung gehört in die Serie der sich von Zeit zu Zeit wieder-
holenden Völkerwanderungen von Stämmen, die vom Golf von
Neapel angezogen wurden. Aber diesmal ist der Vorstoß besonders
energisch; er ist das Werk eines neuen Volksstammes, der sich nach
dem Vorbild der anderen italischen Völkerschaften neuer Sitze be-
mächtigt, die von »Kolonisten« gehalten werden. Die Sabiner drän-
gen in die latinische Ebene und nehmen vielleicht Rom; im Süden
richten sich die Herniker im Tal des Liris ein und beginnen gegen
die Aequer und Volsker Kämpfe, die Jahrhunderte dauern sollen.
Die Samniten besetzen Capua, Nola und bilden einen kampanischen
Staat. Die Lukaner überfluten den Isthmus von Kalabrien, das alte
Reich von Sybaris. An der tyrrhenischen Küste fallen alle griechi-

schen Häfen – darunter Pompeji – in ihre Hände; Velia ist die
einzige Ausnahme. An der ionischen Küste widersteht Thurii. An
der Adria siedeln sich die Peligner, Frentaner und Peuceter an,
während die Iapygen nach Tarent zurückgedrängt werden.

Diese Barbaren auf Wanderschaft sind untereinander verwandt;
man kann mit Recht von einer sabellischen Invasion sprechen. Zwischen den Sabinern und Samniten besteht eine enge sprachliche Ver-
wandtschaft. Die Sabiner waren ein Verband aus zahlreichen Stämmen (z. B. die *Hirpini*); einige blieben auf den Berggipfeln der
Abruzzen, andere, wie die *Campani*, nahmen diesen Namen an,
nachdem sie die kampanische Ebene besiedelt hatten. Die *Lucani*
sind ein Zweig, der sich vom samnitischen Stamm gelöst hat; die
Bruttii dürften lukanische Sklaven gewesen sein, die gegen ihre
Herren revoltierten.

Sabiner, Samniten und Lukaner waren geeint durch ihr Blut, durch
ihre gemeinsame Kultur und ihre Sprache, das Oskische, und Ge-
bräuche wie das *ver sacrum*[18]: sie weihten Mars, ihrem Stammes-
gott, alle Früchte des kommenden Frühjahrs, die Kinder eingeschlossen; sobald diese herangewachsen waren, mußten sie das Land
ihrer Väter verlassen und sich neues Siedlungsgebiet suchen.

Die Samniten waren so etwas wie die Nachhut der Ausonen, die zu
Beginn des ersten Jahrtausends Süditalien besetzt hatten. Am An-
fang begnügten sie sich mit dem Gebirgsland; gegen Ende des 6.
Jahrhunderts setzten sie sich in Bewegung, als das etruskische Reich
zusammenbrach und Sybaris gefallen war. Nach und nach näherten
sie sich Kampanien und drangen in die Täler ein, die auf die reiche
Ebene hinausführen; sie besetzten die nächstliegenden *oppida*:
Allifa am Fuß des Berges Matese, Tribula, Adlernest auf dem
Gipfel des letzten Apennin-Ausläufers, und Compulteria.

Die Chronologie

Wann erschienen die Samniten in der Ebene? Wir kennen den Zeitpunkt durch Diodorus Siculus und Titus Livius. Diodor[19], der sich
in seiner »Geschichte Kampaniens« nach einer griechischen Chronologie richtet und deshalb die präziseren Angaben macht, schreibt,

daß sich das kampanische Volk unter dem Archontat des Theodoros und unter dem Konsulat des M. Genucius und des Agrippa Curtius Chilo (438/437 v. Chr.) gebildet und seinen Namen von der fruchtbaren Ebene, die es bewohnte (*campus*), erhalten habe. Diodor berichtet weiter[20], daß die Kampaner unter dem Archontat des Aristion und dem Konsulat des T. Quinctius und des A. Cornelius Cossus (421/420) mit beträchtlichen Streitkräften gegen Cumae gezogen seien und die Mehrzahl ihrer Gegner zerstreut hätten. Danach hätten sie die Stadt belagert und sie nach zahlreichen Angriffen genommen. Sie plünderten die Stadt, machten die Einwohner zu Sklaven und erklärten sich selbst als rechtmäßige Einwohner. Bei Livius beziehen sich zwei Stellen auf dieselben Ereignisse. Zum Jahre 423[21] schreibt er:

»Ein Ereignis, das fremde Angelegenheiten betrifft, das aber berichtenswert ist, fällt in dieses Jahr: Volturnum, eine etruskische Stadt, das heutige Capua, wurde von den Samniten erobert ... Sie nahmen Volturnum in zwei Etappen ein: zuerst zwangen sie die vom Krieg erschöpften Etrusker, die Stadt und das Gebiet mit ihnen zu teilen, dann überrumpelten die neuen Siedler an einem Festtag die alten Bewohner, die vom Mahl und von der Müdigkeit übermannt waren.«

Im gleichen Jahr (420)[22] wurde Cumae, das den Griechen gehörte, von den Kampanern erobert.

Im Hinblick auf ein griechisches Pompeji, das entweder Neapel oder Cumae unterstand, ist es von Bedeutung, daß Diodor und Livius sich einig sind über den Fall von Cumae im Jahre 420. Diese Übereinstimmung kommt daher, daß beide Autoren ihre Chronologie Timaios entlehnt haben, der in diesem Punkte zuverlässig sein dürfte, denn der Fall von Cumae muß in der griechischen Welt großes Aufsehen erregt haben. Der Angriff auf Cumae konnte aber erst unternommen werden, als das Landesinnere und die Küste bereits unter der alleinigen Kontrolle der Samniten waren.

Die mangelnde Übereinstimmung zwischen Diodor und Livius über das Datum des Falles von Capua kommt daher, daß die beiden an-

gegebenen Jahreszahlen nicht dasselbe bedeuten. Für das Jahr 437
berichtet Diodor nicht von der Eroberung Capuas, sondern von
der Konstituierung des *populus Campanus.* Titus Livius verbindet
mit dem Jahr 423 nur den Fall Capuas. Die beiden Ereignisse fallen
nicht zusammen: die Bergstämme haben sich zuerst zu einem Volk
vereinigt und dann die etruskische Stadt unterworfen. Die Stadt
selbst fiel erst nach einer langen Folge von Kämpfen und Verhand-
lungen. Bei den italischen Völkern ist der *ager,* das Territorium
eines Stammes, wichtiger als die Stadt. Einen *ager Pometinus* gab
es vor *Pometia,* also existierte auch der *ager Campanus* vor der
urbs Capua. Dieser Vorsprung des Siedlungsgebietes vor der Stadt
ist erfaßt in dem Zwischenraum zwischen den beiden Daten des
Diodor und des Livius. Seit 437 bewohnten samnitische Stämme,
die zu einem *populus Campanus* verschmolzen waren, das Gebiet
von Volturnum-Capua. Aber die Stadt bestand weiter als etruskische Enklave mitten unter Kampanern, die sie beunruhigten, genauso
wie die übrigen griechischen Städte an der Küste. Capua kapitu-
lierte erst 423. Die Bildung des *populus Campanus* beschäftigte die
griechischen Städte sehr: Neapel erhielt ein athenisches Kontingent
als Verstärkung; wenn man Timaios glauben darf, kam 432 sogar
eine Flotte aus Athen; aber die Verstärkung der Abwehrkräfte
reichte nicht aus, um dem Ansturm der Samniten zu widerstehen.
Man muß das Ende der griechischen Herrschaft in Pompeji also auf
die Jahre 423 bis 420 ansetzen, eher näher an 423 als an 420. Aber
der Einfluß der Griechen wird wohl langsam nachgelassen haben,
denn man weiß nichts von einem Sturm auf Pompeji, der dem
Sturm auf Cumae vergleichbar wäre.

Strabo[23] ist der Meinung, daß die Eroberung durch ein *ver sacrum*
ausgelöst worden sei; doch das Schicksal der etruskischen und griechischen Städte in Kampanien wurde nicht durch eine einzige Ein-
wandererwelle oder durch eine einzige Schlacht besiegelt. Die
Bevölkerungselemente, die den Armeen von Syrakus und Karthago
Söldner stellten, waren langsam eingesickert und übten einen immer
stärkeren Druck aus. Ungestüm und schnell bereit zur Revolte
wurden sie später oft – wie Hamilkar, der Samnit, in Karthago –
politische Führer in ihrer Wahlheimat. Um 437 handelte es sich

einfach um Gruppen von Bauern und Hirten, die ihre Herden (das
ver sacrum ist eine kultische Überhöhung des Auszugs auf die Som-
merweide) in die Ebene hinabtrieben. Daraus entstanden Streitigkeiten und Auseinandersetzungen mit den Einwohnern der un-
befestigten Dörfer. »Sie verjagten die Einwohner und opferten dem
Mars den Stier, der ihnen als Führer gedient hatte«, sagt Strabo.
Die Etrusker waren zwischen zwei Fronten geraten: auf der einen
Seite die Samniten, auf der anderen Cumae und sein seit 474 wie-
dererrichtetes Reich. Außerdem konnten ihre toskanischen Städte
ihnen nicht helfen; so waren sie nach und nach zu Zugeständnissen
gezwungen: sie mußten den *populus Campanus* am Besitz der Stadt
Capua und des dazugehörigen Landes beteiligen. Neapel mußte
wie Capua eine gewisse Anzahl Kampaner in ihre Mauern aufnehmen und ihnen sogar Zugang zu den Verwaltungsämtern gewähren.
Strabo[24] führt als Beweis die Liste der Demarchen an, auf der früher nur griechische Namen, dann aber zahlreiche kampanische erschienen waren. Man unterschied in Neapel *Palaeopolitani,* alte
Einwohner, und Samniten, denen man das Bürgerrecht hatte zugestehen müssen. Neapel war zu Konzessionen gezwungen wegen innerer Streitigkeiten: 328, als Rom Neapel von der samnitischen
Vormundschaft befreite, gab es eine romfreundliche Adligenpartei
und eine Partei der Plebs, die zu den Samniten hielt. Auch in Capua
bestand die Plebs weitgehend aus besiegten Ausonen, die das Joch
der fremden Herren abschütteln wollten. Die nach und nach hin-
zukommenden Samniten vermischten sich mit ihren stammesver-
wandten Brüdern, und langsam versank die etruskische Aristokratie in der Flut der Plebs. Wie stand es in Pompeji? Pompeji hat
vielleicht seinen Mauerring erweitert, weil es eine samnitische Kolonie aufnehmen mußte. Jedenfalls kann es ab 438 eine erste
Periode samnitischer Infiltration gegeben haben. Nach dem Fall
Capuas und im Zuge einer Befreiungsbewegung der unterdrückten
Stammesbrüder der Samniten wird Pompeji um 422 – wie ganz
Kampanien – samnitisch. Nola – auf oskisch »die Neue« – hat eine
etruskische Siedlung, zweifellos Hyria, ersetzt. Herculaneum und
Sorrent fallen in die Hände der Samniten. Als Pseudo-Skylax um
die Mitte des 4. Jahrhunderts diese Gegend besucht, ist die ganze

Küste vom *mons Massicus* bis zum *promuntorium Minervae* unter
der Herrschaft der Kampaner. Im Golf von Neapel findet der See-
fahrer drei griechische Enklaven: Neapel, Ischia und Cumae; dort
leistet der Hellenismus der Gewalttätigkeit der neuen Herren Widerstand. Dann trifft er auf die Samniten, die die etruskischen und
griechischen Städte am Golf von Salerno erobert haben.
Erlebt Pompeji Jahre des Friedens unter der samnitischen Herrschaft? Eine Macht wächst am Tor zu Kampanien, Rom. Unmittelbar nach dem Galliereinfall mißt sich Rom mit den Latinern. Jedenfalls haben die Schrecken der gallischen Invasion von 358 die Solidarität zwischen den latinischen Städten wiederhergestellt und
Latium dazu veranlaßt, in diesem Jahr eine endgültige Abmachung
mit Rom zu treffen, das zwischen 390 und 358 systematisch sein
Vordringen in den Süden vorbereitet. Antium war bereits von römischen Kolonien eingeschlossen, die man mit Fleiß im nördlichen
Teil der pontinischen Ebene gegründet hatte. Während des Etruskischen Krieges 357 bis 354 schließt Rom einen Vertrag mit Samnium,
der zu einem bedeutenden Meilenstein auf dem Weg zu einer möglichen Herrschaft über Kampanien wird.

Das erste Eingreifen Roms

Die Samniten, die von nun an von den Kampanern zu unterscheiden
sind, waren zusammengefaßt in einer von Capua angeführten Konföderation; sie wollten die Vorherrschaft in der Ebene behalten;
deshalb schlossen sie ein Bündnis mit mehreren Stämmen: mit den
Caraceni aus dem Tal des Sagrus (Sagro), deren Hauptstädte
Aufidena (Alfedena) und Bovianum vetus (Pietrabbondante) waren, mit den *Peutri* des Berges Matese, deren wichtigste Stadt ebenfalls Bovianum (Boiano) hieß, mit den *Caudini* an der kampanischen Grenze und mit den *Hirpini* am Paß von Benevent. 343 be-
drängten die Samniten, die mit Rom verbündet waren, die Sidiciner,
Verbündete Capuas, und die Sidiciner riefen die Latiner zu Hilfe.
Die Samniten beklagten sich in Rom, wo man ihnen wahrheitsge-
mäß antwortete, daß man keine Vorherrschaft über die Latiner
innehabe. Der Erste Samnitenkrieg bricht aus: Römer und Latiner

kämpfen gegen die Samniten; 343 dringt eine römische Armee in Kampanien ein. 342 schließt Rom einen Frieden mit den Samniten, aber unter so entehrenden Bedingungen, daß die Latiner sich weigern, die Klausel anzuerkennen, nach der die Sidiciner der Herrschaft der Samniten unterstellt werden. 340 beginnt der Krieg zwischen Rom und Latium; man erlebt eine Umkehrung der Bündnisverhältnisse. Rom führt zusammen mit den Samniten Krieg gegen die vereinigten Latiner und Kampaner. 340 beginnt eine Siegesserie über die Latiner, die sowohl das Ende der latinischen als auch der kampanischen Konföderation bedeutet.

Der römisch-capuanische Staat

Rom folgt seinem eigenen Genius und ersetzt das Konföderationssystem durch die enge Verbindung der Städte mit Rom. Die kampanischen *oppida* erhalten nach dem Vorbild Capuas eine Munizipalverwaltung. Capua wird 341 verbündete Stadt genannt, 334 verbündetes *municipium*: die Stadt war zunächst mit Rom durch einen Vertrag verbunden, dann wurde sie naturalisiert, ohne deshalb auf die Tradition und das Prestige, das ihr das alte *foedus* verliehen hatte, verzichten zu müssen. Unter den *oppida* bekommen Suessula 338 und Acerrae 332 die *civitas sine suffragio*[25], das Bürgerrecht ohne Stimmrecht in Rom. Dasselbe gilt für Atella. Die Städte der östlichen Campania, Nola und Nocera, werden anders behandelt; sie schließen ein Bündnis mit Rom. Wir haben guten Grund anzunehmen, daß der *ager Pompeianus* zum Territorium von Nocera[26] gehörte, das durch sein Bündnissystem Pompeji, Stabiae, Herculaneum und Sorrent[27] kontrollierte; Pompeji und Nocera benutzten außerdem dieselbe Brücke über den Sarno. Pompeji dürfte auch von sich aus ein solches Bündnis abgeschlossen haben. Aber die Bildung des römisch-capuanischen[28] Staates geht nicht nur die militärische und diplomatische Entwicklung im Italien des 4. Jahrhunderts an. Es handelt sich auch um einen Vorgang der Innenpolitik und der inneren Ordnung Roms. Die *equites Campani*[29], hohe Herren, die von allen Seiten durch die steigenden Fluten der plebeischen und samnitischen Forderungen bedrängt

wurden, suchten in Rom Hilfe gegen die Gefahr. Sie fügten sich
den Annexionsabsichten des römischen Senats unter der Bedingung,
daß Rom die Verfassung Capuas schütze. Sie traten den *ager Fa-
lernus*, eine der fruchtbarsten Gegenden des Landes, ab gegen eine
jährliche Rente, die Capua unter der ausdrücklichen Garantie Roms
zu zahlen hatte. In Rom hatten die Konservativen – die Vornehm-
sten unter ihnen waren die Fabii – Verbindungen und Verträge mit
den herrschenden Familien in den italischen Städten, vor allem in
Etrurien und Kampanien, geknüpft. Der Sieg der Demokraten in
Rom im Jahre 342 ändert nicht viel an der Situation; die Aemilii
setzen die Politik der Fabii fort. Mehr noch, der Konsul des Jahres
340, P. Decius Mus, war wohl sogar ein Capuaner. Dessen Name
Dekis ist capuanisch, und im römisch-capuanischen Staat dürfte
dieser Dekis, der Konsul geworden war, das Instrument einer Politik des Gleichgewichts und der Gleichheit gewesen sein.

Die römische Herrschaft

Aber dieser römisch-kampanische oder römisch-capuanische Staat
entwickelte sich bald zu einer einfachen römischen Herrschaft. Zwischen 318 und 312 scheint sich die zunächst theoretische Unterwer-
fung praktisch und endgültig vollzogen zu haben. 318 ist das Datum der Schaffung der *tribus Falerna*, die die Annexion von 340
besiegelte. 312 wurde die Via Appia gebaut, die über das Gebiet
der Aequer, Volsker und der endlich unterworfenen Aurunker hinweg ein Gebiet in einem Block zusammenfaßte, das man nun nicht
mehr als römisch-kampanischen Staat bezeichnen konnte, sondern
einfach römisch nennen mußte. Natürlich rief die vollständige
Durchführung des Vertrags, der Capua aufgezwungen worden war,
dort ein letztes Aufflackern des Unabhängigkeitswillens hervor.
Nach Diodor[30] und Livius[31] versuchte Capua 314 in einem kritischen Augenblick im Zweiten Samnitenkrieg, das Joch der römischen Herrschaft abzuschütteln. Nach diesem Aufstand der konservativen Kräfte der Stadt machte Capua nicht mehr von sich reden.
Es rührte sich nicht während des Pyrrhus-Kriegs und spielte auch
bei den römisch-karthagischen Spannungen, die zum Ersten Puni-

schen Krieg führten, offiziell keine Rolle. Dies beweist die Darstellung der politischen Situation Italiens gegen 274 in der »Alexandra« des Lykophron, der sich an Timaios anlehnt. Von Capua ist da nicht die Rede, denn für einen Timaios und einen Lykophron ist die einzige Macht, die vom Tiber bis zum Sebethos herrscht, Rom. Es gab keinen römisch-capuanischen Staat mehr; nur ein römischer Staat war übriggeblieben.

Der Einfluß Capuas

Dies soll nun nicht heißen, daß Capua nicht einen verborgenen, aber bestimmenden Einfluß auf die Angelegenheiten Roms ausgeübt hätte. Denn nach der Eroberung Etruriens verwickelte sich Rom unverzüglich in eine Serie von Operationen, zu denen es sich – wie es scheint – von Capua mehr oder minder bewußt hat anstiften lassen. Ganz deutlich wird dies bei der Neapel-Affäre von 327, wo Rom für die Forderungen Capuas an Neapel Partei ergriff, Neapel aber mit der Unterstützung der Samniten Widerstand leistete und Rom ihm ein Bündnis auf der Basis der Gleichberechtigung anbot; der Angriff gegen Neapel war der Beginn des Zweiten Samnitenkriegs. Die Demütigung an den kaudinischen Pässen im Jahre 324 hinderte die *urbs* also nicht, in Kampanien eine sehr entscheidende Aktion durchzuführen und ihre Politik 310 auf das Meer auszudehnen. Wieder war es ein Mitglied der Familie der Decii, der Volkstribun M. Decius, der der Plebs[32] 310 die Einsetzung der *duoviri navales* vorschlug; seine kleine Flotte erlaubte es ihm, bei Pompeji zu landen und Nuceria anzugreifen. Die Römer wurden in die Flucht geschlagen durch die Bewohner von Nuceria, denen die Pompejaner beistanden, aber kurz darauf wurden Nuceria und dann auch Pompeji besetzt. Die Römer eroberten sogar Bovianum, die samnitische Hauptstadt, im Jahre 305, und 304 endete der Zweite Samnitenkrieg. In Kampanien hatte Roms Herrschaft die der Samniten abgelöst. Pompeji, eine verbündete Stadt und Vasallin Roms, behielt seine samnitische Prägung. Man verlangte lediglich politische Loyalität von ihm, sowohl während des Dritten Samnitenkrieges, der 291 mit der Ergebung der Samniten endete, denen man Bündnisverträge zugestand, als auch während des Krieges gegen Pyrrhus.

Kampaniens Treue zu Rom während des Krieges gegen Pyrrhus

Wahrscheinlich griff Pyrrhus Kampanien an in der Absicht, die Städte, die noch vor kurzem unabhängig waren und von denen er annehmen konnte, daß sie gerne das Bündnis mit Rom ausschlagen würden, von der Sache Roms zu lösen. Aber die kampanischen Städte hielten zu Rom, zweifellos wegen des Bündnisses des Pyrrhus mit den Samniten, die die Kampaner brutal unterdrückt hatten. Das Scheitern der Unternehmung des Pyrrhus beendete die Unabhängigkeit der griechischen Städte in Süditalien. 272 wurde Tarent besetzt, und die kampanische Legion, die Rom verraten und sich in Rhegion festgesetzt hatte, mußte kapitulieren; die dreihundert Überlebenden wurden auf dem Forum hingerichtet. Rom konnte eine solche Beleidigung nicht hinnehmen. Es vermehrte die latinischen Kolonien; 268 entstand eine Kolonie in Benevent, 263 in Aesernia; so behielt es die Städte Kampaniens fest im Griff, als 264 der Erste Punische Krieg ausbrach.

Allein Pompeji verrät Rom nicht im Krieg gegen Hannibal

Im Verlauf des Zweiten Punischen Krieges versuchten die kampanischen Städte, ihre Freiheit wiederzugewinnen. Die Niederlage der Römer bei Cannae am 2. August 216 erschütterte ihr Ansehen in Italien sehr. Zu Hannibal gingen über die Stämme Apuliens (die Städte Arpi und Salapia gaben das Beispiel), dann die Stämme der Bruttier mit Ausnahme von Petelia und Consenzia; dann die Lukaner, die Hirpiner und die übrigen Samniten. Am folgenschwersten für Rom war der Abfall von Capua und seinen Nachbarstädten Atella und Calatia; die griechischen Städte in Lukanien, Bruttium und Kampanien blieben Rom treu aus Haß gegen die Punier und Bruttier. Es war keine desinteressierte Treue: ein Sieg Karthagos hätte ihren Handel ruiniert; außerdem war Rom eine »griechische« Stadt. Der Krieg wurde also nach Kampanien hineingetragen: Claudius Marcellus rückte mit zwei Legionen heran und verhinderte, daß Nola in die Hände des punischen Feindes fiel. Die Punier nahmen Casilinum (bei Capua) ein, das die Brücke über den Vulturnus in seiner Hand hatte. Sie setzten sich auf dem Berg Tifata fest, um Cumae und Nola anzugreifen, aber vergebens. Das ganze griechische Kampanien leistete Widerstand, und Rom konnte es zurückgewinnen. 214 wurde Casilinum von den Konsuln Fabius und Marcellus zurückerobert. Im Herbst 212 begannen die Konsuln Fulvius Flaccus und Claudius Pulcher die Belagerung Capuas; sie stützten sich dabei auf Casilinum, die Mündung des Vulturnus und Pozzuoli. 210 fiel die Stadt und wurde hart bestraft: die Senatoren wurden als Sklaven verkauft, die männlichen Sklaven deportiert und die Munizipalverwaltung zerstört. Dies war der Preis des Verrats für eine Stadt, die mehr samnitisch als hellenistisch geprägt war. In dem ganzen Krieg scheint Pompeji – wie Nocera – Rom die Treue gehalten zu haben.

Eine solche Treue hätte eigentlich Belohnung verdient. Aber die Siege des Zweiten Punischen Krieges hatten Rom ein solches Gefühl der Überlegenheit gegeben, daß es keine Rücksicht mehr auf die Belange seiner Verbündeten zu nehmen gewillt war. Diese aber, vor allem die Aristokratie, wünschten mehr und mehr, das volle Bürgerrecht zu erhalten; die Plebs strebte vor allem nach Rechtsgleichheit. Das Problem des Landbesitzes wurde immer dringlicher. 183 entbrannte ein Streit zwischen Neapel und Nola wegen eines Gebietes, dessen Besitz beide beanspruchten. Der Konsul Q. Fabius Labeo, der die Streitfrage entscheiden sollte, beendete die Sache, indem er das umstrittene Territorium dem römischen Volk zusprach. Als die Verbündeten sahen, daß man ihnen den Besitz des Landes, das mit ihrem Blut besprengt war und das sie mit eigener Hand für das Römische Reich gewonnen hatten, nicht gönnte, kam es zu der Krise, die den Bundesgenossenkrieg auslöste und das Ende des samnitischen Pompeji herbeiführte.

Da Pompeji in den Wirbel der Kriege Roms gegen die Samniten hineingezogen wurde und außerdem seine Existenz gegen unruhige Nachbarn und den Appetit Roms zu verteidigen hatte, blieb es während der ganzen samnitischen Periode eine befestigte Stadt, ja

es hat zwischen 424 und 89 immer solidere Befestigungsanlagen entwickelt; drei Bauphasen lassen sich leicht unterscheiden.

Die Befestigungsanlage

Erste Phase: Wie haben die Samniten, die der polygonalen Bauweise in ihren Bergstädten und in den Siedlungen, die ihren Weg
nach Kampanien markieren, treu geblieben waren, auf die Technik
der griechischen Mauer mit doppelten Kurtinen reagiert? In Pompeji gaben sie – wie in Poseidonia – die polygonale Bauweise auf
und übernahmen ein neues Konstruktionselement italischen Ursprungs: den *agger;* sie glaubten, daß die äußere Kurtine höher und
stärker sein müsse und verzichteten auf das System der doppelten
Kurtine, die nicht höher als 3 bis 4 m war; dagegen führten sie an
der äußeren Kurtine einen *agger* auf, d. h. einen Erdwall, der am
Fuß von einer kleinen Mauer gestützt war. Der erste Bauabschnitt
zwischen 400 und 300 bestand also darin, die äußere Kurtine einzu-
reißen und höher aufzuführen (8 bis 10 m); die neue Mauer bestand
aus Parallelepipeden, die dicker waren als in der griechischen Periode, und wurde nach innen durch mit der Mauer verbundene
Pilaster verstärkt. Die innere Kurtine aus präsamnitischer Zeit
wurde zum Teil abgetragen, ihre Basis verschwand in den Erdmassen des *agger.* Das Material blieb im wesentlichen der Kalkstein
vom Sarno. Diese Periode reger Bautätigkeit, die der Epoche der
Samnitenkriege entspricht, gehört in den weiteren Rahmen der er-
bitterten Kämpfe der samnitischen Stämme gegen Rom.

Zweite Phase: Zwischen 300 und 180 wollte man den Druck der
Erdmassen verringern und kam deshalb auf das System der doppelten Kurtine mit Pilastern zurück; zu der äußeren Kurtine aus Kalkstein, die mit Tuffsteinen erhöht wird, kommt eine innere Kurtine
aus isodomen Tuffsteinen, die mit oskischen Schriftzeichen versehen
sind. Die Tore werden erneuert; auch hier ersetzt der Tuff den
Kalkstein vom Sarno, der in früherer Zeit verwendet worden war.
Der *agger* wird zur Stadt hin vergrößert und mit Tuffstufen versehen, die zum Wehrgang führen und gleichzeitig die Erdmassen
stützen. Erneuerung und Verstärkung der Befestigung passen in die

Zeit des Zweiten Punischen Krieges und zu der zweifachen Bedrohung durch die Armee Hannibals und die römischen Truppen, die auf dem Kriegsschauplatz Kampanien präsent sind.

Dritte Phase: In der dritten Periode, die die Zeit von 120 bis 89 umfaßt und den intensiven Vorbereitungen auf den Bundesgenossenkrieg entspricht, erneuert man großzügig die äußere Kurtine mit Hilfe von Bruchstein; über Mauer und Wehrgang werden Türme aufgeführt; die Ebene des *agger* wird gesenkt, damit man leichter an den unteren Teil der Türme herankommt. Gegen Ende des 2. Jahrhunderts mußte man angesichts der drohenden Auseinandersetzungen mit Rom die Verteidigungsanlagen der Stadt besser den perfektionierten beweglichen Offensivwaffen, wie Belagerungstürmen und hölzernen Schutzdächern, anpassen. Man mußte rechteckige Türme schaffen, von denen aus der Wehrgang überblickt werden konnte, und die mit der Befestigung ein Ganzes bildeten und die beiden Kurtinen überragten. Man kehrte also zu dem hellenistischen System der Befestigungsanlage zurück. In den Mauern Pompejis vereinen sich zwei entgegengesetzte Typen der Befestigungsanlage, die griechische und die italische; dies paßt in das Bild der Kultur dieser Gegend.

Die Erweiterung der Stadt

Die samnitische Befestigung überlagert in der Richtung der *cardines* die präsamnitische Mauer; d. h.: im Norden und Süden hat sich die Stadt nicht erweitert. Der Turm XII – der Turm des Merkur – hat einfach den ursprünglichen *cardo* verstopft; neuer *cardo maximus* wurde die Via Stabiana zwischen der Porta Vesuvio und der Porta di Stabia. Von Osten nach Westen erweitert sich die Stadt in samnitischer Zeit beträchtlich; weder an der Porta di Capua noch an der Porta di Nola, noch an der Porta di Sarno hat man präsamnitische Spuren gefunden. Wahrscheinlich ist das Ostviertel ein Werk der Samniten, die dort die griechische Städtebauweise nachgeahmt haben, die sie im östlichen Stadtteil stark entwickelt vorfinden.

Die Samniten haben also der Stadt Pompeji den Umfang von 3104 m gegeben, wie wir ihn kennen. Die Befestigung erinnert uns an das kriegerische Pompeji, das den römischen Kolonisten mit seinen Kurtinen aus schwarzem Tuff, den hohen, stämmigen Türmen und den engen, befestigten Toren (Abb. 4 und 21) ein abweisendes Gesicht gezeigt hat. Dieser Mauerring, der das Territorium der *urbs* begrenzte, die dadurch von einer Stadtzoll-Linie umschlossen war, jenseits welcher die Nekropolen ihren Platz hatten, prägt sich jedem Besucher ein.

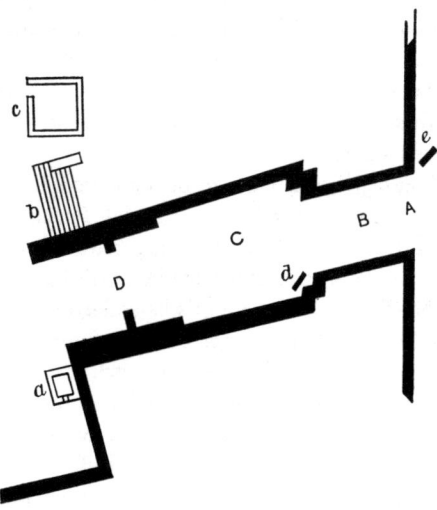

Abb. 4. Porta di Stabia
B Äußerer Teil des Durchgangs. – C Vorderer Hof. – D Tore. – a Brunnen. –
b Treppe zum Wehrgang. – c Zimmer des Wächters

Das Straßennetz: Im Innern der städtischen Siedlung diente das Straßennetz dazu, die Gebäudekomplexe miteinander zu verbinden und sie an die Tore und damit an die Zone außerhalb der Stadt anzuschließen. Durch einen *cippus* mit oskischer Inschrift, der an der Porta di Stabia gefunden wurde[33], erfahren wir, daß dieses Tor eine Straße außerhalb der Stadt überwachte, die von der Brücke über den Sarno nach Stabiae führte, und eine Straße innerhalb der Stadt, die eigentlich Straße von Pompeji genannt war (heute als

Via Stabiana bekannt) und am Tempel des Zeus Meilichios vorbei-
führte. Eine Straße des Jupiter geht an der Nordseite des Tempels
vorbei (heute Straße des Isis-Tempels), und eine weitere Straße
heißt heute Straße der Theater. In der Mitte des 2. Jahrhunderts
besteht ein einheitliches, zusammenhängendes Straßennetz, das das
Forum triangulare und alle seine Gebäude mit dem zivilen Forum
verbindet; in dieser Zeit wird zum Schmuck des Forums ein Tuff-
Portikus errichtet. Das Straßennetz verleiht dem Pompeji der Samnitenzeit ein doppeltes Gesicht: das einer Handelsstadt durch die
Via Pompeiana, wo in Filigran das griechische Wort πομπή[34] zu
lesen ist, und das einer militärischen Stadt, denn eine der Straßen
führt zur samnitischen Palästra, wo sich die Jugend Pompejis auf
den Kriegsdienst vorbereitete.[35]

Monumente: Pompeji besaß eine große Zahl von Bauten, die in
römischer Zeit wiederhergestellt wurden: das Forum triangulare
(Abb. 35), das zivile Forum (Abb. 7) – es lag später zwar nicht mehr
im Zentrum der Stadt, wurde aber trotzdem beibehalten –, die Basilika, das große Theater, die samnitische Palästra, die Stabianer
Thermen (Abb. 37), den Apollon-Tempel, den Jupiter-Tempel, den
Tempel des Zeus Meilichios und den Isis-Tempel.

Häuser: Die private Baukunst[36] hat ebenfalls Spuren hinterlassen,
und im Laufe der Zeit wurden Materialien verwendet, die sich im
gleichen Rhythmus veränderten wie die Baustoffe, die wir an den
Mauern festgestellt haben. Das Haus des Chirurgen hat eine Fassade aus Kalkstein vom Sarno wie verschiedene andere Häuser auch.
Die Samniten, die die äußere griechische Kurtine abrissen, verwendeten die isodomen Steinblöcke für ihre Häuser, auch wenn sie damit den Wohnungen mit den kleinen Fenstern das strenge Aussehen
von Festungen gaben. Mit dem Tuffstein beginnt die »belle époque«
der Baukunst in Pompeji, die Zeit, in der sich der hellenistische Einfluß mehr und mehr bemerkbar macht und schließlich das Wohnhaus, das bald eine ganze *insula* einnimmt, zu einem Palast umgestaltet, der einer königlichen Familie würdig gewesen wäre.

So lebte das samnitische Pompeji, mit seinen politischen, zivilen
und religiösen Institutionen, eine Stadt, die dem römischen und dem
griechischen Einfluß offenstand. Pompeji war sich aber gleichzeitig

dessen bewußt, daß es sein väterliches Erbteil gegen jegliche Bedrohung zu verteidigen hatte, und käme sie von Rom. Selbst das
römische Pompeji konnte sein samnitisches Erbe nicht verleugnen.

5. Das römische Pompeji

Die hellenistische Kultur machte nicht in einer langsamen Entwicklung nach und nach einer mehr romanisierten Kultur Platz, sondern
Pompeji wurde plötzlich und gewaltsam römisch.

Ager Campanus

Der *ager Campanus,* der Pompeji umgibt, war schon lange – unter
Mißachtung der Grenzen der Legalität – von den römischen Senato-
ren in Beschlag genommen worden, die hier, in angemessener Entfernung von Rom, fruchtbares Land, ein angenehmes Klima und ein
bequemes Leben fanden. Im engen Wortsinn umfaßte der *ager
Campanus*[37] nur den Westteil der großen Ebene zwischen dem
Meer und dem Apennin, begrenzt vom Vulturnus im Norden, im
Süden von den Bergen von Pozzuoli und vom Vesuv im Südosten.
Eine vertraglich festgelegte Grenze schied ihn vom *ager Calatinus*
und vom *ager Atellanus;* aber diese Gebiete scheinen zusammen mit
dem *ager Stellatinus,* der das Territorium über den Vulturnus hinaus erweitert, sein Schicksal geteilt zu haben. Das genannte Gebiet
hatte eine Ausdehnung von 60 000 Hektar; der Boden war von
wunderbarer Fruchtbarkeit: Obstbäume und Getreide weit und
breit. Seit dem Verrat Capuas war das Gebiet von Rom konfisziert;
die *patres,* die 194 lediglich der Verteilung des Sumpfgeländes und
der Macchia sowie der Hügel an der Küste an Kolonisten zuge-
stimmt hatten, verteidigten es eifersüchtig. Sie erlaubten 206 und
198 nur den Verkauf von Randparzellen; in der Ebene halfen die
Capuaner den Römern beim Aufbau einer neuen kapitalistischen
Wirtschaft, in der Pflanzungen mit Weiden abwechseln und die
Weiden ein Jahr von zweien oder dreien, je nach dem wechselnden
Rhythmus der Brache, teilweise bebaut, eingesät und gedüngt werden.

Das Problem der Landverteilung

Wenn auch zunächst nichts die Ruhe des illegalen Besitzes zu bedrohen schien, so war das Problem der Landverteilung in Italien doch vorhanden. Man mußte ein Mittel gegen die Verarmung der Mittelklasse finden und der wirtschaftlichen Schwächung Italiens steuern. Tiberius Gracchus schlug als erster die Verteilung des *ager publicus* und die Begrenzung des Großgrundbesitzes vor, aber die Italiker scheinen von dieser Neuverteilung ausgeschlossen gewesen zu sein, worüber sie sich ernstlich Gedanken zu machen begannen. Sie mußten befürchten, daß sie einerseits als Besitzer von Parzellen, die neu verteilt werden sollten, von den Maßnahmen betroffen sein würden, daß sie aber andererseits von den Vorteilen der Neuverteilung, die nur Römern zugute kommen sollten, ausgeschlossen wären. Zur selben Zeit, als das Problem der Landverteilung auf dem Programm stand, wurde eine ebenso dringende Forderung aktuell, die Ausdehnung des römischen Bürgerrechts. Trotz der Anstrengungen des Caius Gracchus, der ohne Erfolg versuchte, den alteingesessenen Latinern das volle Bürgerrecht und den übrigen Verbündeten (*socii*) den Status der Latiner zu verschaffen, blieben die Verbündeten in der Frage des Bürgerrechts sehr empfindlich und verfolgten mit leidenschaftlicher Anteilnahme die Politik des Tribunen M. Livius Drusus, der im Frühjahr 91 neue Landzuweisungen vorschlug. Sofort wurde das alte Problem Italiens wieder virulent: die Latiner und die Bundesgenossen wollten nicht dulden, daß die Römer den *ager publicus* neu verteilten und sie, weil sie nicht das volle Bürgerrecht besaßen, nur die Nachteile und Verluste haben sollten, ohne die Früchte der Maßnahme mitzuernten. Livius Drusus sah ein, daß man allen Italikern das Bürgerrecht geben mußte. Die *rogatio Livia* (der Gesetzesvorschlag des Livius Drusus) im Sommer 91 gewährte allen auf einmal das Bürgerrecht. Die Erregung in Rom, die aus dieser Politik resultierte, veranlaßte Livius Drusus, einen Freundschaftspakt mit dem Anführer der Marser, Q. Pompidius Silo, zu schließen. Es ist leicht verständlich, daß sein Tod – seine Ermordung – Ende Oktober 91 das Signal zum Beginn der Erhebung war, die man Bundesgenossenkrieg nennt.

Die Erhebung der Pompejaner

Der Konsul Philippus hatte seit September 91 seine konsularische Armee in den Provinzstädten verteilt, um das Kommen und Gehen der Bundesgenossen überwachen zu können. Servilius ging nach Ausculum im Picenum; L. Acilus und L. Scipio begaben sich in die latinische Kolonie Aesernia auf samnitischem Territorium, L. Postumius residierte in Nola in Kampanien. Das Drama beginnt mit der Ermordung der Magistrate im Theater von Ausculum; das bedeutet Revolte der Samniten im Picenum. Die Aufständischen überreden rasch die Mehrzahl der kampanischen Städte, sich ihnen anzuschließen. Nola, wo L. Postumius einige Monate lang standgehalten hatte, schüttelt sein Joch im März 90 ab, indem es sich durch Mord des Herrn entledigt, den Rom geschickt hatte. Pompeji, Herculaneum, Stabiae, Sorrent, Venafra und selbst die latinische Kolonie Salernum fallen ab, als die Armee des samnitischen Generals Papius Mutilus anrückt. Ganz Kampanien also erhebt sich gegen Rom und schließt sich dem Bündnis mit den Marsern an, um Rom niederzuwerfen.

Pompeji trifft fieberhaft Kriegsvorbereitungen. Die durch Türme verstärkte Mauer wird ständig überwacht. Die Einberufung der Soldaten erfolgt sektorenweise, damit die Mannschaften ihre Anführer kennen und beim ersten Signal die ihnen zugewiesenen Plätze einnehmen können[38]; dank dieser Maßnahme sind folgende Viertel bekannt: das nordwestliche *Veru Sarinu* (*porta Salis*), die heutige Porta Ercolano, das nördliche längs der Stadtmauer mit genauer Bezeichnung der Türme in Richtung auf die *porta Urbulana* (heute Porta di Nola), ein östlicher Sektor zwischen Porta Ercolano und Porta Marina und ein südlicher gegen die Porta di Stabia hin. Rom war weit entfernt von einem Sieg.

Belagerung und Fall der Stadt

Der Konsul L. Caesar hatte seit dem Frühjahr 90 v. Chr. versucht, Aesernia freizukämpfen, aber er scheiterte jämmerlich; dagegen konnte er im Sommer den vereinigten Samniten und Kampanern

standhalten, die Acerrae belagerten; die verbündeten Truppen des
Marius Egnatius wurden im August 90 vernichtend geschlagen. Im
Frühjahr 89 folgte C. Sulla dem Konsul L. Caesar, dessen Legat er
gewesen war, nach und übernahm das Kommando der militärischen
Operationen gegen die aufständischen Samniten in Südkampanien.
Sulla übertrug T. Didius sein Legatenamt und Minatius Magius,
einem Italiker, dem Haupt der römischen Partei unter den aufständischen Hirpinern, den Sturm auf Herculaneum. Er selbst überfällt
Stabiae; am 30. April wird die Stadt besetzt und zerstört. Am
11. Juni oder in den darauffolgenden Tagen wird Herculaneum
von den Truppen des Didius erobert, der beim Angriff ums Leben
kommt.[39] Als die beiden Flügel nicht mehr bedroht sind, kann Sulla
seine Armee mit dem Heer, das von Herculaneum zurückkehrt, vereinigen. Im Sommer greift er die befestigte Stadt zwischen der Porta
Ercolano und der Porta Vesuvio an. Er bombardiert die Mauer mit
großen Steinkugeln, die mit seinem Namen gekennzeichnet sind;
sie hinterlassen unauslöschliche Spuren auf den Tuffsteinblöcken
mit den oskischen Buchstaben.[40] Auch vom Meer aus wird vielleicht
ein Angriff vorgetragen. Die Pompejaner leisten hartnäckig Widerstand, aber sie können nicht allein gegen die römische Armee kämpfen, die sie belagert. Papius Mutilus schickt L. Cluentius mit einem
Kontingent Bundesgenossen, um Pompeji zu entsetzen. Sulla greift
ihn an, Cluentius muß sich zurückziehen. Mit frischer Verstärkung
durch keltische Truppen nähert er sich wieder dem römischen Lager,
es kommt zur Schlacht; aber die Kelten geraten in Panik und das
Heer flieht bis nach Nola, wo Cluentius fällt.[41] Die Schlacht bei
Nola, in der 18 000 Samniten fallen,[42] entscheidet das Schicksal Pompejis: nach der Niederlage des Cluentius kann die Stadt sich keine
Hoffnung mehr machen und muß sich zwischen Sommer und Herbst
89 v. Chr. ergeben. Das samnitische, das kriegerische Pompeji unter-
liegt, nun kommt die Zeit des römischen, des friedlichen Pompeji.

Cicero und Pompeji

Eine anekdotische Einzelheit verdient es, hervorgehoben zu werden.[43] Cicero, dessen *Pompeianum*[44] man vielleicht niemals wird

lokalisieren können, war in der Armee, die Pompeji belagerte. Wir
wissen, daß er sich im Jahre 90 und im Januar 89 v. Chr. bei den
Truppen des Cn. Pompeius Strabo aufhielt und der Begegnung zwischen dem Konsul und dem Anführer der Marser beigewohnt hat.[45]
Einige Monate später stieß er zur Armee Sullas; zwei Passagen in
»De divinatione«[46] geben uns die Gewißheit, daß er an einem Opfer
teilgenommen hat, das L. Sulla vor der Schlacht gegen Cluentius
darbrachte. Die Archäologen ruhten deshalb nicht, bis sie ein
Haus, das niemals im Besitz Ciceros gewesen war, Villa des Cicero
genannt hatten.[47]

Der Streit im Jahre 59 n. Chr.

Pompeji mußte nun nur noch lernen, wie ein römisches *municipium*
zu verwalten war, dann konnte es in Kampanien, wo Sulla vom
Jahr 80 v. Chr. ab seine treuen Soldaten nach ihrer Rückkehr aus
dem Orient als Kolonisten ansiedelte, ein ruhiges und bequemes
Leben führen. Glückliche Völker haben keine Geschichte. Pompeji
verschwindet aus den Chroniken. Vor den großen Katastrophen
von 62 und 79 n. Chr. macht es nur noch einmal von sich reden anläßlich des Streites von 59. Tacitus gibt einen genauen Bericht:[48]

»Ungefähr zur gleichen Zeit rief ein nichtiger Anlaß ein schreckliches Massaker unter den Kolonisten von Nuceria und Pompeji
hervor: Es geschah während eines Gladiatorenkampfes, den Livineius Regulus veranstaltete ... Zügellos, wie die Bewohner kleiner Städte sind, neckten und beschimpften sie sich zuerst, dann
griffen sie zu Steinen und schließlich zu den Waffen. Das Volk
von Pompeji, wo die Spiele stattfanden, behielt die Oberhand.
Viele Bewohner von Nuceria wurden verstümmelt und verwun-
det nach Rom transportiert. Zahlreich waren diejenigen, die einen
Sohn oder einen Vater beweinten. Der Princeps übertrug die ge-
richtliche Entscheidung der Angelegenheit dem Senat, der Senat
verwies sie an die Konsuln. Bei der neuerlichen Verhandlung vor
dem Senat wurden der Stadt Pompeji für zehn Jahre alle der-
artigen Zusammenkünfte verboten; man beschloß auch die Auf-

lösung aller Vereinigungen, die sich gegen das Gesetz gebildet hatten. Livineius und die anderen Anstifter des Kampfes wurden mit dem Exil bestraft.«

Der Zwischenfall regte die Phantasie der Zeitgenossen derartig an, daß auf einem Gemälde, das sich heute in Neapel befindet (Abb. 41), der Höhepunkt des blutigen Handgemenges dargestellt wurde.[49] Tacitus erklärt den Zwischenfall mit der ungezügelten Zunge der Provinzbewohner, mit den Rivalitäten zwischen den Anhängern der beiden gegnerischen Mannschaften, aber der Grund des Streites ist nicht psychologischer Natur; auch hier haben sich die Pompejaner nicht von der Last ihrer Vergangenheit befreit! Pompeji hatte am Nuceria-Bündnis teilgenommen, wie wir gesehen haben. 216 v. Chr. verschwand Nuceria eine Zeitlang von der politischen Landkarte infolge der karthagischen Invasion; dann trennte der Bundesgenossenkrieg *Pompeiani* und *Nucerini*: die Pompejaner machten gemeinsame Sache mit den rebellischen Italikern, die anderen blieben Rom treu und erhielten das Territorium von Stabiae. Das muß ein neuer Zankapfel gewesen sein, der die alten Rivalitäten aus der Zeit, als der gleiche Hafen am Sarno beiden Städten als Handelshafen diente, wieder aufflammen ließ. In Nuceria hatte sich übrigens im Jahre 57 durch einen neuen Schub Kolonisten[50] das Problem der Landverteilung noch zugespitzt – dieses ewige Problem des Mezzogiorno.[51]

Das Erbe der Vergangenheit

Das römische Pompeji fühlte sich so in Einklang mit seiner Vergangenheit, daß es seine Mauer behielt, selbst als sie keinen Zweck mehr erfüllte. Der Bevölkerungszuwachs hatte eine solche Wohnungsnot zur Folge, daß der Bau von Häusern auf dem inneren Pomerium erlaubt wurde. Die Straße folgte in der Stadt der Basis des *agger*, an ihr lagen die Häuser, z. B. das Haus der Vestalinnen bei der Porta Ercolano, die mit Tuffstufen versehen ist. An der Südseite ging das Wohngebiet über die Befestigung hinaus, die abgetragen wurde, um Terrassen anzulegen. Von diesem Platz aus hatte man

einen Blick auf das Meer, der nicht verbaut werden konnte. Das
ganze alte oskische Viertel der Region VIII veränderte sich; ein
neues Pompeji konnte sich entwickeln. Dies war ein schüchterner
Versuch, das Stadtbild, das zwei Kulturen hatten entstehen lassen,
umzugestalten. Das doppelte Erbe hat dem pompejanischen Alltag
einen besonderen Akzent gegeben, einen Charme, den keine andere
Stadt Kampaniens ihm streitig machen kann.

Zweites Kapitel
Wahlfieber

Man braucht nur einmal auf der Via dell'Abbondanza entlangzu-
gehen, sofort ziehen große rote und schwarze Inschriften auf den
Fassaden der Häuser und Läden die Blicke auf sich. Was bedeuten
hier und in anderen Straßen die bunten Aufschriften, deren Farben
noch so leuchten, daß sie nur aus den Jahren zwischen den Katastrophen von 62 und 79 stammen können? Es handelt sich um
Wahl-»Plakate«, die den politischen Aspekt des Alltags von Pompeji beleuchten. Selbst das drängende Problem des Wiederaufbaus
der Stadt hat die städtische Politik nicht gelähmt. Die Fülle der
Empfehlungen zugunsten der Kandidaten, die Vermehrung der
Kandidaturen, der leidenschaftliche Wille, die jeweiligen Kandida-

Abb. 5. Wahlinschrift, C.I.L. IV, 1122

ten durchzubringen, zeugen von einem Wahlfieber, das jedes Frühjahr die Männer und sogar die Frauen von Pompeji befiel. Die
Mauern beweisen es.

Die Treue zu den Kaisern

Man darf nun nicht annehmen, Pompeji, eine römische Kolonie und
Provinzstadt, habe »große Politik« gemacht und die vom Kaiser
und seiner Umgebung in Rom festgesetzten Ziele in Frage gestellt.
Der Horizont der Stadt war begrenzter: in Pompeji war nach 62
die Verwaltung der städtischen Angelegenheiten dem Zwang zum
Wiederaufbau unterworfen: die zu sanierenden Zonen mußten ausgewählt, die notwendigen Kredite für die Aufbauarbeiten aufge-
trieben werden. Der Stadtverwaltung blieb gar nichts anderes übrig,
als dem Kaiserreich treu zu sein und die kaiserliche Majestät zu
preisen.

Der Kaiserkult

Pompeji begrüßte mit Widmungsinschriften die Thronbesteigung
eines jeden Kaisers und einer jeden Kaiserin: Augustus[1], Livia[2],
Caligula[3], Agrippina[4], Nero[5], die Verbindung Neros mit Poppaea,[6] Vespasian und seine Kinder;[7] die kaiserliche Familie wird
auch nicht vergessen, z. B. ein Marcellus, Enkel des Augustus,[8] oder
ein Nero, Adoptivsohn des Claudius.[9] Die kaiserlichen Statuen
zeugen vom gleichen Eifer: Marcellus mit abgezehrtem, von einer
inneren Flamme erleuchtetem Gesicht, in hoheitsvoller Haltung;[10]
Livia als Priesterin in der Mysterienvilla;[11] der sogenannte Drusus
der Jüngere[12], die beiden Persönlichkeiten auf dem Macellum, die
so schwer als Mitglieder des Julisch-Claudischen Kaiserhauses zu
identifizieren sind. Die Priester für den Kaiserkult vermehren sich:
Holconius Rufus ehrte Augustus noch zu Lebzeiten,[13] Holconius
Celer diente dem vergöttlichten Augustus,[14] Vibia Sabina war Priesterin der Julia Augusta, der Kaiserin Livia;[15] Decimus Lucretius
Satrius wurde ständiger Flamen des Caesar Nero genannt,[16] Cn.

Alleius Nigidius Maius Flamen des Vespasian.[17] Verschiedene Tempel standen den Verehrern des Kaisers zur Verfügung, der Tempel der Fortuna Augusta (Abb. 6) im Norden des Forums an der Straße des Forums, erbaut in den allerletzten Jahren des 1. Jahrhunderts v. Chr., auf jeden Fall vor 2 v. Chr.[18] von M. Tullius auf einem Grundstück, das ihm gehörte.[19] Der Architekt hatte den Tempel des kapitolinischen Jupiter nachgeahmt: Zwei Treppen auf beiden Seiten des Altars führen zu einer Plattform zu Füßen des Podiums;

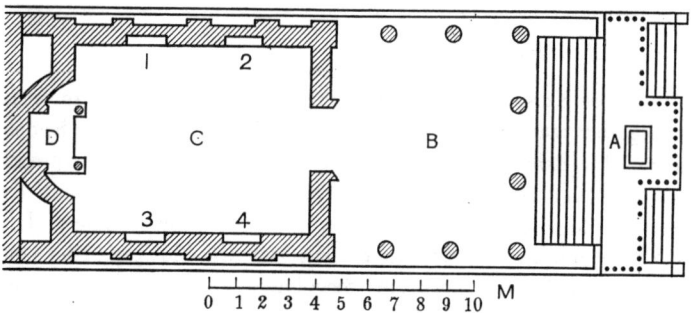

Abb. 6. Plan des Tempels der Fortuna Augusta
A Altar. – B Portikus. – C Cella. – D Statue der Gottheit

acht Säulen mit korinthischen Kapitellen tragen den Portikus vor der *cella.* Die »Statue der Fortuna Augusta« stand auf einer Basis im Hintergrund des Heiligtums; in vier Nischen an den Seitenmauern waren die Standbilder der Familienmitglieder des M. Tullius aufgestellt. Der Vespasian-Tempel öffnete seinen Portikus auf das Forum. Der Altar aus weißem Marmor zeigt auf der Vorderseite den Kaiser als Pontifex Maximus bei einem Opferritus; die Rückseite ist mit einem Eichenkranz versehen, den Vespasian als Augustus erhielt.[20] Bei der Weihe des Altars fanden große Festlichkeiten im Amphitheater statt, die von dem oben erwähnten Flamen des Vespasian, Cn. Alleius Nigidius Maius, veranstaltet wurden.[21] Im Hintergrund des geräumigen Hofes erhebt sich die *cella* des viersäuligen Tempels auf einem hohen *podium,* zu dem zwei seitliche Treppen hinaufführen. Aber das Heiligtum war 79 noch nicht vollendet gewesen: die Mauern der *cella* und der Eingang auf dem Forum waren bereits mit Marmor verkleidet, doch die Mauern des Hofes, die in abwechselnd von dreieckigen und geschwungenen Giebeln gekrönte Felder eingeteilt waren, trugen erst eine Stuckschicht und harrten noch der Vollendung.[22] Die *augustales,* meist Freigelassene, unterhalten eine andere heilige Stätte; ihre Freigebigkeit brachte ihnen das *bisellium*[23] ein, einen Prunksitz, der als Ehrung gewöhnlich den Dekurionen vorbehalten war.

Die Popularität Neros

Die beiden Kaiser, die von den Pompejanern offensichtlich am meisten geehrt wurden, waren Nero und Vespasian. Es sind die beiden letzten Herrscher vor 79; Titus hatte die Regierung zum Zeitpunkt des Vulkanausbruchs gerade erst übernommen. Die Popularität des Nero ist irgendwie paradox, wenn man sich daran erinnert, daß der Senat mit Zustimmung des Kaisers nach dem blutigen Streit von 59 zwischen Pompejanern und Bewohnern von Nuceria für zehn Jahre alle Spiele im Amphitheater untersagt hatte. Das Volk, das diese Spiele so liebte, hätte also bis 69 auf diesen Zeitvertreib verzichten müssen. Wir wissen aber, daß in Pompeji für die Rettung des Nero bei einem Erdbeben am 25. und 26. Februar Spiele gegeben wurden. Es handelt sich nicht um das Erdbeben von 62: das Amphitheater hatte durch die Erdstöße vom 5. Februar so sehr gelitten, daß man es wohl kaum zwanzig Tage später benutzen konnte. Man muß sich daran erinnern, daß Nero 64, wie von der Vorsehung geschützt, einem Erdbeben entging, als er im Theater von Neapel sang.[24] Kaum hatte das Publikum das Gebäude verlassen, da stürzte es zusammen. Nach diesem Zwischenfall[25] wohnte der Kaiser in Benevent Gladiatorenspielen bei, die dort ihm zu Ehren veranstaltet wurden. Die Spiele von Pompeji ahmten die Veranstaltung in Benevent nach. Der Kaiser mußte also das Verbot von 59 aufgehoben haben. Dies ist um so wahrscheinlicher, als Nero seit 62 mit Poppaea Sabina, einer schönen Pompejanerin, die von ihren Mitbürgern sehr bewundert wurde, verheiratet war:[26] »Bleibe stets in Jugendblüte, Sabina, bewahre deine Schönheit und deine Jugend

auf lange Zeit«[27], besagt ein Graffito. Die Familie Poppaeas hatte
in Pompeji eine große Rolle gespielt; sie besaß dort vier Häuser,
u. a. die bemerkenswerte Casa degli Amorini dorati (VI, 16,7) und
das wunderbare Haus des Menander (I, 10,4)[28]. Zweifellos hat die
vielgeliebte Kaiserin bei ihrem Gatten Fürbitte eingelegt für ihre
Landsleute, die durch das Unglück von 62 so hart betroffen waren.
Der kaiserliche Beschluß, der wieder Spiele im Amphitheater erlaubte, löste einen Freudentaumel aus: »Es lebe der kaiserliche Beschluß, es leben die Beschlüsse des Kaisers und der Kaiserin, es lebe
die Kaiserin Poppaea!« schreibt man an allen Ecken und Enden.[29]
Pompeji schenkte Nero sein Herz. Aber man darf deshalb nicht
glauben, es sei neronische Kolonie geworden.[30] Doch weder die Krise
von 68 bis 70 noch der Wechsel der Dynastie und die Thronbesteigung der Flavier haben die kindliche Freude der Pompejaner, denen
man ihre heißgeliebten Spiele wiedergegeben hatte, auslöschen können.

Die Gunst Vespasians

Die Beziehungen der Pompejaner zu Vespasian entstanden unter
anderen Vorzeichen. Sie priesen sich glücklich, daß er T. Suedius
Clemens schickte, um in seinem, des Kaisers, Namen Ordnung in
den Kataster der Stadt zu bringen und der Kolonie wieder den
Grund und Boden zuzuführen, den sich Privatleute unrechtmäßig
im Stadtgebiet angeeignet hatten. In der Person des verehrungs-
würdigen Richters[31] ehrte man seinen hohen Herrn. Die »heiligen«
Bilder des Kaisers wurden in den Heiligtümern der wiedererstehen-
den Stadt aufgestellt, im Laren-Heiligtum, das nach 62 errichtet
wurde,[32] auf dem Markt und natürlich im Tempel, der Vespasian
selbst geweiht ist.

Politischer Humor

Man hörte kaum Mißtöne im Konzert der Schmeichelei. Aber die
Verehrung des Kaiserhauses hatte bei einigen Pompejanern den
Sinn für Kritik und selbst den Humor nicht gänzlich ausgelöscht.

Ein Besucher des P. Paquius Proculus, der Neros Herrschaft ab-
lehnte, ergriff die Gelegenheit, seinen Humor auf Kosten Neros aus-
zuspielen. Verärgert über die Graffiti, die Nero im Haus seines
Gastgebers priesen, schrieb er in schönster Schrift (Abb. 8) und deutlich lesbar, zweifellos unter Vespasian zu einer Zeit, in der die Gefahr vorüber war und man nichts mehr riskierte: »Das Gift, Finanz-
minister des Nero Augustus«[33], eine kaum verhüllte Anspielung
auf Nero selbst. Verdankte er nicht dem Gift seine Thronbesteigung
im Jahre 54, und schaltete er nicht mit seiner Hilfe alle aus, die ihm
im Wege waren, Verwandte und Minister? Hatte er nicht 66 die
Kinder der Verschworenen der *coniuratio Viniciana* bei einer einzigen Mahlzeit mitsamt ihren Lehrern und Erziehern vergiften lassen?[34] So erleichterte ein wenig später ein Mann sein Herz, der sich
betroffen fühlte durch die Untaten des Kaisers, welche darauf ab-
zielten, sein Vermögen zu vergrößern.

Die Verwaltung des municipium

Die samnitischen Institutionen

In den Verwaltungseinrichtungen ist das römische Pompeji seiner
oskischen Vergangenheit treu geblieben. Die Stadt war um das Forum, den Markt- und Versammlungsplatz der italischen Siedlung, gruppiert, ein Bezirk unter freiem Himmel, in dem nach samnitischem Brauch die Opfer gefeiert wurden und die Rekruten ihren
feierlichen Eid leisteten,[35] wo die grausamen, heroischen Kämpfe
der Gladiatoren stattfanden, die sich an die religiösen Zeremonien
anschlossen. Der *meddix tùvtiks* stand in Pompeji, wie im ganzen
samnitischen Süditalien, an der Spitze der Verwaltung. Das Wort
meddix bedeutet »derjenige, der das Recht zeigt«, lateinisch *iudex,*
der ursprüngliche Name des Konsuls; *tùvtiks* kann man mit *publicus,* öffentlich, übersetzen. Dies ist der für ein Jahr gewählte höchste
Beamte, der die Innen- und Außenpolitik leitet und die Armee be-
fehligt. Das samnitische Pompeji, das der Sache Roms im Zweiten
Punischen Krieg treu war, erhielt keinen *praefectus,* der seiner Au-

tonomie ein Ende gesetzt hätte. Aber die Stadt erlebte frühzeitig den Einfluß der römischen Ämter. Man findet tatsächlich einen *aidilis* und einen *kvaisstur,* entsprechend dem römischen Aedilen und Quaestor. Rom unterwanderte langsam die italischen Institutionen und prägte sie um; bald richteten sie sich nach denen der Hauptstadt aus. Die Autonomie der Verwaltung der samnitischen Stadt wurde gesichert durch die Existenz einer Volksversammlung (*kumbernnieis*) und einer Art Senat (*kumparakineis*).

Municipium *und* colonia

Der Bundesgenossenkrieg setzte der samnitischen Herrschaft in Pompeji ein Ende. Aber seine Unabhängigkeit als Stadt blieb erhalten im Rahmen der neuen Verwaltungs-Institutionen. Die Wandlungen in der Form der Stadtverwaltung gingen nicht gewaltsam vor sich,[36] denn die demokratische Restauration in Rom war von weitgehenden Zugeständnissen an die Italiker begleitet: so erhielt auch Pompeji um 87 das römische Bürgerrecht. Es wurde *municipium;* wie jedes *municipium* stand es unter der Leitung von *quattuorviri,* einem Kollegium von vier Beamten;[37] außerdem gab es einen Quaestor[38], der an die Stelle des oskischen *kvaisstur* trat. Im Jahre 80 nahm es sullanische Kolonisten auf – Sulla kam damals aus dem Orient zurück – und führte nun den eindrucksvollen Titel *colonia Cornelia Veneria Pompeiorum*[39] unter den vereinigten Auspizien des Sulla und der Venus. Zwei Gesellschaftsgruppen teilten sich die Stadt: die alteingesessene Bevölkerung, die das *municipium* bildete,[40] und die neuen Bewohner, die als Kolonie organisiert waren. Als Cicero den Neffen des Diktators, P. Cornelius Sulla, den ersten Schutzherrn der Stadt, der in die Verschwörung Catilinas verwickelt war, verteidigte, waren in Rom zwei Delegationen anwesend; die eine bestand aus Kolonisten, die andere aus Pompejanern.[41] Es gab bestimmt Reibereien zwischen den *quattuorviri* des *municipium* und den *duoviri* der Kolonie;[42] doch die beiden Bevölkerungsgruppen wuchsen immer mehr zusammen und stimmten ihre Verwaltungsapparate aufeinander ab. Die *quattuorviri* verschwanden allmählich; es wurden *duoviri iure dicundo* und einfache *duoviri* daraus; somit waren die höchsten Beamten der beiden Gemeinwesen identisch. Die einfachen *duoviri* des *municipium* wurden wenigstens bis zu den Jahren 45 bis 40 *IIviri viis aedibus sacris publicis pro-curandis*, Duumvirn mit der Aufsicht über die Straßen und die sakralen und profanen Bauten, genannt. Später wurden sie, wie es in Kolonien üblich war, als *aediles* bezeichnet. Die Angleichung war nun vollkommen, Pompeji wurde von je einem Zweierkollegium von *duoviri iure dicundo* und *aediles* verwaltet, die im Frühjahr gewählt wurden und am ersten Juli ihr Amt antraten.[43]

Quinquennalis

In Pompeji umfaßte das politische Jahr je die Hälften des bürgerlichen Jahres. Alle fünf Jahre, wenn die Jahreszahlen auf 0 und auf 5 endeten, trugen die Duumvirn den begehrten Titel *quinquenna-les*[44]. Sie hatten die Volkszählung durchzuführen und die Wählerlisten zu überprüfen; in der Kolonie spielten sie dieselbe Rolle wie der Zensor in Rom. Ein und derselbe Bürger konnte mehrmals das Duumvirat und das Amt des *quinquennalis* bekleiden. M. Holconius Rufus z. B. war fünfmal Duumvir und zweimal *quinquennalis*. Der erste Schritt in der städtischen Ämterlaufbahn war die Aedilität.

Die Funktionen der Beamten

Die Aedilen kümmern sich um die weniger bedeutenden und um die materiellen Interessen des Gemeinwesens: Straßennetz, Markt, Instandhaltung der öffentlichen und der sakralen Bauten, Stadt- und Landpolizei. Keine der wichtigen Entscheidungen liegt in ihrer Hand. Die *duoviri iure dicundo* allein sind verantwortlich für die »Politik« der Stadt; sie kümmern sich um die zivilen, religiösen und finanziellen Angelegenheiten der Stadt, denn es gibt ja keinen Quaestor.[45] Hilfskräfte aus dem Sklavenstand stehen ihnen zur Seite, wie z. B. der *servus*, Sklave der Kolonie, der als Vertreter der *duoviri* auf den Quittungen des L. Caecilius Iucundus zeichnet; es handelt sich dabei um Steuerpacht, die die Stadt erhebt. Die Duumvirn sind sehr aktiv, nichts entgeht ihnen, auch nicht auf Ge-

bieten, wo man das Eingreifen der Aedilen erwarten würde: sie
kaufen vom Venus-Tempel das Recht zurück, die Zwischenräume
zwischen den Säulen des Tempelportikus zu schließen, und zwar
bis zum Dach des Portikus hinauf;[46] sie belegen die öffentliche
Straße, die Pompeji durchquert und zur Porta di Stabia hinaus-
führt, mit einer Steuer. Die Duumvirn A. Clodius Flaccus und
N. Arcaeus Arellianus Caledus führen die römischen Maße und Gewichte ein.[47] Auch religiöse Zeremonien fallen in ihren Aufgaben-
bereich: Weihehandlungen im Venus-Tempel[48] ebenso wie die Bildung eines Priesterkollegiums des Mars und der Maia.[49] Sie errichten
das Theater und das Amphitheater;[50] doch auf dem Forum entfaltet
sich ihre Prunkliebe ganz besonders: ihre Vorliebe für Ehrungen
stellt sich selbstgefällig auf zahlreichen Ehrensäulen zur Schau.[51]

Das Forum (Abb. 7)

Das Forum von Pompeji, Symbol der städtischen Autonomie, ist
ein weitläufiger, rechteckiger Platz von 38 m Breite und 142 m
Länge; hier konnte sich das Volk – die Masse der Bürger – versammeln und durch Akklamation über die Vorschläge der Magistrate
beschließen; hier befand sich der Versammlungsraum des Stadtrates,
des *ordo* der Dekurionen, hier waren die Archive, hier wurde Recht
gesprochen. Das Forum, das politische Herz der Stadt, mußte einfach grandios wirken und harmonisch angelegt sein. Der Platz war
von einem Portikus aus gedrungenen dorischen Säulen der samnitischen Epoche umgeben; auf der Südseite bestanden sie aus Tuffstein,
im Westen und Osten war der Travertin an die Stelle des samnitischen Materials getreten; über dem Portikus erhob sich ein Stockwerk aus kürzeren, zierlicheren Säulen. Auf der Südseite, vor dem
Portikus und in den Zwischenräumen zwischen den Säulen, waren
die meisten Ehrensäulen aufgestellt: die Basen trugen die Bronze-
oder Marmorstatuen der besten Söhne Pompejis. Die Statuen sind
verlorengegangen. Vor den Ehrensäulen schlug man auf besonderen
Plakatwänden – es existiert eine bildliche Darstellung davon[52] – die
Dekrete der Stadtverwaltung an; so konnte ein jeder leicht Kenntnis davon nehmen und sie sofort glossieren. Eine massivere, ge-

Abb. 7. Plan des Forums und seiner Bauwerke

A Forum
1 Sockel der Statue des Augustus. –
2 Sockel der Statue des Claudius. –
3 Sockel der Statue der Agrippina. –
4 Sockel der Statue des Nero. –
5 Sockel der Statue des Caligula. –
6 Sockel von Reiterstatuen. – 7 Sok-
kel von Statuen in ganzer Figur. –
8 Ein Sockel für drei Reiterstatuen. –
9 Rostren. – 10 Mensa ponderaria. –
11 Zimmer des Aufsichtsbeamten über
Maße und Gewichte
B Basilika
a Eingangshof. – 1 Korridor. –
2 Hauptschiff. – 3 Tribuna. – 4–4
Seitliche Räume
C Apollon-Tempel
1 Kolonnade. – 2 Podium. – 3 Cella.
– 4 Altar. – 5 Sonnenuhr. – 6 Zimmer des Sakristans. – 7–7 Räume
D–D' Bauten, die zu einem Markt gehören
E Latrinen
F–F' Schatzkammer der Stadt
G Gedächtnisbogen

H Jupiter-Tempel
I Tiberius-Bogen
K Macellum
1 Portikus. – 2 Kolonnade. – 3–3 Läden. – 4 Fleisch- und Fischmarkt. –
5 Kapelle für den Kaiser. – 6 Speisesaal. – 7 Tholos. – 8 Schafhürde
L Heiligtum der Laren
1 Hauptraum mit Altar. – 2 Apsis
und Altar. – 3 Nischen mit Sockeln. –
4 Nische, die sich zum Forum hin
öffnet
M Vespasian-Tempel
1 Kolonnade. – 2 Altar. – 3 Cella. –
4 Portikus
N Gebäude der Eumachia
O Comitium
1 Raum, der sich auf den Saal hin
öffnet. – 2 Raum, der sich auf das
Forum hin öffnet
P–R Gebäude der städtischen Verwaltung
P Büro der Duumvirn. – Q Saal der
Dekurionen. – R Büro der Aedilen
S Brunnen

mauerte Basis könnte die Rednertribüne getragen haben. An der
Nordseite beherrschten zwei Triumphbögen zu beiden Seiten des
Jupiter-Tempels die Straßen, die in die nördlichen Stadtteile führen; hier mündete die Straße von der Porta Marina, hier nahm die
Via dell'Abbondanza ihren Ausgang; die Straße der Schulen zweigte
an dieser Stelle in die südlichen Stadtviertel ab: dies war der geeignete Platz, wo sich leicht alle Bürger versammeln konnten, um
die Angelegenheiten der Stadt und ihre eigenen zu besprechen.

Comitium

In der Südecke, in der Nähe der Via dell'Abbondanza, öffnet sich
ein Gebäude gegen die Straße und gegen das Forum hin; seine Ausmaße und seine unregelmäßige Form lassen darauf schließen, daß
es nicht überdacht war; es diente als Nebenraum des Forums; auf
seiner Südseite befanden sich zwei kleine Tribünen, zu denen Trep-

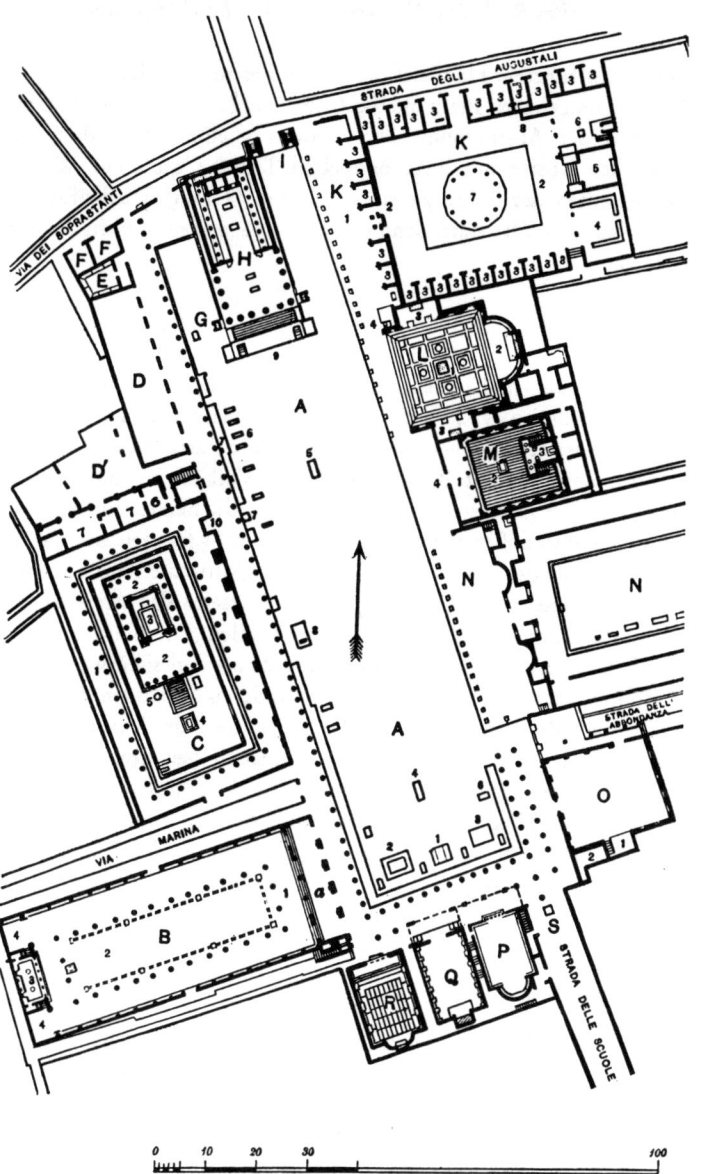

pen hinaufführten. Handelte es sich bei diesem von Mauerwerk mit
Nischen umgebenen Platz um das Comitium (17,20 m mal 21,20 m),
den Ort der Abstimmung, der gleichzeitig eine Nachbildung der
römischen Rostra mit ihrer doppelten Tribüne war? Die Wahlen
der Beamten der Jahre zwischen 62 und 79 fanden jedenfalls an
einem anderen Ort statt, denn das Gebäude war noch nicht wiederaufgebaut.

Kurie

Drei Gebäude, in Konzeption und Anlage identisch, nehmen die
gesamte Südseite des Forums ein: längliche Säle, die in einer Apsis
oder in einer rechteckigen Nische enden. Ihre Fassaden sind auf den
Platz hin ausgerichtet. Beim Ausbruch des Vulkans im Jahre 79 war
das südöstlich gelegene Gebäude vollendet, die beiden anderen waren innen und außen noch ohne Dekoration. Es handelt sich um die
drei Gebäude der Stadtverwaltung: in der Mitte die Kurie, wo sich
die Dekurionen versammelten, auf der Ostseite der Amtssitz der
Duumvirn, auf der Westseite der der Aedilen. Die Kurie war absichtlich am reichsten geschmückt; außerdem stand sie etwas erhöht
und unterschied sich so von den beiden anderen Gebäuden. Im Jahre
79 enthielt die rückwärtige Nische die Statuen des Vespasian und
seiner Kinder Titus und Domitian, die somit den drei kapitolinischen Gottheiten gegenüberstanden.[53] Die Amtsräume der Aedilen
hatten einen Eingang ohne Türen; so konnten Platz und Markt
leichter überwacht werden. Der Haupteingang zu den Räumen der
Duumvirn war dagegen mit besonders festen Türen gesichert, denn
sie bargen die Archive der Stadt.

Mensa ponderaria

In ihren Amtsbereich gehören auch – wie wir gesehen haben – die
Maße und Gewichte der Stadt. Der Tisch mit den Eichmaßen – *mensa ponderaria* – war in einem kleinen Raum aufgestellt, der in die
Umfassungsmauer des Apollon-Tempels eingelassen war und sich
auf das Forum öffnete. Heute existiert nur noch der untere Teil mit

neun Hohlräumen, die neun von ursprünglich zwölf bestehenden Hohlmaßen entsprechen. Auf einigen Maßen sind noch die oskischen Namen zu lesen, z. B. *kuiniks*, was an das griechische χοῖνιξ erinnert. Zur Zeit des Augustus vergrößerte man die Maße, um sie dem römischen System anzugleichen; auch Minturnae nahm das neue System an.[54] In einem Raum neben der *mensa ponderaria* befand sich der Amtssitz des städtischen Angestellten, dem die Verwaltung der Maße und Gewichte unterstand.

Basilika

Die Hauptaufgabe der *duoviri* ist jedoch die Rechtssprechung; *iure dicundo* lautet fortan ihr erweiterter Titel. Ihre zivilen und handelsrechtlichen Urteile beziehen sich meist nur auf unbedeutende Prozesse, auf Angelegenheiten von geringer Tragweite; sie sind eher eine Art Friedensrichter, denn die eigentliche richterliche Gewalt, die bedeutendere Fälle entscheidet, liegt beim Kaiser. Die *duoviri* verfügen nach dem Vorbild der römischen Praetoren über eine Basilika; sie liegt an der Westseite des Forums. Nach den jüngsten Restaurationsarbeiten durch Maiuri ist sie eines der eindrucksvollsten öffentlichen Bauwerke Pompejis.[55] Hinter der Kolonnade des Forums öffnet sich eine fünftürige Halle mit Tuffpilastern (*chalcidicum*); vier Basaltstufen führen in das eigentliche Gebäude, in dem sich in vervollkommneter Form die Architektur des Forums wiederholt: ein großer rechteckiger Platz, innen an den Längsseiten mit einem Portikus umgeben und in drei Schiffe unterteilt. Die Seitenschiffe sind mit einer zweistöckigen Kolonnade versehen. Im Hintergrund befindet sich anstelle eines sakralen Bauwerks die Tribuna, deren elegante Architektur an einige Bauten von Pergamon erinnert. Sie besteht aus einer einfachen erhöhten Plattform für den Richter und seine Assistenten; die Prozeßführenden standen tiefer unten auf dem Niveau des Bodens der Basilika. Die Plattform war mit sechs Säulen geschmückt, über denen sich eine kleine Kolonnade mit Giebel erhob. Die Dachbalken ruhten auf den achtundzwanzig kräftigen Ziegelsteinsäulen des Mittelschiffs; sie wechselten mit Mauerwerk ab, das von Fenstern durchbrochen war. Das Innere erhielt

Licht durch diese Fenster und durch die Zwischenräume zwischen den Säulen.

Die Folgen des Streites von 59

In diesem grandiosen architektonischen Rahmen wurde Pompeji – von dem Streit des Jahres 59 abgesehen – ohne Störung verwaltet. Am 1. Juli 59 hatten die beiden Grosphi (Cn. Pompeius Grosphus und Cn. Pompeius Grosphus Gavianus[56]) ihre Ämter für das Jahr 59/60 übernommen. Doch am 8. Mai 60[57], d. h. im zweiten Halbjahr der Amtszeit der Grosphi, finden wir zwei neue *duoviri*, N. Sandelius Messius Balbus und P. Vedius Siricus, an ihrer Seite einen *praefectus i(ure) di(cundo)* namens Sex. Pompeius Proculus. Dieser Präfekt spielt die Rolle des Diktators neben den Konsuln.[58] Die Tätlichkeiten und der Spruch des Senats hatten zur Entlassung der beiden Grosphi geführt oder sie doch zumindest unterstützt, denn diese galten als verantwortlich für die öffentliche Ordnung. Neuwahlen hatten zu einem ungewohnten Datum stattgefunden, und der Kaiser hatte die Präsenz eines Präfekten angeordnet, der dringende Maßnahmen durchführen konnte. Es handelte sich um einen Duumvirn des Jahres 57/58[59]; seine Berufung war eine Anerkennung seiner Person und auch der früheren Wahl seiner Mitbürger. Dies ist der einzige Fall, wo Pompeji einen solchen Präfekten gehabt hat.[60] Wenn ein Kaiser oder ein Mitglied der kaiserlichen Familie zum Duumvirn gewählt wurde, war es Brauch, ihn durch einen Präfekten zu ersetzen; so bekleideten z. B. L. Lucretius Epidius Flaccus im Jahre 34[61] und Holconius Macer[62] im Jahre 40/41 das Amt anstelle von Caligula.

Kollegien

Wir müssen auch den Vereinigungen innerhalb der einzelnen Stadtviertel, die in der Verwaltung der Stadt mitwirkten, einen Platz einräumen. Sie hatten zweifellos eine eher religiöse Funktion, ähnlich wie die Kollegien der Kreuzwege (*compitum*), denen die Feier der *compitalia* zu Ehren der Schutzgottheiten des Viertels, der *Lares*

compitales, oblag. Diese Kollegien verdeutlichen einen wichtigen
Aspekt der Mentalität der Pompejaner, die sich ihrem Viertel sehr
verbunden fühlten und dies in dem kollektiven Wählerverlangen
der *vicini*, der Nachbarn und Bewohner des gleichen *vicus*, des gleichen Viertels, ausdrückten. Soweit man weiß, bestand auch in Pompeji, wie in Rom, jedes Kompitalkollegium aus *magistri vici et
compiti*, Freien oder Freigelassenen, denen *ministri* aus dem Sklavenstand zur Seite standen. Das Kollegium wurde jedes Jahr erneuert. Für das Viertel am Forum besitzen wir das *album* der *magistri vici et compiti*, die in den Jahren 47 und 46 im Amt waren.[63]
Eine andere Liste, mit Malerei ausgestattet, aber sehr fragmenta-
risch und nicht genau datierbar,[64] bezieht sich auf die *magistri vici
et compiti* des *vicus Urbulanensium*, d. h. des Viertels an der Porta
di Nola.[65] Man hat weitere Namen von *magistri vici et compiti*
längs der Via dell'Abbondanza in der Nähe der Kompitalaltäre
gefunden.[66]
Außerhalb des eigentlichen Stadtgebietes von Pompeji gab es im
Norden einen Vorort, den *pagus Augustus Felix suburbanus*, einfach *Felix* genannt, aus der Zeit Sullas. Unter den Verwaltungs-
beamten findet sich auch ein *magister* aus dem Stand der Freigelassenen.[67] Dieser *pagus* erhielt später unter dem ersten Kaiser den
Beinamen *Augustus*, vielleicht als Folge einer neuen Welle von
Veteranen-Kolonisten. Seit 7 v. Chr. gab es ein Kollegium von vier
ministri aus dem Sklavenstand; eine Widmungsinschrift für Agrippa
Postumus[68], den reichen Besitzer einer Vorstadtvilla, beweist ihre
Existenz zu diesem Zeitpunkt. Das Kollegium der *magistri pagi*,
das aus Freigelassenen bestand, blieb erhalten;[69] es hatte, ähnlich
wie die Kollegien der einzelnen Viertel, mehr religiöse als admini-
strative Funktionen zu erfüllen.[70]

Ordo *und* populus

Die Übertragung der Gewalten an die Aedilen und Duumvirn
schwächte aber nicht die gemeinschaftliche Verantwortlichkeit der
Dekurionen. Sie bildeten einen *ordo* von hundert Mitgliedern; ihn
bezeichneten die Pompejaner ohne zu zögern als *sanctus*[71] oder gar

als *sanctissimus*[72]. Ihre Beschlüsse[73] wurden von den städtischen Magistraten ausgeführt. Auch der Wille des Volkes – des *populus* –, d. h. der Masse der Bürger, wußte sich auszudrücken und Beachtung zu verschaffen[74]. Überall war ein großes Interesse für die Angelegenheiten der Stadt zu spüren. Es zeigte sich besonders eindrucksvoll bei den Wahlkampagnen.

Die Wahlkampagnen[75]

Bevor der Wahlkampf eröffnet werden konnte, mußten die Kandidaten dem Beamten, der die Wahl beaufsichtigte, vorgestellt[76] und ihre Namen veröffentlicht werden. Dann konnten die Wahlempfehlungen in ihrer ganzen übermäßigen Fülle verbreitet werden; mit ihrer Hilfe können wir heute noch das politische Leben der kleinen kampanischen Provinzstadt in seiner bunten Lebendigkeit erfassen.

Wahlpropaganda

Für die Wahlpropaganda war kein bestimmter Platz reserviert; die Stadtverwaltung verfügte nicht einmal über Raum an den Wänden öffentlicher Gebäude. Die Propaganda war im wesentlichen privat. Ein jeder setzte sich zugunsten eines bestimmten Kandidaten ein und bot zu diesem Zweck einen Teil der Fassade seines Hauses, Geschäftes oder Ladens an; je nach den Wahlinschriften können wir so Hausbesitzer und Bewohner identifizieren.

Die Inschriften auf dem Kalk oder dem weißen Stuck, der die Wände aus Tuff oder Backsteinen bedeckt, sind neueren Datums; sie unterrichten uns über die Wahlkämpfe nach dem Erdbeben, vor allem über die Kampagnen, die dem Vulkanausbruch von 79 unmittelbar vorausgehen. Die Mehrzahl der Kandidaten gehört folglich in die flavische Zeit. Es existieren allerdings auch noch auf Tuffstein geschriebene *programmata antiquissima*, die ins 1. Jahrhundert v. Chr. zurückführen und uns einen Einblick verschaffen, wie lange Amtsehren in verschiedenen Familien bereits bestanden. Andererseits sagen sie über den Wahlkampf selbst weniger aus als die *tituli recentiores,* an die wir uns halten wollen.

War die Wahlinschrift einmal aufgesetzt, mußte der Anhänger eines Kandidaten sie malen lassen. Von wem? Nicht alle, die sich damit befaßten, waren spezielle Inschriftenschreiber. Der Walker Mustio z. B. beschäftigte sich nach Feierabend damit, Wände zu weißen und dann mit roter Farbe feine Inschriften anzubringen.[77] Team-Arbeit war aber die Regel; Reklame-Unternehmungen stellten den Pompejanerinnen und Pompejanern Spezialarbeiter zur Verfügung. Der *dealbator* überzog die Mauer, an der die Inschrift angebracht werden sollte, sorgfältig mit einem Kalkanstrich; bei dieser Gelegenheit tilgte er bisweilen eine ältere Inschrift, die nicht mehr interessierte; dann glättete er die Wandfläche, damit die neue Inschrift gut zu lesen sei. Diese Arbeit ging nachts vonstatten. Wenn der Mond schien, war sie einfach; wenn nicht, mußte der *lanternarius* eine Laterne an einer langen Stange emporheben und gleichzeitig die Leiter halten. Der Schreiber wollte schließlich nicht herunterfallen. »Lanternarius, halte die Leiter gut fest!«, rief einer seinem Kameraden zu, der gleichzeitig auch die Umgebung überwachte.[78] Denn gewisse taktlose Menschen erlaubten es sich ab und zu, die Inschriften wieder zu löschen. »Die Pest soll sie holen!«[79] Der Maler signierte seine Wahlinschrift; so machte er gleich Reklame für sein Geschäft. Wir kennen einen *dealbator* Onesimus und die Maler Issus[80], Astylus[81], Infantio mit seinen Gehilfen Florus, Fructus und Sabinus,[82] Papilio[83]; doch der berühmteste aller Wahlpropaganda-Maler war Aemilius Celer[84].

Der Wahlanschlag

Die Inschrift – der Anschlag – nennt den Namen des zu wählenden Kandidaten, dann das gewünschte Amt; es schließt sich die geläufige und daher meist abgekürzte Formel O V F, O(ro) V(os) F(aciatis) an, was unserem »Stimmt für …« entspricht. Der Gewährsmann der Propaganda wird zuletzt angeführt. Hier ein einfaches Beispiel:[85]

A. VETTIVM FIRMVM. AED. O.V.F.
FVSCVS CVM VACCVLA FACIT

In Übersetzung:

Stimmt für A. Vettius Firmus
den Kandidaten für die Aedilität
unterstützt von Fuscus und Vaccula

Listen- und Einzelkandidaten

Die Wahlvorschläge beziehen sich nicht immer auf Einzelkandidaten; oft lassen sich Koalitionen erkennen. Je vier Kandidaten treten zusammen auf: zwei Duumvirn und zwei Aedilen. Drei komplette Mannschaften lassen sich aufzeigen:

Duumvirn	*Aedilen*
I.	
C. Gavius Rufus	C. Cuspius Pansa
M. Holconius Priscus	L. Popidius Secundus[86]
II.	
A. Suettius Certus	A. Suettius Verus
M. Epidius Sabinus	N. Herennius Celsus[87]
III.	
A. Vettius Caprasius Felix	Q. Marius Rufus
P. Paquius Proculus	M. Epidius Sabinus[88]

Manchmal umfassen die Inschriften nur drei Namen: einen Duumvirn L. Ceius Secundus und zwei Aedilen Cn. Helvius Sabinus, M. Samellius Modestus[89]; L. Veranius Hypsaeus, zum dritten Mal *duovir quinquennalis*, M. Casellius Marcellus und L. Albucius Celsus, Aedilen[90]. Noch öfter werden zwei Kandidaten empfohlen, einer für das Duumvirat und einer für die Aedilität: A. Rustius Verus (Duumvir), C. Iulius Polybius (Aedil)[91]; Vibius Severus (Duumvir), A. Vettius Caprasius Felix (Aedil)[92]. Manchmal werden auch je zwei Kandidaten als Aedilen empfohlen: C. Gavius Rufus und A. Trebius Valens[93]; M. Cerrinius Vatia und Q. Postumius Proculus[94]; Cn. Helvius Sabinus und M. Samellius Modestus[95]; C. Cuspius Pansa und L. Popidius Secundus[96]; A. Suettius Verus und N. Herennius Celsus[97]; Q. Marius Rufus und M. Epidius Sabinus[98]; oder als Duumvirn: M. Lucretius Fronto und C. Iulius Polybius[99]; C. Gavius Rufus und M. Holconius Priscus[100]; A. Trebius Valens und Cn. Audius Bassus[101]; A. Suettius Certus und M. Epidius Sabinus[102]; A. Vettius Caprasius Felix und P. Paquius Proculus[103]. Am häufigsten treten die Kandidaten jedoch einzeln auf. Die Person zählt mehr als das Team, denn der einzelne verfügt über ein Netz geschäftlicher und freundschaftlicher Beziehungen, er hat Einfluß auf seine Nachbarschaft und besitzt Ansehen in seinem Viertel.

Die Qualitäten des Kandidaten

Was uns Menschen des zwanzigsten Jahrhunderts am merkwürdigsten erscheint, ist die Tatsache, daß nicht der Kandidat um Stimmen wirbt: andere fordern sie für ihn, indem sie ihn als den dieses Amtes würdigsten bezeichnen. Keine beredten Glaubensbekenntnisse! Kein Zurschaustellen einer großen Vergangenheit, keine feierlichen Versprechungen, ein bestimmtes Städtebauprogramm, Steuererleichterungen oder Verbesserungen des Straßenbaus betreffend! Einzig und allein Zeugnisse moralischer Integrität sprechen zugunsten des Kandidaten. Natürlich wimmelt es von banalen Formeln, die so alltäglich sind, daß sie meist abgekürzt erscheinen: D R P = D(ignum) R(ei) P(ublicae), würdig, die öffentlichen Angelegenheiten zu vertreten, begleitet wie ein selbstverständliches Leitmotiv jegliche Kandidatur (Abb. 5). Wenn bisweilen auch das Prädikat *dignissimus*[104] erscheint, darf man dem keine tiefere Bedeutung zumessen; wir sind in Süditalien, wo der Superlativ obligatorisch ist. Wie oft erscheint neben dem *iuvenis* oder *adulescens probus*[105], dem ehrenwerten jungen Mann, ein *probissimus*[106], ein sehr ehrenwerter, ein *optimus*[107], ein hervorragender, *verecundissimus*[108], ein überaus bescheidener, ein *sanctissimus*[109], ein Mann mit den besten Eigenschaften! Die Würdigung ist immer gleich hyperbolisch, bisweilen aber auch ausführlicher: »*Omni bono meritus iuvenis*«[110], ein junger Mann, der aller Güter würdig ist; daß doch die Kolonie stets über solche Bürger verfüge![111] »Wenn einer, der würdig lebt, Ehre erlangen soll, so muß dieser junge Mann Ehre erlangen, die seiner würdig ist.«[112] Seltener findet sich das Prädikat *frugi*[113], ein braver Mann, und *iuvenis inocuae aetatis*,[114] ein untadeliger junger Mann. Alle diese Adjektive preisen die moralischen Qualiäten der Kandidaten: sie stehen für die feste Überzeugung von Leuten, die der Meinung sind, daß einer, der politische Macht würdig ausüben will, ehrenhaft sein muß; andererseits scheint man sich um spezielle Fähigkeiten und fachliche Kompetenzen wenig zu kümmern. Man bezeichnet einen Kandidaten ganz vage als *utilis*[115], nützlich; einem anderen sagt man nach, er mache gutes Brot,[116] also mache er auch gute Politik. Schließlich behauptet man von einem dritten, daß er das finanzielle Gleichgewicht aufrechterhalten werde.[117] Bei dieser »moralischen« Propaganda halten einige Kandidaten ganz eindeutig die Spitze: L. Popidius Secundus wird als ehrenhaft, untadelig, überaus ehrenhaft, überragend, vornehm und tugendhaft[118] bezeichnet. Diffamierungen und Beleidigungen gibt es nicht. Lediglich unerwünschte Empfehlungen, die von Leuten unseriösen Lebenswandels oder zweifelhafter Herkunft kommen, können einen Kandidaten in Mißkredit bringen. Cerrinius Vatia scheint die Begeisterung der Bewohner einer ganzen Straße, der Straße der Augustalen, erweckt zu haben: zu seinen Gunsten sprechen die Vereine der Schläfer[119], der Spätabend-Trinker[120], der Diebe[121] und der entlaufenen Sklaven[122]. Ein Kandidat muß auf seinen Ruf bedacht sein, deshalb dürfte er die guten Wünsche der Freudenmädchen aus der benachbarten Bar als kompromittierend empfunden haben: Cuculla und Smyrna[123] sprechen zugunsten von C. Iulius Polybius, dem guten Bäcker; wütend läßt dieser die schamlose Inschrift umgehend tilgen. Gewisse Kandidaten verstehen keinen Spaß, wenn es um ihre Achtbarkeit geht, vor allem, wenn sie auf die Unterstützung pompejanischer Notabeln aus sind.

Die Patrone der Wahlen

Aus der Masse der Anhänger ragen einige Persönlichkeiten heraus, deren Bürgschaft besonders begehrt war. Zu diesen Männern, die in den Vordergrund traten, gehört der reiche Loreius Tiburtinus, der Besitzer eines sehr schönen Hauses (II, 2,2)[124] und Priester der Isis, der L. Ceius Secundus[125], C. Gavius Rufus[126], Cn. Helvius Sabinus[127], P. Paquius Proculus[128] (Abb. 5), A. Vettius Caprasius Felix, L. Popidius Secundus[129] und A. Trebius Valens [130] unterstützt. Der Färberei-Unternehmer, der Walker Vesonius Primus, erklärt sich zugunsten des L. Ceius Secundus[131], des C. Gavius Rufus[132] und des Cn. Helvius Sabinus[133]. Der Geschäftsmann Fabius Eupor, das Haupt der jüdischen Gemeinde, setzt sich für Cerrinius Vatia[134] und C. Cuspius Pansa[135] ein. A. Trebius Valens, ein einflußreicher Politiker, empfiehlt L. Ceius Secundus[136], C. Cuspius Pansa[137], M. Epidius Sabinus[138], C. Lollius Fuscus[139], M. Ovidius Firmus Veiento[140], L. Popidius Ampliatus[141] und L. Popidius Secundus[142]. Nach der Zahl der Empfehlungen läßt sich die Popularitätskurve der bedeutenden Persönlichkeiten darstellen.

Die Rolle der Leute aus dem Stadtviertel

Die Mehrzahl der Inschriften zugunsten eines Kandidaten stammen von den Leuten seines Wohnviertels. Sie erwähnen entweder die *vicini* als Gesamtheit oder den einzelnen *vicinus:* L. Albucius, M. Casellius Marcellus, L. Ceius Secundus, M. Cerrinius Vatia, Cn. Helvius Sabinus, M. Lucretius Fronto, P. Paquius Proculus, L. Popidius Ampliatus, N. Popidius Rufus, L. Statius Firmus, A. Vettius Firmus, L. Veranius Hypsaeus.[143] Die Bande der Klientel spielen ebenfalls eine Rolle.[144]

Die Innungen

Je nach den Beschäftigungen der Kandidaten und ihrer sozialen Stellung ergreifen ganze Berufsgruppen Partei für sie. So können wir eine Liste aller in Pompeji ausgeübten Tätigkeiten aufstellen,

132 Zweites Buch Die Menschen und ihre Beschäftigungen

die zeigt, daß die Berufe sämtlich in Innungen zusammengefaßt waren. Sehr oft nimmt die Innung in ihrer Gesamtheit[145] Stellung zugunsten eines Kandidaten, und diese Einstimmigkeit dürfte bei der Wahl von großem Gewicht gewesen sein. Die Landwirtschaft wird repräsentiert durch die Bauern, die Winzer[146], die Gemüse-[147], Obst-[148], Geflügel-[149] und Zwiebelhändler[150] und die Fischer[151]. Zu den Gewerbetreibenden gehörten die Zimmerleute[152], die Wagner[153], die Walker[154], die Hersteller von Bauernkitteln[155], von Korbware[156], von Filz[157], die Färber[158], die Bäcker[159] und die Kuchenbäcker[160] sowie die Goldschmiede[161]. Zu den Tätigkeiten dritter Ordnung gehört die Arbeit der Lastträger[162], der Maultiertreiber[163], der Perückenmacher[164], der Schuster[165] und der Parfum-Hersteller[166]. Der Wahlkampf liegt also nicht in den Händen der Honoratioren, der Großgrundbesitzer, der Reichen, der Städter allein. Auch wer einer einfachen Beschäftigung nachgeht wie der Zwiebelverkäufer, auch der Saisonarbeiter, wie der Winzer, verfügt über eine Stimme und besteht darauf, sie in die Waagschale zu werfen. Die ganze Gemeinde interessiert sich für das Spiel der Wahlen; auch wenn es Zwänge gibt, wie die Bande der Klientel und die ökonomischen Realitäten, so sind doch der Stolz und die Würde der Arbeitswelt anzuerkennen, die sich der Pflichten römischer Bürger bewußt ist. Die *respublica* hat eine Bedeutung für die Arbeiter: sie ist ihnen anvertraut als ein Gut; wenn sie den Würdigsten wählen wollen, so möchten sie damit beweisen, daß sie die Autonomie eines *municipium* verdienen.

Die religiösen und kulturellen Vereinigungen

Auch die religiösen und kulturellen Vereinigungen nehmen am politischen Leben der Stadt teil: C. Cuspius Pansa, dessen Tüchtigkeit laut gepriesen wird[167], wird von den Dienern der Isis[168] und vom Priester Amandus[169] unterstützt. Dieser setzt sich auch für C. Lollius Fuscus[170] ein, die Isis-Priester ihrerseits für Helvius Sabinus[171]. Die Lehrer und ihre Schüler[172], die Schauspieler[173], die Schach-[174] und Ballspieler[175], die Zuschauer in der Arena[176], sie alle treten in die Schranken und unterzeichnen Wahl-»Plakate«. Bei der politischen

Propaganda steht keiner abseits. Keine Erziehung ohne politische Reflexion, lehren die Schulmeister. Andere erwarten von den zukünftigen Aedilen oder Duumvirn immer aufwendigere Spiele und Theateraufführungen. »Stimmt für M. Casellius Marcellus, er wird herrliche Spiele veranstalten!«[177] Mag diese Propaganda auch eigennütziger sein, so ist sie doch nicht weniger aufrichtig.

Die Schenken und die Wahlen

Bevorzugter Ort für Wahlpropaganda sind die Schenken, die *thermopolia*. Bei einem warmen Gericht oder bei einer Schale Wein lassen sich die Verdienste der Kandidaten besser diskutieren. Hier knüpfen und lösen sich Bündnisse, hier entstehen und vergehen Koalitionen. Dies ist der Ort, wo man Gefälligkeiten austauscht. »Trebius Valens, unterstütze die Wahl des Ovidius Firmus Veiento, er wird es dir lohnen!« »Loreius Tiburtinus, unterstütze die Wahl des L. Ceius Secundus, er wird es dir lohnen!«[178] Es wäre ungeschickt, den Verein der Schachspieler oder eine Theatertruppe vor den Kopf zu stoßen. In der Schenke des Phoebus neben der Porta Ercolano wünscht man den Sieg des Holconius Priscus und des Gavius Rufus. Die Stammkunden unterstützen die Propaganda des Wirtes[179]. Der Schankwirt Hermes[180], der, um seine Kundschaft zum Trinken zu animieren, Palmyra, eine Orientalin mit fülligem Hinterteil[181], beschäftigt, ist für Popidius Secundus[182]. In der Schenke der Asellina nehmen die Freudenmädchen und die Pächterin Partei, Asellina für L. Ceius Secundus[183], Aegle, die Griechin, und Maria, die Jüdin, für Cn. Helvius Sabinus[184]; die ganze Hausgemeinschaft zusammen, die fremdländische Smyrna eingeschlossen, setzt sich ein für C. Lollius Fuscus[185].

Die Frauen und die Wahlen

Die Frauen von Pompeji[186] interessieren sich lebhaft für die Politik, obwohl sie weder das aktive noch das passive Wahlrecht haben. Ihr Eingreifen ist bisweilen unerwünscht, wie wir es im Fall von C. Iulius Polybius gesehen haben. Neben den Freudenmädchen trifft man unter den »Suffragetten« auch zwei Angestellte einer Bäckerei, Statia und Petronia, die sich für M. Casellius Marcellus und L. Albucius Celsus[187] aussprechen. Statia unterstützt außerdem noch zwei weitere Kandidaten für die Aedilität, A. Suettius Verus und N. Herennius Celsus[188]; ihr Interesse an der Politik ist keine Laune. Eine Angestellte in einer Walkerei, Specula, empfiehlt C. Iulius Polybius[189]. Auch würdige Matronen zögern nicht, Partei zu ergreifen: die Frau des Ladenbesitzers Pinarius Cerealis, Cassia, erklärt sich für A. Trebius Valens[190], Sutoria Primigenia für L. Ceius Secundus[191], Taedia Secunda für L. Popidius Secundus, ihren Enkel[192], Caprasia für A. Vettius Firmus[193], Epidia für M. Samellius Modestus[194]. Die Frauen, die sich am häufigsten in die Wahlkämpfe einmischen, sind jedoch die Gattinnen der Schankwirte oder selbst Besitzerinnen von Schenken. Ascula (Ascla)[195], Frau des L. Vetutius Placidus, wirbt Stimmen für C. Calventius Sittius Magnus[196], für M. Ovidius Firmus Veiento[197] und Vibius Severus[198]; Pherusa[199], die dunkelhäutige Afrikanerin mit dem Kräuselhaar, empfiehlt L. Popidius Secundus[200]. Zu diesen Frauen gehört auch Pollia[201].

Ein populärer Kandidat

Der Wahlkampf zugunsten von C. Cuspius Pansa, einem Kandidaten für die Aedilität, ist ein gutes Beispiel für die Vielfalt der Wahlhilfen aus den unterschiedlichsten sozialen Gruppen: Goldschmiede, Maultiertreiber, Zimmerleute, der Schulmeister Saturnius und seine Schüler, Trebius Valens, Fabius Eupor, die Isis-Priester, der Priester Amandus, die Schauspieler der Paris-Truppe, Terentius Neo, Caecilius Phoebus, Caelius Caldus und Fabius Ululitremulus werben für ihn.

Wachsamkeit im Wahlkampf

Wir wissen nicht, ob sich die Frauen bei der Vorbereitung der Wahlen mehr einsetzten als die Männer; ihre Wahlinschriften sind jedenfalls weniger zahlreich als die der Männer. Die Wochen des Wahlkampfes sind keine ruhigen Zeiten; ein jeder ist auf dem Posten.

Überall hört man Appelle zur Wachsamkeit: »Wache, wachet!«[202] »Auf, sammelt Stimmen!«[203] Ach, einige schlafen trotzdem,[204] und es ist doch ein Widerspruch in sich, zu schlafen und den Sieg eines Kandidaten zu wollen.[205] Ein einziger Kandidat scheint die Stimmen aller auf seinen Namen vereinigt zu haben: M. Epidius Rufus, Kandidat für das Duumvirat, für den T. Suedius Clemens[206], der Delegierte des Kaisers, eintritt, der im Haus des Kandidaten an der Via dell'Abbondanza gewohnt haben soll.[207] Eine solche offizielle Kandidatur ist die Ausnahme, sie erklärt sich daraus, daß Epidius Rufus ohne Zweifel eine entscheidende Rolle gespielt hatte, als es darum ging, den Kaiser um Hilfe bei der Neuordnung des städtischen Katasters zu bitten.

Die Chronologie der Wahlen

Normalerweise gab es einen heißen Kampf zwischen den Kandidaten; dies bezeugen die 2800 Inschriften, von denen mindestens 1500 in das Jahr 79 gehören. Es wäre interessant zu wissen, wer sich jeweils in welchem Jahr zur Wahl stellte und wer die glücklichen Gewinner waren. Nur zwei Ergebnisse sind sicher: Paquius Proculus wurde einstimmig zum Duumvirn gewählt (Abb. 5),[208] und die Kandidaten für die Aedilität, die später als Kandidaten für das Duumvirat wieder auftauchen, müssen einmal erfolgreich gewesen sein und die Aedilität innegehabt haben, z. B. M. Epidius Sabinus, A. Vettius Caprasius Felix, A. Trebius Valens ... Wir wissen nicht, ob zwischen der Bewerbung für die Aedilität und der für das Duumvirat eine festgesetzte Frist verstreichen mußte; einige Kandidaturen scheinen länger hinausgezögert zu sein, als das Gesetz es erforderte. Es gibt die Möglichkeit, die Kandidaten chronologisch zu ordnen, indem man die Inschriften zählt, die sich auf sie beziehen. Je zahlreicher sie sind, desto näher liegt der Wahlkampf dem Jahre 79, denn einige Inschriften der vorangegangenen Wahlen sind absichtlich getilgt worden. Wenn man die Stuckschichten ablösen kann oder wenn die Schrift trotz der *dealbatio* noch zu entziffern ist, ergibt sich für einige Kandidaten eine relative Chronologie; die Inschrift für L. Popidius Ampliatus (Aedil) überdeckt die für Vi-

bius Severus (Duumvir); die für M. Holconius Priscus (Duumvir)
ist älter als die für A. Suettius Certus (Duumvir). Andererseits kennen wir einige sichere Wahlkoalitionen; doch der Wähler hat die
Freiheit, neue Kombinationen vorzuschlagen; dies erlaubt, eine voll-
ständigere Liste der konkurrierenden Kandidaten desselben Wahl-
jahres aufzustellen. Wir haben bereits die Koalition Holconius Priscus, C. Gavius Rufus, C. Cuspius Pansa und L. Popidius Secundus
erwähnt; M. Holconius Priscus wird aber auch zusammen mit C.
Calventius Sittius Magnus (Duumvir) genannt;[209] dieser wiederum
tritt zusammen mit Cn. Helvius Sabinus (Aedil)[210] auf. Das Paar
Cn. Helvius Sabinus und L. Ceius Secundus findet sich häufig,[211]
ebenso Cn. Helvius Sabinus zusammen mit Samellius Modestus[212].
Die Kandidaten, die *quinquennales* werden wollen, liefern ein weiteres Kriterium für die Erstellung einer Chronologie: sie können nur
in den Jahren 70 oder 75 kandidiert haben. Außerdem ist es ein-
sichtig, daß einflußreiche Persönlichkeiten in einem Jahr nur jeweils
zwei Kandidaten für die Aedilität und zweien für das Duumvirat
Hilfestellung geleistet haben. Wenn sie selber Kandidaten sind,
dann können sie in der Stadt nur eine Rolle spielen, wenn sie auch
gewählt werden. Deshalb muß A. Trebius Valens 75 zum *duovir
quinquennalis* gewählt worden sein und hat seine Kandidaten nur
in den Jahren 76 bis 79 unterstützen können. Trotz aller Ungewiß-
heiten, die solchen Untersuchungen anhaften, dürften die Namen der
Kandidaten des Jahres 79 ziemlich unumstritten sein. Die Verteilung auf die anderen Jahre – von den Jahren 70 und 75, in denen
quinquennales gewählt wurden, abgesehen – ist weniger sicher, aber
doch einigermaßen wahrscheinlich. Es ergibt sich folgende Tabelle
der Kandidaten; die Namen in Kursivschrift bezeichnen die möglichen Wahlsieger:

Jahr	Duumvirn	Aedilen
79	M. Holconius Priscus C. Gavius Rufus C. Calventius Sittius Magnus L. Ceius Secundus	C. Cuspius Pansa L. Popidius Secundus Cn. Helvius Sabinus M. Samellius Modestus M. Casellius Marcellus

Jahr	Duumvirn	Aedilen
		L. Albucius Celsus C. Lollius Fuscus M. Cerrinius Vatia Q. Postumius Proculus
78	A. Suettius Certus *M. Epidius Sabinus* C. Iulius Polybius M. Lucretius Fronto	A. Suettius Verus N. Herennius Celsus
77	N. Popidius Rufus L. Caecilius Capella	L. Popidius Ampliatus P. Vedius Nummianus Licinius Faustinus (?)
76		M. Ovidius Veiento A. Vettius Firmus
75	P. Vedius Siricus M. Satrius A. Trebius Valens Cn. Audius Bassus *Q. Postumius Modestus*	*M. Holconius Priscus*
74	A. Vettius Caprasius Felix *P. Paquius Proculus*	*M. Epidius Sabinus* Q. Marius Rufus
73	A. Rustius Verus	*C. Iulius Polybius*
72	Vibius Severus	N. Popidius Rufus *A. Vettius Caprasius Felix*
71		*A. Trebius Valens* *C. Gavius Rufus*
70	L. Veranius Hypsaeus	

Die enge Pforte

Welch lebhaftes Treiben muß auf dem Forum geherrscht haben, sobald der Wahlkampf eröffnet war, welch eine Menschenmenge muß sich in den Straßen gedrängt haben, um die Inschriften zu lesen und zu kommentieren, die die Nachbarhäuser eines jeden Kandidaten bedeckten! Was für anstrengende Nächte müssen die Schreiber verbracht haben, deren Dienste jeder Wähler, vor allem aber die Innungen und die religiösen und kulturellen Vereinigungen[213] in Anspruch nahmen! Die Erwähnung der *Salienses,* der Bewohner der Gegend am Salz-Tor, d. h. an der Porta Ercolano, der *Urbulanenses* an der Porta di Nola,[214] der *Campanienses* am kampanischen Tor(?),[215] und der *Forenses,* der Anlieger des Forum,[216] beweist die Solidarität der Leute aus dem gleichen Viertel. Das Wechselspiel zwischen Einzelinitiative und kollektivem Einsatz machte jegliche Wahlprognose illusorisch, obwohl sich der Kreis der Kandidaten auf die Honoratioren, d. h. auf die reichen Großgrundbesitzer, die wohlhabenden Unternehmer und die Großkaufleute beschränkte, die allesamt zur städtischen Aristokratie gehörten, die bereits in den Jahren 52 bis 62 aus den Täfelchen des Caecilius Iucundus bekannt sind: die Holconii, Cuspii, Epidii, Popidii usw. Die Pforte des Stadtrates ist zu eng, um all die Ehrgeizigen aufzunehmen. Cicero[217] bestätigt dies durch seinen humorvollen Ausspruch, es sei einfacher, Senator in Rom zu werden als Dekurio in Pompeji.

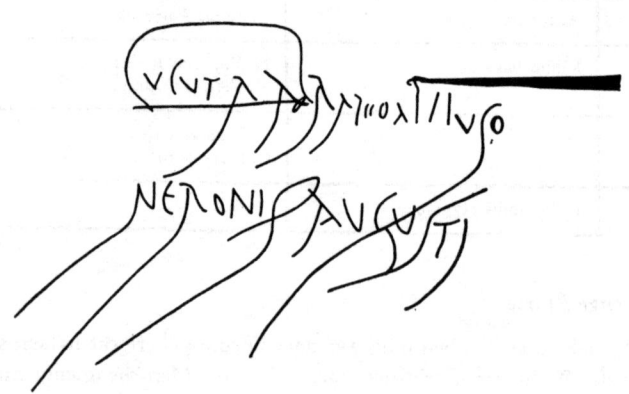

Abb. 8. Inschrift gegen Nero

Drittes Kapitel
Die Geschäftswelt

Die freien Wahlen der Pompejaner beschränken sich auf einen bestimmten Kandidatenkreis; die neuen »Wahlprogramme« bezeugen wie die alten die Existenz »bürgerlicher« Dynastien, die über das politische Schicksal der kampanischen Stadt entscheiden. In einer Zeit, in der die Ehrenämter in einem *municipium* die Gewählten zu spektakulären Ausgaben größten Umfangs zwangen, konnte sich nur eine bestimmte Klasse den Wahlen stellen. So übertrugen sich soziale und ökonomische Vormachtstellungen in die Politik. In Pompeji hat die Geschäftswelt den größten Einfluß; sie setzt sich zusammen aus Großgrundbesitzern, Industriellen und Kaufleuten, die ausländische Märkte haben erobern können. Wir dürfen uns nicht wundern, in diesem Kreis die Landwirte an erster Stelle zu finden; ihre Betriebe waren nach einem »industriellen«, kapitalistischen Konzept organisiert; sie waren die Stützen einer vertikalen Integration, um sich dem Jargon der modernen Volkswirtschaftler anzupassen; sie hatten nämlich verstanden, in ihrer Hand mehrere Zweige der landwirtschaftlichen Produktion und der Industrie zu vereinigen und den Absatz der Produkte selbst zu sichern. Diese Geschäftswelt ist so vielfältig, daß deren Analyse alle Fragen beantworten kann, die sich in Bezug auf die Struktur der herrschenden Klasse in Pompeji stellen.

Die Landwirtschaft

Ein landwirtschaftliches Paradies

Kampanien ist ein landwirtschaftliches Paradies, das die Touristen mit Freude entdecken und das die antiken Agronomen laut gepriesen haben.[1] Die Zeichen an den Amphoren, Gemälden und Reliefs liefern ein authentisches Zeugnis für die landwirtschaftliche Nutzung

einer Gegend, die mit Landgütern, den *villae rusticae*, übersät war;
die Anwesen verteilten sich im Norden über die Hänge des Vesuvs,
im Süden rund um Gragnano und Castellammare di Stabia und
im Osten um Scafati.

Der Boden Kampaniens war außerordentlich ertragreich und für
seine Fruchtbarkeit berühmt. Vulkanische Tätigkeit unter der Mee-
resoberfläche hatte ihn gebildet, das Land hatte sich dann gehoben,
und prähistorische Lava hatte die Bodenqualitäten noch erhöht.
Strabo[2] nennt als Parallele Catania, wo die Lava des Ätna einen
Boden geliefert hatte, der sich für den Weinbau und für Stauden-
Kulturen wunderbar eignete. Seiner Beschreibung ist zu entnehmen,
daß der Vesuv, vom Gipfel abgesehen, mit den herrlichsten Feldern
bedeckt war. Andere Autoren teilen ihr Lob zwischen dem Vesuv
und der südlich gelegenen Ebene. Ein Gemälde in der Casa del Centenario (IX, 8,3) stellt den Vesuv dar mit Bacchus, dessen Körper
aus einer Weintraube besteht. Die Fruchtbarkeit Kampaniens begünstigt jedoch nicht nur den Weinbau. Lesen wir noch einmal
Strabo:

»Ich möchte noch hinzufügen, daß Kampanien das beste Getreide
hervorbringt, d. h. den feinen Weizen, aus dem man die *alica*
herstellt, ein feines Weizenmehl, das dem Reis überlegen ist und
allen anderen Nahrungsmitteln, die man aus Getreide gewinnt.
Einige Autoren berichten, daß man in bestimmten Teilen der
kampanischen Ebene jedes Jahr zweimal Dinkel erntet, hinzu
kommt eine dritte Ernte von Hirse und manchmal sogar eine
vierte Ernte von Gemüse.«[3]

Außerdem wuchsen Getreide, Gemüse und Futterpflanzen zwischen
den Rebstöcken und unter den Ölbäumen, denn seit dem letzten
Jahrhundert der Republik wissen die Grundbesitzer, daß die Stau-
den-Kulturen die besten Erträge bringen.

Wein

»In Kampanien vermählt man die Reben den Pappeln; sie umschlingen ihre Stützen mit ihren kecken Zweigen und klettern in
gewundenem Wachstum von Ast zu Ast; bis in die höchsten Gipfel
gelangen sie hinauf, so daß der Winzer, wenn er zur Ernte ange-
worben wird, sich Scheiterhaufen und Grab ausbedingt«, schreibt
Plinius[4], unser bester Führer durch die Pflanzenwelt Kampaniens.
Den ersten Platz nimmt der Wein von Aminaea ein,[5] denn er ist
von besonderer Güte, die sich durch längere Lagerung noch verstärkt. Fünf verschiedene Sorten sind bekannt. »Die kleinere Art
der *gemella* [scil. *vitis* – so genannt, weil zwei Trauben an einem
Stiel saßen] leidet unter dem Südwind, aber die anderen Winde
begünstigen ihr Wachstum, z. B. auf dem Vesuv und auf den Hü-
geln von Sorrent.« Kampanien scheint das Hauptverbreitungsgebiet
dieses Gewächses gewesen zu sein; die Weine vom Vesuv waren besonders begünstigt durch den Phosphorsäuregehalt des Bodens. Die
Amphoren enthalten den *Vesuvinum*[6] und die *Lympa Vesuviana*[7].
Ein anderes Gewächs, die *Surcula,* blüht am besten ab; die Trauben
lassen sich sehr gut in Krügen konservieren.[8] Die *Murgentina* – sie
stammt aus Murgentia (Morgantia) in Innersizilien, westlich von
Catania – ist in der Gegend von Pompeji so heimisch geworden, daß
sie den Namen *Pompeiana*[9] angenommen hat.
Eine andere Sorte heißt *Horconia*[10]; sie leitet ihren Namen von
den *Holconii* ab, reichen Grundbesitzern, die aus der pompejanischen Epigraphik und Ikonographie wohlbekannt sind.[11] Der Name
dieses Weines unterstreicht die Bedeutung der pompejanischen
Weinbauern bei der Züchtung von Rebsorten, die dem Boden, dem
Klima und dem Geschmack der Kunden ausgezeichnet angepaßt
sind.
Falerner wird in der Gegend von Pompeji nicht angebaut. Im wei-
testen Sinn umfaßt dieser Name Weine aus der Gegend zwischen der
Südgrenze Latiums und dem Vulturnus; auch der Massiker und der
Stataner fallen unter diese Bezeichnung; im engeren Sinn heißt Fa-
lerner nur der Wein, der zwischen der siebzehnten Meile der Via
Appia von Capua aus gerechnet und der sechsten Meile von Sinuessa

aus angebaut wird. Falls ein Wein aus Pompeji Falerner genannt wurde, so war der Name mißbräuchlich verwendet. Auch die pompejanischen Weine erreichen die beste Qualität innerhalb einer Lagerzeit von zehn Jahren, längeres Lagern verbessert sie nicht weiter. Eine Einschränkung ist allerdings zu machen: Plinius behauptet,[12] daß der pompejanische Wein Kopfschmerzen verursache, die bis zur sechsten Stunde des folgenden Tages anhalten. Die Mehrzahl der pompejanischen Weine schmeichelt dem Gaumen ein Jahr nach der Ernte. Es sind dunkelrote, leicht schäumende Weine. Wer vergißt je den frischen, süffigen Gragnano[13], ein Labsal für die vom Vulkanstaub ausgedörrte Kehle und eine Belohnung nach langen Gängen durch das sonnendurchglühte Pompeji?

Die Pompejaner produzierten in komplizierten Herstellungsverfahren eine breite Skala von Weinen, die vom Aperitif bis zu medizinischen Weinen reichte. An erster Stelle steht der gewöhnliche Rotwein[14], ein ganz reiner Wein ohne jeden Zusatz und ohne Hefe, die *lympa*[15]; das *confusum* ist eine Mischung aus herbem und süßem Wein, also eine Art Verschnitt.[16]

Aromatisierte Weine werden unter dem Namen *aromatites*[17] zusammengefaßt; der *mirris* ist einer der beliebtesten.[18] Man pflegte solche Weine fast wie Parfums herzustellen, zunächst mit Myrrhe, später mit keltischer Narde, Schilf oder Erdpech, das man dem Most oder dem süßen Wein in Form von Kügelchen zusetzte; anderswo nahm man Schilf, Binsen, Kostwurz, syrische Narde, Amomum, Zimt, Safran, Palme und Haselwurz ebenfalls in Form von Kügelchen.[19]

Das *gustaticium* war ein Aperitif, den man nüchtern vor der Mahlzeit trank; dies entsprach nicht den Gewohnheiten der Römer, aber seit Tiberius wurde es von den Ärzten empfohlen, die sich immer durch Neuerungen interessant machen, wie Plinius der Ältere[20] scherzend anmerkt. Es handelte sich um einen mit Honig vermischten Wein.[21]

Wenn man den Most durch Kochen um die Hälfte eindickt, erhält man das *defrutum* oder *defritum*[22], den Wein aus gekochtem Most. Er dient zum Verschnitt und macht den Wein stärker; dieses Vorgehen entspricht dem Zuckern von Most.[23]

Schließlich hatten die Pompejaner auch viele medizinische Weine. Gewöhnlich mischte man Wein mit Honig: das Produkt wurde *mulsum*[24] oder *melthyminum* genannt, wenn der Honig vom Thymian kam, eine goldgelbe Farbe hatte, einen angenehmen Geschmack besaß und ganz feine Fäden zog, was seine gute Qualität verriet;[25] *mella odorata* war die Bezeichnung dafür.[26] *Passum* ist ein Wein aus getrockneten Trauben;[27] er galt als Honigtrank der Armen,[28] war auch sehr gut für Kranke. Der Arzt Musa hatte das beste Gewächs, den Aminaeer, empfohlen und geraten, ihm Hefe zu belassen, die ein Medikament, bekannt unter dem Namen *Faecula Aminea,* aufnahm.[29]

Verschiedene pompejanische Familien waren auf Weinbau spezialisiert; in ihren Gewölben reiften *lympa* und *mulsum* in Amphoren. Die bekanntesten Weinbauern waren die Stlaborii, Arrii, Cornelii, Vibii, Sittii, Iulii, Postumii, Ceii, Vettii, Caesii und Appuleii. Von den einunddreißig *villae rusticae,* die man in der Umgebung von Pompeji gefunden hat, waren mindestens sechsundzwanzig, vielleicht sogar neunundzwanzig für die Weinherstellung eingerichtet: sie besaßen einen Hof, wo die Trauben abgeladen wurden, einen Kelterraum (*torcularium*) und ein Lager (*cella vinaria*), wo der Wein reifte. Ein ausgezeichnetes Beispiel für ein *torcularium* liefert die Mysterienvilla; nach dem Erdbeben von 62 entschloß sich der Besitzer, sich der Weinproduktion in großem Stil zu widmen. Lasttiere kamen bis an das *torcularium*; durch ein Fenster entluden Sklaven die Tiere und beförderten die dunklen und goldgelben Trauben in den Kelterraum. Die eigentliche Presse bestand aus einer Art erhöhter Tenne aus vulkanischem Gestein; sobald das Keltern mit den Füßen (*pedibus calcantibus*) beendet war, kamen die Trauben in Körbe; die Körbe schob man unter die Pressen (*prela*). In diesem *torcularium* gab es mindestens zwei davon. Der Preßbaum konnte mit Hilfe eines Systems von Keilen in der Höhe reguliert werden, je nachdem wie weit der Vorgang fortgeschritten war; das dünnere Ende, das in einem Widderkopf auslief, war durch ein Tau mit einer Winde verbunden und konnte so gesenkt werden. Das *prelum* ließ sich außerdem mit Hilfe von Seilen, die über eine Rolle am Dachbalken liefen, anheben. Je mehr man das *prelum* senkte, desto stärker wurde der Druck, mit dem gepreßt wurde. Der so gewonnene Saft sammelte sich in einem Kanal rund um die Kelter und wurde in die *cella vinaria* geleitet. Leider ist die *cella vinaria* der Mysterienvilla noch nicht freigelegt; aber wir kennen die entsprechende Anlage aus der bekannten Villa von Boscoreale (Contada Pisanella). Der Most floß aus dem Kanal in zahlreiche *dolia;* sie standen in wohlgeordneten Reihen und waren in die Erde versenkt, um eine gleichbleibende Temperatur zu erhalten. Dieser Wein war schwach und leicht. Plinius belehrt uns darüber, daß leichte Weine in solchen eingegrabenen *dolia* aufbewahrt wurden, während die kräftigeren in *dolia* gefüllt waren, die der Luft ausgesetzt wurden.[30] Die *cella vinaria* war, dem kampanischen Brauch gemäß, offen und gewährte dem Wind freien Zugang durch Spalten in der Ostmauer. Nur der Kanal, der den Most zu den Gefäßen leitete, war mit einem kleinen Dach geschützt. In einer Ecke war der Metallkessel aufgestellt, der zur Herstellung des *defritum,* das wir oben erwähnt haben, diente.

Öl

Die *villae rusticae* waren auch auf die Ölproduktion eingestellt. Vor allem die Umgebung von Gragnano muß reich an Ölbäumen gewesen sein. In den Grenzgebieten von Kampanien und Samnium produzierte vor allem Venafrum und der umliegende Bezirk im 1. Jahrhundert ein Öl, das Italien an die Spitze der Erzeugerländer brachte.[31] Zweifellos hatte auch Kampanien – wiewohl in geringerem Maße – Anteil an dieser Ehre. In pompejanischen Amphoren wurden die milden weißen Oliven[32] und entkernte Oliven[33] konserviert. Mindestens sieben, wenn nicht gar zehn der einunddreißig erforschten Villen stellten Öl her. Zur Gewinnung dienten ähnliche Einrichtungen wie beim Wein. Die Olivenmühle bereitete die Früchte für die Presse vor, ohne daß die Kerne zerquetscht wurden; so vermied man, daß der Olivenbrei einen bitteren Geschmack bekam. Die Olivenpresse glich der Weinpresse, sie war nur kleiner. Das *torcularium* war in einem warmen Teil der Villa eingerichtet, wo es wenig Fenster gab. So schrieben es Cato und Columella nämlich vor. Das Öl wurde in *dolia* gelagert, die in einem Gang in der Nähe der Vorratsgewölbe, bisweilen auch in den Gewölben selbst aufgestellt waren.

Getreide

Es ist sehr wahrscheinlich, daß sich die Besitzer der Landgüter nicht mit der Produktion von Öl und Wein begnügten; eine Monokultur kapitalistischer Prägung schien ihnen noch nicht verlockend. Andererseits darf man nicht glauben, daß jedes Gut eine autarke Einheit darstellte. Wein und Öl waren die Hauptprodukte, aber eine gewisse Vielfalt im Anbau war die Regel. Nach Columella umfaßt das Idealgut zusätzlich Getreide-Anbau, ein Gehölz, das die Pfähle für die Reben liefert, und Weideland. Die Weide war neben den Weinbergen und Ölhainen ein wesentliches Element der pompejanischen *villa rustica*. Die große Villa von Boscoreale besitzt eine Dreschtenne und einen Getreidespeicher; ein Graffito zeigt an, daß dort Weizen und Bohnen eingelagert waren.[34] In Pompeji fand man Amphoren mit Mehl (*mola*)[35] und Spelt (*far*)[36]. Strabo lobte, wie wir gesehen haben, die Qualität des kampanischen Getreides; auch Varro[37] rühmt sie. Es wurde zwar nicht im großen Stil angebaut, die Ernten dürften jedoch recht stattlich gewesen sein.

Viehzucht

Die Grundbesitzer trieben auch Viehzucht. Die Schafzucht dürfte der Hauptzweig gewesen sein. Bei dem Erdbeben des Jahres 62 kamen sechshundert Schafe um.[38] Columella rät zur Viehzucht des Düngers wegen, ein Rat, der besonders für Weinbauern gilt, da ihr Bedarf an Dünger sehr groß ist. In einigen Villen waren die Herden in einem Hof untergebracht und wurden von Hunden bewacht. In einem Gut in der Nähe von Gragnano war eine Ecke des weitläufigen Hofes durch ein Mäuerchen abgeteilt und dem Vieh vorbehalten. Auch Geflügel und Schweine wurden gehalten. Die Pompejaner hatten eine Vorliebe für einen Eintopf aus Kichererbsen und Speck.[39] Der Käse wurde wie in Gragnano aus Kuhmilch hergestellt.

Gartenbau

Cato rät in seinem Traktat »Über den Ackerbau«[40], in der Nähe des
Hauses einen Garten anzupflanzen, damit man immer Girlanden,
Blumen und alle Arten von Gemüse zur Hand habe. Der Markt von
Pompeji wurde aber eher aus den kleinen Gärten der nahen Um-
gebung mit Gemüse beschickt. Nicht zu vergessen ist die Honigge-
winnung. Der Honig war für die Weinherstellung wichtig. Die
Epidii[41] und Iulii[42] – letztere waren auch Weinproduzenten – hat-
ten sich auf Bienenzucht spezialisiert.

Die Industrie

Die Landwirtschaft Kampaniens war so bedeutend, daß die ersten
Industrien in Pompeji Nahrungsmittelindustrien waren.

Nahrungsmittelindustrien

Brot. Die Herstellung von Brot hatte schon seit langem ihren familiären Charakter verloren. Spuren von kleineren Backöfen finden
sich selten. Dafür haben sich Fabriken auf die Brotbäckerei spezialisiert; das Vorhandensein mehrerer Getreidemühlen bezeugt die
Existenz der »Brotfabrik«. Mehr als vierzig kennen wir, alle vom
Typus der Bäckerei des Terentius Proculus und des Terentius Neo
(VII, 2,1–7; IX, 3,10–12), Inhaber einer Großbäckerei, unzer-
trennlich von seiner Gattin, der »Frau des Bäckers«. Es ist nicht
sicher, ob es in Pompeji die *mola trusatilis* gegeben hat, die von zwei
Sklaven mit Hilfe einer hölzernen Querstange angetrieben wurde.[43]
Sicher ist, daß sich die *mola asinaria*, deren beweglicher Teil von
einem Esel oder einem Pferd angetrieben wurde, immer mehr durch-
gesetzt hat und schließlich die Getreidemühle par excellence wurde.
Alle Mühlen sahen gleich aus (Abb. 9); sie unterschieden sich lediglich in der Größe. Die Mühlsteine bestehen aus sehr harter und sehr
poröser grauschwarzer Lava. Man unterscheidet die feststehende

meta und den beweglichen *catillus* darüber. Die *meta* ist fast kegel-
förmig und hat eine zylindrische Basis; in Wirklichkeit ist sie kein
echter Kegel, sondern hat die Form einer Glocke. Gewöhnlich ruht
sie auf einem runden Fundament aus Mauerwerk, dessen Durchmesser größer ist als der zylindrische Teil der *meta;* diese Basis

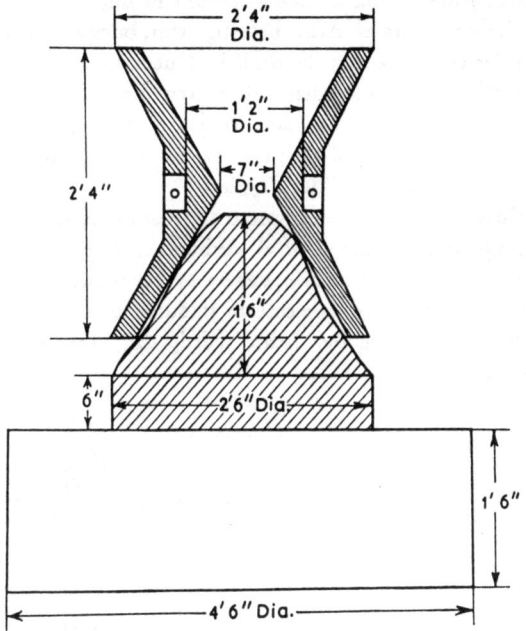

Abb. 9. Getreidemühle in einer Bäckerei

war manchmal mit einem kleinen Mäuerchen versehen, das eine
Rinne für das Mehl bildete. Diese Konstruktion ist selten; meist
übernahm ein hölzerner Überbau diese Aufgabe. Der *catillus* besteht aus zwei hohlen Kegeln, an deren Verbindungsstelle sich eine
enge Öffnung befindet. Der obere Kegel spielt die Rolle eines Trich-
ters; man konnte den *catillus* auch umdrehen, was die Lebensdauer
des Mühlsteins verlängerte; aber der *catillus* war zerbrechlicher als
die *meta.*

An dem engen Verbindungsstück der beiden Kegel waren zwei viereckige Öffnungen ausgespart. Sie enthielten eiserne Pfannen, die
die hölzernen Arme des Mühlsteins aufnahmen; sie wurden mit
Zapfen, die durch die Metallteile geführt wurden, fixiert.

Das Tier wurde je nach seiner Art (Esel oder Pferd) und Größe
verschieden angespannt. Entweder kam es unter ein Joch, das an
einem der horizontalen Arme befestigt war, oder es wurde mit einer
Kette oder einem Seil an die seitliche Querstange und an die obere
Stange gebunden. Auf jeden Fall waren die Tiere ganz dicht am
Mühlstein angeschirrt, um den Weg auf dem gepflasterten Hof
rund um die Mühle möglichst kurz zu halten. Auf diesen Hof
öffnete sich auch der Stall der Zugtiere.

Eine Mittelachse, die an der Spitze der *meta* befestigt und mit dem
oberen Querbalken des *catillus* verbunden war, hielt das Ganze
zusammen. Die Glockenform der *meta* verminderte den Kontakt
der beiden Steine und erleichterte dadurch den Mahlvorgang. Je
nach der Regulierung der Achse wurde das Mahlgut feiner oder
gröber zerrieben.

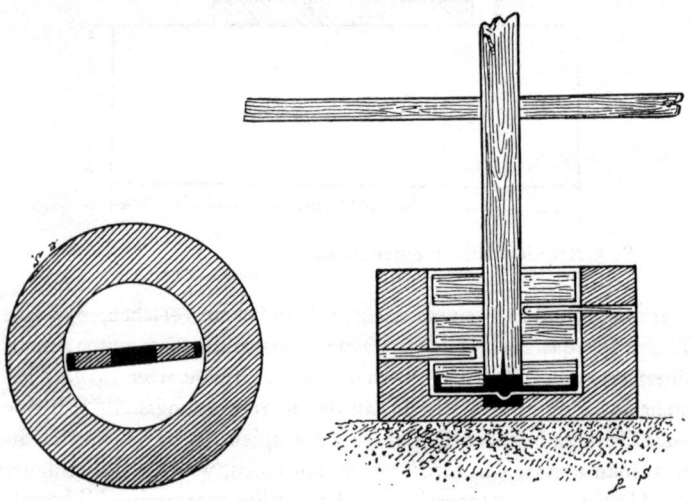

Abb. 10. Teigknetmaschine

Nach dem Mahlen wurden die zerquetschten Körner durch das Sieb gestrichen; dann tat man Hefe dazu und rührte den Teig mit Wasser und Salz an. In einem hölzernen Backtrog wurde er geknetet. Es gab auch schon Knetmaschinen: sie bestanden aus einem zylindrischen Trog, in dem durch menschliche oder tierische Kraft eine hölzerne Achse gedreht wurde, die mit Hilfe von horizontalen Holzstäben den Teig bearbeitete; der Teig wurde dabei von feststehenden Hölzern an der Innenwand des Troges zurückgehalten (Abb. 10). War der Teig gut geknetet, kam er auf einen Tisch, wo er geformt wurde. Mit der Hand gab man ihm die Form von Broten. Den Laiben wurde der Name des Bäckers aufgedrückt, dann gab man sie auf einen langstieligen Schieber, um sie in den Ofen zu befördern.

Der letzte Teil des Arbeitsvorgangs war das Backen im Ofen (*furnus*). Einfache Backöfen bestehen nur aus einem Boden (*area*) und einem kleinen Gewölbe, das unten mit einem Ofenloch versehen ist; dort wurden das Brennmaterial und der Teig eingeführt und das Brot und die Asche wieder entnommen.

Die Backöfen der großen Bäckereien waren komplizierter (Abb. 11). Der Boden der Feuerstelle (a) bestand aus dicht nebeneinanderliegenden Ziegelsteinen, die mit Kalkmörtel miteinander verbunden waren. Unter der Ziegelsteinfläche befand sich eine mehr als 10 cm dicke Sandschicht, die Hitzeverluste vermeiden sollte. Das Ganze ruhte auf einem gemauerten Fundament (b), das entweder massiv aufgeführt oder gewölbt war; in diesem Fall hatte man einen Hohlraum ausgespart, in dem man Holz und Gemüse trocknete. Über dem Boden des eigentlichen Ofens erhob sich ein Gewölbe (c), das auf einem Mäuerchen (d) ruhte. Das konische Gewölbe bestand aus Ziegelsteinstücken. Das Ofenloch (e) war während des Backvorgangs mit einem eisernen Schieber verschlossen. Durch eine Verbindungstür (h) zur Backstube wurden die Backwaren herangeschafft. Als Brennmaterial diente Holz. Ein Kamin (i) sorgte für den Zug; der Rauch heizte eine Wärmekammer. In (l) sammelte man die Asche.

Für feineres Brot (*panis clibaniceus* oder *clibanites*) gab es Tonöfen, bestehend aus einem Ofenraum, der durch Feuer zwischen Doppelwänden erhitzt wurde.

Das pompejanische Brot war ziemlich fest, von runder Form und auf der Oberfläche in acht Teile geteilt.[44] Die Kuchenbäcker (*clibanarii*)[45] arbeiteten in kleineren Backstuben, die mit Kuchenformen angefüllt waren.

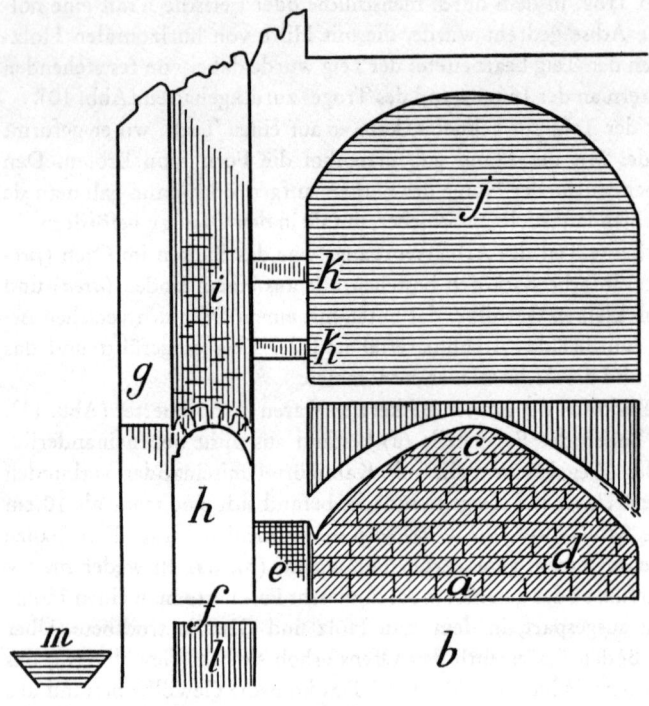

Abb. 11. Bäckerofen

Garum. Ein Zweig der Nahrungsmittelindustrie übertrifft die Fabrikation von Brot noch: die Herstellung des *garum*. Es spielt in der Küche eine große Rolle und wird bei den Römern viel verwendet, denn es ist nicht nur den Tafeln der Reichen vorbehalten, von besseren Qualitäten abgesehen, wie man sie in Cartagena (Spanien) auf Makrelengrundlage herstellte. Es handelt sich um eine Würzsoße orientalischen, wahrscheinlich griechischen Ursprungs, welche vielleicht die Punier im Okzident einführten. Nach Apicius[46] würzt man damit gefüllte Kürbisse, Erbsen, Geflügel, Lämmerleber und Kalbsfrikassee. Die Herstellung[47] wird in einer Anmerkung der »Geoponica«[48] beschrieben. Wir kennen eine ähnliche Substanz, das Nuok-mam, das Nationalgewürz der Vietnamesen; es wird, wie das *garum*, durch die Zersetzung gewisser Fischarten in einer konzentrierten Lake aus Meersalz gewonnen. Es handelt sich um eine Selbstverdauung des Fisches durch Diastase seines eigenen Verdauungskanals in einem Antiseptikum (Salz), das jegliche Fäulnis verhindert. Zu dieser Autolyse kommt eine Gärung mit Hilfe von Bakterien, welche eine »Reifung« des Produktes bewirkt, ähnlich wie bei der Käsezubereitung. Das Nuok-mam hat einen sehr intensiven Geruch; dies dürfte auch für das *garum* gegolten haben.

Zur Herstellung des *garum* brauchte man große Mengen Salz. Wenn man Columella[49] und Plinius glauben darf, gab es in Pompeji Salinen. Die *Salinae Herculeae* dürften in der Richtung Torre Annunziata gelegen haben, wo es noch heute den Ortsnamen *Salera* gibt; die Salztransporte gelangten durch die Porta Ercolano in die Stadt, dies war die *Porta Salis* oder oskisch *veru sarinu*[50]. Ganz in der Nähe luden die Maultiertreiber das Salz ab; sie lagerten es entweder ein oder ließen es in der *statio salinensium* wiegen, bevor es in die Fabriken geschafft wurde. Die Lake stand in Zisternen von sieben bis zehn Kubikmetern Fassungsvermögen[51] unter freiem Himmel in der Sonne; in der Lake lagen die Fische. Es handelte sich um Meeresfische, Makrelen (*scomber*) und Thunfische, die aus ziemlich weit entfernten Fanggebieten kamen, vielleicht sogar aus dem Meer bei Cartagena. Diese Hochseefischerei hat die pompejanischen Künstler nicht inspiriert; die Bronzestatuen und Gemälde zeigen nur gewöhnliche Fischer bei ihrer Arbeit, und die Fische, die auf vielen dekorativen Bildern eine so große Rolle spielen, können nicht von Pompejanern gefangen worden sein. Rohes *garum* wurde von Spanien importiert und in Pompeji weiterverarbeitet.

Nach der Autolyse wurde das Produkt in Kesseln über dem Feuer eingedickt. Man unterscheidet mehrere Qualitäten. Da gibt es zunächst das *garum*[52], auch *liquamen*[53] genannt; es wird einundzwanzigmal auf Amphoren erwähnt; die beste Qualität ist das feinste vom feinsten *garum* (*gari flos flos*[54]); es wurde aus Thunfisch[55], Makrelen[56] und Muränen[57] zubereitet. Die Rückstände des *garum* ergeben die *hallex* oder das *allec*, das auch aus Anchovis zubereitet werden kann. Es handelt sich um ein minderwertigeres Gewürz, das den Sklaven vorbehalten war und von den Armen gekauft wurde. In Pompeji wurde das beste *allec* in Amphoren[58] oder in die *vasa faecaria* genannten Spezialgefäße gefüllt, eine Art strohumflochtener Fiasken, die in Pompeji[59] hergestellt und verkauft und nach Rom exportiert wurden.

Gewisse Arten der Zubereitung trugen auch den Namen ihrer Erfinder. Es gab ein *garum* nach den Rezepten eines Romulus, ein anderes nach Lucretius; doch der Name, der nach der Qualitätsangabe erscheint, bezeichnet normalerweise den Hersteller. Wir kennen die Stlaborii[60], die Cornelii[61], die Vibii[62], die Trebii[63]; sie alle erreichen aber nicht den Reichtum und den Ruhm der Umbricii. Der Großunternehmer A. Umbricius Scaurus, Duumvir unter Claudius,[64] belieferte Großhandlungen, die das Produkt weiterverkauften; sein Name taucht neben denen von Freigelassenen auf vielen Amphoren[65] auf. So wurde in der ganzen römischen Welt das *garum Pompeianum*[66] bekannt. Die Stadtverwaltung hatte allen Grund, dankbar zu sein: sie verlieh dem Leiter der Firma, der für den guten Ruf Pompejis arbeitete, die hohe Auszeichnung einer Reiterstatue.

Die Textilindustrie

Baumwolle. Die Schafzucht lieferte der Textilindustrie einen unentbehrlichen Rohstoff. Abgesehen von der Wolle wurde in Pompeji auch ägyptische Baumwolle verarbeitet: ein Alexandriner mit dem bezeichnenden Namen Ptolemaios erhält von dem Bankier L. Caecilius Iucundus einen Betrag für eine Baumwollieferung (*auctio lintaria*[67]). Die verschiedenen Arbeitsvorgänge des Spinnens und Webens waren – wie die Bäckerei – zunächst im Rahmen der Familie angesiedelt; später wurden sie im großen vom *lanarius* betrieben und erforderten geräumige Werkstätten.

Wolle. Frischgeschorene Wolle mußte zunächst vom Wollfett befreit werden; sie wurde in Kesseln mit Seifenkraut, *radix lanaria*, gewaschen, ein Zusatz, der das Fett entzog. Dann wurde sie getrocknet, geklopft und mit den Händen auseinandergezupft. Anschließend wurde sie mit Hilfe eines Eisenkammes mit gebogenen Zinken gekrempelt. Nun konnte die Wolle den Spindeln der Spinnerinnen anvertraut werden.

Das Spinnen. Die Spinnerin[68] nahm sich ein gewisses Quantum Wolle, rollte es zu einer Kugel und befestigte diese am oberen Ende des Spinnrockens. War dies geschehen, nahm die Arbeiterin die Spindel zur Hand; diese war mit einem Stiel mit Haken versehen, der den Faden festhielt, und mit einem Terrakottagewicht, um den Faden straff zu halten und zugleich die Drehbewegung zu beschleunigen, mit der der Faden zusammengedreht wurde. Wir dürfen nicht vergessen, daß es das Spinnrad damals noch nicht gab. Die Spinnerin nahm den Rocken in die linke Hand oder befestigte den unteren Teil in ihrem Gürtel; dann zog sie etwas Wolle vom Rokken und befestigte den Fadenanfang an dem Häkchen der Spindel; nach und nach entstand nun ein Faden, den die rechte Hand formte; dabei wurde die Wolle, die die Spinnerin an sich heranzog, ständig mit Speichel befeuchtet; gleichzeitig versetzte sie die Spindel in drehende Bewegung und zwirbelte den Faden zwischen Daumen und Zeigefinger. So entstand ein mehr oder minder dicker Faden, der zu einem Knäuel gewickelt wurde. Das Gewicht der Wolle und die Zeit, die für das Spinnen benötigt wurde, zählten: einmal werden achtzehn Pfund Wolle[69] erwähnt, ein anderes Mal achtundzwanzig;[70] in letzterem Fall ist sogar das Datum angegeben, wann die Arbeit begonnen wurde: am Vortag der Nonen des August[71], also am 4. August.

Das Weben. – Die Wolle wurde mit leuchtenden Farben, rot, safrangelb,[72] gefärbt und dann auf einem senkrechten oder einem waagerechten Webstuhl verarbeitet. In einer der Webereien (*textura*) – IX, 2,1–2 – ist der Beginn der Webarbeit (*stamen*) genau vermerkt: die Kette wurde im Dezember, am 7. Tag vor den Kalenden des Januar, d. h. am 26. Dezember, begonnen.[73] Die so produzierten Wollgewebe wurden anschließend weiteren Arbeitsgängen unterworfen.

Die *coactiliarii* verfilzen die Wolle bei dem Kleiderfabrikanten M.

Vecilius Verecundus[74], dessen Geschäftshaus (IX, 7, 7–5) mit Szenen aus der Arbeit der Weber und Filzwalker ausgemalt ist. Sie arbeiten zu viert, halbnackt, rund um einen kochenden Kessel auf einem Ofen: sie sind dabei, die Wolle zu verfilzen, die in Holzkübeln in einer bestimmten Lösung liegt, welche das Gewebe zusammenziehen soll.

Das Walken. Der wichtigste Arbeitsgang ist das Walken. Die Walker haben einen bevorzugten Platz unter den Gewerbetreibenden Pompejis, denn die Arbeiter in ihren Werkstätten üben eine Tätigkeit aus, die bei der Fertigung von Stoffen unentbehrlich ist. Sobald ein Stoff gewoben ist, wird er in einem Gefäß mit Wasser und Soda oder anderen alkalischen Reagenzien, von denen der Urin das billigste und populärste ist, mit den Füßen gestampft (Abb. 12). Dann wird er mit Walkerde, einer Tonsorte, die den Stoff entfettet und geschmeidig macht, behandelt; der beste Ton kam von der kleinen Insel Kimolos, einer der Kykladen; am wenigsten geschätzt war die Walkerde aus Umbrien und aus Sardinien. Der Stoff wurde mit Holzschlegeln bearbeitet, um das Gewebe zu verdichten; anschließend wurde er wieder gewaschen, um ihn zu reinigen und einlaufen zu lassen.

Nach dem Klopfen, Spülen und Trocknen[75] hatten die Gewebe

Abb. 12. Das Walken von Stoffen

Festigkeit gewonnen; der Fadenlauf der Stoffe war nun mehr oder weniger dicht. Aber die Härchen auf der Oberfläche waren jetzt ganz verfilzt; sie mußten deshalb entwirrt werden; erst nach dieser Prozedur konnte der Flaum gleichmäßig geschoren werden. Für das sogenannte Aufrauhen bediente man sich einer Distelart, der Walkdistel oder einer Igelhaut. In Pompeji hängte man für diese Arbeit den Stoff auf und kämmte ihn von oben nach unten mit einem Gerät, das *aenea* genannt wurde; es war vermutlich aus Metall. Auf diesem Gerät waren Disteln, Stacheln oder Dornen befestigt (Abb. 13).

War der Stoff gewalkt, wurde er der Wirkung von Schwefelanhydrid ausgesetzt; das Schwefeln sollte weiße Stoffe noch mehr bleichen. Man spannte den Stoff auf eine Art Käfig aus Weidenzweigen, der die Form eines halben Eis hatte: oben liefen die Zweige zusammen, nach unten wurden sie durch horizontale Reifen auseinandergespreizt. Unter den Käfig setzte man vermutlich ein Becken mit entzündetem Schwefel (Abb. 13).

Zum Schluß kam die Appretur: weiße Stoffe wurden mit Stein gerieben, bunte mit Ton aus Umbrien oder von Kimolos. Dann wurden sie gebürstet und geschoren; bestimmte Stoffe behielten die Härchen. Vor dem Falten und Pressen mußten die Stoffe sorgfältig gespannt werden. Im ersten Stock der Walkereien waren oft riesige Spannvorrichtungen eingerichtet; eine öffentliche Verordnung[76] gab den Walkern sogar das Recht, die Stoffe über den Straßen zu trocknen. Ein Arbeiter benetzte sie regelmäßig mit etwas Wasser, damit sie nach dem Pressen ihre schönste Farbe und ihren besten Glanz hatten.

Vier große *fullonicae* sind in Pompeji entdeckt worden. Die größte gehörte L. Veranius Hypsaeus (VI, 8,20); ihre Einrichtungen sind am vollständigsten, und in der ersten Etage finden sich die nötigen Verschläge, wo die bearbeiteten Stoffe getrocknet werden konnten. Neben der des Veranius Hypsaeus gibt es die Werkstätten des M. Vesonius Primus (VI, 14,20,21–22), dessen Porträt[77], ein charakteristisches Werk des römischen Realismus, aus dem 1. Jahrhundert v. Chr. stammt, und die des Freigelassenen Stephanus (I, 6,7), deren Einrichtungen am besten erhalten sind. Im Erdgeschoß wusch man die Stoffe in vier großen Becken (*lacus*). Fünf Kübel von verschiedenem Durchmesser dienten zum Walken. Die Presse stand in der Nähe des Eingangs. Im ersten Stock über dem Atrium und dem Peristyl lagen Säulenhallen, wo die gewaschenen Stoffe trockneten. Die Malereien in der *fullonica* des Veranius Hypsaeus geben uns eine komplette Übersicht über die Arbeitsvorgänge. Von den Nischen, in denen die Arbeiter tätig waren, dienten drei zum Spülen, eine vierte zum Walken. Die Presse ähnelt einer modernen Buchbinderpresse. Sie besteht aus zwei Ständern, die durch eine Ober-

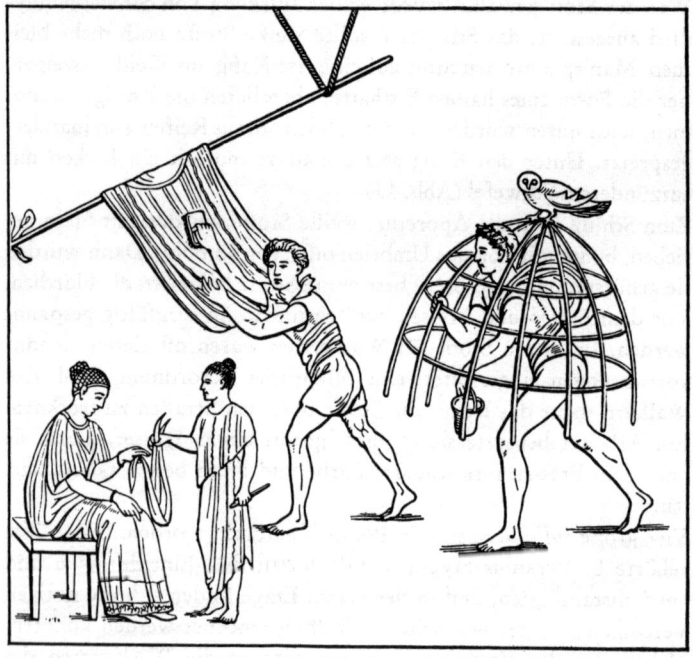

Abb. 13. Das Kämmen und Schwefeln von Stoffen

schwelle verbunden sind; unten zwischen den Ständern ist eine Holzplatte angebracht, auf der die Stoffe abgelegt werden. Die

Presse funktioniert mit Hilfe zweier Schrauben, die durch Querstangen gedreht werden (Abb. 14).

Die Kleidung. Die Stoffe dienten zur Herstellung von Togen und Tuniken, die oft in Graffiti[78] erwähnt werden, Mänteln (*pallium*)[79], Waffenröcken[80] und Bändern (*fascia*)[81]. Für die feinen Leute aus der Stadt fertigte man Leinentogen (*tunica lintea*), die mit einem Goldfaden bestickt waren (*aurata*)[82].

Färbereien. In Pompeji gab es nicht nur neue Ware. Einige Unternehmen waren auf die Ausbesserung alter Kleidungsstücke spezialisiert. Die *offectores*[83] färbten abgetragene Stücke nach, die *infectores*[84] färbten noch ungefärbte Stoffe oder färbten bunte Stoffe um. Die Farbstoffe wurden in Glasgefäßen aufbewahrt; der Kunde hatte die Auswahl zwischen einer ganzen Skala warmer, leuchtender Töne. Ein Geschäft in der Via Stabiana verkaufte Farbstoffklumpen mit dem Firmenzeichen »Attiorum«. Diese Familie ist bekannt, seit Cicero einen Farbhändler Attius erwähnt hat.[85] Färbereien im modernen Wortsinn entsprachen den Bedürfnissen der Pompejaner.

Die Gerberei

Bei der Porta di Stabia (I, 5,2) wurde eine Gerberei gefunden; man erkennt sie an fünf gemauerten Becken und länglichen Bottichen, die mit Holz ausgekleidet waren; dort wurde das feine Leder gegerbt.

Das Baugewerbe

Nach dem Erdbeben von 62 kam zu den laufenden Neubauten und Ausbesserungsarbeiten ein riesiger Bedarf, der in den 17 Jahren zwischen 62 und 79 längst nicht gedeckt werden konnte. Die Gutsbesitzer und Unternehmer stellten umfangreiche finanzielle Mittel für den Wiederaufbau bereit; dies regte die Produktion an. Für den Export des *garum* und des Weins war Verpackungsmaterial nötig. Die keramische Industrie war voll beschäftigt mit der Herstellung von Ziegelsteinen, außerdem mußte sie die Produktion von Amphoren vervielfachen.

Abb. 14. Stoffpresse

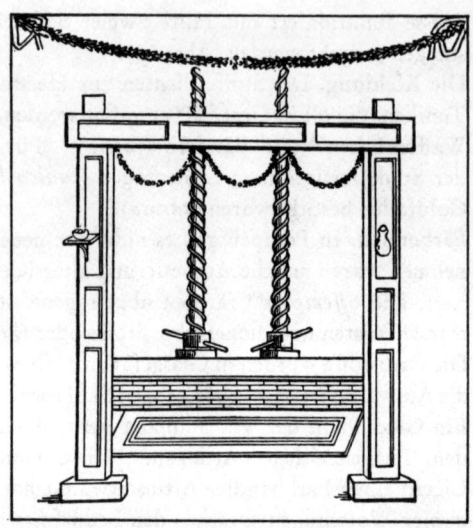

Die Keramikherstellung

Die Keramikherstellung liegt in den Händen von Freigelassenen-
familien wie z. B. der Eumachii, Holconii, Vibii und Iulii. Die verschiedensten Artikel tragen ihren Stempel: *dolia*[86], Amphoren[87],
Dachziegel[88], Lampen[89], Geschirr[90] beweisen die Anfänge der Konzentration von Grundbesitz und Gewerbe in einer Hand. Weinproduzenten wie die Stlaborii, Vibii und Cornelii sind gleichzeitig auch
Hersteller von *garum* und die Besitzer von Ziegeleien und Ampho-
renfabriken. Diese vertikale Konzentration wird noch deutlicher,
wenn wir die Welt des Handels näher kennenlernen.

Der Handel

Pompeji unterhielt einen umfangreichen Überseehandel und Großhandel, beide seit der samnitischen Herrschaft spürbar kapitalistischer Prägung; in der römischen Kolonie hatte sich dieser Zug noch
verstärkt.

Pompeji, ein emporium

Die geographische Lage begünstigte Pompejis Funktion als Handels-
platz. Strabo[91] erklärt, Pompeji sei ein Umschlagplatz, ein *emporium*, und diene als Ausgangspunkt für drei Zentren im Landesin-
nern, Nola, Acerrae und Nocera, wobei der Fluß Sarno die Rolle
einer Import- und Exportstraße spiele. Landwirtschaftliche Produkte wurden ausgeführt, die überseeischen Waren kamen zum
Sarnus Pompeianus[92].

Der Hafen von Pompeji

Wo lag der Hafen?[93] Heute benutzt der Bottaro-Kanal ein verlasse-
nes Bett des antiken Sarno, das in der Nähe der Villa maritima[94]
ins Meer mündete, wo man die männliche Büste gefunden hat, die
der Besitzer Sex. Pompeius Ruma[95] Neptun geweiht hatte. Am Ost-
ufer reihten sich die Läden und Schenken, die zu einem Hafen gehören. Ein ganzes Fischerdorf drängte sich längs des Unterlaufs des
Sarno zusammen; man hat dort zahlreiche Anker, Netze und Angel-
haken gefunden. Eine Straße durchquerte den Ort, die über eine
Sarnobrücke zur Porta di Stabia führte. Dies war die große Han-
delsverkehrsader; die Straße von Pompeji, die an der Porta Marina
begann, war wegen des steilen Geländes nicht befahrbar. Im ganzen
ist von dem Vorort am Meer nur sehr wenig übriggeblieben.[96]
Will man den Stellenwert des Sarno im Leben Pompejis richtig be-
urteilen, ist die Darstellung im Lararium eines einfachen Hauses,
das gerade ausgebessert wurde (I, 14,6 im Viertel südlich der Via
dell'Abbondanza[97]), beachtenswert. Die rot ausgemalte Nische hat
die Form eines Tempelinnenraums; die Decke ist bestirnt; in weißer
Farbe ist der *genius familiaris* dargestellt, eingerahmt von zwei
tanzenden Laren. Am wichtigsten ist jedoch die figürliche Darstellung auf der Vorderseite des *podium*: links symbolisiert eine bärtige
Gestalt den Fluß Sarno, der übrigens oft mit dem Kult der häuslichen Laren verbunden ist. Die Szene ist in zwei Ebenen geteilt: auf
der oberen ist ein Ufer des Flusses dargestellt, wo männliche Sklaven
und eine Frau Säcke tragen; außerdem ist eine Szene zu sehen, in

der zwei Männer einen Sack halten und ein dritter die Waren abwiegt, die von zwei Eseln, einem grauen und einem schwarzen, die beide Packsättel tragen, herangeschafft worden sind. Im unteren Teil der Darstellung schwimmt eine große Barke auf dem Fluß, die mit Produkten aus den *horti Pompeiani*, vermutlich mit Zwiebeln, beladen ist; zwei junge Männer führen die Ruder. Der Eigentümer des Hauses hatte also einen Beruf, der im Zusammenhang mit dem Handel auf Fluß und Meer stand. Selbst die Epidii rühmten sich ja, von einem Ahnen abzustammen, der in den Sarno gestürzt und als Flußgott wieder aufgetaucht sein soll.[98]

Darstellungen von Schiffen und Graffiti belehren uns über Tätigkeiten, die mit dem Meer zu tun hatten; auf dem Grab der Naevoleia Tyche fand sich die Skulptur eines Schiffes, dessen Rudermannschaft das Segel handhabt, während gerade der Anker geworfen wird. Munatius Faustus war zu Lebzeiten ohne Zweifel ein Kaufmann. Das Schiff des Lesbianus (I, 13,10) ist klein und segelt unter dem Schutz der Aphrodite Salvatrix; die Europa (I, 17,3) dagegen ist ein großes Handelsschiff, dessen viereckiges Segel sich im Wind bläht; sie hat außerdem ein Bugsegel und schleppt einen leichten Kahn hinter sich her. Im Haus der indischen Statuette (I, 8,5) hat man zahlreiche Graffiti von Bugen, Hecks und einem ganzen Schiff gefunden, die von der Hand eines Experten stammen; vielleicht hat sie der Hausbesitzer, der Reeder war, gezeichnet. Es dürfte sich um einen Orientalen aus Syrien oder Ägypten handeln, der sich von seinen Reisen eine Elfenbeinfigur mitgebracht hatte, die zu Unrecht mit der indischen Göttin Laksmi[99] identifiziert wurde.

Andere Embleme, wie z. B. der Anker, können Häuser von Reedern bezeichnen: das Haus des Ankers der Melissaei (VI, 10,7–9), das Haus des Seemanns (VII, 15,12) und andere[100]; oder auch Kastor und Pollux bei Nigidius Vaccula[101] (VI, 9,6). Eine ganze Bürgerschicht lebte vom Überseehandel und litt bisweilen hart unter seinen Wechselfällen: denken wir nur daran, daß Trimalchio an einem Tag dreißig Millionen Sesterzen beim Untergang aller seiner Schiffe verlor, denn – wie Petron dazu bemerkt[102] – Wein war Gold.

In einem wesentlichen Punkt unterschied sich das Bürgertum Pompejis von dem der Stadt Rom: es besaß eine lange Tradition im

Überseehandel.[103] Das Vorbild des griechischen und etruskischen Überseehandels wurde von den Oskern aus der Ebene, ja selbst von den samnitischen Eroberern rasch übernommen. Wie in Karthago und vielen Städten Siziliens setzte sich die Kaufmanns-Aristokratie aus Großgrundbesitzern zusammen, die die Produkte ihrer Güter exportierten und Gewerbe betrieben, die mit ihren sonstigen Beschäftigungen in Zusammenhang standen. Der Wein, die wesentlichste Quelle ihres Reichtums, war das bedeutendste Handelsgut.

Der Weinexport

Gallien war einer der ersten Abnehmer von pompejanischem Wein. Im Meer vor Anthéor (Var) hat man vor kurzem mehrere Wracks entdeckt, die mit Weinamphoren beladen waren.[104] Es handelt sich um Amphoren von der Form I (B) (nach der Bezeichnung des deutschen Gelehrten Dressel) aus dem letzten Jahrhundert der Republik. Auf dem Deckel aus Puzzolanerde liest man eine oskische Inschrift, die man als »M. C. Lass«[105] interpretiert. Die Ladung kann nur aus dem Gebiet von Nocera kommen, wo sich der Gebrauch des Oskischen bis in die Jahre 89 bis 80 gehalten hat. Es handelt sich um zwei Brüder, Gaius und Mamercus (Marius) Lassus, deren Gentilname nur in Sorrent und Pompeji nachgewiesen ist. Wir kennen auch eine Lassia[106], Priesterin der Ceres, die einen A. Clodius aus Nola oder Capua geheiratet hat; er war Schreiber (*scriba*), später *magister pagi Augusti Felicis suburbani*. Ihr Sohn Aulus machte eine brillantere Karriere. Er war dreimal *duovir quinquennalis* und Militärtribun; in seinem zweiten Duumvirat übernahm Pompeji die römischen Maße.[107] Wenn er um die Mitte des Jahrhunderts auf die Welt gekommen ist, dürfte seine Mutter in den Jahren 80 bis 70 geboren sein; da sie Tochter eines Marcus genannt wird, war ihr Vater wohl einer der Weinhändler, deren Ladung vor Anthéor untergegangen ist. Das Haus der Lassii erlebte den Höhepunkt seiner Handelsmacht in den ersten zwanzig Jahren des Jahrhunderts; es wurde später von den Clodii übernommen, deren Weinberge die Hänge des Vesuvs überzogen.[108]
Die Weinbauern und -händler Pompejis standen also in Verbindung

mit den *negotiatores* aus Italien, die sich in der Gallia Narbonensis niedergelassen hatten, kaum daß sie von Domitius Ahenobarbus erobert war. Am Anfang hat offenbar Marseille eine gewisse Rolle bei der Verteilung pompejanischen Weins gespielt; sobald sich die römische Kolonie in Pompeji gebildet hat, gewinnt Narbonne die Oberhand. Die von den Römern angelegten Weinberge der Narbonensis decken nur einen Teil des Bedarfs an Wein, der von Narbonne aus in das Innere Galliens gelangte. Möglicherweise haben sich Vertreter der pompejanischen Häuser in Narbonne oder Toulouse niedergelassen. Auf jeden Fall ist eine Weinstraße von Narbonne-Ensérune nach Burdigala (Bordeaux) durch die Funde von Amphoren mit dem Stempel M. PORCI[109] eindeutig gekennzeichnet. Es handelt sich um Amphoren mit weitem, hohem Hals, die in einem Rand ohne Lippe enden; sie haben lange vertikale Henkel, die auf einer deutlich abgesetzten Schulter aufsitzen. Der Stempel desselben Besitzers findet sich in Vieille-Toulouse[110], Agen[111], Mas d'Agenais[112] und auch in Pompeji[113]; es kann sich nur um M. Porcius M. f. handeln, dessen Name sich vielleicht schon auf dem Altar des Apollon-Tempels[114] findet; er war Duumvir und Erbauer des überdachten Theaters,[115] *duovir quinquennalis* und Erbauer des Amphitheaters.[116] Nach den epigraphischen Kriterien lebte M. Porcius in der Zeit der Republik. Sein Amtsgenosse war C. Quinctius Valgus; M. Porcius war also ein Zeitgenosse Ciceros und ein Mitglied der sullanischen Kolonie.

C. Quinctius Valgus ist der Schwager des P. Servilius Rullus; in »De lege agraria« beschuldigt ihn Cicero, er habe großen Profit gemacht beim Verkauf seiner Ländereien an die Decemvirn, Ländereien, die ihm, von den Unruhen des Bürgerkriegs begünstigt, durch die Großzügigkeit Sullas zugefallen waren. Er besaß den ganzen *ager Hirpinus* und Ländereien in Casinum[117], die er durch unrechtmäßige Vertreibung vergrößert hatte. M. Porcius dürfte ebenfalls vom Regiment Sullas profitiert haben; als er sich als Kolonist in Pompeji niederließ, hatte er ertragreiche Weinberge erhalten; seinen Wein exportierte er; dies hatte ihm ein so beträchtliches Vermögen eingebracht, daß er es zusammen mit seinem Amtsgefährten C. Quinctius Valgus in die kulturellen Bauten des republikanischen Pompeji investieren konnte.

Ein anderer Weinbauer und -händler ist auf den Straßen Galliens anzutreffen. In Alesia fand man einen flachen Doppelhenkel, der zu einer länglichen Weinamphore gehört, die aus derselben Zeit stammt wie die Amphore des M. Porcius; er trägt den Namen L(ucius) Eumachius, der um das Jahr 50 v. Chr. tätig gewesen sein dürfte; die Priesterin Eumachia war wohl seine Tochter.[118]

L. Eumachius exportierte seine Weine auch nach Afrika; in Karthago wurden mehrere Amphoren mit seinem Namen[119] in einer Mauer gefunden, die vor 14 v. Chr. entstanden ist. Fulvius Phileros hatte dieselben Handelsbeziehungen.[120]

Der Export von Ziegeln

Ein anderer Exportartikel waren Dachziegel: sie finden sich in großer Anzahl im Küstengebiet von Istrien, in Aquileia und in Dalmatien; sie tragen die Stempel der C. M. Epidii und ihres Freigelassenen Theodorus. Ziegel mit dem Namen Dama Livia wurden in Karthago entdeckt.[121]

Pompejanische Diaspora im Orient

Die Pompejaner zögerten nicht, ihre Heimat zu verlassen, wenn es darum ging, Handelsbeziehungen zu erleichtern: es gibt eine echte pompejanische Diaspora. Die Vibii Vari sind in Istrien vertreten, wo ein C. Vibius Varus einen Fortuna-Altar errichtet; in derselben Gegend nutzen auch die Epidii Ländereien.

Die *gens Hordeonia* ist eine kampanische Familie, die sich auf den Handel mit dem Orient spezialisiert hat. Bekannt waren in Pompeji ein A. Hordeonius Flaccus, Aedil zur Zeit Neros[122] und die beiden Hordeonii Philostorgi, die in den *apochae*[123] erwähnt sind. Repräsentanten dieser Familie finden sich auf Delos und in Puteoli (Pozzuoli).[124] Die Lollii erscheinen ebenfalls auf Delos im 3. Jahrhundert v. Chr.[125] Der römische Ritter Q. Lollius wurde ein Opfer der Raffgier des Verres[126], und Q. Lollius Saturninus tritt als Zeuge in den *apochae*[127] auf. Lollia Saturnina könnte eine Schwester der

Lollia Paulina, der Gattin Caligulas, gewesen sein, was die Vorliebe
dieses Herrschers für Pompeji erklären würde.
Enge Handelsbeziehungen bestanden auch mit Ägypten. Das Haus
des Lucretius Fronto (V, 4,10) beweist in seinen Dekorationen diese
Verbindungen: zwei Meerungeheuer, von denen jedes einen Schiffs-
bug hält, und eine menschliche Gestalt, die ihren Fuß auf einen Ele-
fantenkopf setzt, der Ägypten oder Alexandria verkörpert. Im
Haus des Meleager (VI, 9,2) war eine Personifikation Alexandrias
zwischen Afrika und Asien auf einem Gemälde dargestellt. Diese
Verbindungen haben die Verbreitung des Isis-Kultes in der herrschenden Klasse und unter den Kaufleuten begünstigt: die Popidii
sind Anhänger der Isis. Im Haus des Loreius Tiburtinus (II, 2,2),
eines Pompejaners aus alter Familie, hat man Statuetten ägyptischer
Gottheiten gefunden und das Porträt eines Ahnen im Gewande eines
Isis-Priesters.

Verbindungen mit Asien

Im Jahre 1938 entdeckte man in einem Haus in der Via dell'Abbondanza (I, 8,50) eine Elfenbeinfigur, in der Maiuri sogleich das Bild
der indischen Göttin Laksmi[128] zu erkennen glaubte. Die Frauengestalt mit vollen Körperformen von provozierender Sinnlichkeit
ist ein typisches Produkt indischer Kunst. Das Gesicht ist erhellt von
zwei weit geöffneten Augen, der Mund ist breit und voll. Das runde
Kinn geht über in einen weichen, fetten Hals. Die Figur schaut nach
links; sie drückt glückhafte Sinnlichkeit und eine triumphierende
Freude an körperlicher Schönheit aus. Die starken Brüste sind fast
kugelrund, die Taille deutlich gezeichnet, die Beine kräftig mit kaum
markierten Knien. Die linke Hand unterstützt einen Ohrring, der
zu schwer scheint, die rechte trägt ein reiches Halsband.
Prächtiges Geschmeide schmückt ihre Nacktheit: Armbänder an
Knöchel und Unterarm; eine schwere dreireihige Perlenkette zwischen den Brüsten, die in einem lotusförmigen Anhänger endet; ein
Diadem aus Rosetten. Ein geflochtener Zopf hängt über die Schulter
bis zur Taille hinab; er ist geschmückt mit einem Füllhorn, Lotus-
und Palmblüten.

Die zwei Frauengestalten rechts und links wirken wie verkleinerte, etwas steifere Repliken der Hauptfigur; es sind Karyatiden in der Funktion von Dienerinnen; die eine hält eine Kassette mit Kosmetika hin, die andere zwei große Anhänger. Die Hauptfigur kann nicht die Göttin Laksmi sein, denn es fehlen die beiden kleinen Elefanten, die ausnahmslos in jeder bildlichen Darstellung Wasser über das Haupt der Gottheit schütten. Wir haben es mit einer Sterblichen zu tun, zweifellos mit einer Kurtisane; man braucht sie nur mit den Gestalten an den Pfeilern von Mathura zu vergleichen. Nach ihren zierlichen Maßen zu schließen könnte sie als Stiel eines Spiegels gedient haben, zumal man sie neben einem Holzkasten mit Toilettengegenständen gefunden hat.

Auf jeden Fall beweist dieser indische Kunstgegenstand die Handelsbeziehungen Pompejis mit Asien. Zwei Karawanenstraßen – die eine über den Persischen Golf und Ägypten via Petra, die andere durch Transjordanien an die Häfen von Syrien und Palästina – sind bekannt; aber man darf auch den direkten Überseehandel nicht vergessen, wie er unter Domitian in der »Umfahrung des Meeres von Erythräa« beschrieben worden ist.

Von der indischen Küste fuhren die Schiffe das Rote Meer hinauf, benutzten den Kanal von König Necho II., der das Rote Meer mit dem Nil verband, erreichten so Alexandria und von da aus durch das Mittelmeer die Häfen Italiens. Bei dieser Route wird deutlich, wie Ägypten mit Asien verbunden war. Wir dürfen auch nicht übersehen, daß die Nabatäer in Pozzuoli ein Heiligtum hatten. Zwei Wege nach Asien waren also möglich: einer über Syrien, einer über Ägypten.

Verbindungen mit Numidien

Die Verbindungen mit Numidien sind noch enger. Von Kampanien aus kamen P. Sittius von Nocera und seine Gefährten, die Sittiani, nach Numidien, als Caesar ihnen dort zur Belohnung für ihre Dienste Besitztümer schenkte.[129] P. Sittius war selbst ein großer Geschäftsmann und Reisender – Handelsreisender, könnte man sagen; als er im jenseitigen Spanien weilte, hatte er umfangreiche Geschäfte

mit Mauretanien gemacht, und bei all seinen folgenden Auslands-
aufenthalten blieb er einer der Hauptlieferanten Roms für Getreide.
In Numidien gründete er im Jahre 46 die Kolonien von Cirta; drei
von ihnen, die *colonia Veneria Rusicade,* die *colonia Minervia
Chullu* und die *colonia Sarnia Milev,* die unter den Schutz derselben
Gottheiten gestellt waren wie die drei Mutterstädte im nucerini-
schen Kampanien, Pompeji (*Veneria*), Sorrent (*Minervia*), Nocera
(*Sarnia*), wurden später mit Cirta zusammengeschlossen. Sittius verschaffte seiner *gens* viel Ansehen. Man trifft auf Sittii in Rusicade,
wo auch Satrii, Trebii, Lucretii, Fadii und Pontii leben. In Pompeji
sind Sittii Wahlkandidaten in den letzten Jahren der Stadt;[130] ihre
Handelstätigkeit ist nachgewiesen in den *apochae* des L. Caecilius
Iucundus, wo ihre Freigelassenen[131] genannt sind; außerdem hat
man auch Weinamphoren eines P. Sittius Proculus gefunden.[132] Ein
Sittius ist Besitzer der Schenke zum Elefanten, wo er seine afrikani-
schen Erinnerungen und die Heldentaten des großen Seefahrers, von
dem er abstammte, erzählt haben dürfte. Auch die Lollii sind in Rusicade vertreten; in Pompeji kannte man einen Lollius Fuscus, Kandidat für die Aedilität[133], eine Lollia Successa, die Wahlpropaganda[134] macht, und einen Freigelassenen, der in den *apochae*[135]
erwähnt wird.

Anziehungspunkt für Italiker und Ausländer

Pompeji, die Handelsstadt, war ein Anziehungspunkt für die *gentes*
benachbarter und entfernterer italischer Städte. Denkt man an das
Bündnis Pompejis mit Nocera, so ist die Anwesenheit der Sittii und
der Vitellii aus Nocera ganz natürlich. Aus Pozzuoli kamen die
Aviani Flacci, die zur Zeit Ciceros sehr bekannt waren und sich mit
der alten pompejanischen *gens* der Pontii verbunden haben müssen:
ein L. Avianus Flaccus Pontianus ist Duumvir in Pompeji.[136] Der
Aedil C. Vestorius Priscus[137] muß zur Familie des C. Vestorius Pu-
teolanus, des berühmten Bankiers und Freundes von Cicero[138], gehört haben. Viele noch unveröffentlichte *tabulae ceratae* betreffen
gerade Leute aus Pozzuoli.[139] Von weiter her kam M. Loreius Tiburtinus, der in seinem reichen Haus (II, 2,2) die Legende des Her-

kules malen ließ, der Schutzgottheit seines Heimatortes Tibur. Die Verbindung mit Sizilien ist bewiesen durch die Pompeii Grosphi, die Duumvirn des Jahres 59, die wegen des Streites abgesetzt wurden; sie stammen von Pompeius Grosphus ab, einem sizilianischen Grundbesitzer, dem Horaz eine Ode[140] widmete. Auch die Heii sind Sizilianer.

Noch bezeichnender sind die Zeugnisse für die Anwesenheit fremder Kaufleute in Pompeji. In den »alten Programmen« ist die Kandidatur des Numerius Veius Barca[141] vermerkt. Wofern man nicht annimmt, daß es sich bei dem Träger des punischen Beinamens um einen Freigelassenen der Veii, einer samnitischen Kaufmannsfamilie, handelt, muß man in ihm einen punischen Kaufmann sehen, der dank seines Einflusses die römische Staatsbürgerschaft erlangte. Die Familie der Istacidii scheint in derselben Weise einen kilikischen Kaufmann adoptiert zu haben, der den Namen N. Istacidius Cilix annahm und Duumvir wurde;[142] die Iulii taten dasselbe für einen Punier, der dann ebenfalls Duumvir wurde.[143] Der Name Sandelius Sandelianus[144] deutet auf kilikischen Ursprung hin; Sandes ist nämlich der Name einer einheimischen Gottheit.

L. Varius Gallicanus verweist mit seinem Namen auf gallische Abstammung; auch keltische Namen sind in Pompeji nicht selten: Sex. Pompeius Ruma, Fabius Ululitremulus. Letzterer war der Besitzer einer *fullonica* in der Via dell'Abbondanza; er beschäftigte Arbeiter mit keltischen Namen: Sula, Ricinus, Gerulus oder Glerus. Außerdem sind zu erwähnen C. Cacos, Melsonius, Rogius, Cotrius, Cautrius, Cinnius, Samellius und Casellius. Es muß sich oft um reiche keltische Kaufleute gehandelt haben, die sich nur zeitweise in Pompeji aufhielten; man nahm sie in den *ordo* auf und wählte sie in Verwaltungsämter wegen ihres Reichtums und weil man sich Vorteile davon erhoffte.

Einfuhren ausländischer Produkte

Daß Ausländer den Hafen und den Markt Pompejis besucht haben, vervollständigt das Bild der Expansion des Überseehandels der Stadt. Besonders umfangreich ist der Import fremder Weine. Wur-

den sie von Pompeji aus weiterverkauft? Aus Italien selbst kamen
der Formianer[145], der Lunenser[146], der Setiner[147], der Capuaner[148],
der Gamaner[149], der Surrentiner[150], der Trifoliner[151] und der Falerner[152]; aus Sizilien der Mesopotamier[153] und der Tauromenitaner[154];
aus Spanien der Lauronenser[155]; aus dem Orient der Koer[156],
der Lykier[157], Knidier[158] und Kreter[159]. In der zweiten Hälfte des
1. Jahrhunderts setzt ein Niedergang der italischen Wirtschaft ein,
von dem die Provinzen, wie z. B. Gallien, profitieren. Die Krise des
einheimischen Weinbaus schafft den gallischen Weinen freie Bahn.
Plinius und Martial registrieren eine Flut von Weinen aus Vienne
und Béziers. Die Amphoren beweisen, daß dieser Handel wirklich
funktionierte; Kampanien dürfte darunter gelitten haben; zumindest wurden die Handelshorizonte etwas enger. Von der Zeit des
Tiberius an ging es auch mit der italischen Keramik bergab; die Erzeugnisse entsprachen nicht mehr dem Ruf, den sie einmal genossen
hatten; gallische Produkte stellten eine harte Konkurrenz dar und
gewannen langsam die Oberhand über die italischen. Die Museen
von Neapel und Pompeji verwahren galloromanische Gefäße aus
Siegelerde, deren Reliefdekorationen mit Hilfe von Gußformen hergestellt wurden. Die Stücke sind im wesentlichen unter die Formen
29 und 37 (nach der Einteilung des deutschen Gelehrten Dragen-
dorff) einzuordnen; sie kommen aus den Töpfereien des Bassus,
Germanus und des Mommo; letzterer ist ein Töpfer aus der Graufe-
senque am Zusammenfluß des Tarn und der Dourbie. 1881 entdeckte man in einer Kiste 90 Schalen und 30 Lampen aus der Graufe-
senque.[160] Die Gegenstände waren noch nicht ausgepackt worden.
Das galloromanische Produktionszentrum lieferte im Augenblick
der Katastrophe sehr viel nach Pompeji. Der Konjunkturumschwung
hätte den Kaufleuten von Pompeji wohl noch mehr geschadet, wenn
der Vulkanausbruch nicht das Schicksal der Stadt besiegelt hätte.
Zweifellos waren die kampanischen Produkte von guter Qualität.
Aber auch sie hätten unter der Konkurrenz gelitten; und wer weiß,
ob sie überlebt hätten.

Der Wollgroßhandel

Der einzige Großhandel, der sich in Pompeji selbst abgewickelt hat, betrifft die Stoffe; er ging im sogenannten Gebäude der Eumachia vonstatten.

Wir haben gesehen, welch bedeutende Rolle die *fullones* in der Bekleidungsindustrie spielen und daß ihre Innung einen der ersten Plätze im Wahlkampf innehatte. Die Stoffe, die sie herstellten, wurden nicht alle ebendort weiterverarbeitet; der Gedanke an einen Verkauf von Garn und Wollstoffen im Großen an einer Art Wollbörse (Abb. 15) liegt also nahe.

Das Gebäude der Eumachia. Auf dem Forum steht in einer Linie mit dem Macellum ein weitläufiges Gebäude[161] von 60 m Länge und 40 m Breite; mit einer Längsseite grenzt es an die Via dell'Abbondanza. Nächst der Basilika ist dies das großartigste Bauwerk des ganzen Forums. Auf dem Architrav des Portikus auf der Forumseite sowie über dem Eingang an der Via dell'Abbondanza liest man folgende Inschrift:[162]

»Eumachia, die Tochter des Lucius, öffentliche Priesterin, hat in ihrem Namen und im Namen ihres Sohnes Numistrius Fronto auf eigene Kosten eine Vorhalle, einen Kryptoportikus und einen Portikus errichten lassen und hat sie selbst zu Ehren der Concordia und der Pietas Augusta geweiht.«

Die Priesterin ist Mitglied einer rein pompejanischen Familie, der Eumachii, den Besitzern von Weinbergen und der einträglichsten Ziegelei. Die Erwerbstätigkeit in der Landwirtschaft und in der Industrie hinderte die *gens* nicht daran, an der Verwaltung der Stadt mitzuarbeiten. Eines ihrer Glieder, L. Eumachius Fuscus war 32 n. Chr. Aedil.[163] In der Inschrift weist nichts darauf hin, daß es sich bei dem Gebäude um eine Wollbörse handelt, aber die Entdeckung einer Statue der Eumachia, die von den *fullones*[164] errichtet worden war, könnte doch zu der Annahme berechtigen. Man muß zugestehen, daß die Schlußfolgerung in keinem reellen Verhältnis zu den Prämissen steht. Die Statue ist nach griechischen Vorbildern gestaltet; das Gesicht ist ein vollkommenes Oval mit einem festen, fein-gezeichneten Mund und einen Ausdruck von Trauer und Träumerei in den tiefen Augen. Die Figur wurde in einem Korridor gefunden, der über Treppen zur Via dell'Abbondanza führte. Sie hatte keinen Ehrenplatz inne, vielmehr schien sie sich diskret zu verstecken.

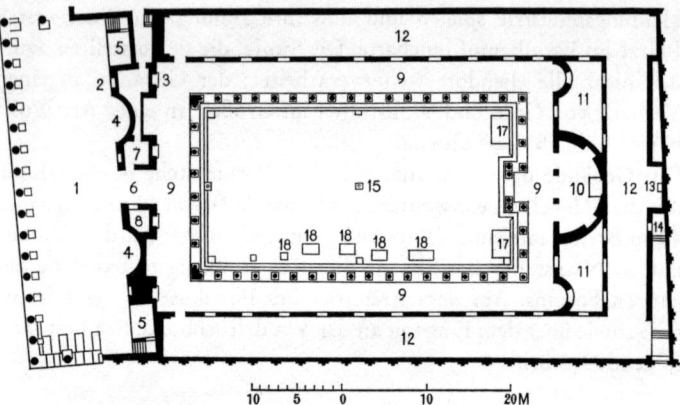

Abb. 15. Plan des Gebäudes der Eumachia

1 Portikus des Forums
2–3 Nischen für Statuen
4–4 Nischen mit Apsis
5–5 Große Nischen mit Treppen
6 Eingang
7 Durchgang für Lieferanten
8 Zimmer des Türhüters
9–9 Kolonnade
10 Sockel der Statue der Concordia Augusta

11–11 Helle Durchgänge
12–12 Korridor
13 Nische mit der Statue der Eumachia
14 Durchgang auf die Via dell'Abbondanza
15 Stein mit einem Ring
17–17 Rechteckige Erhebungen
18–18 Reste von Mauerwerk

Slcher ist, daß der große Hof mit dem zweigeschossigen Portikus eine halbrunde Exedra mit zwei Säulen zu schützen hatte, wo die Statue der Concordia Augusta mit dem Füllhorn aufgestellt war. Die Pietas Augusta spielt auf die Gefühle an, die Tiberius für seine Mutter Livia nach ihrer Krankheit im Jahre 22 hegte; die Concordia feiert die gefühlsmäßige Bindung zwischen Mutter und Sohn. Zwei-fellos wollte auch Eumachia etwas Ähnliches ausdrücken, als sie in der Widmungsinschrift des Gebäudes den Namen ihres Sohnes neben den eigenen setzte. Außerdem dürfte Eumachia als öffentliche Priesterin die Livia Ceres verehrt haben. Die Inschrift spricht nicht von einem *templum,* und die Anwesenheit der Götterstatuen genügt ebenfalls nicht, das ganze Gebäude in einen religiösen Kultraum zu verwandeln. Findet sich nicht auch auf dem Macellum ein Raum, der die kaiserlichen Statuen beherbergte? Wenn das Sakrale und das Profane auch anderswo vermischt erscheinen, warum sollte man dann nicht auf die traditionelle Hypothese zurückgreifen und das Gebäude als Wollbörse ansehen?

Vom technischen Standpunkt aus ist die Anlage bestens geeignet für eine Wollbörse und einen Verkaufsplatz von Kleidungsstücken und ähnlichen Waren. Die Tische und alle Einrichtungsgegenstände, die die Händler brauchten, konnten in der Kolonnade und im Korridor bequem Platz finden. Im Korridor dürften die Waren hinter den Fenstern ausgestellt worden sein, so daß die potentiellen Käufer sie von der Kolonnade aus begutachten konnten. Die kleinen Türen zwischen der Kolonnade und dem Korridor waren verschließbar; der Eingang von der Via dell'Abbondanza her war leicht zu überwachen. Am Ende des Durchgangs, der zum Korridor führt, befand sich ein enges Tor, das der Portier von seiner Loge aus einsehen konnte. Diese Vorsichtsmaßregeln könnten den Schluß nahelegen, daß der Durchgang zum Transport der Waren diente, während die Käufer nur den Eingang an der Fassade benutzten. Der Korridor wurde am Ende der Geschäftszeit verschlossen, damit die gelagerte Ware nicht gestohlen werden konnte.

Von seiner Eignung für das Geschäftsleben abgesehen, besticht das Gebäude durch seine Weite und die Schönheit seiner Architektur. Die Fassade mit ihrer zweigeschossigen Kolonnade fügt sich harmonisch in die neue Kolonnade des Forums. Die Gurtpfeiler und die Oberschwelle des Haupteingangs sind mit einem Fries aus fein gebildeten Akanthusranken und Tieren, die mit dem Blätterwerk eine Einheit bilden, geschmückt; die Dekoration erinnert an den Fries der Ara pacis; sie gehört zur klassischen Strömung der flavischen Kunst. An den beiden Außenseiten befindet sich je eine große rechteckige Nische, zwischen ihnen und der Tür sind zwei Apsiden ausge-

spart; hier konnten – wie in vier kleineren Nischen – Statuen aufgestellt werden. Die Statuen hat man nicht mehr gefunden; auf der
linken Seite entdeckte man lediglich zwei Inschriften, die die Heldentaten des Aeneas und des Romulus verherrlichen.[165] Das Gebäude
der Eumachia glich so den Exedren des Augustus-Forums in Rom.
Die Besucher fanden hinter der Eingangshalle einen Hof mit Marmorportikus; die Kolonnade der Fassade war höher als die seitlichen
Säulenreihen; die Wandelgänge waren von Mauern eingefaßt, die
– von breiten Fenstern durchbrochen – einen Korridor abgrenzten.
Im Hintergrund hob sich hinter dem Portikus die Zentralnische ab;
die Unterbrechung und Verschiebung der Säulenreihe des Portikus
diente ihr als majestätischer Eingang. In dieser Nische stand die Statue der Livia als Concordia Augusta, in zwei kleineren Apsiden
waren die Standbilder des Tiberius und des Drusus aufgestellt.
Ist dies nun ein öffentliches Gebäude? Nein, denn Eumachia be-
ansprucht die Errichtung des Bauwerks für sich. Welch einen Reichtum und welch einen Einfluß muß diese Familie besessen haben!
Welch ein Selbstbewußtsein gehörte dazu, ein kleines Kaiserforum
zu errichten! Von dem gleichen Reichtum, dem gleichen Stolz und
der Freude am Sich-Zurschaustellen dieser Familie von Weinbauern,
Industriellen und Kaufleuten kündet das imposante Mausoleum,
das Eumachia für sich und die Ihren – *sibi et suis* – hat erbauen lassen. Eumachia war eine Geschäftsfrau, die sich um ihre im Wiederaufbau begriffene Stadt sehr verdient gemacht hat.

Das Bankwesen

Ein Name vertritt in Pompeji das Bankwesen, der des L. Caecilius
Iucundus. Die Entdeckung seiner Tätigkeit ist eine hübsche, erzäh-
lenswerte Geschichte.[166]
Die Quittungen des L. Caecilius Iucundus. Am 3. und 5. Juli 1875
hat man in einem Haus in der westlichen Via Stabiana (V, 1,26)
mehr als 150 Täfelchen gefunden, die einst mit Wachs überzogen
waren und deshalb *tabulae ceratae* genannt wurden. Sie befanden
sich in einer Holzlade – dem Tresor –, den der Bankier in einem

Gang der Etage über dem Peristyl aufgestellt hatte. Natürlich war durch die Hitze der Asche der Wachsüberzug, der den Text der Quittungen und die Unterschriften der Zeugen aufgenommen hatte, geschmolzen, aber die Spitze des Griffels hatte oft die Holzschicht geritzt, und so hoben sich die geschriebenen oder vielmehr eingeritzten Buchstaben dunkel auf dem nur wenig verkohlten Holz ab. Vincent Corazza mußte seinen ganzen Scharfsinn aufbieten, um die Täfelchen zu konservieren und zu retten, G. de Petra seine ganze Geduld und Intelligenz, um die erste Ausgabe zu erstellen.[167] Th. Mommsen korrigierte und erweiterte das bemerkenswerte Werk mit der Hilfe von A. Sogliano, F. Benabei und A. Mau durch einen wichtigen Kommentar.[168] Es ist das Verdienst K. Zangemeisters, eine neue, endgültige Ausgabe und Interpretation in dem Supplementband des »Corpus Inscriptionum latinarum«, Vol. IV, herausgebracht zu haben; dabei wurden auch zwei neue Täfelchen berücksichtigt, die 1887 in einem Haus der Region VIII, 2 gefunden worden waren.

L. Caecilius Iucundus. Wir verfügen so über das ganze Archiv des L. Caecilius Iucundus, das im wesentlichen aus Quittungen besteht. Abgesehen von Täfelchen I, das aus dem Jahr 15 n. Chr. stammt, somit das älteste und auf den Namen L. Caecilius Felix ausgestellt ist, dessen Sohn oder zumindest Erbe L. Caecilius Iucundus war, und von Täfelchen CXXXVIII (ohne Namen) wird kein anderer Gläubiger genannt. Für die Identität des Bankiers gibt es noch andere Beweise: in einem Laden rechts von seinem Haus trägt eine Amphore die Inschrift: »*Caecilio Iucundo ab Sexto Metello*«[169]; auf der Wand eines Ladens zur Linken empfehlen Wahlinschriften, auf Initiative des Iucundus hin, den Ceius Secundus[170], rechts M. Holconius Priscus[171] und gegenüber Caecilius Capella[172]. Im Atrium trägt der Marmorsockel einer Herme mit einem Bronzeporträt die Widmung: »*Genio L(uci) nostri, Felix libertus*«[173] (dem Genius unseres Lucius, Felix, der Freigelassene). Seit man das Bild entdeckt hatte,[174] wollte man in dem realistischen Porträt eine Darstellung des pompejanischen Bankiers erkennen: die listige und berechnende Physiognomie eines Geschäftsmanns, in der sich provinzielle Grobschlächtigkeit mit scharfer Intelligenz mischen, während in den

Augen ein Strahl von Durchtriebenheit aufblitzt. So verführerisch die Identifizierung auch ist,[175] das Porträt stammt nicht aus der neronischen Epoche, in der der Bankier zwischen 52 und 62 tätig war, auch nicht aus der flavischen, in der L. Caecilius Iucundus noch lebte. Charakteristisch für das Bild ist das authentische Zeugnis über ein menschliches Gesicht in seiner ganzen Natürlichkeit ohne jede Stilisierung. Man muß das Porträt früher datieren, die Form der Ohren, der Büste und die Haartracht beweisen es. Auch die Inschrift auf der Herme stützt die Datierung. Ein Freigelassener namens Felix wendet sich an den Genius eines Lucius; sehr wahrscheinlich handelt es sich um L. Caecilius Felix, der durch die tab. cer. I[176] bekannt ist, den Vater des L. Caecilius Iucundus. Ein L. Caecilius Felix findet sich unter den »ministri Augusti Mercuri Maiae« in einer Inschrift aus dem Jahre 1 n. Chr.;[177] man wird ihn wohl mit dem Mann identifizieren können, dem das Porträt gewidmet ist, das dann also aus der augusteischen Zeit stammen würde. Nichts hindert uns daran, hinter den Zügen des Vaters die des Sohnes zu suchen und ihn uns ähnlich vorzustellen.

Die Form der Täfelchen. Die Täfelchen[178] bestehen aus zwei oder drei Flügeln; die Diptycha, rund zwölf, sind in der Minderzahl; meistens handelt es sich um Triptycha. Ihre Breite schwankt zwischen 100 und 145 mm; die Höhe ist zwar geringer als die Breite, beträgt aber nie weniger als 72 mm. Die Flügel passen ganz genau aufeinander, so daß jeder Betrug gleich offenbar würde. Die Außenseiten 1 und 6 sind leer und glatt; die Seiten 2, 3 und 5 sind leicht vertieft, damit sie die dünne Wachsschicht aufnehmen konnten, auf der geschrieben wurde. Auf der Seite 4 war eine breite Rille ausgespart, wo die drei- oder vierfädige Schnur geknüpft werden konnte, die sich in eine feine Rille schmiegte, und die Wachssiegel der fünf oder sieben Zeugen befestigt wurden, deren Namen mit Tinte und Feder auf beiden Seiten des Siegels verzeichnet waren. So waren die Seiten 2 und 3, die die Quittung enthielten, sorgfältig gesichert; der Verschluß bildete eine absolute Garantie. Die Seite 5 auf dem dritten Flügel enthielt das *memorandum*, das leicht einzusehen war.

Die Vertragsformeln auf den Täfelchen. Die Täfelchen, die abgesehen von den beiden ersten alle in die Zeit von 52 bis 62 gehören, sind mit zwei verschiedenen Formeltypen beschrieben. Der eine Typus, *perscriptio* (Eintragung ins Rechnungsbuch) genannt, ist die mündliche Anerkennung (*dixit*) vor Zeugen, daß man eine bestimmte Geldsumme erhalten hat (*accepti latio*):

> »2000 Sesterzen. L. Titius hat bestätigt (*dixit*), daß er diese Summe, die [dem Käufer] versprochen war, laut Stipulation von L. Caecilius Iucundus für eine Auktion des L. Titius am 1. Februar voll erhalten hat, abzüglich der Kosten des L. Caecilius Iucundus von 2 %.
> Gegeben zu Pompeji, am 15. Tag vor den Kalenden des Januar unter dem Konsulat des L. Drusus und P. Clodius.«

In diesem Fall stammen die Quittung für das ausgezahlte Geld und der Name der Zeugen aus derselben Feder, der des Iucundus oder seines Sekretärs.

Diese Formel kommt aus der römischen Tradition und wurde ab 57 nicht mehr gebraucht. Die zweite Formel griechischen Ursprungs taucht 53 zum ersten Mal auf. Man erkennt sie an dem Wort: »*scripsi*«. Sie wurde *chirographum* genannt:

> »Ich, L. Titius, habe geschrieben (*scripsi*), daß ich die Summe von 6252 Sesterzen für einen Verkauf aus den Händen des L. Caecilius Iucundus erhalten habe, abzüglich der Kosten, nachdem ich die Quittung überprüft hatte.«

Im *chirographum* sind die Schriften verschieden, da der Unterzeichner der Quittung selbst schreibt.

Der Handelsbankier. Wie die Formel auch lautete, der Bankier L. Caecilius Iucundus spielte immer dieselbe Rolle (*coactor*) in dem Geschäft. Bei der Auktion eines Esels oder beim Verkauf von Baumwolle streckte er dem Käufer den Verkaufspreis vor, wenn dieser nicht über die Summe verfügte, und zahlte dem Verkäufer, der das Geld brauchte, sofort den ganzen Preis.

Maklergebühren. Die Verkaufssumme wurde dem Verkäufer aber vom *coactor* nicht voll ausbezahlt; einbehalten wurden 1 % Maklergebühren für den *coactor*, 1% Umsatzsteuer, bzw. 4% beim Verkauf von Sklaven, und manchmal noch eine Provision von 1% für den Ausrufer der Auktion. Es gab zwei Möglichkeiten, die Gebühren und Steuern zu verrechnen: wenn bei einem Verkaufspreis von 100 Sesterzen die Gebühren 2 Sesterzen betrugen, zahlte der Käufer 102 und der Verkäufer bekam nur 100 oder der Käufer legte nur 100 Sesterzen auf den Tisch, von denen der Verkäufer 98 bekam. Seit dem Jahre 57[179] zahlte der Käufer den festgesetzten Preis, und die Begleichung der Steuern und Gebühren war Sache des Verkäufers, daher die Formel *mercede minus*, abzüglich der Kosten.

Anlässe für die Ausstellung der Quittungen. Die Gegenstände der Verkäufe von Privatleuten sind selten bekannt. Es handelt sich z. B. um einen Esel (I), um zwei Sklaven (XLIV), Buchsbaumholz (V), Baumwolle (C). Wir kennen besser die dem Käufer gewährten Zahlungsfristen, die entweder sehr kurz bemessen sind, 13 Tage (XI), 17 Tage (XLVII), 33 Tage (XV), oder recht lang, mehr als 6 (XXXV), 8 (XLVII), 9 oder 10 Monate (XVI); in diesen Fällen erhielt der Bankier zweifellos ein mehr oder minder bedeutendes Aufgeld.

Der Umfang der Geschäfte. Es wäre interessant, den Umfang der privaten Geschäfte des L. Caecilius Iucundus im Verlauf eines Jahres zu kennen. Leider sind einige Täfelchen so verstümmelt, daß keine Summe darauf angegeben ist oder daß die Angaben unvollständig sind. Die Spanne zwischen den einzelnen Summen ist sehr weit; sie reicht von 342 bis 38 079 Sesterzen; für 40 Geschäfte ergibt sich eine Gesamtsumme von 328 098,5 Sesterzen, d. i. ein Mittelwert von 8 502 Sesterzen pro Geschäft. Ebensowenig kann man den Gewinn des Bankiers genau angeben; zu viele Einzelheiten sind uns unbekannt: die Zahl der Geschäfte pro Jahr[180] und der mittlere Wert der Transaktionen. 1% Maklergebühren konnten ihm nur die bescheidenen Gewinne eines Provinzbankiers einbringen. Wir finden kein Geschäft von besonders großem Umfang in dieser Buchhaltung, keine Spur von einem wirklich bedeutenden Grundstücksverkauf; keine Transaktion bezieht sich auf wertvolle Objekte, die riesige Summen kosten. L. Caecilius Iucundus ist durch Gelehrte zu unerwarteter Berühmtheit gekommen. Weil sein Fall für die Forschung

einmalig war, wurde er zu einer bedeutenderen Persönlichkeit, als
er es in Wirklichkeit war. Fügt man ihn wieder ein in den Rahmen
des Lebens von Pompeji, wo der Unterhalt für eine Familie – wie
wir noch sehen werden – jährlich etwas mehr als 2160 Sesterzen kostete, so erscheint er als ein recht wohlhabender Mann, als einer der
Bürger, die ein schönes Haus bewohnten und genug Ersparnisse
besaßen, um es – wenigstens teilweise – nach dem Erdbeben von 62
wiederaufzubauen.

Der städtische Steuerpächter. Zu den Einnahmen als Geschäftsbankier kamen die Einkünfte aus der städtischen Steuerpacht. Sechzehn
chirographa (CXXXVIII bis CLIII), die nach den Duumvirn von
Pompeji und den Konsuln in Rom datiert sind, stammen aus der
Feder des Secundus, des Sklaven der Kolonie im Jahre 53, der später
freigelassen wurde; er erklärt (CXXXVIII bis CXL), von P. Terentius Primus im Auftrag von Stalius Inventus den Gesamtbetrag
von 6000 Sesterzen zur Begleichung der Steuerschuld für einen auf
Lebzeiten gemieteten *ager vectigalis* erhalten zu haben. Es handelt
sich um einen städtischen Pachtzins – *avitum et patritum* –, der auf
dem Nutzungsrecht eines Gutes liegt, das in Wirklichkeit der Gemeinde gehört. Die zweite Pacht betrifft eine Walkerei, die Eigen-
tum der Kolonie und an einen Dritten vermietet ist, der dafür eine
jährliche Pacht, *fullonica* genannt, (CXLI–CXLIV) schuldet. Die
Summe von 1652 oder 1651,5 Sesterzen wurde vier Jahre lang, von
56/57 bis 59/60 gezahlt. Für gepachtetes Weideland war die *pascua*
zu entrichten (CXLV–CXLVII): drei Jahre lang (56/57–58/59)
beträgt die Summe 2675 Sesterzen, zahlbar in zwei Raten zu 1000
und 1675 Sesterzen. Die Händler müssen auf dem Markt eine Standmiete zahlen, *mercatus* genannt (CLI): Caecilius übergibt im Auftrag des M. Fabius Agathimus, des Einnehmers der Marktsteuer,
eine Summe von 2520 Sesterzen an Privatus, den Sklaven der Kolonie; dieser Betrag erscheint vom Jahre 55 bis 62. Bis 57 war L. Caecilius Iucundus hauptsächlich Geschäftsbankier. Ab 53 widmet er
sich der Pacht dieser vier Steuern, was zu den normalen Geschäften
eines Bankiers gehört. Nichts beweist, daß er selbst das Gut, die
Weiden und die Walkereien verwaltet hat; das Beispiel des *mercatus*, der von M. Fabius Agathimus verwaltet wurde, gilt auch für

die anderen *vectigalia*. L. Caecilius Iucundus spielte auch hier die
Rolle des *coactor*; seine Partner waren die Kolonie und die Steuer-
einnehmer. Er sicherte der Kolonie regelmäßige Steuereinkünfte
und ersparte ihr gleichzeitig eine beschwerliche Finanzverwaltung.
Gegen Zinsen dürfte er den Steuereinnehmern Zahlungserleichterun-
gen gewährt haben. Diese Zinsen, die ihm gezahlt wurden, waren
wohl bedeutender als seine früheren Einkünfte, denn er gab seine
Tätigkeit als Privatbankier fast ganz auf.
Darf man annehmen, daß er über so bedeutende Einkünfte verfügt,
um die berühmte Villa von Boscoreale zu erwerben? Voraussetzung
wäre allerdings, daß L. Caecilius Aphrodisius der Freigelassene des
Bankiers ist, der seinen Herrn auf dem reichen Besitztum vertritt,[181]
und daß das Zeichen L. C. H. auf drei großen Kuchenschüsseln des
Schatzes von Boscoreale L. Caecilius Hermes bedeutet. Stimmt diese
Hypothese, so gehört ihm auch die Summe von tausend *aurei*, die
zusammen mit dem Schatz entdeckt wurde. Aber wir zögern doch,
dem Vermögen des Bankiers von Pompeji eine Größe zuzuschrei-
ben, die in keinem Verhältnis zu den Einkünften aus seinen Bank-
geschäften steht, nur weil wir zufällig diesen Mann genauer kennen.
Es muß uns genügen, in der Geschäftswelt von Pompeji einen reichen Bürger getroffen zu haben, der sein Kapital in privaten und
öffentlichen Geschäften hat Zinsen bringen lassen. Es wäre gut möglich, daß er seine Einkünfte in eine Landvilla in der Umgebung der
Stadt investierte, wie das viele andere große Kaufleute auch taten.
Er hat jedenfalls Sinn für Profit und gehorcht jener bürgerlichen
»Moral« des »Bereichert euch«, die ihren fröhlichen Ausdruck in den
Graffiti findet: *»Salve lucru(m)«*, es lebe der Gewinn,[182] und *»Lucrum gaudium«*, Gewinn bringt Freude.[183] L. Ceius Serapion, dessen Mausoleum sich wie ein Leuchtturm vor der Porta Nocera erhebt, ist in L. Caecilius Iucundus' Fußstapfen getreten. Seine Dar-
lehen zu hohen Zinsen linderten die Not der Pompejaner, die durch
das Erdbeben von 62 ruiniert waren, wenigstens für den Augenblick.

Die sozialen Strukturen

Wir haben die Bekanntschaft einer Geschäftswelt gemacht, die verschiedenen Tätigkeiten nachgeht und große Initiative an den Tag legt, wenn es darum geht, Märkte zu erobern und sowohl das ökonomische wie das politische Leben zu kontrollieren. Diese obere Gesellschaftsschicht ist eine der Konstanten des pompejanischen Alltags. Aber wenn man sich daran erinnert, wie sehr die Vergangenheit auf dem Alltag der Stadt lastet, kommt man um die Frage nicht herum: haben die verschiedenen Eroberungen nicht den Rahmen der Gesellschaft zerstört, hat das samnitische Element die Einpflanzung der sullanischen Veteranenkolonie überlebt? Hat nach 80 v. Chr. nicht eine soziale Revolution stattgefunden, die von einer wirtschaftlichen Revolution hätte begleitet sein können? Wenn man klare Aussagen über die pompejanische Bevölkerung machen will, muß man all diese Fragen zu beantworten suchen.

Die ethnische Zusammensetzung

Etrusker, Griechen, Samniten. Betrachten wir die ethnische Struktur, so stellen wir fest, daß Bevölkerungsschichten verschiedenster Herkunft friedlich nebeneinander lebten. Etruskische Gentilnamen haben sich erhalten in den Stlaborii, Cuspii, Pansae, Veii, Tintorii und Lucretii. Die Griechen dürften zahlreicher gewesen sein, denn griechischer Einfluß hat die Stadt mehr geprägt als etruskischer. Allerdings ist es schwierig, die alten griechischen Kaufmannsfamilien, die in Pompeji geblieben waren, nachzuweisen; sie haben nämlich die Samniten aufgenommen und wurden von ihnen im Laufe der Zeit aufgesogen. In der bekannten, aktiven Hafenstadt wurden viele Sklaven importiert; die überwältigende Mehrzahl trägt griechische Namen. Einige Quittungen des L. Caecilius Iucundus sind in griechischer Schrift abgefaßt, die eben den Sklaven der pompejanischen Bürger geläufig war. Sie sind es, die sich später als Freigelassene einen Namen machen, wie z. B. die Eumachii, und durch ihren Erfolg die Illusion erwecken, daß es eine Kontinuität der griechischen Tradition in Pompeji gegeben habe. Diesen griechischen Einfluß dürfen wir nicht übersehen, auch wenn es schwierig ist, ihn eindeutig nachzuweisen. Anders ist es bei den Samniten. Dreieinhalb Jahrhunderte waren lang genug für sie, um Wurzeln zu schlagen und Pompeji mit ihrem Volkstum zu prägen. Die römische Eroberung durch Sulla konnte ihre Spuren nicht verwischen; die pompejanische Epigraphik bewahrt das Andenken der vorrömischen Familien, vor allem derjenigen, bei denen der oskische Vorname Numerius die Regel war: Herennii, Arellii, Istacidii, Epidii, Macii, Velasii, Pontii, Arcaei, Stati, Pacuvii, Mamii, Alleii, Cerrinii, Verenii, Holconii, Umbricii, Vestorii, Cellii oder Gellii, Arrii, Sepurii, Melissaei, Vibii, Trebii, Popidii, Eumachii, Sittii, Suettii, Antistii, Avianii, Spedii. Die Pompejaner selbst haben ihren Namen von der oskischen Bezeichnung *Pompeiis* bekommen. Viele Familien tauchen im 1. Jahrhundert v. Chr. in oskischen Inschriften auf; dies beweist ihre Zugehörigkeit zu den alten Familien der sabellischen Eroberer. Das Oskische ist noch lange nach 80 v. Chr. neben dem Lateinischen gesprochen und geschrieben worden. Denken wir nur an die oskischen Graffiti im Haus des Fauns (VI, 12,2–5) und an die oskische Widmung des Flora-Altars. Die öffentlichen Anschläge dürften zweisprachig gewesen sein, damit die Landbevölkerung der Umgebung sie verstehen konnte. Die samnitischen Häuser, die man an ihren imposanten Fassaden aus geglättetem und sauber ausgerichtetem Tuffstein erkennt, bewahren samnitische Elemente aus der vorrömischen Zeit. Die römischen Einflüsse haben die samnitischen nicht verdrängt. Namen wie Cornelii, Caecilii, Quinctii, Porcii, Arrinii, Uulii, Tullii, Iulii, Fabii, Cassei, Helvii, Vaevii, Furii, Calpurnii, Appulei, Sallustii, Sextii, Sextilii, Septimii, Egnatii, Postumii, Licinii repräsentieren die römische Bevölkerung. Man kann also von einer ethnischen Schichtung in Pompeji sprechen; die neue Schicht hat die alte nie ausgelöscht; neue Zusammenstellungen, manchmal auch Verschmelzungen von Namen ergänzen die Vielfalt.

Orientalen. Die Rolle Pompejis als Hafenstadt führte zur Eingliederung orientalischer Bevölkerungselemente, die sich in zwei Gemeinden zusammenfanden, in einer jüdischen und einer phrygischen. Ein bedeutender Geschäftsmann, Fabius Eupor,[184] ist in den letzten Jahren der Stadt Haupt der Gemeinde der *libertini*, die man mit den *Iudaei*, den Juden, identifizieren muß. Man erkennt sie an ihren Namen: wir wissen von einer Martha[185] und drei Marien[186]; sechzehn Amphoren tragen den Namen Abinnericus (Abner), vier den Namen Ioudaikos[187]. Kar... Jesus und Shadani(ham?), Sohn des Lenanath, haben dem Vergaz eine Wohnung über den Bädern des Forums verkauft.[188] In Rom wie in Pompeji müssen sich einige als Beschnittene beschimpfen lassen;[189] andere Graffiti können nur aus der Hand derer stammen, die zum Volk der Bibel gehören: »Sodom, Gomorrha«[190]; »Genesis, große Genesis«[191]; »Gegrüßt seist du, Genesis«[192]. Sechs Amphoren enthielten *muria casta* oder *garum castum*, auch *castimoniale*[193] genannt, ein spezielles *garum*, das, mit besonderen Gewürzen zubereitet, von den Juden an ihren religiösen Fastentagen gegessen wurde. Ein anderes Zeugnis für die Anwesenheit von Juden ist eine Bronze, die einen gefangenen Barbaren darstellt, der an eine von C. Sosius in Zakynthos aus Anlaß der ersten Eroberung Jerusalems am 3. Oktober 37 v. Chr. geprägte Münze erinnert. Ein Gemälde, auf dem das Urteil des Salomon dargestellt ist, muß durch seinen Bezug auf die Bibel mit der jüdischen Gemeinde in Pompeji in Verbindung gebracht werden.[194] Das jüdische Viertel dürfte sich rund um die Stabianer Thermen gebildet haben.

Es gibt noch zahlreiche andere Orientalen, Syrer, Tyrier, Libanesen, Araber, Palmyrener, verschiedene Griechen aus Asien. Aber nur die Phrygier bildeten eine religiöse Gemeinde, deren Priester im April des Jahres 3 v. Chr. C. Iulius Ephestion war.[195]

Keine soziale Revolution

Es genügt nicht, das Überleben gewisser Gentilnamen oskischen Ursprungs und die freie Koexistenz verschiedener ethnischer Schichten festzustellen; man muß die soziale und wirtschaftliche Position des samnitischen Elements beschreiben, um die Tragweite der Errichtung der römischen Kolonie im Jahre 80 abschätzen zu können.[196] Schauen wir also, welchen Platz die vorrömischen Bevölkerungselemente in der Weinherstellung, in den Gewerben und im Handel innehatten. Zumindest kann man sagen, daß sie an allem teilhatten, was den

Reichtum Pompejis darstellte, und daß sie in der Jagd nach Gewinn nicht benachteiligt waren. Zwei der ältesten samnitischen Familien, die Melissaei und die Sittii, beschäftigten sich mit Überseehandel, und mehrere Familienmitglieder waren ebenfalls Geschäftsleute, Guts- und Hausbesitzer. Die Vibii, Weinfabrikanten, boten auch alle Arten von Metallprodukten an.

Die Beispiele lassen sich beliebig vermehren: die alteingesessene Bevölkerung hat ihre Positionen in den verschiedensten Wirtschaftszweigen mehr oder minder behaupten können, selbst als sie im Vergleich mit den Kolonisten in der Minderheit war, Kolonisten, die wenigstens zu Anfang unrechtmäßig Land und Gewerbe an sich zu reißen verstanden. Repräsentanten der alten Einwohnerschaft finden sich unter den Großgrundbesitzern, aber auch in anderen sozialen Schichten; die sullanische Kolonisation hat sie weder in weniger einträgliche Beschäftigungen abgedrängt noch sie gezwungen, sich neue Quellen des Reichtums zu erschließen. Natürlich darf man den Ruin einiger Grundbesitzer nicht verschweigen,[197] aber man würde sich täuschen, wollte man einen wilden Kampf annehmen, in dem die besten Familien des vorrömischen Pompeji untergegangen wären. Man darf nicht vergessen, daß die Interessen der römischen Aristokratie mit denen der reichen pompejanischen Bürger zusammenfielen. Cicero[198] betont mehr die Auseinandersetzungen politischer Natur, als daß er von wirklichen sozialen Konflikten spricht. Auch wenn man ein gut Teil rhetorischer Übertreibung abstreichen muß, hat man die Versicherung des Verteidigers zu beachten:

»Obwohl die Kolonie von ihm [Sulla] eingerichtet worden war und durch die politischen Umstände die Vorteile, die den Kolonisten gewährt wurden, und die Interessen der Pompejaner in Gegensatz zueinander gerieten, war er [Sulla] doch so beliebt bei den einen wie bei den andern und so angesehen, daß man nicht hätte annehmen sollen, daß er eine der beiden Gruppen enteignet hatte; es schien vielmehr so, als habe er beide in ihre Besitzungen eingesetzt.«

Dieses Klima sozialen Friedens erklärt sich zum Teil auch durch die

Tatsache, daß die Leute von Stabiae den höchsten Preis für die Niederlage der »Alliierten« zahlen mußten.

Wir können also eine erste Antwort geben: im Jahre 80 hat es in Pompeji keine soziale Revolution gegeben, die die eingesessene Bevölkerung gezwungen hätte, andere Beschäftigungen zu suchen. Hat die Ankunft der sullanischen Kolonisten aber nicht die Tendenz zur Bildung großer Landgüter vermindert und kleine oder mittlere bäuerliche Betriebe geschaffen?

Die Beibehaltung der großen Landgüter

Die antike Überlieferung über die sullanischen Kolonien gibt die Zahl der Veteranen, die im *ager Pompeianus* angesiedelt wurden, nicht an; aber wenn wir den Angaben eines antiken Historikers Glauben schenken wollen, dann sind in Kampanien 47 000 Legionäre auf rund zehn Kolonien verteilt untergebracht worden,[199] was recht gut zu der Gesamtzahl von 120 000 in ganz Italien passen würde.[200] In Kampanien wurden Capera, Calatia, Suessula, Nola und Pompeji gegründet. Der *ager Pompeianus* dürfte etwa 4000 bis 5000 Mann – dies entspricht einer Legion – aufgenommen haben. Auch wenn sich in dieser Zahl nur eine ungefähre Größenordnung ausdrückt, hätte die Ansiedlung *ipso facto* eine ziemlich beträchtliche Zerstückelung der Anbauflächen zur Folge gehabt, und die angewiesene Fläche dürfte nicht mehr als 20 oder 30 Joch (1 Joch = 25 Ar) umfaßt haben. Aber weder die Ausgrabungen noch die Inschriften bestätigen derartige Gegebenheiten; also waren die Auswirkungen einer anfänglichen Aufteilung wenig dauerhaft.[201] Die Veteranen haben sich sehr rasch ihres Landbesitzes entledigt; sie zogen es in der Regel vor, in der Stadt zu leben oder in Kolonien außerhalb Italiens oder sich ganz der Sorgen und Verpflichtungen von Grundbesitzern zu entziehen und Pächter bei Großgrundbesitzern zu werden, die ihnen ihren Besitz abgekauft hatten. Für Pompeji fehlen uns die Beweise, aber wir dürfen wohl annehmen, daß in dieser Ecke Kampaniens ein ähnlicher Prozeß stattfand, wie Cicero ihn für jene Ländereien in Kampanien, die Caesar seinen Veteranen angewiesen hatte, beschrieb. Sie wurden aufgegeben und gingen in

den Besitz einer Handvoll Leute – *ad paucos* – über, die auf diese
Weise Besitzungen zusammenrafften, zu ausgedehnt, als daß ein
Milan sie im Flug hätte überqueren können; sie wurden von fremden Bauern bewirtschaftet. Dies sind die *infinita spatia villarum*,
von denen Tacitus[202] spricht, der uns über das mangelnde Interesse
der Veteranen von Tarent und Antium für ihren Landbesitz unterrichtet.[203] Die Veteranen halfen der Entvölkerung dieser Städte
nicht ab, denn sie zerstreuten sich fast alle in die Provinzen, in denen sie Kriegsdienst geleistet hatten; da sie gewöhnlich weder Weib
noch Kind hatten, blieben ihre Häuser leer und ohne Erben. Denken
wir im Zusammenhang mit Pompeji doch nur an die Auswanderung
zahlreicher Stadtbewohner in die Gegend von Cirta in Numidien;
sie wurden angelockt von größeren Landlosen in der Kolonie oder
von der Hoffnung, als *negotiatores* mehr Gewinn erzielen zu können. So wurde die Zerstückelung des Landbesitzes abgeschwächt oder
ganz rückgängig gemacht; sicher hat es einen Augenblick der Panik
gegeben, aber die Gemüter beruhigten sich rasch. Einige der neuen
Besitzer verschwanden völlig, wie die Porcii und Quinctii, die in der
pompejanischen Epigraphik nicht mehr auftauchen. Wir müssen uns
nun mit der Ausdehnung der großen pompejanischen Besitztümer
beschäftigen.

Die Ausdehnung der pompejanischen Güter

Mit Hilfe Columellas, des Agronomen aus dem 1. Jahrhundert, können wir uns ein Bild von der Fläche eines pompejanischen Landgutes
machen. In der berühmten Villa von Boscoreale hat man *in situ* in
der *cella vinaria* 84 *dolia* entdeckt, von denen 72 den Weinertrag
eines Jahres enthielten. Diese 72 *dolia* konnten 175 *culei* Wein aufnehmen; wenn ein *culeus* 536 Liter umfaßt, käme man auf 93 800
Liter, 938 Hektoliter. Aus Columella erfahren wir, daß man Reben, die keine 3 *culei* pro Joch, d. h. 16,08 Hektoliter auf 25 Ar er-
bringen, ausreißt. In der Villa von Boscoreale verfügte man also
wenigstens über 58 Joch Weinberge. Es mußten aber auch Kastanien-
bäume angepflanzt werden, um Stützen für die Reben zu gewinnen,
Schilf, um die Zweige des Weinstocks in die gewünschte Richtung zu

lenken, und Weiden, um die Reben hochzubinden. Die zusätzlichen Anbauflächen haben folgende Ausmaße:[204]

1 Joch Weiden reicht für 25 Joch Reben,	
man brauchte an Weiden also	2,3 Joch
1 Joch Schilf reicht für 20 Reben,	
man brauchte an Schilf also	3 Joch
1 Joch Kastanien reicht für 20 Joch Reben,	
man brauchte an Kastanien also	3 Joch
zusammen	8,3 Joch

Zusammen mit den 58 Joch Weinbergen ergibt sich eine Anbaufläche von 66 Joch.

Außerdem wissen wir, daß die *cella vinaria* noch 12 *dolia* Öl enthielt; man muß also noch eine Fläche mit Ölbäumen hinzurechnen. Nicht zu vergessen sind der Gemüse- und der Obstgarten sowie die Felder, auf denen Getreide und Viehfutter angepflanzt wurde. Wenn man etwa 100 Joch, d. h. 25 Hektar, Anbaufläche voraussetzt, eine Fläche, die Cato als wünschenswert angibt,[205] dürfte man von der Wahrheit nicht weit entfernt sein. Eine solche Fläche kann kaum vom Besitzer allein bearbeitet werden; Sklaven als Arbeiter oder Pächter mußten eingesetzt werden.

Verschiedene Typen von Gütern und Besitzern

Wir kennen heute etwa vierzig kampanische Villen rund um den Vesuv (Abb. 16), und wir können uns ein Bild machen, wie die Besitzer lebten. Ist der Besitzer ein Mitglied der kaiserlichen Familie wie im Falle der *villa suburbana* von Boscotrecase – ihr Besitzer war Agrippa Postumus und vorher sein Vater Agrippa[206] –, so wohnt der hohe Herr natürlich nicht dauernd auf seinem Besitz; er taucht z. B. auf, wenn die Weinernte ihren Höhepunkt erreicht. Es handelt sich meist um luxuriöse Häuser mit reichen Mosaikböden, viel Marmor und zahlreichen Gemälden, versehen mit allen Einrichtungen, die einen Aufenthalt, und sei er nur einmalig und kurz, angenehm machen können. Die Gemächer des Herrn sind von den

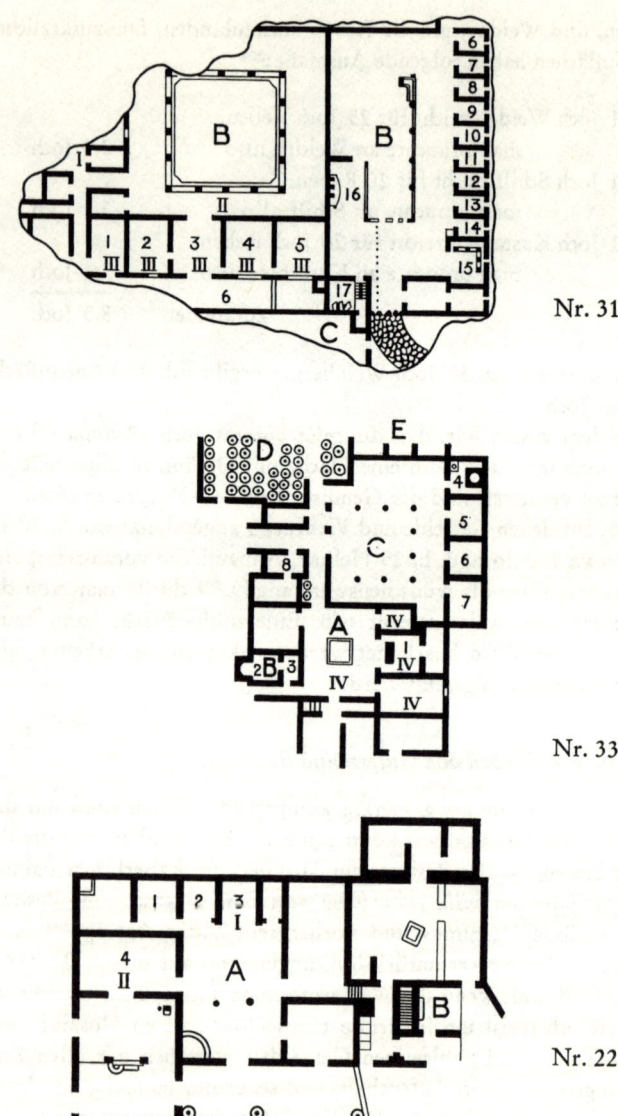

Nr. 31

Nr. 33

Nr. 22

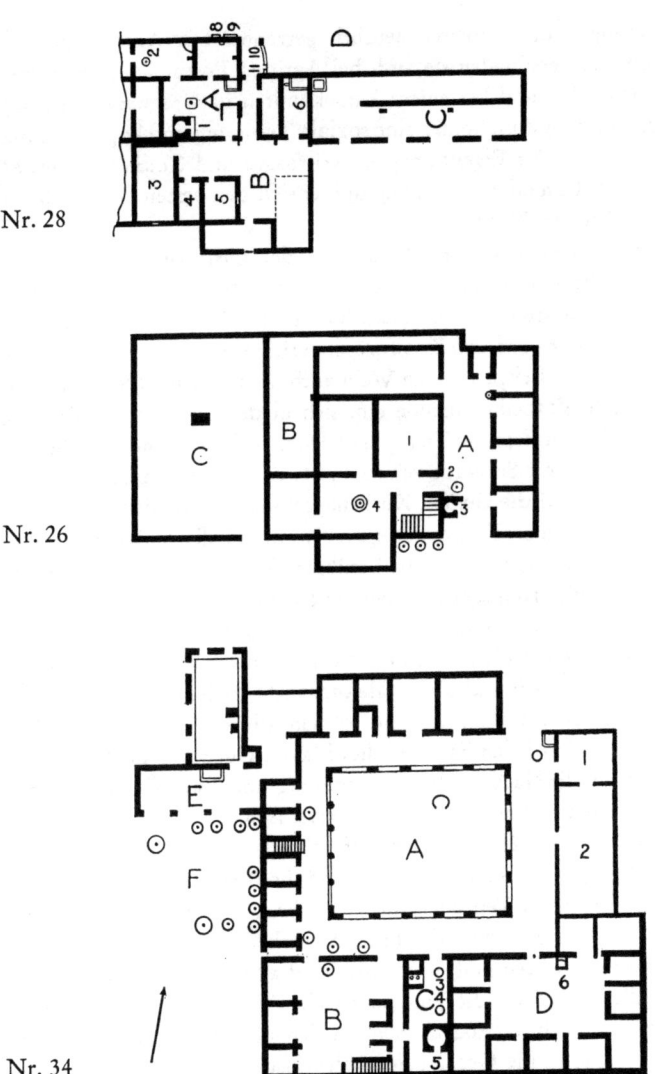

Nr. 28

Nr. 26

Nr. 34

Abb. 16. Pläne von kampanischen Villen

Wohnungen der Arbeiter deutlich getrennt. Die Anordnung der
Räume, so verschieden sie auch bei Agrippa Postumus in Boscotrecase (Nr. 31) und bei einem Unbekannten in Gragnano (Nr. 33)
sind, beweisen doch immer eine soziale Trennung und kapitalistische
Ausbeutung. Der Eigentümer ist Aristokrat und Geschäftsmann; er
wohnt in Rom oder in Pompeji und erzielt den besten Gewinn beim
Verkauf seines Weins.

Neben diesem Typ von »landlord«, der nicht auf seinem Besitz
wohnt, gibt es bescheidenere Grundbesitzer (Nr. 22), die sich das ganze
Jahr über in ihrem Landhaus aufhalten, das ihren Bedürfnissen entsprechend mit gewissem Komfort eingerichtet ist. Ein solcher Besitzer
verkauft zum Beispiel seinen Wein auch im kleinen[207] (Nr. 28). Eine
Bank lädt Vorbeikommende ein, sich niederzulassen; ein Trog ist
aufgestellt, an dem die Tiere ihren Durst stillen können. Nicht alle
Räume sind mit Schmuck versehen; bei den Ausgrabungen hat man
landwirtschaftliche Geräte, Küchengeräte und Keramikgefäße, kurz
lebensnotwendige Dinge, gefunden, während die Villen des oben-
genannten Typs, wie z. B. die berühmte Villa von Boscoreale, kost-
bares Geschirr freigegeben haben. Die beiden Kategorien lassen sich
nicht immer deutlich unterscheiden; aber wir wissen, daß von zwanzig erforschten Villen je neun zur ersten und zur zweiten Sorte gehören. Es herrschte also ein Gleichgewicht zwischen Besitzern, die
auf ihrem Besitz wohnten, und solchen, die sich nicht ständig dort
aufhielten. Auf jeden Fall sind die Sklaven-Güter, wo die Sklaven in
Ketten nur die Nacht verbrachten und tagsüber unter der unnachsich-
tigen Aufsicht eines Verwalters harte Arbeit leisten mußten, die
Ausnahme (Nr. 26, 34). Der Aufenthalt in der ländlichen Umgebung Pompejis ist sehr angenehm, und die Besitzer verbrachten gern
wenigstens einen Teil des Jahres auf ihren Gütern. Das heißt aber
nicht, daß sie nicht von der Fruchtbarkeit des vulkanischen Bodens
profitieren wollten und sie entsprechend ausnutzten. Die Kampaner
oder die Römer, die die Jagd oder weite Ausflüge und ähnliche Vergnügungen liebten, zog es mehr in den nördlichen Teil der Bucht
von Neapel in die Gegend der Phlegräischen Felder, wo das Land
billiger und die Gegend interessanter war. Im *ager Pompeianus*
gehörte man, selbst wenn man sein Gut nicht bewohnte, zur benach-

barten Stadt. Der Kapitalismus – wenn man überhaupt von Kapitalismus reden kann – stellte ein harmonisches Gleichgewicht zwischen dem Land und den Menschen her: 25 Hektar, 100 Joch sind viel im Vergleich mit den Landlosen der sullanischen Kolonisten; aber was sind sie im Verhältnis zu den *latifundia* Süditaliens oder Siziliens?

Das soziale Gleichgewicht

Das Gleichgewicht, das die samnitischen Großgrundbesitzer in der Friedenszeit zwischen den Punischen Kriegen und den Bundesgenossenkriegen gefunden haben, ist zu dem Zeitpunkt von Catos Schrift »De agricultura« – dem Brevier des Landwirts, der mit Gewinn arbeiten will – gesichert. Und selbst, wenn im 1. Jahrhundert v. Chr. der Typ des Besitzers, der sein Gut nicht bewohnt, wie z. B. Asselius oder P. Fannius Synistor, überwiegt, gibt es daneben doch auch die andere Art. Eine Villa, die von ihrem Besitzer bewohnt wurde, stammt aus der Zeit Catos; zum Zeitpunkt des Vulkanausbruchs existieren noch neun Villen dieser Kategorie. In Pompeji waren also Kapitalismus und Absentismus gleichermaßen entwickelt. Niemals findet man dort die *villaticae pastiones*[208], für die die Literatur der Epoche Varros eine solche Vorliebe entwickelt. Der *ager Pompeianus* war zwischen Boscoreale im Norden und Gragnano im Süden der Garten Kampaniens.

Die Konzentration des Besitzes

Dieser Garten wurde bebaut von Besitzern, die ihren Ländereien ihren Namen gaben. Zur Zeit Sullas gibt es einen *fundus Mamianus citra pontem Sarni*[209] und zur Zeit Neros einen *fundus Badianus*[210]. Die Weinberge werden mit einem Adjektiv bezeichnet, das vom Gentilnamen abgeleitet ist; folgende Güter sind bekannt: Allianus, Clodianus, Communianus, Fabianus, Geminianus, Marianus, Propertianus, Ririanus, Tiburtianus, Tironianus. Diese banalen Bezeichnungen verraten uns kaum etwas über eine eventuelle Konzentration des Besitztums. Aufschlußreicher sind zwei Inschriften[211], in denen die Bezeichnungen »oberes Gut« und »unteres Gut« (*fundus superior et fundus imus*) auftauchen; sie betreffen eine samnitische Familie, die Sittii, und eine römische, die Clodii. Noch wertvoller ist die Feststellung, daß in einem Keller der Vettii Amphoren lagerten, die Wein aus dem *fundus Arrianus* und dem *fundus Asinianus* enthielten. So haben wir den Beweis, daß der berühmte Wein aus dieser Familie sein eigenes Gütezeichen behielt, daß aber die Vettii die beiden Güter der Arrii und Asinii aufgekauft hatten. Es ist nicht erstaunlich, daß die Arrii, einstmals Gutsbesitzer auf dem Lande und Immobilienbesitzer in der Stadt, ihren Besitz verkaufen mußten oder vererbt haben; er wurde aufgeteilt zwischen den Vettii und dem bekannten Impresario Cn. Alleius Nigidius Maius.

Die Pacht

So ist es denn verständlich, daß die Kolonisierung durch Sulla zur Zeit des Vulkanausbruchs nur noch eine historische Erinnerung war. Andere Inschriften lenken die Aufmerksamkeit auf ein entgegengesetztes Phänomen: einer der *fundi* der Sittii war an Antonius Martialis verpachtet, der ihn bewirtschaftete.[212] Auf den Amphoren erscheint neben dem Namen des Herstellers ein Name aus dem Sklavenstand oder der Name eines Ausländers: z. B. neben Postumius ein C. Hostius Agathemerus[213]. Im *praedium Cumanum*, dessen Besitzer Trimalchio ist, werden die *horti Pompeiani*[214] von Pächtern bewirtschaftet, u. a. von einem namens Nasta (*Nasta vilicus*). Wenn man in gewissen Fällen – der Gemüse-Anbau war besonders geeignet dafür – zum System des Verpachtens überging, so heißt das nicht, daß dies die soziale Struktur Pompejis tiefgreifend geändert hätte. Die wichtigsten landwirtschaftlichen Produkte, der Wein und das Öl, begünstigten nicht die Aufteilung der Güter unter verschiedene Pächter; zur Bearbeitung der entsprechenden großen Anbauflächen bedurfte es einer sehr großen Zahl von Arbeitern, die zumeist aus dem Sklavenstand kamen; zu bestimmten Zeiten setzte man auch Freie als Taglöhner ein. Daraus folgt, daß in das alte bäuerliche Milieu der Samnitenzeit keine neuen Elemente eingeflossen sind, die auf anderen wirtschaftlichen Ebenen wirksam geworden wären. Si-

cherlich hat es in Pompeji Wechsel von Besitz gegeben, manche Anzeichen deuten auch auf eine kapitalistische Konzentration, aber die
neuen Besitzer haben sich nie dem ursprünglichen System entfrem-
det.

Eine industrielle Revolution?

Es gibt noch eine dritte Revolution, die Rostovzew und Maiuri in
der Wirtschaft und damit auch in der Gesellschaft Pompejis zu erkennen glaubten: eine industrielle Revolution oder doch wenigstens
einen Prozeß der Industrialisierung und die gleichzeitige Entwicklung einer neuen Bürgerklasse. Doch die Läden und Werkstätten
stammen aus der samnitischen Zeit oder der letzten Periode, in der
es noch Aedilen in der Stadt gab – z. B. die im Haus des Pansa
(VI, 6,1); sie sind fest in das Haus integriert und stehen in so enger
Verbindung mit dem Innern des Gebäudes, daß man an der Selb-
ständigkeit der Inhaber der Läden und Werkstätten und an einem
Gegensatz zum ländlichen Milieu zweifeln muß. Viele dieser Läden
und Werkstätten wurden nicht von Freien betrieben, sondern von
Sklaven und Freigelassenen, die für ihren Herrn arbeiteten.
Maiuri hat festgestellt, daß die Hauseigentümer beim Wiederaufbau
der Stadt zwischen 62 und 79 die Läden und Geschäfte zuerst wieder
instand setzten und darauf mehr Sorgfalt verwendeten als auf ihre
eigenen Wohnungen. Darüber hinaus verwandelten sich einige Privathäuser in gewerbliche Betriebe oder nahmen Läden und Schenken
auf. Maiuri sah darin das Zeichen für eine Unterwanderung des traditionellen ländlichen Milieus kampanischer und römischer Prägung
durch eine Klasse von Händlern. Die alten Besitzer seien in finanzielle Bedrängnis geraten, hätten nicht genug Kapital besessen, um
ihre Häuser wiederaufzubauen und seien deshalb gezwungen gewesen, ihre Gebäude für einen praktischeren Zweck zu vermieten oder
zu verkaufen.
Wir wollen die harte Notwendigkeit nicht leugnen, die beredt aus
einem Anschlag am Haus der Julia Felix spricht: »Auf dem Besitztum der Julia Felix sind die Thermen der pompejanischen Jugend,
die Läden und die dazugehörigen Wohnräume und Wohnungen zu

vermieten; geboten wird ein Mietvertrag über fünf Jahre.«[215] Aber
statt an eine gesellschaftliche Veränderung zu denken, sollte man
vielleicht eine andere Erklärung erwägen: die alte Gesellschaft sah
sich plötzlich vor harte Verpflichtungen gestellt. Es ging ums Überleben, und man brachte die notwendigen Opfer, um die Position zu
halten. Es sind dieselben alten Gebäude, die repariert werden; dies
spricht dafür, daß die Gesellschaft konstant blieb. Eine neue Indu-
striegesellschaft hätte auch die Art und Weise des Bauens revolutio-
niert. Daß die *tabernae* und *officinae* zuerst aufgebaut wurden, ist
nur zu verständlich; so kamen die Besitzer zu dem nötigen Geld, um
den durch die Katastrophe verschuldeten Besitz wieder zu sanieren.
Im ganzen handelt es sich um eine spürbare Evolution wirtschaft-
licher Formen und um das Auftreten neuer Tätigkeiten ohne tief-
greifende Veränderung der Gesamtstruktur. Die Landwirtschaft investiert ihr Kapital mehr und mehr in Industrie und Handel, in die
Herstellung des *garum,* in die Textilindustrie, in den Weinhandel.
Wir haben gesehen, daß alle diese Erwerbszweige in den Händen
von Leuten sind, die enge Verbindungen mit den Grundbesitzern
und Viehzüchtern haben. Wenn man die Kandidaturen für die
städtischen Wahlen studiert, stellt man fest, daß die Hälfte aus
Familien kommt, die Grundbesitz haben und Landwirtschaft treiben. Pompeji hat keine industrielle Revolution durchgemacht; man
kann bestenfalls von einer »Modernisierung« der Tätigkeiten und
des Lebensstils sprechen; die Aristokratie bleibt dem Landbesitz
treu und spielt weiterhin die entscheidende Rolle im Alltag der
Stadt.

Die Stellung der Freigelassenen

Wir dürfen deshalb aber nicht an eine soziale Sklerose denken; wir
wissen, daß die kampanische Bevölkerung eine römisch-kampanische
geworden ist; wir haben oben von ihrer Anpassungsfähigkeit gesprochen. Diese Anpassungsfähigkeit erwächst aus der sozialen Mobilität, die ein Charakteristikum der römischen Gesellschaft im allgemeinen und der Gesellschaft Pompejis im besonderen ist. Unter
sozialer Mobilität ist die Möglichkeit zu verstehen, daß ein Sklave

Freigelassener und dann seinerseits Stammvater einer freien Familie werden kann. So wird der Gesellschaft immer wieder neues Blut zugeführt, und die alten Familien, deren Nachkommenschaft sich erschöpft, haben die Möglichkeit, neue, kräftige Sprosse zu gewinnen.

Wir treffen die Freigelassenen (*liberti*) in den Schlüsselpositionen der pompejanischen Wirtschaft: im Weinausschank, der zu den *villae rusticae* oder zu den Stadthäusern gehört, verkaufen sie die Erzeugnisse ihres Patrons und machen dem Einzelhandel ernsthaft Konkurrenz. Sie sind in allen Gewerben tätig; in allen Arten von Handelsabschlüssen erscheinen sie als Unterzeichner in den *apochae*. Was noch erstaunlicher ist: sie sind auch Eigentümer von *villae*. Dank der Freigelassenen überlebt der Name alter Familien: so adoptieren die Stlaborii, die von einem einzigen Freigelassenen in den Quittungen des L. Caecilius Iucundus repräsentiert werden, von Stlaborius Nymphodotus[216], einen Veius, Glied einer vitaleren *gens;* M. Alleius Libella adoptiert Cn. Alleius Nigidius Maius; die Lucretii verbinden sich mit den Decidii, Epidii und Satri und festigen so die Position ihrer Freigelassenen.[217] Die Präsenz von Freigelassenen in dem Milieu der Grundbesitzer darf uns nicht überraschen. In der Zeit Plinius' des Älteren[218] gibt es unter ihnen ausgezeichnete Winzer, die beachtliche Gewinne herauswirtschaften: es handelt sich um zwei Freigelassene, Acilius Sthenetus und Vetulanus Aegialus, die Ländereien in Kampanien bewirtschaften und in kurzer Zeit abgewirtschaftete Güter durch neue Anbaumethoden wieder aufwerten. Der Ertrag der Weinberge war unglaublich hoch; nach zehn Jahren hatten sie den vierfachen Wert des Kaufpreises. Trimalchio, der durch Überseehandel reich geworden ist,[219] kauft alle Ländereien auf, die seinem Herrn gehört haben. Aber auch hier darf man den Einfluß der Freigelassenen auf die Ländereien nicht überschätzen. Bei vielen Inschriften, die man in den *villae* gefunden hat, kann es sich bei den angegebenen Namen auch nur um die Verwalter handeln, die ihren Herrn während seiner Abwesenheit vom Gut vertreten haben. So gehörte die Villa von Boscoreale (alla Pisanella), welche Villa des P. Fannius Synistor genannt wurde, in Wirklichkeit L. Heius Florus.

Die Freigelassenen – keine unabhängige Klasse

Mögen sich reichgewordene Freigelassene unter den Grundbesitzern und Erzeugern industrieller Güter befinden, so bilden sie doch keine unabhängige Klasse, und man kann nicht von der Dekadenz der alten städtischen Aristokratie und Bourgeoisie sprechen. Auch nach der *manumissio* hat der Freigelassene nicht alle Verbindungen mit seinem Patron abgebrochen.[220] Man hat die Stellung der Freigelassenen der städtischen Aristokratie allzu leichtfertig mit der Stellung der kaiserlichen Freigelassenen verglichen und gleichgesetzt. Diese spielen eine Rolle in der Politik und gehören in eine besondere Kategorie, die übrigens auch in Pompeji zu finden ist, wo sie die Hälfte der Gesamtzahl der *liberti* ausmachen. Die Freigelassenen der pompejanischen Aristokratie bleiben aber im Dienst der Grundbesitzer- und Kaufmannsschicht, die ihnen mehr als einmal ihr Kapital zur Verfügung stellt. Sie machen ohne Zweifel einen sozialen Aufstieg durch, doch stoßen sie die alte Ordnung nicht um. Pompejis Alltagsleben kennt kaum Neureiche. Trimalchio ist nicht der Repräsentant einer neuen Klasse, er ist die Hauptfigur einer literarischen Karikatur, die den Ausnahmefall innerhalb eines historischen Phänomens darstellt, dessen Interpretation neu überprüft werden sollte.[221] Trimalchio ist ein Sklave, der sehr jung nach Rom gekommen ist. Er wird auf dem Markt zum Verkauf angeboten; sein neuer Herr C. Pompeius bringt ihn in seine *familia urbana*. Er lernt lesen und mit den Zahlen umgehen und wird Schatzmeister – *dispensator* – seines Herrn, eines reichen Mannes, der ihm ein beneidenswertes Leben ermöglicht. Nach dem Tod des Pompeius ist er Freigelassener und erbt 30 000 000 Sesterzen. Er hatte die Rolle eines Sohnes bei seinem Herrn gespielt und erbt ein Vermögen, das so nicht unter einen fremden Namen kommt. Im Unterschied zu den Freigelassenen, die ihren Herrn nicht verließen und in seiner Nähe die Tätigkeiten weiter ausübten, die sie auch vorher schon ausgeübt hatten, gehört Trimalchio zu der kleinen Zahl der Freigelassenen, die ein Zusammentreffen besonderer Umstände juristisch und wirtschaftlich von ihrem Patron unabhängig gemacht hat. Diese Minderheit bildete im 1. Jahrhundert n. Chr. eine unternehmungslustige, unruhestiftende Schicht, in der man das aufsteigende Bürgertum hat sehen wollen; Trimalchio galt als ihr Symbol. Er ist *libertinus,* nicht *libertus;* er ist von allen Verpflichtungen gegenüber seinem ehemaligen Herrn, von allen *obsequia* frei, die er den Söhnen seines verstorbenen Wohltäters geschuldet hätte, wenn dieser Nachkommen gehabt hätte. Er zeigt die Mentalität eines Geschäftsmanns, die von der Haltung freier Bauern oder der städtischen Plebs, bei denen die Tugend der Sparsamkeit noch in Ehren stand, genausoweit entfernt war wie von der Einstellung einer Aristokratie, die von den Erträgen ihrer Ländereien lebte und sich mit den Angelegenheiten der Stadt beschäftigte und deren Mitglieder ostentativ ihre Verpflichtungen und Rollen als *cives* erfüllten. Diese Entwurzelten halten sich nur über die kurze Dauer einer Generation: ihre Söhne sind freigeboren; die Freilassung ist nur ein Moment, eine Etappe im sozialen Leben. Von dem Aufstieg der Freigelassenen zu sprechen hat schließlich keinen rechten Sinn mehr.

Trimalchio erbt Liegenschaften; da er über wenig Bargeld verfügt, verkauft er seine Ländereien, denn Geld – so meint er – hat man nie genug. Diese kapitalistische Einstellung behält er nur vorübergehend, denn er investiert das Geld, das er im Überseehandel gewonnen hat, wieder in Landbesitz und lebt dann von seinen Einkünften und von Zinsen; sein Traum ist es, seinen Besitz abzurunden und zusammenhängende Güter zu besitzen.

Landbesitz adelt und garantiert einen Platz in der Gesellschaft. Durch Ironie des Schicksals dreht der Kapitalist Trimalchio dem Kapitalismus den Rücken, indem er Gutsbesitzer wird und nichts mehr unternimmt. Als *sevir* gibt er den Einwohnern der Stadt ein Bankett; er imitiert die protzigen Ausgaben der *cives* und führt die Existenz einer parodistischen Figur in einer Welt, die nicht auf seine Ambitionen zugeschnitten ist.

Schließlich nimmt diese Geschäftswelt ein plötzliches Ende; in Pompeji hat sich keine neue Bürgerklasse gebildet, die man im Vergleich zur traditionellen Gesellschaft als modern bezeichnen könnte. Die grundbesitzende Aristokratie allein ist Vorbild und gibt den Ton

an. Die Industrie ist ein Nebenzweig der Landwirtschaft. Handel
allein würde erniedrigen; alle großen Familien, die ganze Erwerbs-
welt Pompejis hat immer den Grundbesitz als das große Geschäft
angesehen. Ausgehend von der Monokultur des Weinbaus, hat die
Gesellschaft ihre Tätigkeiten konzipiert oder hat sie vielmehr unter
ihre Sklaven und Freigelassenen aufgeteilt, die ihrerseits, vielleicht
nach einigen Sinnesänderungen, wie im Falle Trimalchios, bereit
waren, zum Grundbesitz zurückzukehren. Ohne Zweifel verstanden
sie sich darauf, Geld zu machen. Das *lucrum facere* Petrons ist ein
Echo auf das *salve lucrum* Pompejis. Ihr Geld investieren sie aber
entweder in Ländereien, oder sie legen Schätze an, wie es die *aurei*
beweisen, die reiche Pompejaner und Pompejanerinnen am 24. August 79 auf die Flucht mitnehmen. Die Sklavenwirtschaft befreite
die Aristokraten von jeder Sorge und erlaubte ihnen, eine ihrer
selbst würdige Rolle zu spielen, eine politische Rolle – sie, die sich
mehr noch durch ihre stolzen Gentilnamen als durch ihre Firmenzeichen und sorgfältigen Verpackungen auf den Mauern der Stadt
verewigten.

Viertes Kapitel
Die Arbeitswelt

In Pompeji ist die Stimme der Arbeitswelt nicht verstummt. Die
Spur derer, die sich ihr Leben lang im Verborgenen für den Staat
oder für Privatleute aus der besitzenden Klasse abgemüht haben,
versteckt sich in anderen Städten hinter ein paar unbedeutenderen
Epitaphien oder einigen banalen Formeln. Hier in Pompeji ergeben
Handwerkszeug, Wohnungen und Zeichnungen, die dem Leben entnommen sind, ein komplettes Bild von den Tätigkeiten der Mehrzahl der Einwohner. Nach den Besitzenden hier nun die Zurück-
gesetzten, die arbeiten, um zu leben, die keine Rücklagen bilden

können; ihre Arme sind ihr einziges Kapital; aber trotz der Mittel-
mäßigkeit ihrer Situation haben sie stets die Hoffnung, eines Tages
doch noch hochzukommen.

Abb. 17. Landwirtschaftliche Geräte

Landarbeiter

Weinbau. Die pompejanische Landwirtschaft hat einen hohen Bedarf an Arbeitern, vor allem zur Erntezeit. Die Landarbeiter – seien
es nun Sklaven oder freie Taglöhner – stehen unter der Anleitung
von Vorarbeitern und werden von Aufsehern überwacht, die in di-
rektem Kontakt mit dem Verwalter stehen und sich ausschließlich
um den Ertrag kümmern.
Der Weinbau verlangt viel Sorgfalt.[1] Zuerst muß die Erde rund um
die Weinstöcke aufgehackt werden, um das Wachstum zu fördern,
und dies während eines ganzen Monats, laut Columella. Junge
Pflanzen müssen die alten ersetzen. Die Stöcke müssen beschnitten
werden. Nach dem 1. Oktober, aber vor der kalten Jahreszeit müssen die Wurzeln bloßgelegt und die kleinen Wurzeln zurückgeschnit-
ten werden.
Gartenhauen, Hippen, Sicheln und Messer sind im Haus des Menander (I, 10,4 – Abb. 17) und in vielen Villen, z. B. in der Villa von
Boscoreale, gefunden worden. Die Zahl der Arbeiter war also das
ganze Jahr über recht hoch, doch bei der Weinlese brauchte man
noch mehr Hilfskräfte. Zweifellos wurden dann freie Taglöhner
engagiert, die besser bezahlt wurden als in normalen Zeiten. Die
vindemitores bilden eine ständige Vereinigung, denn sie nehmen
an den Wahlkämpfen im Frühjahr teil,[2] zu einem Zeitpunkt also, da
die Weinernte noch in ferner Zukunft liegt.

Viele Arbeiter sind mit der Produktion des Weines beschäftigt. Die abgeschnittenen Trauben müssen abtransportiert, die Bütten entleert, die Trauben auf die Pressen befördert werden; das Keltern, das Abfüllen des Saftes in *dolia* und die Behandlung des Mostes, der zu den verschiedensten Weinsorten weiterverarbeitet wird, bedarf weiterer Arbeitskräfte.

Öl. Auch die Ölherstellung erfordert zahlreiche Arbeiter, im Grunde ebenso viele wie der Weinbau, denn die Arbeiten können nicht in demselben zeitlichen Rhythmus wie die Tätigkeiten in den Weinbergen durchgeführt werden. Die Hauptstationen der Ölgewinnung sind der Schnitt der Bäume, das Abschlagen der Früchte, das Zerkleinern ohne Zertrümmerung des Kerns, das Pressen des Fruchtbreis und das Abfüllen des Öls in Fässer.

Getreide. Dank der Ackerbaugeräte, die man in den Villen gefunden hat, kann man sich ein gutes Bild vom Pflügen, Säen, von Ernte, Dreschen und Lagern des Getreides machen. Räderlose Pflüge, Sicheln, Hippen und Dreschflegel standen den zahlreichen Arbeitern zur Verfügung, die – wenn man Strabo glauben darf – jährlich zwei bis drei Ernten zu bewältigen hatten. Auf großen Gütern gab es noch eine vierte, die Gemüse-Ernte.

Gemüse. Die überaus reichhaltige Gemüsezucht war Sache kleiner Grundbesitzer oder freier Familien, die ihren fruchtbaren Boden selbst bewirtschafteten und ihr Gemüse zum Markt brachten, und dies zu einer Zeit, da sich in Italien eine wissenschaftliche Gemüsekultur entwickelte.[3] Die *horti Pompeiani* waren berühmt wie ihre Produkte:[4] Kohl[5], Zwiebeln[6], Mangold[7], Bohnen[8], Kichererbsen[9]. Die Zwiebelzüchter und Gemüsehändler griffen in die Wahlkämpfe ein.[10] Im ganzen Viertel in der Umgebung der Porta di Nola waren die Gemüsegärten von Mauern umschlossen und lieferten – wie in heutiger Zeit die Umgebung der Städte – Kohl, Linsen und Salat. In einer Ecke des Gartens stand ein Behälter für die Bewässerung; mit einem Eimer wurde das Wasser in zwei Verteiler-Rinnen geschöpft, die aus grob verschachtelten Ziegeln bestanden und zu verschiedenen Furchen führten. Eine Fellachen-Arbeit nennt Maiuri dies zu Recht.[11]

Obst. Die Früchte wuchsen in den *pomaria*, die von *pomarii*[12], Obstbauern und -händlern, gepflegt wurden; besonders berühmt waren die kampanischen Feigen.[13] In den Obstgärten erntete man Haselnüsse – eine Amphore enthielt mehr als 1000 Stück[14] –, Walnüsse, Mandeln, Pfirsiche, Pflaumen, Quitten, Äpfel, Birnen und Granatäpfel. Man hat auch eine Amphore voll Kirschen gefunden.[15] Viele andere Früchte sind von pompejanischen Malern auf Stilleben dargestellt worden:[16] Zitronen, Orangen, vielleicht sogar Mango und Ananas(?). Muß man deshalb annehmen, daß die pompejanischen Bauern auch exotische Früchte angebaut haben? Oder sind diese Gemälde nicht eher Genrebilder ohne Bezug zur Wirklichkeit?

Viehzucht. Für die großen Schafherden brauchte man Hirten. Auch mit dem Füttern von Schweinen und Geflügel, das dann von den *gallinarii*[17], den Geflügelhändlern, verkauft wurde, war eine Menge Personal beschäftigt, denn das Kleinvieh war ein wesentlicher Bestandteil der Nahrung der Stadtbewohner.

Industriearbeiter

In der Industrie sind die Arbeiter notwendigerweise mehr spezialisiert als in der Landwirtschaft.

Nahrungsmittel. Bei Terentius Neo, dem Besitzer einer Großbäckerei, arbeiten Freie und Sklaven, die die Zugtiere an der Mühle führen. Andere kneten den Teig oder drehen die Flügel der Knetmaschine, wieder andere formen das Brot vor dem Backen und überwachen den Backvorgang. In kleineren Betrieben arbeitet der Bäcker mit seiner Familie, mit Sklaven und Freien, die zur *familia* gehören. Zusammen mit seinen Arbeiterinnen und Arbeitern[18] greift er in den Wahlkampf ein.[19] Die Hersteller von *garum* brauchten Leute, die die Fische ausnahmen und zerschnitten, andere, die sie in die Lake legten. Später mußte die Sauce von mehr oder minder guter Qualität abgefüllt werden.

Kleidung und Gerberei. In der Kleiderherstellung sind Spinner und Weber, Walker und Färber beschäftigt; sie verrichten zum Teil sehr harte Arbeit. Was hatten nicht die Gerber auszuhalten, die inmitten ekelerregender Gerüche arbeiten mußten wie heutzutage noch die Leute in den Souks von Fez!

Baumaterial. Die Arbeiter, die Ziegel, Backsteine und Keramikgefäße herstellen, haben auch keine leichteren Arbeitsbedingungen: die Öfen strahlen eine mörderische Hitze aus. Zwischen 62 und 79 dürfte das Feuer wohl kaum einmal erloschen sein.

Holzverarbeitung. Besondere soziale Bedingungen und Solidarität innerhalb der Innung kennzeichnen die holzverarbeitenden Handwerker: Zimmerleute, Tischler, Ebenisten, Wagner. Sie tauchen auf den Wahlplakaten auf.[20]

Metallverarbeitung. Auch die Beschäftigten der Metallwarenherstellung sind Handwerker. Der *faber aerarius*[21] stellte all die Werkzeuge und Geräte und sonstigen Gegenstände aus Bronze her, die wir heute in den Vitrinen des Museums von Neapel betrachten können: Geldkassetten, Dreifüße, Tische, Vasen, Lampen und Lampenstöcke, Kandelaber, Henkel, Griffe, *bullae*, Armbänder, Fibeln, Spiegel, Ständer für Kohlenbecken in einfacher und kostbarer Ausführung; einer hat die Form eines viereckigen Schlosses mit vier zinnengekrönten Türmen; sie dienten als Heizung und enthielten zudem ständig heißes Wasser. Manche Arbeiter hatten sich auf die Herstellung von Präzisionsinstrumenten spezialisiert: Werkzeuge für Architekten, Musikinstrumente, Instrumente und Bestecke für Chirurgen, große Waagen und kleine Apothekerwaagen, Hohlmaße für Flüssigkeiten (*congii*) oder für feste Stoffe (*modii*), *groma* – im Haus I, 6,4 –, Schlüssel und Schlösser. Für den Bedarf der Landwirtschaft wurden in Pompeji räderlose Pflüge und Sicheln hergestellt, aber die schönsten Stücke kamen aus Capua und Pozzuoli, wo es eine besondere Tradition der Bronzebearbeitung gab, wie denn aus Arezzo die schönsten Töpferwaren kamen. Wenn es auch einen Ziseleur, einen Juwelier[22] und Goldschmiede[23] gegeben hat, so kamen die meisten Stücke aus dem Silberschatz im Hause des Menander, doch nicht aus Pompeji selbst.[24] Die kleinen Handwerksbetriebe setzten ihre geringe Produktion auf dem Markt der Stadt und an verschiedenen Vertriebsstellen ab.

Arbeiter im Handel

Der Markt (Abb. 7)

Pompeji besitzt ein Macellum[25], ein Bauwerk mit einem ganz einfachen Plan. Im Innern eines rechteckigen Hofes, der an allen vier Seiten mit einer kräftigen Kolonnade versehen ist, finden sich zwölf Säulenbasen, die ein Zwölfeck bilden; sie dürften Säulen getragen haben, die ihrerseits das Dach stützten. In dieser *tholos*, die der von Pozzuoli glich, welche lange Zeit zu Unrecht für einen Serapis-Tempel gehalten wurde, verkaufte man Fisch und Muscheln. Jenseits der Kolonnade auf der südlichen Längsseite des Marktes stand eine Reihe Läden mit einer Wohnetage darüber. Auch auf der Nordseite befanden sich Läden, die sich zu der Straße hin öffneten, die an der Nordseite des Marktes verlief. Dort fanden die Käufer Feigen, Haselnüsse, Pflaumen, Trauben, Linsen, Brot und Backwaren. Hinter der Südostseite der Kolonnade öffnete sich ein weiter Saal, dessen Eingang mit zwei Säulen geschmückt war; auf dem Ladentisch, der mit einer Abflußrinne versehen war, verkaufte man Fisch. In der Nordostecke gab es lebendige Schafe; man hat dort Tierskelette gefunden. Zwei Räume im Nordteil waren dem Kaiserkult vorbehalten. Wir werden darauf zurückkommen. Den Markt konnte man auf drei Seiten betreten. Die Südfassade, die sich majestätisch auf das Forum hin öffnete, hatte einen weißen Marmorportikus aus zwei Säulenreihen und war mit Statuen geschmückt. Die beiden anderen Eingänge lagen im Norden und im Südosten, wo bei der Treppe eine Nische für den Genius des Marktes ausgespart war, der das Gebäude schützen sollte. Er konnte nicht verhindern, daß es im Jahre 62 zusammenstürzte; der Wiederaufbau war im Jahre 79 noch nicht vollendet; zwischen 62 und 79 wurde im Macellum kein Markt abgehalten.

Forum Holitorium. Das *forum Holitorium*, der Gemüsemarkt bei dem Gebäude der Maße und Gewichte, war im Jahre 79 ebenfalls noch in Arbeit; es hatte noch kein Dach. Diesem Markt für Gemüse, wo man die *lupinarii* und *caeparii* antraf, entsprach für das Obst der *porticus pomariorum*, die Domäne der *pomarii*.

Die kleinen Händler verfügten über feste Verkaufsplätze; sie zahlten der Kolonie eine Standmiete (*mercatus*); diese Steuer zahlte der Bankier L. Caecilius Iucundus direkt an die lokalen Behörden im Namen des M. Fabius Agathimus, der bis zum Erdbeben Einnehmer dieser Steuer war.

Weil sich der Wiederaufbau des Macellum hinauszögerte, fand der Markt nach 62 mehr als vorher auf den öffentlichen Plätzen und auf den Bürgersteigen statt; auch hier gab es feste Plätze, für die eine ähnliche Steuer wie vorher für einen Stand im Macellum erhoben wurde. Mit Erlaubnis der Aedilen wurden z. B. die Vertiefungen in den blinden Außenbogen des Amphitheaters an fliegende Händler vermietet;[26] ein Gemälde von dem Streit im Amphitheater zeigt sie auch unter den Platanen der großen Palästra. Jede Vorstellung im Amphitheater führte zu einem beträchtlichen Gedränge vor den provisorischen Warentischen. Ein städtischer Erlaß bestimmte den Samstag als den großen Markttag Pompejis. Der *index nundinarius*[27] gibt die Tage an, an denen in den umliegenden Städten Markt abgehalten wurde: am Sonntag in Nuceria, am Montag in Atella, am Dienstag in Nola; weiter entfernt lagen die folgenden Marktorte: Cumae (Markttag: Mittwoch), Pozzuoli (Donnerstag), Rom und Capua (Freitag). Daß auch Rom aufgeführt war, beweist, daß man in der Provinzstadt Pompeji die Hauptstadt nicht vergaß.

Fliegende Händler

Schuhe. Die allgemeine Marktordnung unterbindet nicht die kleinen täglichen Märkte, die die Versorgung der Stadt durch die Landbevölkerung garantieren; am großen Markttag birst Pompeji vor Menschen; auf dem Forum herrscht großer Andrang, und an den Ständen zwischen den Säulen des Portikus werden die verschiedensten Waren angeboten. Die Gemälde, die man im 18. Jahrhundert im Haus der Julia Felix[28] gefunden hat, stellen aus dem Leben gegriffene Szenen dar, die von einem Portikus aus korinthischen Säulen, mit bogenförmigen Girlanden geschmückt, eingerahmt werden; der Dekor erinnert an das Forum. Einige Säulenzwischenräume sind mit Behängen verschlossen. Im Vordergrund der Szene (Abb. 18)

Abb. 18. Händler auf dem Forum

steht ein Schuhverkäufer mitten zwischen Leisten und Schuhen. In der Rechten hält er einen Schuh und deutet mit einem Stock darauf; er spricht zu zwei Käuferinnen, die vor ihm auf einer Bank sitzen. Sie tragen lange Gewänder; eine der Frauen hält ein Kind im Schoß. Hinter ihm sitzen ebenfalls zwei Frauen auf einer Bank; sie scheinen der Konversation zu lauschen, während sie auf Bedienung warten. In einer anderen Szene kniet ein Händler vor seinem sitzenden Kunden und mißt seinen Fuß aus. Schuhpaare zieren den Hintergrund des Standes; ein leerer Platz zeigt, daß ein Paar weggenommen worden ist.

Stoffe. Ein Stoffhändler diskutiert mit Käuferinnen, denen er auf dem linken Arm die Ware präsentiert. Seine Gesprächspartnerinnen betasten den Stoff, den der Verkäufer mit lebhaften Gebärden anpreist. Das junge Mädchen, das – die Hände ineinandergelegt – im Hintergrund steht, muß eine Dienerin sein. Rechts streckt ein Mann in kurzer Tunika die Hand aus, um Frauen zurückzuhalten, die weggehen wollen, ohne etwas gekauft zu haben. Zwei *vestiarii*, Kleiderhändler, breiten ihre Waren aus und preisen sie den Kunden an; rechts von ihnen steht ihre alte Dienerin.

Geschirr. An einer anderen Stelle hält ein Händler inmitten von Schüsseln und Tellern, die rund um ihn aufgebaut sind, eine Schüssel in der linken Hand und prüft sie mit einem Stock für einen Käufer.

Zur Linken betrachtet ein anderer Kunde einen Wasserkrug. Im Hintergrund hämmert ein Junge Metall auf einem Amboß. Der Händler ist Opfer eines Diebstahls geworden. Er verspricht eine gute Belohnung – 65 Sesterzen – demjenigen, der ihm die Bronzeschüssel, die aus seiner Auslage verschwunden ist, zurückbringt, und noch mehr, wenn der Dieb gefaßt wird.[29]

Eßwaren zum Mitnehmen. Etwas weiter in der Nähe eines Bogens beim kapitolinischen Tempel (Jupiter-Tempel) steht über einem Kohlenbecken ein Kessel auf einem Dreifuß; ein Löffel ragt heraus; zwei Männer haben dem Kessel einen Eimer heißer Flüssigkeit entnommen; einer der beiden hat eine Zange in der Hand. Sie verkaufen zweifellos eine Bouillon oder eine heiße Soße. Ganz links bietet ein Mädchen Gemüse an. Unter dem Tisch stehen ein Eimer und zwei Körbe mit Feigen.

Auf einem anderen Bild (Abb. 18) klopft jemand einem alten Mann, der offenbar eingeschlafen ist, auf die Schulter, damit er die wartenden Käufer bediene. Der Mann trägt einen Korb, der Junge streckt eine Schale hin. Die Speisen, die hier verkauft werden, scheinen bereits gekocht zu sein: Geflügel, Fisch, Gemüse. Zwei Krüge daneben enthalten wohl weitere fertige Speisen; der Löffel deutet auf ein heißes Ragout hin.

Frische Brötchen. Ein Bäckerjunge hat einen Tisch aufgeschlagen, um seine Ware zu verkaufen: zwei Körbe mit Gebäck stehen auf der Theke, ein weiterer Korb am Boden enthält die Reserve.

Läden

Die fliegenden Händler schmälern die Einkünfte der Läden, der *tabernae,* nicht. Eine ganze Schar kleiner Ladenbesitzer lebt in Pompeji vom Einzelhandel. Das Wort *taberna* findet sich viermal in pompejanischen Inschriften.[30] Die Läden öffnen sich auf die Straße hin; sie nehmen die Fassade des Hauses ein. Entweder verkaufte der Eigentümer selbst die Produkte seiner Villa, oder seine Sklaven oder Freigelassenen besorgten es für ihn. In diesem Fall hatte der Laden einen Durchgang ins Haus. War das Lokal an einen Händler vermietet wie das im Haus der Julia Felix,[31] so war es in sich abgeschlossen.

Je nach seiner Größe wurde der Laden durch ein Hinterzimmer oder ein Halbgeschoß ergänzt. Während der Nacht waren die Läden von außen nach einem originellen System verschlossen: Holzläden, die sich ineinanderpaßten, wurden in einen doppelten Falz, gebildet von Schwelle und Oberschwelle, geschoben; mit dem Flügel einer kleinen Tür, die sich über ihnen schloß, wurden sie festgeklemmt. Haben nicht auch die Gitter unserer modernen Läden zum Teil so eine kleine Tür? Wollte man den Laden öffnen, mußte man die Holzläden losmachen und wegnehmen. Lediglich besondere Zeichen, die außen angebracht waren – Gegenstände, Bilder, Inschriften –, wiesen darauf hin, um welche Art von Laden es sich jeweils handelte.

Weinhändler. In den Läden, die mit den Häusern verbunden waren, wurde oft Wein abgesetzt, denn der junge, leicht schäumende Wein ließ sich schlecht konservieren; die Weinbauern hatten also Interesse daran, ihn möglichst schnell und direkt zu verkaufen. Ein Gemälde[32] stellt eine Weinhandlung dar, wo die Amphoren in einer Ecke auf einer Art Holzgestell gestapelt sind. Zwei Gehilfen kippen eine Amphore, aus der ausgeschenkt werden soll. Der Besitzer bietet einem jungen Städter eine Schale Wein an.

Bäcker. Der Laden des Bäckers grenzt an die Backstube.[33] Hinter dem Besitzer, der sich niedergesetzt hat, steht ein Regal, wo die Brötchen aufgereiht sind, die auch in der Stadt verkauft werden. Ein Korb mit derselben Ware steht außerdem bereit. Auch hier verkauft der Hersteller direkt seine Ware.

Schuster. Ein alter Soldat aus der Prätorianerkohorte, M. Nonius Campanus, besitzt eine Schusterwerkstatt (*taberna sutoria*) an der Ecke des Lupanar-Gäßchens und der Straße der Augustalen. Vergessen wir auch nicht die Läden der Keramikverkäufer.

Metallwaren. Beim *negotiator ferrarius* (I, 6,12)[34], einer Art Eisenwarenhändler, hing die Ware vom Architrav herab. Hier hat man eine große Zahl oxydierter Eisenwerkzeuge und -geräte gefunden: mindestens dreißig Schlüssel, mehr als dreißig Getreidesicheln, Winzersicheln, Schabeisen, Ketten und Messer; außerdem entdeckte man bronzene Pferdegeschirre und eine Nivellierwaage.

Schmuck. Das Bild mit den Schmuck ziselierenden Amouretten im
Haus der Vettier (VI, 15,1) erinnert daran, daß die *aurifici universi*
in der Stadt eine große Rolle spielten und daß der Juwelier seine
Kundinnen nicht immer zufriedenstellen konnte, zumal dann nicht,
wenn eine verlangte, daß ein Ring mit einem Stein für drei Uhr
nachmittags bereitliegen solle.[35]

Kleidung. Die Kleiderläden hängen mit den Werkstätten zusammen.
Bei M. Vecilius Verecundus, dem *vestiarius negotiator* sitzt die Ehe-
frau am Ladentisch und verkauft Ware aus Filz. Eine Ausstellungs-
vitrine scheint aufgestellt zu sein. Ein junger Städter sitzt rechts auf
einer Bank mit Lehne; er trägt elegante Schuhe und kauft offenbar
ein Paar Pantoffeln. Schränke voller Waren stehen an den Wänden.
Ein Holzgestell aus langen horizontalen Stangen, die in zwei verschiedenen Höhen angebracht sind, dient offenbar dazu, Produkte
in aller Öffentlichkeit auf dem Bürgersteig rechts von der *taberna* zu
trocknen.

Dienstleistungen. Zu den Dienstleistungen gehört die Arbeit der
tonsores (Barbiere)[36] gegenüber den Stabianer Thermen. Sie sorgen
für den Haarschnitt und den Putz der Frisur; sie pflegen die Bärte.
In den Bädern findet man eine ganze Hierarchie von Spezialisten,
angefangen vom Heizer der Öfen bis zum Parfumhändler, der auch
einen Laden führen kann.[37]

Thermopolium. Das *thermopolium* (Abb. 19) ist ein besonderer
Ladentyp und läßt sich an seiner Einrichtung auf den ersten Blick

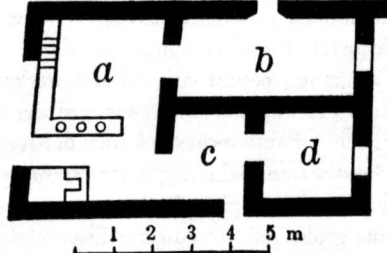

Abb. 19.
Plan eines Thermopolium
a Theke

erkennen. Wie der Name besagt, servierte man in diesen Schenken
oder Wirtshäusern heiße Getränke. In einer Ecke steht der Kessel,

der für warme Gerichte sorgt. Der Wirt hinter seiner im rechten Winkel aufgestellten Theke bot seinen Gästen auch Oliven, *garum* und getrocknetes Gemüse an. An der Wand hingen Wurstwaren; kleine Aufsätze auf der Theke enthielten Gläser, dickbauchige und schmale Flaschen. Ein enger Durchgang führte zu den Zimmern, die man mieten konnte. So sahen die *thermopolia* aus, die »Snackbars« der Antike, wo man eine Kleinigkeit essen konnte und wo die Zimmer oft stundenweise vermietet wurden.[38]

Abb. 20. Szene in einer Schenke

Hospitium. Bedeutender ist das *hospitium,* die Herberge[39], deren Besitzer *hospes*[40], öfter noch *caupo* oder *copo*[41] genannt wurde; seine Gäste hießen *convivae*[42]. Unter ihnen waren viele Gladiatoren, selten Leute von Stand; die Vornehmen waren bei Freunden zu Gast, die ein eigenes Haus besaßen.

Bilder und Graffiti lassen die grobschlächtige, oft ein wenig dubiose

Wirtshausatmosphäre wieder aufleben. In einer Herberge am Markt
läßt sich aus acht Graffiti[43] eine Art Gästeliste zusammenstellen.
Unter anderem findet sich hier auch die verliebte Klage: »Vibius
Restitutus hat hier allein geschlafen und seine geliebte Urbana ver-
mißt.« Eine Gruppe von Reisenden, erkennbar an ihrer besonderen
Kleidung, dem Kapuzenmantel, sitzt um einen Tisch und ißt und
trinkt. Von einem Gestell, das einem Rechen ähnelt, hängen Würste
und Käse herab (Abb. 20).

Auf einer anderen Szene reicht ein Knabe einem alten Soldaten eine
Schale Wein; aber der Gast scheint unzufrieden mit dem Trunk:
»Du verkaufst Wasser und trinkst den Wein selbst!«[44] Bestellungen
schwirren durch die Luft: »Bring mir Wein von Setius!«[45] »Gib mir
einen Tropfen kaltes Wasser!«[46] Die Wirtin Vinaria Hedone legt
ihre Preisliste ganz offen vor:[47] »Schöner Soldat, man kann hier für
1 As trinken; für 2 As gibt's was Besseres, für 4 As Falerner.«
Manchmal entsteht Streit zwischen den Gästen, die Würfel spielen,
und der Wirt setzt seine jähzornigen Kunden mit Gewalt vor die
Tür: »Macht euch fort! Streitet euch anderswo!«[48]

Transportarbeiter

Transportmittel – sei es für Reisende, sei es für Waren – spielen
in einer Stadt eine große Rolle, die der Umschlagplatz für eine ganze
Region und ein attraktives Handelszentrum ist. Maultiertreiber
und Kutscher – *muliones* – waren in der Nähe der Stadttore stationiert, z. B. an der Porta Ercolano[49] (Abb. 21), dem einzigen Tor,
das in römischer Zeit verbreitert wurde. Hier fand man auch die
öffentlichen Kutscher, *cisiarii*. Sie bildeten eine Innung, die in die
Wahlkämpfe[50] eingriff, genau wie die *saccarii*, die Lastträger, die
Säcke – *saccula* – auf ihren Schultern trugen.[51]

Aus den genannten Berufen setzt sich die Arbeitswelt Pompejis
zusammen. Hinzuzufügen wären noch die Angestellten der Kolonie,
die Sklaven, Leute die im Bankfach und in freien Berufen tätig waren, z. B. Feldmesser, Ärzte, Chirurgen, Maler, Architekten, Musiker, Publizisten, Impresarios und die Lehrer, die Elite dieser Be-
rufsgruppe.

Abb. 21.
Plan der Porta
Ercolano

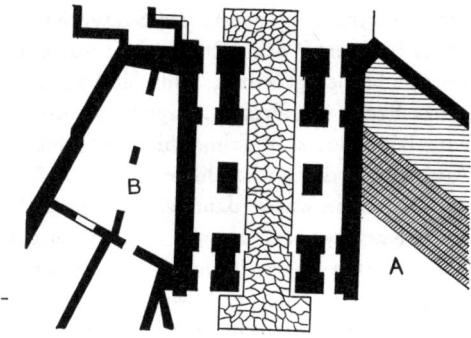

A Treppe zum Wehrgang. –
B Zimmer eines Hauses

Die Arbeitswelt Pompejis umfaßt Freie und Sklaven. Wie die Tätigkeiten beider Gruppen aufgeteilt waren, läßt sich nicht leicht durchschauen. Es scheint, beide wurden ohne Unterschiede eingesetzt, ohne daß man von einer Konkurrenz zwischen ihnen sprechen könnte.

Die Sklaven

Pompeji hatte wie alle antiken Städte einen Sklavenmarkt. Auf einem Gemälde im Haus der Julia Felix (II, 4,3) wird ein Mädchen von einer Frau zwei Männern vorgestellt, die in der Nähe des Forum-Portikus auf einer Bank sitzen. Das Kind hält in der Rechten eine Tessera, auf der ihr Name und ihr Alter vermerkt sein dürften. Es muß sich um den Verkauf eines Kindes handeln, vergleichbar dem Verkauf des jungen Trimalchio, der ein Schild um den Hals trug.[52] Ein anderer Sklavenmarkt befand sich außerhalb der Porta Vesuvio; ein griechisches Graffito spricht von einem Unbekannten, der als Sklave gekauft und später freigelassen wurde.[53]

Familia urbana. Die Sklaven werden in die *familia urbana* eingeführt, wo die weniger begabten die Hausarbeiten versehen. Im »Satyricon« des Petron kann man nachlesen, wie sie die einzelnen Gerichte des märchenhaften Festmahls auftragen. Die menschlichen Beziehungen zwischen Herrn und Sklaven waren oft von gegenseitigem Vertrauen geprägt; der Sklave hatte Anteil an der Würde seines Besitzers.[54] Seine Ergebenheit war um so größer, je mehr sein Ehrgeiz befriedigt wurde. Schließlich gab es in reichen Häusern eine ganze Skala von Posten. Zeigten sich die Sklaven intelligent und ehrgeizig – wie z. B. Trimalchio –, so erhielten sie eine ausreichende Ausbildung, die sie befähigte, das Vermögen ihrer Herrschaft zu verwalten; sie waren dann *dispensatores* (Schatzmeister) oder *arcarii* (Kassenverwalter), wie z. B. Anteros bei Vesonius Primus.[55] War ein Sklave, wie Trimalchio, zu einer solchen Spitzenposition aufgerückt, ließ die Freilassung nicht auf sich warten. Unter den Privatleuten, die wir aus den Quittungen des L. Caecilius Iucundus kennen, treffen wir als Verfasser der Quittungen oft Sklaven an, die ihre Herren und Herrinnen vertraten, welche ihrerseits einen Griffel zu führen nicht imstande waren. Obwohl die Sklaven rechtlos waren, handelten sie stellvertretend für ihren *dominus* oder ihre *domina*.[56] Dem Bankier selbst stehen befähigte Sklaven zur Seite, die die Rollen von Bankangestellten spielen. Noch beneidenswerter ist das Los der Sklaven der Kolonie, die die Funktionen von Verwaltungssekretären erfüllen, wie z. B. Secundus. Auch ihre Karriere wird von der Freilassung gekrönt. Der kaiserliche Sklave ist all seinen Standesgenossen überlegen; er spielt oft die Rolle eines hohen Funktionärs. Man versteht, daß Menschen in solchen Positionen leicht ihre wirtschaftliche Abhängigkeit ertragen und ihre – vom rechtlichen Standpunkt aus – untergeordnete Stellung akzeptiert, wenn nicht gar vergessen haben. Die religiösen Kollegien, z. B. das Kollegium der Fortuna Augusta[57] oder des Mercurius Augustus[58], oder politisch-religiöse Vereinigungen wie der *pagus Augustus Felix suburbanus*[59] nehmen Sklaven gleichberechtigt neben Freigelassenen auf.

Familia rustica. Ganz anders ist das Schicksal der Sklaven der *familia rustica*. Sie standen unter der harten Aufsicht des Verwalters und ihrer Vorarbeiter, die sich nicht scheuten, sie in Eisen zu legen. Eine ganze Reihe von ihnen ging in den Schlafsälen der Sklavenarbeitshäuser zugrunde, wo sie die Nacht über an den Beinen gefesselt eingeschlossen waren. Jeden Morgen mußten sie unter strenger Bewachung auf die Felder zur Arbeit. In Landhäusern, wo

der Besitzer sich selbst öfter aufhielt, bekam jede Sklavenfamilie
eine kleine Hütte im Arbeiterviertel des Gutes. In den großen
»Plantagen«, wo der Besitzer nicht residierte, wurden die Arbeiten
von einem Sklaventrupp unter der Aufsicht eines *vilicus* ausgeführt.
In Boscoreale[60] (Abb. 16) hatte die Villa 26 (nach der Zählung von
Rostovzew) Böden aus gestampfter Erde, Wände ohne Verputz und
armselige Möbel; die Villa 34 in Gragnano ist nach einem Plan
konstruiert, der der Anlage der Gladiatorenkaserne entspricht. Rund
um einen Hof sind viele kleine Räume angeordnet, von denen einige
offenbar für widerspenstige Sklaven bestimmt waren; man hat dort
Fesseln gefunden. Solche landwirtschaftlichen Großbetriebe sind
aber sehr gering an Zahl; in Pompeji gab es nur selten unmenschliche
Arbeitsbedingungen. Gewerbe, wie die Herstellung von *garum,*
Färbereien, Gerbereien, bedienten sich ebenfalls der Arbeiter aus
dem Sklavenstand. Der auf der Landwirtschaft beruhende Kapitalismus wurde eingeschränkt durch die natürlichen Gegebenheiten des
Bodens und die Anbaumethoden; selbst auf dem Land muß der
Anteil an freien Arbeitern recht hoch gewesen sein.

Freie Arbeiter

Die Existenz der *agricolae* und *vindemitores* beweist diese Behaup-
tung. Sie werden auf großen Gütern angestellt, besonders als zusätzliche Arbeitskräfte in der Erntezeit. Die Gartenbauzone rund um Pompeji scheint weitgehend in den Händen kleiner Grundbesitzer und
freier Pächter gewesen zu sein, die auch bestimmte Weinberge bestellt haben dürften. Ein anderer Beweis für die Stellung freier
Arbeiter sind die Innungen der Handwerker, z. B. der Bäcker und
Walker, die neben den *muliones* und *saccarii* eine Rolle im Wahlkampf spielen. Aber seine prekäre Situation raubte dem freien Arbeiter im Gegensatz zum Sklaven jede Hoffnung auf Verbesserung
seiner Lage. Es ist das Paradox der antiken Arbeitswelt, daß der
Sklave mehr Chancen zum sozialen Aufstieg hat als der Mann, der
der Plebs angehört. Wenn ein Sklave Freigelassener geworden war,
konnten seine Kinder in die mittlere Bourgeoisie, wenn nicht gar in

212 Zweites Buch Die Menschen und ihre Beschäftigungen

die Oberschicht aufsteigen; sie teilten die Auffassungen der städtischen Herrschaftsschicht und traten in den Dienst des Kaisers und des römischen Staates. Trimalchios Beispiel zeigt uns, welch brillante Karriere ein intelligenter Sklave durchlaufen, wie schnell ein fleißiger Freigelassener zu Vermögen kommen konnte. Die Möglichkeiten des sozialen Aufstiegs, die sich einigen Sklaven boten, dürfen uns jedoch nicht die armseligen Lebensbedingungen der überwiegenden Mehrzahl vergessen lassen. Die durchschnittliche Lebenserwartung der Unfreien (14,5 Jahre) verglichen mit der der Freien (30 Jahre) beweist, daß diejenigen, die nicht aus dem Sklavenstand ausbrechen konnten, ein bedauernswertes Schicksal hatten.

Die römische Gesellschaft ist auf die Sklaverei gegründet. Freigelassene wie Trimalchio oder Poppaea Note[61] besaßen ihrerseits Sklaven; auch sie ließen wieder Sklaven frei, entweder schon zu ihren Lebzeiten oder durch Testament. So wurde der Gesellschaft immer wieder frisches Blut zugeführt. Trotz der sozialen Gegensätze kennt Pompeji keinen Klassenkampf.[62] Die Arbeitswelt verbleibt in enger Abhängigkeit von der Geschäftswelt, ohne zu rebellieren. Die Arbeiter verursachen keine Krise; die pompejanische Gesellschaft kann ihr Gleichgewicht bewahren, denn sie hat weder eine Krise der Landwirtschaft noch eine Absatzkrise durchmachen müssen. Nach 79 werden gerade die Handelskrisen Italien unrettbar dem Verfall ausliefern.

Die sozialen Unterschiede und die wirtschaftlichen Gegensätze, die Arbeitswelt und Geschäftswelt kennzeichnen, erscheinen in einem noch helleren Licht, wenn wir unsere Kenntnis vom Geldumlauf, von den Lebenshaltungskosten und dem daraus sich ergebenden Niveau der Lebenshaltung zum Vergleich heranziehen. Die Dokumente, die man in Pompeji gefunden hat, geben uns zahlenmäßige Anhaltspunkte, deren Genauigkeit es uns erlaubt, die Sorge um das tägliche Leben bei den einfachen Leuten und den Umfang des Vermögens der Provinzaristokratie genau abzuschätzen.

Der Geldumlauf

Wir können den Geldumlauf von Pompeji recht gut überschauen.[63] Abgesehen von bedeutungslosen Einzelfunden hat man oft neben den Skeletten der vermutlichen Besitzer Münzen gefunden wie z. B. am 3. November 1959 in einem Garten der Region III, 7.[64] Sind es nur wenige Stücke, so können wir schließen, daß es sich um die bescheidene Barschaft eines einfachen Bürgers handelt. Sind dagegen die Summen beträchtlich und werden gleichzeitig Schmuckstücke und Silberzeug gefunden – am 3. November 1959 hat man einen silbernen Spiegel, vier kleine Silberbecher und einige Schmuckstücke entdeckt –, dann wissen wir mit Sicherheit, daß wir das gesamte Barvermögen eines flüchtenden Pompejaners vor uns haben. In einigen besonderen Fällen war in einem Versteck ein Schatz aus Münzen, Gold und Silbergeräten verborgen. Der Eigentümer hatte mit voller Überlegung die Stücke gehortet, die er für die wertvollsten hielt. Silber und vor allem Gold diente als Reserve, als Erbgut der Familie; für das tägliche Leben reichten Bronzemünzen. Auch im Rom der Kaiserzeit basierte der Zahlungsverkehr auf den Bronzesesterzen. 1 *aureus* war 25 *denarii* oder 100 *sestercii* wert.[65]

Das Horten von Wertgegenständen

Im Jahre 79 bestand etwa die Hälfte des umlaufenden Geldes aus Münzen des Vespasian und ein Viertel aus neronischen Geldstücken. Der Schatz vom 3. November 1959 ist im umgekehrten Verhältnis zusammengesetzt. Von 61 *aurei* sind 37 neronisch, 15 von Vespasian. Die Erklärung ist einfach: im Jahre 63 hatte Nero das Gewicht des *aureus* herabgesetzt; vorher wurden 42 Münzen aus einem Pfund Gold geprägt, dann aber 45; das Gewicht des *aureus* sank von 7,8 g auf 7,3 g. Die Besitzer von Münzen horteten also lieber Münzen, die vor dieser Abwertung geprägt worden waren. Republikanische Silberdenare sind in großer Zahl im Umlauf; von den 49 Stück, die am 3. November 1959 gefunden wurden, waren 44 republikanisch und nur 2 kaiserlich. Auch in diesem Fall hatte man besseres Geld durch schlechteres ersetzt, und das Greshamsche Gesetz bewahrheitet sich einmal mehr. Der republikanische Denar ist schwer; er wiegt 3,89 g, denn man prägte 84 Münzen aus einem Pfund. Unter Nero sank sein Gewicht auf 3,41 g, da man 96 Münzen aus einem Pfund herstellte. Außerdem hatte er einen Bronzezusatz von 5 bis 10 %. So bevorzugten die wohlhabenden Pompejaner natürlich die schweren Münzen für ihre Rücklagen. Sie sammelten sie in ihren Tresoren, statt sie abzuliefern und der kaiserlichen Regierung die bei der Einschmelzung gewonnene Gewichtsdifferenz zukommen zu lassen. Die Abneigung den julio-claudischen Silbermünzen gegenüber beweist, daß die Pompejaner das Gold dem Silber vorzogen und daß sie für ihre täglichen Einkäufe Bronzegeld benutzten.

Das Volumen des Geldumlaufs

Trotz der Neigung zum Horten besaßen die Pompejaner keine Fabelsummen. Auf 26 Funde, deren Wert zwischen 1000 und 10 000 Sesterzen[66] schwankte, kamen nur 6, die 4000 Sesterzen überschritten, und nur ein einziger, der über 9000 Sesterzen lag, genau bei 9448 Sesterzen. In rund fünfzehn Fällen schwankte der Wert zwischen 1000 und 3000 Sesterzen. Da wir die Fundorte kennen, z. B. die Kassette im Haus des Kastor und Pollux (VI, 9,6–7), das Versteck im Haus des Menander (I, 10,4), den Portikus in der Villa des Diomedes, die nächste Umgebung des Hauses des M. Lucretius (IX, 3,5), können wir mit Gewißheit annehmen, daß es sich jeweils um das normale Barvermögen eines reichen Pompejaners handelt. Die Größenordnung erscheint einigermaßen bescheiden und bestätigt die Eindrücke, die wir aus der Buchführung des Bankiers L. Caecilius Iucundus gewonnen haben. Erinnern wir uns daran, daß die größte Summe sich auf 38 078 Sesterzen belief und die Mehrzahl nicht 10 000 Sesterzen überschritt und sich auf Verkäufe bezog. Es ist verständlich, daß die Summe des Bargeldes, das zu Hause aufbewahrt wurde, unter diesem Wert lag.

Die Überprüfung anderer Münzfunde bestätigt diese Schlußfolgerung: in rund sechzig Fällen variiert die Summe zwischen 100 und 1000 Sesterzen, in sechs Fällen übersteigt sie 500; meistens bewegt sie sich um 200 Sesterzen. Geldmengen dieser Größenordnung fand man meist in den Beuteln derer, die vor der Katastrophe flohen und außerdem noch ein Familienschmuckstück, ein oder zwei Goldstücke und einige Denare oder auch nur Denare mit sich führten. Ein Ladenbesitzer hatte seine Kasse geleert; man fand nur noch die Bronzemünzen darin.

Zahlreicher noch sind die Funde, die uns den Inhalt des Geldbeutels pompejanischer Stadtbewohner zeigen: die Bronzemünzen übersteigen selten den Wert von 30 Sesterzen, meist bewegt sich die Summe zwischen 2 und 20 Sesterzen. Arme Leute – und deren gab es eine Menge – hatten nur einige As in ihrem Beutel; dies mußte für ihre Ernährung genügen.

Der Preis einiger Bedarfsartikel

Der Preis der Bedarfsartikel mußte dem bescheidenen Ausmaß des Geldumlaufs angepaßt sein. Hier nun – wie der Katalog eines modernen Kaufhauses – die Preisliste, die man anhand der pompejanischen Graffiti hat aufstellen können:[67]

Lebensmittel:

ein *modius* (6,503 kg) Roggen	12 As = 3 Sesterzen
ein *modius* (6,503 kg) Weizen	30 As = 7 Sesterzen, 2 As
ein *modius* (6,503 kg) Lupinen	3 As
eine *libra* (0,328 kg) Öl	4 As = 1 Sesterze
ein Maß einfachen Wein	1 As
ein Maß Falerner	4 As = 1 Sesterze

Geschirr:

ein Breitopf	1 As
ein Teller	1 As
ein kleines Trinkgefäß	2 As
ein Eimer	9 As = 2 Sesterzen, 1 As
eine Lampe	1 As
ein silbernes Sieb	90 Denare = 360 Sesterzen

Kleidung:

eine Tunika	15 Sesterzen
Reinigung einer Tunika	1 Denar = 4 Sesterzen

Tiere:
    ein Maultier   520 Sesterzen

Sklaven:
    zwei Sklaven   5048 Sesterzen

Lebenshaltungskosten. Zur Schätzung der Lebenshaltungskosten verfügen wir über einen Basiswert, den Preis von einem Maß Getreide; entsprechend kostet ein Pfund Brot etwas weniger als ein As.[68] Selbst der Ärmste konnte seinen Hunger stillen. Dem recht niedrigen Brotpreis sind die bescheidenen Kosten für gewisse lebensnotwendige Dinge angepaßt. Einfache Möbel und Geschirrstücke konnte sich jeder leisten. Für neun aufeinanderfolgende Tage haben wir eine Art Haushaltsbuch, in dem nicht nur die Lebensmittel verzeichnet sind, sondern auch einige außergewöhnliche Ausgaben. Hier nun die Liste im Detail:

8. Tag vor den Iden:
    Käse   1 As
    Brot   8 As
    Öl   3 As
    Wein   3 As   Summe: 15 As

7. Tag vor den Iden:
    Brot   8 As
    Öl   5 As
    Zwiebeln   5 As
    Breitopf   1 As
    Brot für den Sklaven   2 As
    Wein   2 As   Summe: 23 As

6. Tag vor den Iden:
    Brot   8 As
    Brot für den Sklaven   4 As
    Grieß   3 As   Summe: 15 As

5. Tag vor den Iden:
    Wein für den *domator*   16 As
    (Dompteur?)

Brot	8 As	
Wein	2 As	
Käse	2 As	Summe: 28 As

4. Tag vor den Iden:

Hxeres (?)	16 As	
Brot	2 As	
Femininum (?)	8 As	
Spelt	16 As	
Bubella (?)	1 As	
Datteln	1 As	
Weihrauch	1 As	
Käse	2 As	
Blutwurst	1 As	
Weichkäse	4 As	
Öl	7 As	Summe: 59 As

3. Tag vor den Iden:

Servato (?) aus den Bergen	17 As	
Öl	25 As	
Brot	4 As	
Käse	4 As	
Lauch	1 As	
Teller	1 As	
Eimer	9 As	
Lampe	1 As	Summe: 62 As

2. Tag vor den Iden:

Brot	2 As	
Brot für den Sklaven	2 As	Summe: 4 As

Vortag der Iden:

Brot für den Sklaven	2 As	
Grobes Brot	2 As	
Lauch	1 As	Summe: 5 As

Iden:

Brot	2 As
Grobes Brot	2 As

Öl	5 As	
Grieß	3 As	
Für den *domator* einen		
kleinen Fisch	2 As	Summe: 14 As

Für neun Tage ergibt sich eine Gesamtsumme von 225 As, d. h. eine durchschnittliche Tagesausgabe von 25 As für drei Personen, pro Person also etwas mehr als 8 As. Gewisse Einkäufe auf dieser Liste verraten, daß wir es hier mit Pompejanern zu tun haben, die in bescheidenem Wohlstand leben. Für eine Familie mit drei Personen, darunter ein Sklave, brauchte man in diesem Milieu also sechs Sesterzen und ein As pro Tag. Diese Angabe wird von anderen Quellen bestätigt: von Öl- und Zwiebelpreisen einmal abgesehen, werden für Wein 5 1/2 As, für Käse 5 As, für Holz 3 As, für einen unbekannten Gebrauchsgegenstand 3 1/2 As berechnet; das ergibt eine Summe von 17 As = 4 Sesterzen, 1 As.[69] Auch beim Kauf von einer doppelten Ration Öl (10 As), von Heu (16 As), Stroh (5 As), Grieß (6 As), *diaria* (?) (5 As) und *viaria* (?) kommt man nicht über 10 Sesterzen hinaus.[70] Ein anderer Pompejaner kauft Holz für eine unbestimmte Summe, *procu* (?) für 4 As, Brot für 6 As, ein kleines Trinkgefäß für 2 As, Mangold für 1 As, Senf für 1 As, Minze für 1 As, Salz für 1 As, zusammen 4 Sesterzen.[71]

Der Schatz von Boscoreale

Es ist ganz natürlich, daß ein einigermaßen wohlhabender Pompejaner 2 bis 20 Sesterzen bei sich trägt; eine Familie, die zu Hause 1000 bis 10 000 Sesterzen[72] aufbewahrt, ist für pompejanische Verhältnisse reich. Eine Ausnahme, die die Regel bestätigt, ist der Schatz von Boscoreale[73], der abgesehen von dem Silberzeug ausschließlich aus Goldmünzen besteht. Man fand bei der Loge des Türhüters 21 *aurei* (das entspricht 2100 Sesterzen), in der Wand über dem Vorratskeller 16 *aurei* (1600 Sesterzen), in der Börse des Mannes, der das Silber wegtragen wollte, 1000 *aurei* von der Zeit des Augustus bis zu Domitian (100 000 Sesterzen), macht zusammen genau 103 700 Sesterzen. Ein flüssiges Kapital solchen Umfangs war nicht

für die Deckung der laufenden Betriebskosten bestimmt. Es stellt
eine Summe dar, die möglicherweise in einen neuen Besitz hätte investiert werden sollen.

Gewinne aus der Landwirtschaft und Preis eines Besitztums

Wir wissen ungefähr, was der Besitz von Boscoreale einbrachte.[74]
Die jährliche Weinproduktion von 175 *culei* (938 Hektoliter) hatte
einen Wert von 300 mal 175 = 52 500 Sesterzen, wenn man als Be-
rechnungsgrundlage den Verkaufspreis der einfachsten Qualität
nimmt. Da es sich aber um besonders guten Wein handelte, muß
man die Summe verdreifachen und kommt auf einen Jahresbetrag
von 157 500 Sesterzen. Zählt man die Einnahmen aus der Ölgewinnung hinzu, kommt man leicht auf 200 000 Sesterzen. Da der Rein-
gewinn aus der Landwirtschaft zumindest in Kampanien bei ungefähr 15 % lag, ergibt sich eine Summe von ungefähr 30 000 Sesterzen, die zurückgelegt werden konnte. Der Schatz umfaßt die Einkünfte
aus drei Jahren. Die Summe, die man gefunden hat, läßt sich also
aufschlüsseln und paßt demnach auch in den ansonsten bescheidenen
Rahmen der pompejanischen Wirtschaft. Dank der Steuer *ob avitum*, die der Bankier L. Caecilius Iucundus im Auftrag der Kolonie
in Pacht hatte[75] – 6000 Sesterzen pro Jahr für einen *ager vectigalis* –,
können wir den mittleren Preis eines Gutes leicht berechnen; die
Steuer beträgt 6 % des Bodenpreises;[76] ein mittleres Gut kostete
also 100 000 Sesterzen.[77] Die Reichen konnten mit Hilfe ihrer Einnahmen ihren Besitz weiter abrunden, damit ihre Einkünfte auf-
stocken und dank ihres Geldes entsprechend auftreten.

Wenn unser Bild vom pompejanischen Lebensstandard komplett
sein soll, müßten wir den Lohn der Arbeiter kennen. Er war bestimmt niedrig, und die Angehörigen der freien Plebs lebten sehr
bescheiden. Doch dank der niedrigen Preise für Brot und die nötigen
Bedarfsartikel gab es weder schreiendes Elend noch die Gefahr eines
einschneidenden sozialen Bruchs. Die Welt der Sklaven und Freigelassenen kreiste um die Klasse der Reichen und profitierte ebenso
von deren durchaus nicht uneigennütziger Freigebigkeit wie von

ihrem Wohlstand. Schenkungen und die urbanistische Politik, die
oft zu Lasten der Besitzenden ging, sicherten die Neuverteilung des
Kapitals. Auch die Religionen boten Gelegenheiten genug, Elend
und Groll zu vergessen; in mystischer Schwärmerei rissen sie für
einige Zeit die sozialen Schranken zwischen Geschäfts- und Arbeitswelt nieder.

Fünftes Kapitel
Die Gegenwart des Heiligen

Nichts ist alltäglicher als die Religion. Der Pompejaner ist – wie
jeder Mensch in der Antike – vom Heiligen umgeben. Weder im
Haus noch auf der Straße, weder bei der öffentlichen noch bei der
privaten Zeremonie kann er sich der Gegenwart der Götter entziehen, die er verehrt und an deren Existenz er gerne in der Dekoration
seiner Wohnräume und in den Fassaden-Ornamenten seines Hauses
erinnert. Landverbunden und bäuerlich wie die Bewohner Pompejis
sind, zeigen sie ihr Festhalten an der Tradition durch die Verehrung
von Göttern der Natur und der Fruchtbarkeit. Die primitive Naturreligion ist noch nicht erloschen, als griechische und orientalische Religionen das religiöse Gedankengut Roms überschwemmen. Verführt
vom Hellenismus, der in der Vergangenheit ihrer Stadt wurzelte,
haben die Pompejaner die Götter Roms aufgenommen, noch bevor
sie sich der politischen Herrschaft Roms beugten. Aber die römische
Religion ist so durchdrungen von heterogenen Elementen, daß der
Hafen am Sarno die orientalischen Kulte aufblühen sieht, ohne daß
man daran auch nur im geringsten Anstoß nimmt. Der religiöse
Synkretismus war in der Tat schon weit fortgeschritten, und der
Kaiserkult, Quelle und Ziel jeder Erhebung des Herzens und Ge-
mütes, nahm in einem Alltag, der bereits ganz vom Göttlichen
durchdrungen war, schließlich die Vorrangstellung ein.

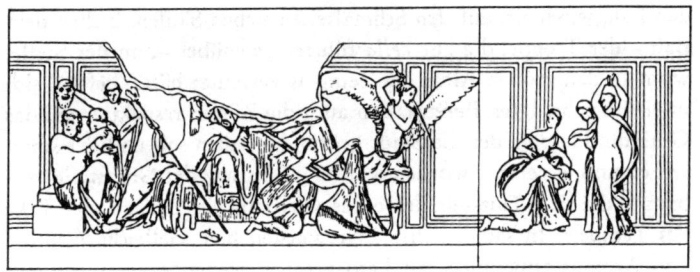

Abb. 22. Zentrale Szene in der Megalographie der Mysterienvilla

Nacheinander wendet sich die Verehrung der Pompejaner einer der drei Triaden zu: der Trias der Schutzgottheiten der Stadt Herkules, Bacchus-Liber, Venus; der kapitolinischen Trias Jupiter, Juno, Minerva und der Trias der Isis-Religion Isis, Serapis, Anubis. Doch der religiöse Konservatismus widerstrebt dieser Vereinfachung, denn oft sind die genannten Triaden gleichzeitig präsent; es kommt zu Kontakten und Osmosen, die für das Bewußtsein des antiken Menschen ganz natürlich sind.

Die Trias Herkules, Bacchus, Venus

Martial[1] stellt in einem Passus seiner »Epigramme«, den wir bereits zitiert haben,[2] Pompeji unter den dreifachen Schutz von Herkules, Bacchus und Venus. Dies ist nicht die Laune eines Dichters, denn N. Popidius Florus, der einer alten samnitischen Familie angehört, erstellt eine Weihe-Inschrift in seiner *villa suburbana*, die sich an Venus, Liber (d. h. Bacchus) und Herkules wendet.[3] Die Trias schützte vor allem den Weinbau am Vesuv.

Herkules und sein Tempel (Abb. 35). Der älteste noch existierende Tempel Pompejis, der griechische (dorische) Tempel am Forum triangulare, der im 6. Jahrhundert v. Chr. erbaut worden war, war zweifellos Herkules, dem legendären Gründer der Stadt, geweiht. Nur wenig ist noch von dem Bauwerk erhalten; es muß gegen Ende der Samnitenzeit in Flammen aufgegangen sein. Es handelte sich um ein Gebäude mit einem Pseudo-Peripteros; die Kolonnade hatte auf

den Langseiten elf, auf den Schmalseiten sieben Säulen. Neben dem
Bau – der Treppe, die zur *cella* führte, gegenüber –, an der Stelle,
wo man den großen Altar des Tempels vermutet hätte, befand sich
in einem geheiligten Bereich, den auch die Römer respektierten, das
Grab des Heroen, der die Stadt gegründet haben soll und der schon
seit eh und je verehrt worden war. Die Existenz der Grabstelle ver-
bannte die drei Tuffsteinaltäre aus vorrömischer Zeit an eine Ecke
des Tempels. In samnitischer Zeit wurden hier vielleicht Apollon
und Artemis zusammen mit Leto verehrt, wenigstens am Anfang;
später dürfte der Tempel Minerva geweiht gewesen sein, wie eine
oskische Inschrift angibt. Der alte Kult[4] trat zwar offiziell zurück,
lebte aber weiter in verschiedenen Lararien: häusliche Heiligtümer
nahmen die Statuette des Herkules oder Bilder auf, die ihn mit der
Keule bewaffnet und bekleidet mit dem Fell des Nemeischen Löwen
zeigen.[5] Herkules wurde unter dem Namen Καλλίνεικος[6] angerufen
und scheint in ganz Pompeji irgendwie gegenwärtig gewesen zu sein.
Pinarius Cerialis gehört zu einer Priesterfamilie, in der der Kult des
Herkules aus Tradition gepflegt wurde. In seinem Haus (III, 4,4)[7]
erinnert ein Gemälde an die Begegnung zwischen Herkules und
Evander und an die Stiftung der Ara Maxima. Man hat ein bronze-
nes Opfermesser gefunden nebst einem von glasartigem Firnis über-
zogenen Terrakotta-Gefäß (σκύφος), mit dem der Priester des Herkules Trankopfer aus unvermischtem Wein (ἀκρατοπῖνον) darbrachte.

Bacchus-Liber und das Bacchanal. Mit dem Kult des Herkules war
der des Bacchus-Liber verbunden, der schon lange in der Gegend
von Pompeji heimisch war. Im Dezember 1947[8] hat man auf dem
Hügel von S. Abbondio 700 m südlich vom Amphitheater einen
Vorstadttempel gefunden, der dionysischen Gottheiten geweiht war,
ein »Bacchanal«. Auf dem Giebel aus Tuffstein erkennt man die
Personen des bacchantischen Thiasos (Festschwarm), Dionysos und
Ariadne, die sich in heraldischer Manier rechts und links von einem
bändergeschmückten Thyrsos (Stab) gegenüberstehen. Auf der Seite
von Dionysos sind ein Silen und ein Panther dargestellt, auf der
Seite Ariadnes Eros mit einem Fächer und ein Schwan oder eine
Ente. Der Tempel enthielt, wie auf Thasos und Delos, eine Art

στιβάδειον (eine dreiseitige Liegebank für sechs Personen). Der vor-römische Bau geht in seinen ältesten Teilen in das 3. und 2. Jahr-hundert v. Chr. zurück. Maras Atiniis, ein Aedil des samnitischen Pompeji, hat den Altar geweiht. Es ist erstaunlich, daß die Krise, die mit dem Verbot dionysischer Vereinigungen im Jahre 186 ihren Höhepunkt erreichte, den Dionysoskult in Kampanien, das ganz besonders an seiner Verbreitung beteiligt gewesen war, nicht zer-stört hat.[9] Der Text des Senatsbeschlusses war nämlich eindeutig: die Konsuln befahlen die Beseitigung aller Kultstätten binnen sechs Tagen nach Erhalt des Erlasses. Es ist selbstverständlich, daß die Zeremonien weder bei Privatleuten noch auf öffentlichem Territo-rium, noch außerhalb der Stadt stattfinden durften; der Tempel von S. Abbondio fiel also offenbar unter das Verbot. Doch der Gesetz-geber unterschied etwas spitzfindig zwischen aufrührerischen und kultischen Zeremonien. Der Senat kämpfte gegen geheime Zusam-menkünfte von Mysten, die sich Ausschweifungen hingaben, nicht gegen die Verehrung von Bacchus-Liber, die sich nicht ohne Eingriffe in die Religion aufheben ließ. Am Ende einer langen, komplizierten Prozedur konnte man eine Sondergenehmigung bekommen; zwei-fellos war dies den Pompejanern gelungen, denn das Heiligtum bestand bis zum Untergang der Stadt. Man kann sogar sagen, daß die Begeisterung für Bacchus immer weiter wuchs: der dorische Tempel war nach dem Erdbeben von 62 nicht wiederaufgebaut wor-den, wohl aber das Bacchus-Heiligtum. Es wurde sogar um zwei Speisesäle und einen Versammlungsraum erweitert, was den Wohl-stand der Dionysos-Gemeinde beweist. Zu ihr dürften auch N. Popi-dius Florus und viele andere Grundbesitzer gehört haben, die den Gott des Weines als Garanten ihres Reichtums und ihres Heiles verehrten.

Der dionysische Garten. Diese Anhänglichkeit zeigt sich in unzäh-ligen Kunstwerken. Der Pompejaner lebte in einer dionysischen Atmosphäre, denn alles – in seinem Garten wie in der Dekoration seines Hauses – verband ihn mit diesem Gott, der der primitiven Naturreligion nahesteht. Die Pflanzen, aus denen Girlanden ge-flochten werden, gehören ihm: Trauben und Efeu sind ihm heilig. In der Casa degli Amorini dorati (VI, 16,7) sind Schnüre und Masken

in den Girlandenschmuck zwischen den Säulen eingefügt; man kann
den Schmuck des pompejanischen Peristyls durchaus als dionysisch
bezeichnen.[10] In einem Garten aus vorrömischer Zeit ist das Treiben
des Dionysos und der Satyrn dargestellt. Die Lustgärten nahmen
so die dionysischen Symbole auf. Die Casa degli Amorini dorati
(VI, 16,7) liefert das beste Beispiel für diese mystische Strömung.
Zwischen Efeuranken eingestreut, weisen Basreliefs auf den Kult
des Gottes hin: Theatermasken und bacchantische Hermen erinnern
an das Satyrspiel, das mit dem Garten und mit Dionysos in Verbindung steht. Die symbolische Inszenierung bei einem Hausbesitzer,
der seine Verehrung zwischen den kapitolinischen Gottheiten und
ägyptischen Göttern teilt, will eine ländliche Atmosphäre schaffen;
über den Garten verstreute Tierstatuetten helfen dabei: ein kleines
Wildschwein mit einem Hund auf seinem Hinterteil, der ihm gerade ins Ohr beißt, ein Hund und ein Hase. Auch bei den Vettiern
(VI, 15,1) trägt die Gartendekoration dionysische Züge.
Rund um die Lararien, die oft im Garten aufgestellt werden, da
sich der *Lar* nach und nach in das Gefolge des Dionysos eingefügt
hat, siedeln sich die Mänaden an und alle Arten von Statuen, die
zur religiösen Ornamentik gehören: Silene, Faune, Dionysos selbst,
Nymphen und Satyrn, Hermaphroditen. Der wasserausgießende
Faun wird zu einem beliebten Brunnenmotiv und erobert sich einen
festen Platz in den Gärten. So wird der Garten zum geeignetsten
Milieu für den bacchantischen Thiasos; der Gott des Weines wird
zu einem Gott der Vegetation; er wandelt den echten Garten in
einen Theatergarten um, wo ein Satyrspiel ohne Ende abrollt. Für
den Pompejaner ist der Garten das Asyl für einen Heilsgott, in dem
sich eine religiöse Konzeption verewigt, die der primitiven Naturreligion nahesteht und die andererseits einen Zug ins Dramatische
hat, welcher den Sinn für das Mystische und das stärker entwickelte
Religionsverständnis anspricht.

Dionysische Dekoration. Der Gott und seine Begleiter erscheinen
auch in der Dekoration der Räume des Hauses.[11] Die Kindheit des
Gottes ist ein bei den Künstlern besonders beliebtes Thema. Bei
Lucretius Fronto z. B. (V, 4,11) begleiten Satyrn und Mänaden
einen mit weißen Stieren bespannten Wagen, auf dem der alte Silen

sitzt und den Dionysos-Knaben auf den Knien hält, der wie ein Triumphator empfangen wird. Viele Bilder stellen dar, wie der junge Gott die schlummernde Ariadne auf Naxos findet. Bei den Vettiern (VI, 15,1) wohnt das liebende Paar dem Wettkampf von Pan und Eros bei. Anderswo inspiriert der bacchantische Thiasos mit seinen betrunkenen Silenen, Satyrn und Bacchantinnen Bilder, die eher humoristisch als religiös gefärbt sind.

Die Dekoration der Lararien, in denen Bacchus einen wichtigen Platz erobert hat, enthält eine tiefere Bedeutung. Mit Efeu gekrönt, in eine rote Chlamys gekleidet, in der Hand eine Weintraube und den Thyrsos, wird Bacchus Jupiter und Herkules beigesellt; oft gibt er einem Panther zu trinken; seine Geste gleicht dabei der der Laren. In dem Zimmer, in dem sich das Lararium der Casa del Centenario (IX, 8,3) befand, hat man ein Gemälde gefunden, wo Dionysos, in eine riesige Weintraube gekleidet, in einer Landschaft erscheint, die vom Vesuv beherrscht wird.[12]

Wir werden auf die dionysischen Mysterien anläßlich der großen Bildkomposition in der Mysterienvilla zurückkommen. Für den Augenblick mag der Hinweis genügen, wie sehr die dionysischen Elemente die religiöse Atmosphäre Pompejis geprägt haben.

Venus Fisica. Die dritte Gottheit der Triade ist Venus, die der Stadt in besonderer Weise verbunden ist. Sie heißt »Venus Fisica«[13], ein Epitheton, das sich nur in süditalienischen Inschriften findet; seiner Bedeutung nach entspricht es dem griechischen σύντροφος und dem lateinischen *alma*. Es handelt sich um die Venus Physica, die der Epikureer Lukrez besingt; die Lehre Epikurs war in Kampanien weit verbreitet; die Pompejaner kannten Verse des Autors von »De rerum natura«[14] auswendig. Die *Venus Fisica* trägt auch den Namen *Venus Fisica Pompeiana*[15] oder kurz *Venus Pompeiana*[16]. Die Künstler stellen sie um so lieber dar, als sich durch die römische Besetzung ihre Verehrung noch verstärkt hat, da sie mit der Venus Sullas verbunden wurde. Der Diktator gibt seiner neuen Kolonie den Namen *colonia Veneria Cornelia*[17]. So bildet sich ein offizieller Typus für die Darstellung der Venus heraus, wie er auf einem Gemälde eines Ladens in der Via dell'Abbondanza zu finden ist: die Göttin steht da in majestätischer Haltung, in eine lange Tunika und

einen malvenfarbigen Mantel gekleidet. Auf dem Kopf trägt sie
ein goldenes Diadem, in der rechten Hand hält sie einen Ölzweig;
die Linke stützt sich auf ein umgekehrtes Steuerruder und hält ein
Zepter. Sie ist also gleichzeitig auch Fortuna. Auf der Außenwand
der Werkstatt des Tuchfabrikanten und -händlers M. Vecilius Verecundus (IX, 7,6) entfaltet sich ihre Majestät in einer Symphonie
von Farben und harmonischen Posen. In azurblaue Gewänder gehüllt, steht sie auf einer mit Elefanten bespannten Quadriga; sie
trägt eine goldene Krone, in den Händen hält sie die oben beschriebenen Attribute ihrer Macht. Sie erscheint als die triumphierende
Fortuna, die Kranz und Palme verdient, gereicht von zwei kleinen
Amoretten. Rechts und links vom Wagen erscheinen zwei weitere
Gestalten: eine Frau, die auf einer Kugel steht, die Rechte auf
einem Steuerruder, in der Linken ein Füllhorn; sie stellt Tyche-Ne-
mesis dar, die Herrin der Welt; der *Genius Publicus* von Pompeji
hat in der Rechten eine Patera (Opferschale), in der Linken ein
Füllhorn.

Dieser kanonische Typus der königlichen Venus, der Siegerin und
Beherrscherin der Welt, zeigt deutlich genug, daß Venus in Pompeji
als offizielle Gottheit verehrt wird und daß man von ihr Glück und
Wohlstand erwartet. Ihre Verbindung zur Naturreligion bleibt dabei eng. Sie ist die Erbin der ländlichen Aphrodite, sie ist die Venus
der Gärten; so erklärt sich die Existenz von Priesterinnen der Venus
und Ceres, wie z. B. Alleia[18], in Pompeji; man kann sich sogar fragen, in welchem Maße die öffentlichen Priesterinnen Venus und Ceres gleichzeitig dienten.[19] Ceres hat nämlich die Wesenszüge der
ländlichen Venus ganz übernommen. Ihre Verbindungen zu Bacchus
sind sehr eng. Wie Liber schirrt sie Elefanten an ihren Wagen. Priapos galt ja in Lampsakos als Sohn des Dionysos und der Aphrodite.
Auch in Kampanien sind die Verbindungen zwischen Priapos und
Venus deutlich. Priapos schmückte in früheren Zeiten den ländlichen
Garten, dann wurde er durch sein Attribut, den Phallos, ersetzt, ein
apotropäisches Emblem, das den bösen Blick ablenken sollte. Er
wacht über die Fruchtbarkeit der Weinberge und Gärten im Tempel
der pompejanischen Venus, der auf einem Gemälde dargestellt ist,
das die Hochzeit von Herkules mit Hebe zum Thema hat. Seine Sta-

tue steht rechts vom Standbild der Göttin, links von ihr findet sich
eine Statue des Amor.

Venus als offizielle Gottheit. Daß die pompejanische Venus zur
offiziellen Stadtgottheit wurde, dazu hat ihr die Venus Felix, die
Patronin Sullas, verholfen. Die Venus Pompeiana gerät unter den
Einfluß der dionysischen Mysterien und erhält durch die Erfolge
Sullas die Symbole der Fülle und Fruchtbarkeit. Hat nicht Sulla
die Füllhörner auf die Rückseite seiner Münzen prägen lassen, als
er nach Rom zurückkehrte und seine Veteranen in Pompeji unter-
brachte? Venus erhält so auch eine politische Bedeutung; ihre Anrufung verbindet sich mit der der Roma[20]. So erklärt sich, daß die
trojanische Venus, die Ahnin des Aeneas und der Iulii, einen so bedeutenden Platz auf pompejanischen Bildwerken einnimmt, mag sie
dabei auch eine leicht erotische Nuance gewinnen, wenn der Künstler in idyllischem Rahmen ihre Liebe zu Mars darstellt.

Der Tempel. Die Venus Pompeiana hatte ein Heiligtum im Süden
der Stadt, dessen hohe Umfassungsmauern sichtbar sind, wenn man
von der Porta Marina aus in Richtung Forum geht. Vom Tempel
selbst sind nur armselige Ruinen übriggeblieben. Der Vulkanausbruch hat Rekonstruktionsarbeiten ein Ende gesetzt, die noch in den
Anfängen steckten.[21] Vor dem Jahre 62 beherrschte der Tempel den
steilen Lavafelsen über der Küste und diente sicher auch den See-
leuten als Merkzeichen, die Venus als Schutzgöttin verehrten. Wir
sind weit entfernt von der ursprünglichen kampanischen Venus, der
Schützerin der Gärten. Die Venus Pompeiana in ihrer majestätischen
Pose findet auch in den Lararien einen Ehrenplatz[22] und wird vom
Hausherrn geehrt.

Im Kult der ersten Trias findet der unbewußte Hang der Pompejaner zur Naturreligion seinen Ausdruck. Den drei Gottheiten kann
man Flora hinzugesellen, eine ländliche Göttin, die die Samniten
unter dem Namen »Flussai«[23] verehrten und die eine ähnliche Entwicklung durchgemacht hat wie die Venus; sie wurde schließlich zur
Schutzgottheit der pompejanischen Jugend, der *iuventus,* die sich in
der Palästra tummelte.

Die kapitolinische Trias

Die zweite, die kapitolinische Trias ist – wie wir genau wissen[24] –
kein etruskisches Erbe. Der Tempel des kapitolinischen Jupiter (Jupiter-Tempel) stammt erst aus der zweiten Hälfte des 2. Jahrhunderts; wiederaufgebaut wurde er zuletzt in republikanischer Zeit.
Der politische Kult der kapitolinischen Trias, das Symbol der Anerkennung der römischen Oberhoheit, kann erst nach der Gründung
der sullanischen Kolonie an Bedeutung gewonnen haben.

Der Tempel des kapitolinischen Jupiter. Der Jupiter-Tempel[25]
(Abb. 7) beherrscht das Forum; er ist wie die Tuffsteinkolonnade
des samnitischen Forums ausgerichtet. Nach der Zerstörung durch
das Erdbeben im Jahre 62 war er 79 noch nicht wiederaufgebaut. Er
stand auf einem 3 m hohen Podium und war 37,5 m lang; die *cella*
nahm fast die Hälfte der Länge ein. Vor der *cella* lag eine tiefe
Kolonnade aus 8,40 m hohen Säulen, je sechs an der Zahl in der
vorderen und in der seitlichen Reihe. Zu dem Tempel selbst gelangte man über zwei schmale Treppen, die sich nach oben hin er-
weiterten und schließlich die ganze Breite des Baues einnahmen.
Durch diese bauliche Besonderheit verfügte man vor dem Tempel
über eine erhöhte Rednertribüne, über ganz ausgezeichnet plazierte
»Rostren«. Mitten auf der Plattform stand ein Altar, wie er auf
dem Basrelief im Lararium des L. Caecilius Iucundus abgebildet ist.
Portikus und *cella* waren mit einer Kassettendecke versehen; die
cella war besonders reich ausgestattet. Eine Reihe ionischer Säulen
schmückte die Langseiten; auf ihrem Gesims trugen sie eine Reihe
korinthischer Säulen. An der Rückwand der *cella* erhob sich ein
Sockel, an dessen Basis drei kleine Kammern ausgespart waren. Der
Sockel war für drei Götterbilder bestimmt, die Kammern dienten
für kultische Handlungen. In der *cella* fand man eine Weihe-Inschrift an Iupiter Optimus Maximus aus dem Jahre 37 n. Chr.[26]
und einen Jupiter-Kopf; beide Funde beweisen, daß hier der Herr
des Olymp und seine beiden Mitgottheiten, Juno und Minerva,
verehrt wurden. Der Kopf kann durch seine Gesichtsbildung und
die außergewöhnlich üppige Haar- und Barttracht, Zeichen der
Macht, mit der Zeus-Büste von Otricoli verglichen werden. Doch

der Gesichtsausdruck des Zeus von Otricoli ist finster und voll göttlicher Würde, während der pompejanische Jupiter die Weisheit und Majestät eines Monarchen ausstrahlt, der seiner selbst und seiner Entscheidungen sicher ist. Er versinnbildlicht die römische Herrschaft; man versteht recht gut, warum dieser Tempel zum wichtigsten Heiligtum geworden ist und die Seite des Forums einnimmt, die der Kurie gegenüberliegt.

Der Tempel des Zeus Meilichios (Abb. 35). Die kapitolinische Trias wird nach 62, dargestellt durch Keramikstatuen, im Tempel des Zeus Meilichios weiter verehrt, denn sie symbolisiert die Kontinuität des Staates über alle Katastrophen hinweg. Es handelt sich um einen kleinen Tempel in der Nordostecke des Stadtviertels am Forum triangulare mit einem Kolonnadenhof und einem Altar zu Füßen der Treppe. Ein viersäuliger Portikus ist der *cella* vorgelagert, deren *opus reticulatum*-Mauerwerk aus der gleichen Zeit stammt wie das kleine Theater, also aus den ersten Jahren der römischen Kolonie. Das Gebäude hat einen älteren Tempel ersetzt, den eine oskische Inschrift[27] als Tempel des Zeus Meilichios ausgewiesen hat, der an vielen Orten in Griechenland von Bauern verehrt wurde. Auch wenn dieser Kult in Rom beibehalten worden war, so hatte er sich doch mehr oder minder mit dem des Iupiter Optimus Maximus vermischt. Der Tempel war dazu ausersehen worden, in Notzeiten die kapitolinische Trias aufzunehmen.

Öffentlicher und privater Kult

Das Ansehen des Iupiter Optimus Maximus ist so groß, daß er in einer Weihe-Inschrift neben Venus Fisica[28] gestellt wird, und zwar durch Beschluß der Dekurionen. Der offizielle Kult – die Aedilen sorgen für die sakralen Gebäude – wird von Pontifices[29] und Auguren[30] versehen; doch die Trias, zumindest Jupiter und Minerva, werden auch privat verehrt; sie haben ihren Platz in oder über den Lararien. In einem der Häuser (V, 4,3)[31] ist Minerva in einem langen rotvioletten Chiton, der mit Grün abgesetzt ist, und einem gelben Mantel dargestellt; auf der Brust trägt sie das Gorgoneion, auf dem Kopf den Helm mit dreifacher Zier. Mit der Linken stützt sie sich auf eine Lanze, in der Rechten hält sie eine Patera, mit der sie eine Libation auf einem Altar vollzieht. Jupiter sitzt auf einem Thron, über den ein grüner Mantel geworfen ist, seine Füße ruhen auf einem Schemel. Der Oberkörper ist nackt, der Unterkörper in ein rotes Gewand gehüllt; er stützt sein Haupt auf den linken Arm und blickt nach links; das Zepter ist gegen die linke Schulter gelehnt; in der Rechten hält er den Blitz. In einem Garten-Lararium (VII, 2,14)[32] ist Jupiter aufrecht stehend dargestellt; über die Schulter ist eine rote Chlamys geschlungen; mit der Rechten stützt er sich auf ein Zepter, in der Linken hält er einen Adler. Minerva trägt einen bestickten Chiton, auf der Brust ist die Ägis zu sehen, den Kopf ziert ein Helm. In der Rechten hält sie eine Lanze, in der Linken einen Schild. Diese gebräuchlichen Bildwerke beweisen, daß die Pompejaner die römische Tradition übernommen haben und – wie N. Popidius Florus – nebeneinander Platz hatten für die Trias der Naturreligion und die kapitolinische Trias, die von Iupiter Optimus Maximus verkörpert wird.[33]

Der Ursprung des Isis-Kultes

Die Beliebtheit der Trias der Isis-Religion[34] in Pompeji scheint auf den ersten Blick befremdlicher. Aber die römische Religion hat sich stets offen gezeigt für ausländische Gottheiten, wenn nicht die Römer selbst in Krisenzeiten von sich aus eine Erweiterung ihres religiösen Horizontes gesucht haben. Kybele wurde als erste 205 v. Chr. in Rom eingeführt. Wer könnte behaupten, daß ihr Kult hinfort dem italischen Empfinden fremd gewesen sei? Serapis[35] besaß seit 105 v. Chr. einen Tempel in Pozzuoli, der großen internationalen Hafenstadt, wohin die Ägypter mit ihren Waren einige ihrer religiösen Vorstellungen mitbrachten. Die Einführung des alexandrinischen Gottes wurde durch den griechisch-ägyptischen Synkretismus begünstigt, der ihn mit Bacchus identifizierte. Die Pompejaner konnten mit den alexandrinischen Göttern in den Häfen und auch in Delos Bekanntschaft machen, wo wir einen Tempel für die Gottheiten Alexandrias und die Spuren der Tätigkeit kampanischer Kaufleute finden.[36]

Anhänger aus allen Schichten. Die alexandrinischen Gottheiten sind in Pompeji sehr beliebt. Sie wurden verehrt von den niederen Schichten, die lateinisch[37] oder griechisch[38] sprachen, von den Sklaven und den Familien der Freigelassenen, die die Klientel der großen Familien stellten. Auch die freien Nachkommen der Freigelassenen und ehemaligen Sklaven behielten die Verehrung der alexandrinischen Götter bei, die schließlich auch Anhänger in der Aristokratie fanden.

Der Kult, der nach und nach auch die oberen Schichten Pompejis gewann, wurde eine Art offizieller Stadt-Kult. Es ist bezeichnend, daß zu einem Zeitpunkt, als das Kapitol noch nicht wiederaufgebaut war (zwischen 62 und 79), der Nachkomme einer alten samnitischen Familie, N. Popidius Celsinus, der Sohn des N. Popidius Ampliatus und der Corelia Celsa[39], den Isis-Tempel wiederherstellen läßt, den das Erdbeben von 62 völlig zerstört hat.[40] Dieser Sohn eines Freigelassenen[41] ist gerade erst sechs Jahre alt, und die großzügige Geste seines Vaters öffnet ihm die Tore des städtischen Senats; die Aufnahme in dieses Gremium beweist die begeisterte Verehrung der städtischen Aristokratie für Isis, der die *gens Popidia* treu dient.

Die gens Popidia und die Isiaci. N. Popidius Natalis, der Priester der Göttin und das Haupt ihrer Gemeinde, der *Isiaci*, bewohnte eine bescheidene Unterkunft in der Nähe des Isis-Tempels, bestehend aus einem Schlafzimmer, einem Speisezimmer und einer kleinen Küche;[42] sechs Hydrien (Wasserkannen), die vielleicht heiliges Wasser enthalten haben, sind mit seinem Namen gezeichnet.[43] Im Jahre 79 unterstützte die Gruppe der in die Mysterien der Isis Eingeweihten die Kandidaturen von Cn. Helvius Sabinus[44] und Cuspius Pansa[45], zu dessen Gunsten sich auch N. Popidius Natalis ausspricht.

Loreius Tiburtinus. Eine andere Familie, die aus Tivoli (Tibur) stammt, tut sich ebenfalls in der Verehrung der ägyptischen Gottheiten hervor: die Familie des Loreius Tiburtinus, die auch seit langem Isis-Priester stellte.[46] Ein Ahn ist auf einem Bildnis, das das Isis-Heiligtum im Haus (II, 2,2) schmückte, als Isis-Priester dargestellt: sein Kopf ist kahl geschoren, er trägt die traditionelle Leinentunika; in der Rechten hält er das Sistrum, am linken Unterarm hängt der

Eimer mit dem heiligen Wasser. Der Garten war mit neun Statuetten geschmückt, die Pharaonen und ägyptische Gottheiten darstellten. Eine zehnte zeigte einen Ibis im Kampf mit einer Schlange.
Zwanzig Lampen, eine davon mit der Büste des Zeus Ammon, eine
andere mit einer Lotosblüte auf dem Henkel, wurden bei den nächt-
lichen Zeremonien der Isis-Anhänger verwendet. Ein Wasserkanal,
der sogenannte Euripos, erlaubte es, künstliche Überschwemmungen
hervorzurufen, die die Gläubigen an die Fruchtbarkeit bringenden
Nilüberschwemmungen erinnern sollten.

Julia Felix. Noch sprechender sind die Gemälde in den *sacraria*[47]
des Hauses der Julia Felix und in der Casa degli Amorini dorati.
Bei Julia Felix (II, 4,3) ist das Heiligtum unter dem Portikus eingerichtet, der den Garten umrahmt; es ist Isis und den Hauptgott-
heiten der ägyptischen Religion geweiht. Die Wände waren mit
Schlangen und der Trias der Isis-Religion bemalt: Isis, Serapis und
Anubis. Isis sitzt auf einem Thron; über ihrer Stirn erheben sich
Lotosblüte und Mondsichel; Anubis in schwarzen Gewändern, Sandalen an den Füßen, betrachtet Isis. Auf einem Marmortisch an der
Wand des Heiligtums hat man eine silberne Mondsichel und eine
silberne Statuette gefunden, die Harpokrates darstellt.

Cn. Poppaeus Habitus. In der Südostecke des Peristyls der Casa
degli Amorini dorati (VI, 16,7)[48] teilte eine Holzbalustrade ein
kleines Heiligtum vom danebenliegenden Portikus ab. Die Gemälde
auf gelbem, rot gerahmtem Grund zeigen Anubis, in eine Chlamys
gekleidet, Harpokrates, Isis mit der Lotosblüte auf der Stirn und
dem Sistrum in der Rechten, Serapis mit denselben Attributen, zwei
Sistren und eine Kobraschlange. Die Dekoration wird ergänzt durch
eine Alabasterstatue des Horus, eine weibliche Marmorfigur mit
einem Füllhorn und eine große Terrakottalampe mit einem Basrelief, das die ägyptische Trias darstellt. Wir schließen daraus, daß die
Poppaei – wir befinden uns hier im Hause des Cn. Poppaeus Habitus[49] – glühende Isis-Verehrer waren. Daß sie deshalb die kapitolinische Trias nicht vernachlässigten, beweist ein weiteres kleines
Heiligtum, in dem sie ihr die gebührende Ehre erwiesen.

Auch andere Lararien nahmen die ägyptischen Gottheiten auf. Im
Haus der Amazonen z. B. (VI, 2,14) war die Mauer des kleinen

Gartens mit Pflanzenmotiven bemalt; inmitten des Blätterwerks war eine ausgemalte Nische eingelassen; sie beherbergte ägyptische Gottheiten: eine Isityche, einen Osiris und zwei Harpokrates.[50] Dreimal erkennt man Isis Fortuna[51] an der Lotosblüte, an der Mondsichel über ihrer Stirn oder an dem Sistrum, das sie in einer ihrer Hände schwingt.

Dies sind all die Zeugnisse, die beweisen, welch große Verehrung Isis in den pompejanischen Privatkulten genoß; die herrschende Klasse hatte sie mit offenen Armen empfangen. Der Tempel, der ihr zu Ehren errichtet wurde, bestätigt, daß der Kult in der Stadt einen besonderen Platz einnahm.

Der Isis-Tempel (Abb. 35). Der ursprüngliche Tempel[52], der dem Erdbeben zum Opfer fiel, wurde vor der Gründung der sullanischen Kolonie erbaut oder doch zumindest begonnen, sobald die Errichtung des Serapis-Tempels in Pozzuoli im Jahre 105 anzeigte, daß die Zeit der religiösen Freiheit angebrochen war. Als der Tempel nach 62 wieder aufgebaut wurde, behielt man den alten Plan bei; doch die wachsende Beliebtheit der Isis-Religion machte den zusätzlichen Anbau von zwei Räumen auf Kosten der benachbarten samnitischen Palästra nötig.

Von der Straße des Isis-Tempels betritt man einen Kolonnadenhof, in dessen Mitte der Tempel steht. In dem Hof befand sich der heilige Garten; die Kolonnade wird von zwei dicken Pilastern unterbrochen, die für die zum Gottesdienst kommenden Gläubigen einen monumentalen Eingang bilden. Der länglichen *cella* ist eine Fassade vorgelagert, die aus einem Portikus mit sechs Säulen besteht. Ein zugedeckter, mit Früchten gefüllter Opfergraben nimmt eine Hofecke in der Nähe des Eingangs ein. In der anderen Ecke steht ein kleines, tempelähnliches Gebäude; in seiner Nähe finden sich zwei Altäre, ein dritter steht beim Tempel; fünf weitere kleinere Altäre sind zwischen den Säulen aufgestellt. Auf der Südseite zwischen der Kolonnade und dem Großen Theater reihen sich die Räume einer bescheidenen Wohnung.

Die Architektur hat zwar nichts typisch Ägyptisches an sich, doch der Baumeister wollte den Eindruck des Exotischen und Bizarren vermitteln. Rechts und links von der Fassade der *cella* befinden sich zwei vorgezogene Nischen, die mit dem Baukörper nicht organisch verbunden sind. Die Dekoration ist mit Stuck überladen. Von der breiten Treppe an der Fassade abgesehen, führt eine zweite, schmälere an der Hinterseite direkt zur *cella*, in der auf zwei Sockeln die Statuen der Isis und des Osiris gestanden haben. In den Nischen waren Anubis und Harpokrates aufgestellt. Harpokrates wurde auch an dem Altar verehrt, der auf der Ostseite des Hofes dem Tempel gegenüberstand. Die Malerei[53], die den Altar schmückte, zeigt einen Knaben; er hat einen Finger über den Mund gelegt, auf der Stirn trägt er eine Lotosblüte, und er hält ein Füllhorn. Vor ihm schwingt ein Priester in langem, weißem Gewand einen Leuchter in jeder Hand; im Hintergrund ist der Isis-Tempel abgebildet.

Die Mauern der Kolonnade sind mit hellen Farben auf dunkelrotem Grund bemalt. Oberhalb einer roten Partie haben die Säulen die hellen Farben des Marmors genau wie der Tempel selbst. In jedem der Felder, in die die Mauern der Kolonnade eingeteilt sind, ist ein Isis-Priester dargestellt. Die unteren Teile der Wand sind mit Meeresmotiven geschmückt, die daran erinnern, daß Isis die Patronin der Seeleute gewesen ist.

Der Hauptaltar, an dem man den Göttern Opfer darbrachte, steht vor den Stufen der Treppe an der Fassade. Der diensttuende Priester stand auf einem Stein daneben und hatte bei der heiligen Handlung den Tempel zu seiner Rechten. So dürfen wir ihn uns am Morgen der Katastrophe des Jahres 79 vorstellen, als er zum letzten Mal die rituellen Opfer darbrachte. Man hat an der betreffenden Stelle Asche und ausgeglühte Knochen gefunden. Die beiden anderen kleinen Altäre waren den in den Nischen dargestellten Gottheiten geweiht.

Zwei Pfeiler an der Fassadenwand rechts und links von der Treppe waren mit einer dünnen Steinverkleidung versehen und teilweise mit Hieroglyphen bedeckt. Es handelt sich um einen Erinnerungsstein, den Hat, der »heilige Schreiber«, der ἱερογραμματεύς, seinen Eltern und Ahnen zu Ehren aufgestellt hat. Auf dem oberen Teil sind Hat, sein Bruder und Kollege Meran, ihr Vater und Großvater dargestellt, wie sie zu Osiris, dem Herrn des Totenreiches, beten; darunter bringt Hat seinen Eltern und Großeltern Totenopfer dar.

Im unteren Bild beten Meran und seine beiden Schwestern zu Osiris.

Ein Isis-Anhänger, C. Norbanus Sorex. Daß man hier eine Bacchus-Statue gefunden hat, die von N. Popidius Ampliatus gestiftet wurde, darf uns nicht verwundern; Bacchus wurde nämlich mit Osiris identifiziert. An der Mauer waren zwei aus Stuck modellierte Ohren angebracht; sie versinnbildlichen die Aufmerksamkeit, die der Gott den Gebeten seiner Verehrer schenkt. An der Westmauer der Kolonnade, nicht weit von den Ecken entfernt, trugen zwei Sockel die Statuen weiblicher Gottheiten in halber Lebensgröße: rechts eine Isis im archaischen griechischen Gewand, geweiht von L. Caecilius Phoebus[54] im Auftrag der Dekurionen – ein neuer Beweis für den Einfluß von offizieller Seite –, links eine Venus, die sich nach dem Bade das Haar trocknet; Venus wurde mit Isis identifiziert. In der unmittelbaren Nähe dieser Statue war die Herme des C. Norbanus Sorex, ein Bronzekopf auf einem Marmorpfeiler, aufgestellt. Sorex, ein besonders großzügiger Anhänger der Isis, war Schauspieler, der die zweiten Rollen spielte, und *magister* des *pagus Augustus Felix*[55]; an seinem Beispiel zeigt sich, daß die ägyptischen Religionen bei den Freigelassenen sehr beliebt waren. Er ist nicht mit dem Archimimen Sorex, dem Freund Sullas zu verwechseln; denn sein Amt als *magister* eines *pagus,* der den Beinamen *Augustus* trug, beweist, daß er in der Zeit nach 27 v. Chr. tätig gewesen sein muß. Die überaus feine Behandlung der Frisur ohne monotone Stilisierung, das scharf gezeichnete Gesicht mit den vorspringenden Augenbrauenbögen, die starken Wangenknochen, das aufwärts gebogene Kinn, die Nase mit breiten Flügeln und der volle, willensstarke Mund stempeln ihn zu einer starken Persönlichkeit, deren individuell gestaltete Züge sich im Spiel von Licht und Schatten beleben. Das Porträt gehört in eine lokale künstlerische Strömung, die gekennzeichnet ist von kampanischem Schwung und die gegen Ende des letzten Jahrhunderts v. Chr. noch lebendig war. Die ägyptischen Gottheiten machen Eindruck auf die robusten Freigelassenen, die für den Reiz des Orients sehr empfänglich sind.

Die Priesterschaft. Der Kult wird von einer Priesterschaft versehen, die auf den Mauerfeldern der Kolonnade im Hof dargestellt ist.[56]

Der heilige Schreiber, der ἱερογραμματεύς, trägt zwei Sperberfedern an den Schläfen, die daran erinnern sollen, daß ein Sperber den Priestern von Theben eines Tages ein mit einem roten Band umschlungenes Buch gebracht hat, in dem die Vorschriften für den Kult niedergeschrieben waren. Ein zweiter Priester mit einer Hundemaske verkörpert den Gott Anubis. Der dritte trägt Palmen und Ruten; wenn wir Clemens von Alexandrien glauben dürfen, handelt es sich um den Astrologen. Der vierte trägt eine schiffchenförmige Lampe[57], ein Symbol der Isis, der Patronin der Seefahrt. Muß man in dem Priester mit dem Rosenkranz und der Uräusschlange den Propheten oder den Oberpriester sehen? Es scheint nicht so. Ferner ist ein junger Myste dargestellt, der in einer Situla (Bronze-Eimer) die Milch für die rituelle Libation trägt. Dann folgt das Bild des Oberpriesters; er hält das heilige Gefäß, das Hydreion, mit dem Nilwasser, das als Emanation des Osiris gilt. Eine Priesterin schwingt das Sistrum. Alle Priester haben kahlgeschorene Köpfe und glattrasierte Gesichter, tragen Leinengewänder und Schuhe aus Palm- oder Papyrusfasern; ihre große Zahl deutet an, wie beliebt die alexandrinischen Religionen waren.

Die Kulthandlungen. Der Isis-Kult forderte täglich mehrere Zeremonien. Vor Sonnenaufgang[58] betrat der Priester das Gebäude durch den Hintereingang und öffnete weit die Tür in der Tempelfassade. Leinenvorhänge waren im Durchgang aufgespannt, sie verhüllten das Tempelinnere. Dann wurde die Tür des Heiligtums zur Straße hin geöffnet, die Gläubigen traten ein und nahmen vor dem Tempel Platz. Die Vorhänge wurden weggezogen und das Götterbild dem Blick der Betenden gezeigt; sie dankten der Gottheit und bewegten ihr zu Ehren das Sistrum, das Musikinstrument, das in allen ägyptischen Götter-Kulten Verwendung fand. Anschließend verharrten sie sitzend in Gebet und Meditation. Eine Stunde nach Sonnenaufgang endete der Gottesdienst mit der Anrufung der neuen Sonne.

Um zwei Uhr nachmittags fand ein zweiter Gottesdienst statt: die Anbetung des heiligen Wassers.[59] Im Innern des Säulenumgangs um den Tempel, oben auf den Treppenstufen, stehen der diensttuende Priester und seine beiden Akolythen. Der Priester hebt das Gefäß mit dem heiligen Wasser, das aus dem Nil geschöpft ist,[60] zu seinem

Gesicht empor. Seine beiden Assistenten bewegen das Sistrum. Auf
dem Altar vor den Stufen brennt ein Feuer, das ein Priester anfacht.
Rechts und links davon werden weitere Priester von Gläubigen
umringt; rechts im Vordergrund steht ein Flötenspieler.

Feste. Neben den täglichen Gottesdiensten feierten die Priester
prachtvolle Feste; das wichtigste war das *navigium Isidis* zu Ehren
der Isis, der Patronin der Seeleute; es wurde am 5. März gefeiert,
wenn die Seefahrt nach dem Winter wiederaufgenommen wurde.
Diese »Seefahrt der Isis« ist auf den Mauern des Peribolos des Tempels dargestellt: Szenen aus der Schiffahrt und verschiedene Meeres-
tiere sind abgebildet.

Das zweite Fest – die *Isia* – wurde vom 13. bis 16. November gefeiert zum Gedächtnis der Entdeckung des Körpers des Osiris durch
Isis. Die Freude der Gemeinde drückt sich auch in heiligen Tänzen
aus: ein Mann mit dunklem Gesicht und mit einer Krone tanzt vor
den Augen der Gläubigen. Hinter ihm stehen in den offenen Tem-
peltüren die Musiker: eine Frau schlägt das Becken, eine andere das
Tamburin; auf den Stufen stehen Priester und Gläubige; im Vordergrund ein Altar mit brennender Flamme.

Der Isis-Tempel besaß bronzene Feuerbecken, in denen Weihrauch
verbrannt wurde. Der Vorrat an heiligem Wasser, das für rituelle
Waschungen benötigt wurde, war in einem kleinen Gebäude in der
Südwestecke des Hofes untergebracht; seine Stuckreliefs zeigen, wo-
zu das Wasser bestimmt war: ein Gefäß ist eingerahmt von knienden Gestalten, Priesterinnen und Priestern, die ihr Gesicht dem
heiligen Wasser zuwenden; auf den Wandfeldern rechts und links
des Eingangs ist Isis über einem Altar dargestellt; die Seitenwände
sind mit griechisch-römischen Sujets dekoriert: Amoretten, eine mit
einem Weihrauchkästchen; Mars und Venus; Perseus, der Andromeda zu Hilfe eilt.

Die Initiation in den Isis-Kult. Ein großer Saal im Westteil war mit
heiligen ägyptischen Landschaften und Szenen geschmückt, die zeigen, wie Io von Argus bewacht und von Hermes befreit wird und
wie Isis Io in Ägypten empfängt. Der Raum diente als Speisesaal
für die Gläubigen und als Saal für religiöse Veranstaltungen. Ein
kleinerer Nebenraum war für geheime Zeremonien bestimmt. Die

Wände waren mit den Gemälden von Isis, Osiris, dem Apis-Stier, Typhon und Hator geschmückt; außerdem befanden sich darin vier Holzstatuen mit Köpfen, Händen und Füßen aus Marmor, eine weitere Statue aus grünem Stein, die mit Hieroglyphen bedeckt war, und Terrakotten ägyptischer Gottheiten. Ein Vorrat von 58 Lampen mit eisernem Ring legt den Gedanken nahe, daß sich hier nachts die geheimen Initiationsriten der Isis-Diener abspielten, die ihrem vergangenen Leben abschworen und sich verpflichteten, nach der rituellen Wiedergeburt ein reineres Leben zu führen.

Der phrygische Zeus

Die alexandrinischen Gottheiten hatten so ihren streng nationalen Charakter verloren und beherrschten das religiöse Empfinden Kampaniens. Die phrygische Gemeinde ihrerseits verehrte einen phrygischen Jupiter; im April des Jahres 3 v. Chr. ließ der Priester C. Iulius Ephestion, zweifellos ein Alexandriner, im Jupiter-Tempel eine griechische Weihe-Inschrift für den phrygischen Jupiter[61] anbringen, die Zeugnis ablegt von der Liberalität Roms, das nicht nur den Glauben der verschiedenen Völker, sondern auch ihren Kalender respektierte.[62]

Der schwarze Stein. Überraschender ist das Vorhandensein eines unförmigen schwarzen Lavablocks in einer Nische (II, 2,5), ausgespart aus einem Pilaster von rotem Ziegelstein, der die *insula* I, 12 im Osten abschließt.[63] Diese Nische in der Nähe eines Eingangs zu einem *thermopolium* birgt also einen magischen Gegenstand, der – wie die phallischen Embleme die Fruchtbarkeit der Gärten – die Geschäfte schützen sollte. Man hat wohl angenommen, daß der Stein vom Himmel gefallen sei; doch ein solcher magischer Gegenstand konnte nur für einen Orientalen von Bedeutung sein. Das Onomastikon[64] bezeugt die Anwesenheit von Syrern in der Hafenstadt am Sarno, die übrigens auch mit dem großen Umschlagplatz Pozzuoli in Beziehungen standen. Wir dürfen auch mit einiger Wahrscheinlichkeit von der Existenz eines syrischen Kaufmanns ausgehen, der Handelsverbindungen mit Ägypten gepflegt hat, denn in einem weiteren Pfeiler ganz in der Nähe fand sich neben einem

Merkur mit Geldbörse eine weibliche Büste, die Alexandria oder sogar Afrika verkörpert; sie trägt auf dem Kopf eine Elefantenhaut.

Magische Gefäße, pantheische Hände. In dem Haus II, 1,12 hat man magische Gefäße und pantheische Hände gefunden.[65] Auf dem Bauch der Gefäße ist eine Reihe von Gegenständen abgebildet, die eigentlich nicht zueinander passen, eine Pansflöte, ein Brot, eine Eidechse, ein Bukranion (Ochsenschädel), ein Palmwedel, eine Schlange, eine Schildkröte, eine Leiter und eine große Weintraube. Diese Behälter dienten sowohl als Losgefäße wie als Gabengefäße für ländliche Gottheiten. Sie sind – einzig in ihrer Art – ein Dokument für einen geheimnisvollen Zug pompejanischer Religiosität.

Die pantheischen Hände, so genannt, weil sie verschiedene religiöse Zeichen auf sich vereinen, gleichen sich, von einigen Details abgesehen. Es handelt sich um eine rechte Hand, deren Handfläche nach außen gedreht ist; drei Finger sind ausgestreckt, der Ringfinger und der kleine Finger nach innen gekrümmt wie bei der lateinischen Segensgeste. Sie sind von feinnerviger Struktur und tragen die göttlichen Attribute ägyptisch-orientalischen Glaubens. Im unteren Teil des Handinnern ist in einem elliptischen Bogen eine Frau dargestellt, die ihr Kind nährt; bei ihr befindet sich ein großer Vogel. Darüber ist ein Tisch mit einem Kissen zu sehen, der einen Kiefernzapfen trägt. Außerdem ist ein Kelch bei einem brennenden Altar zu erkennen. Auf dem Daumen erhebt sich ein Kiefernzapfen, und es kriecht eine Schildkröte darauf. Auf der Außenseite der Hand erscheint unten der Skarabäus, darüber ein Tisch und ein Paar Zimbeln.

Auf dem Rücken einer anderen Hand ist ein geflügelter Caduceus (Merkurstab), eine Doppelflöte, ein *flagellum,* eine Waage, eine Zibetkatze, eine große bärtige Schlange mit Flügeln zu sehen. In der Handfläche ist eine sitzende männliche Gestalt dargestellt, die mit einer kurzen Tunika und langen Hosen (ἀναξυρίδες) und hohen Schuhen bekleidet ist. Mit der rechten Hand macht sie die lateinische Segensgeste: man erkennt in ihr Zeus Sabazios, dessen thrakisch-phrygischer Kult in Verbindung mit der Verehrung des thrakischen Dionysos in Rom schließlich geduldet wurde. Den pantheischen Händen wurde im wesentlichen apotropäische Wirkung zugeschrieben; sie sollten von den Anhängern des Sabazios, die sich in diesem Haus, Besitz des Sextilius Pyrricus, versammelten, den bösen Blick ablenken. Auf dem Wege des Austauschs drangen so orientalische Einflüsse, die Rom nicht integriert hatte, in Pompeji ein und fanden dort Asyl.

Muß man bei der Aufzählung orientalischer Religionen, die ihre Paradiese einem jeden Gläubigen öffneten, auch dem Christentum einen Platz einräumen? Die Diskussion darüber ist noch offen; sie wird es auch noch lange bleiben und zu heftigen Kontroversen Anlaß geben.

Geheime Christen?

Man darf nicht darauf rechnen, sichere Zeugnisse für die Existenz von Christen zu entdecken, denn der Zeitraum, der die Entstehung der christlichen Lehre vom Untergang Pompejis trennt, ist allzukurz. Die Christen im Kaiserreich mußten den Schlägen ihrer Verfolger ausweichen, denn am Tag nach dem Brand von Rom im Jahre 64 wurden sie für vogelfrei erklärt, und die Bezeichnung Christ kam einem Todesurteil gleich. Die ständige Bedrohung veranlaßte sie, sich zurückzuziehen und ihre Existenz kaum offen zu bekunden. Sie waren in diesem Jahrhundert heimliche Christen, die die wesentlichen Wahrheiten ihres Glaubens hinter Kryptogrammen verbargen, welche auch der Scharfsinn von Gelehrten kaum durchschauen und auflösen kann.

Das magische Quadrat. Am 12. November 1936 glaubte Matteo della Corte auf dem Stück einer Säule der Großen Palästra das berühmte magische Quadrat zu erkennen.[66]

Schon F. Grosser hatte es aufgelöst und las auf zwei senkrecht zueinanderstehenden Linien *Pater noster* eingerahmt von zwei A und Ω; nach seiner Meinung bekundeten die fünf Linien in geheimnisvoller Verhüllung einen Glauben, der auf das Kreuz gegründet und im *Pater noster* ausgedrückt war.

```
    R   O   T   A   S
    O   P   E   R   A
    T   E   N   E   T
    A   R   E   P   O
    S   A   T   O   R
```

Andererseits bildete das zweifache *tenet* in den fünf Linien des Kryptogramms ein Kreuz, dessen Balken außen auf beiden Seiten von A und Ω eingeschlossen waren. Viermal kam das T vor, das verstümmelte Abbild eines Kreuzes.

```
                    A
                    ─
                    P
                    A
                    T
                    E
                    R
    A │ PATER  N  OSTER │ Ω
                    O
                    S
                    T
                    E
                    R
                    ─
                    Ω
```

Im Haus des Paquius Proculus (I, 7,1) wiederholt sich auf einem Graffito das berühmte magische Quadrat. Es wurde bereits 1926 entdeckt, aber falsch gedeutet. Diese Zeugnisse schienen ihrem gelehrten Entdecker und A. Maiuri[67] unzweifelhaft; sie galten als Beweis, daß vor der Katastrophe von 62 in Pompeji eine christliche Kolonie existierte.

Keine Christen in Pompeji. Die Existenz von Christen in Pompeji ist aber mehr als zweifelhaft. Die Apostelgeschichte[68] bezeugt zwar, daß der heilige Paulus in Pozzuoli von »Brüdern« aufgenommen wurde, man darf aber nicht den großen internationalen Hafen mit einer kleinen Provinzstadt gleichsetzen. Wichtig ist vor allem das Zeugnis Tertullians[69], der Ende des 2. Jahrhunderts feststellte, daß »sich weder die Toskana noch Kampanien über die Christen beklagt habe, als das himmlische Feuer Volsinii verbrannte und Pompeji unter den Flammen begraben wurde, die aus dem Berge kamen«. Wenn man trotz Tertullian an die Existenz einzelner Christen glauben will, so hätten diese nie magische Quadrate angebracht, da es ihnen an eingeweihten Lesern fehlte. Die Christen, die Mitte des 1. Jahrhunderts nur in griechischer Sprache beten konnten, kannten zudem nicht die Symbolik des T; die übertragene Bedeutung des A und Ω wurde erst von der Apokalypse Ende des Jahrhunderts festgelegt. Dies alles widerspricht der angeblichen Existenz einer Christengemeinde in Pompeji.

Von welcher Hand könnten dann die magischen Quadrate stammen? Sie sind sicher das Werk heimlicher Besucher, die Ende des 2. oder im Verlauf des 3. Jahrhunderts kamen und die Schätze der verschütteten Häuser plünderten.[70] Alle Anstrengungen, die Graffiti zurückzudatieren und mit ihrer Hilfe die Existenz von Christen in Pompeji zu beweisen, sind also vergeblich.[71]

Eine Amphore, die man 1952 im Haus der Venus (II, 3,3) entdeckt hat, soll mit einem Chrismon gezeichnet gewesen sein. Aber die Kombination von P und X hat hier keine christliche Bedeutung, sie spielt vielleicht auf das Gewicht (P = *Pondo*) – zehn Pfund – des Inhalts an, oder sie ist ein Fabrik- oder Kontrollzeichen oder gibt die Initialen des Fabrikanten oder des Kontrolleurs an.[72]

So bleibt denn nichts von einer christlichen Gemeinde in Pompeji übrig; fromme Illusionen haben jedoch ein zähes Leben. Noch lange wird man von der angeblichen Verbreitung des neuen Glaubens im jüdisch-christlichen Milieu der kampanischen Hafenstadt sprechen.[73]

Der Kaiserkult

Der Pompejaner hat einen Gott auf Erden, den Kaiser; ihm bezeugt er die meisten Ehren. Der Kaiserkult übertrifft alle anderen Kulte; alles Göttliche wird mit dem Kaiser in Verbindung gebracht. **Die großen Ahnen.** Die pompejanische Venus hat zusammen mit der sullanischen Venus direkt zur Verehrung der Ahnen der Iulier und der Sage von der Gründung Roms geführt. Auf dem Forum konnte der Pompejaner die Lobpreisungen des Aeneas und des Romulus lesen[74] genau wie der Spaziergänger in Rom, der sich zum Augustus-Forum begab. Dort lernte er seinen politisch-religiösen Katechismus:

»Romulus, der Sohn des Mars, gründete die Stadt Rom und regierte achtunddreißig Jahre lang. Er war, nachdem er Acro, den König der Caeninenser und Anführer der Feinde, getötet hatte, der erste Anführer, der dem Jupiter Feretrius die Beutewaffen weihte. Er wurde in die Zahl der Götter aufgenommen und Quirinus genannt.«

Auf dem Außenpilaster eines Hauses in der Via dell'Abbondanza war eben die Szene dargestellt, wie der bewaffnete Romulus triumphierend die von seinem Feind Acro erbeuteten Waffen trägt;[75] dasselbe Thema behandelt ein anderes Gemälde im Peristyl des sogenannten Hauses des Romulus und Remus.[76]
Der Bannkreis des Kaisers. Indem der Kaiser Venus, die Geliebte des Mars, des Vaters von Romulus, als Ahnin beanspruchte, zog er alle Triaden in seinen Bannkreis. Im Jahre 37 ruft man Iupiter Optimus Maximus an für das Heil Caligulas.[77] Isis wird *Augusta*[78] genannt von Manilia Chrysa, die in der ägyptischen Göttin die Kaiserin ehrt. Ein Kollegium aus Sklaven und Freigelassenen ehrt Merkur und Maia;[79] vor 14 v. Chr. waren sie *ministri Mercuri et Maiae*, von 14 bis 2 v. Chr. hießen sie *ministri Augusti Mercuri et Maiae*[80], danach ganz einfach *ministri Augusti*[81]. Die Verwandlung war damit abgeschlossen.

Die Rolle der Freigelassenen. Dadurch, daß der Kaiser alles Göttliche mit seiner Person in Verbindung bringt, gibt er allen die Möglichkeit, ihn zu ehren, und sein Kult überbrückt die sozialen und ethnischen Unterschiede. Freigelassene und Sklaven finden sich in den Kollegien, die die Fortuna Augusta, Merkur und Maia verehren. Die Freigelassenen, die im wirtschaftlichen Leben – wie wir gesehen haben – eine bedeutende Rolle spielen,[82] bilden die Kollegien der *augustales,* und die Kolonie belohnt ihre Verdienste, indem sie einigen von ihnen einstimmig die Ehre des *bisellium*[83] zuspricht. Sie versehen den Kult der Laren der Kreuzwege, der *Lares Compitales,* die *Lares Augusti* geworden sind, sie feiern dieselben Zeremonien wie die *vicomagistri* in Rom. Das Leben des an Wahlinschriften so reichen Stadtviertels pulsiert am stärksten, wenn die Blumengirlanden zur Wegkreuzung (*compitum*) gebracht und Wein und Weihrauch geopfert wurden für das Heil des Kaisers und das Glück des Reiches.

So diente eine ganze Hierarchie von Priestern und Priesterinnen[84] – Bürgern und Bürgerinnen der Stadt –, von *augustales* und *ministri* dem Kult des Kaisers und des Kaiserhauses. Wenn die Pompejaner ihren Kaiser preisen, schmücken sie ihn mit allen positiven Eigenschaften, denn die auf *pietas* und *concordia* gestützte Wertewelt konnte ja dem göttlichen Wesen des Kaisers nicht fremd sein. In einer Stadt, in der die Religion im Privatleben so lebendig war und so treu beobachtet wurde, nahm man es gerne hin, daß die Laren des Augustus *Lares Augusti* wurden und daß der Apollo des Augustus sich in einen Apollo *Augustus* verwandelte. Die Pompejaner verstehen – wie alle Untergebenen des Kaisers – unter dem Adjektiv *augustus* eine Verstärkung des *numen,* der göttlichen Kraft; sie schließen das Göttliche in seiner Gesamtheit darin ein.

Der Kaiserkult auf dem Forum. Für den Pompejaner verschmelzen Verehrung und Ergebenheit miteinander. Das Forum singt den Ruhm des Kaiserhauses; man kann sagen, daß man bei seinem Wiederaufbau zwischen 62 und 79 darauf geachtet hat, die Allgegenwart des Kaiserkultes zu unterstreichen (Abb. 7).

Die ganze Südseite des Platzes war mit Reiterstandbildern geschmückt; heute sind sie verschwunden, nur die Sockel sind übrigge

blieben. In der Mitte stand eine Kolossalstatue des Augustus, eingerahmt von einer ebenso großen Reiterstatue des Claudius und einer
Statue der Agrippina; davor ein kleines Reiterstandbild des Nero.
Vor dem Jupiter-Tempel auf der Nordseite trug ein Sockel vermutlich eine Reiterstatue des jungen Drusus, des Sohnes des Tiberius,
oder des Germanicus. Vielleicht handelte es sich aber auch um eine
weitere Kaiserstatue, die des Caligula.

Auf der Südwand des Bogens in der Nordostecke des Forums bar-
gen zwei Nischen die Standbilder der beiden Söhne des Germanicus,
Nero und Drusus, die Opfer der Machenschaften des Seianus, des
Günstlings des Tiberius, wurden.

Das Reiterstandbild des Tiberius krönte den Bogen; im Norden
erhob sich die Statue des Nero auf der Attika eines anderen Bogens
am Schnittpunkt der Straße des Merkur mit der Via di Nola. Das
Forum räumte zwar auch den großen Persönlichkeiten der Stadt
einen Platz ein, aber es kündete in erster Linie das Lob der kaiserlichen Majestät und legte Zeugnis ab von der unerschütterlichen
Loyalität der Pompejaner. Noch wichtiger ist es hervorzuheben,
welchen Raum der Kaiserkult in allen Gebäuden auf der Westseite
des Forums einnahm.

Im **Macellum,** dem Markt, befand sich auf der Achse des Gebäudes
eine Kapelle, die dem Kaiserkult geweiht war. Über fünf Stufen
gelangt man in einen Saal, der in Seitennischen vier Statuen enthielt,
von denen man nur zwei aufgefunden hat: eine stellt Octavia dar,
die Schwester des Augustus, wie sie in der Rolle einer Priesterin eine
Libation und Opfergaben darbringt; die andere trägt die Züge
ihres Sohnes Marcellus, der Hoffnung des Augustus und des Römischen Reiches, dessen unseliges Geschick von Vergil betrauert wurde.
Der Sockel gegenüber dem Eingang muß die Statue eines Kaisers
getragen haben; man hat nur noch einen Arm gefunden, der eine
Erdkugel hält, aber man darf annehmen, daß hier Claudius verehrt
wurde und daß die beiden anderen Nischen Bilder seiner Gattin
Agrippina und seines Adoptivsohnes Nero enthielten. Die Anwesenheit von Octavia und Marcellus darf nicht überraschen, denn der
Kaiser Claudius war durch seine Mutter Antonia Enkel der Octavia,
und von ihr stammten auch Agrippina und Nero ab. Wie Augustus

es gewünscht hatte, herrschte die Linie der Octavia, und Nero war der Stolz und die Hoffnung Roms, wie es in der Vergangenheit der unglückliche Marcellus gewesen war. Auf einem Gemälde hält Nero ein Siegeszeichen mit langem Schaft in der Hand; auf einem Haufen von Waffen sitzend, mit dem Siege gekrönt und beladen mit Beutewaffen, erklärt er sich als neuer Romulus.[85] Neben der Kapelle befand sich ein Raum mit einem Trankopferaltar; hier nahm ein religiöses Kollegium seine rituellen Mahlzeiten ein; man weiß nicht genau, ob es sich um das Freigelassenen-Kollegium der *seviri augustales* oder um ein aristokratisches Kollegium wie die *sodales augustales* in Rom handelte.

Im **Laren-Heiligtum** äußert sich der Wille der Stadt, die Götter nach dem Erdbeben von 62 zu versöhnen, aber auch der Wunsch, den göttlichen Kaiser zu ehren. Die Kühnheit des Plans – ein weiträumiger Hof umrahmt von Mauern mit Nischen und einer großen Apsis –, der Reichtum der Marmorausstattung, alles trägt dazu bei, daß das Gebäude etwas Besonderes, Ungewöhnliches darstellt in einer Stadt, die so sehr an die Vergangenheit und an die Tradition gebunden ist.

Der Sockel in der Apsis dürfte drei Statuen in Lebensgröße getragen haben. In einem kleinen Raum zu beiden Seiten haben größere Figuren gestanden; und so läßt das Heiligtum eher an ein Kaiserforum in verkleinertem Maßstab denken als an einen Tempel oder an private Lararien, für die die Nischen charakteristisch sind. Der *Genius Augusti*, mit der über den Kopf gezogenen Toga in der bekannten Haltung des Pontifex Maximus, war von zwei Laren eingerahmt; diese Figuren standen in der Apsis. Wie in den privaten Lararien waren die Statuen der Venus Pompeiana, der Ceres, des Bacchus, des Herkules, des Merkur und der Fortuna in den Kult der *Lares Augusti* eingeschlossen. Vespasian, unter dessen Herrschaft das Heiligtum geweiht wurde und der vielleicht dem *Genius Augusti* seine Züge geliehen hat, genoß eine besondere Verehrung in dem Gebäude, das ein echter Tempel für den Kaiserkult geworden war und das Laren-Heiligtum abgelöst hatte.

Auch der **Vespasian-Tempel** erhebt sich im Hintergrund eines Hofes auf einem hohen Podium; auf einem erhöhten Sockel steht darin die

Statue des Gottes. Inmitten des Hofes lenkt ein Altar aus weißem Marmor die Blicke auf sich. Eine Opferszene schmückt die Mauer, die dem Eingang gegenüberliegt. Ein Priester, den Kopf mit der Toga verhüllt, vollzieht mit einer Patera eine Libation über einem dreifüßigen Altar. Links von ihm zwei Liktoren, ein Flötenspieler und zwei Knaben (*camilli*), die die Opfergeräte herbeibringen, und ein Gehilfe. Rechts führen der Opferdiener (*victimarius*) und sein Gehilfe den zum Opfer bestimmten Stier herbei. Der viersäulige Tempel im Hintergrund lokalisiert die Szene eindeutig vor dem Vespasian-Tempel. Auf den Schmalseiten des Altars sind die Opfergeräte dargestellt: links das Handtuch (*mantele*), der Augurenstab (*lituus*), das Weihrauchkästchen (*acerra*), rechts die Opferschale (*patera*), die Schöpfkelle (*simpulum*) und ein ehernes Opfergefäß (*praefericulum*). Auf der großen Rückseite erinnert ein Eichenkranz mit einem Lorbeerzweig zu beiden Seiten an den Senatsbeschluß des 13. Januar 27 v. Chr., daß eine solche Bürgerkrone über der Tür des Hauses anzubringen sei, in dem Augustus lebte, und an den Wunsch Vespasians, nach dem Vorbild des ersten Kaisers zu leben als Kaiser des Friedens und der Eintracht, dem man einen lebenden Stier opfert.

Als letztes der großen Bauwerke sei das **Gebäude der Eumachia** (Abb. 15) erwähnt; wie wir gesehen haben, war es der Concordia Augusta und der Pietas Augusta und damit auch Tiberius und Livia geweiht.[86]

Große Palästra. Der Pompejaner mußte sich nicht in ein besonderes Gebäude begeben, um dem Kaiser seine Verehrung zu bezeugen. Ob er in einer Wollbörse seinen Geschäften nachgeht oder unter der *tholos* des Macellum Fisch einkauft, er bleibt stets in der schützenden Gegenwart der Kaiser und der kaiserlichen Familie. Im Kaiserkult verdeutlicht sich sehr gut die Allgegenwart des Heiligen, die uns vielleicht erstaunlich vorkommt, die aber ein wesentliches Element antiken Empfindens ist. Die jungen Männer, die *iuventus* Pompejis, die sich in der Großen Palästra übten, kamen nicht umhin, die Gunst der kaiserlichen Gottheit herabzurufen in der »Kapelle«, die die westliche Kolonnade auf der Achse des mittleren Eingangs und des Schwimmbades (*natatio*) in der Mitte des Hofes un-

terbricht. Die Samniten hatten hier Hermes verehrt,[87] die Pompejaner des Kaiserreiches richteten ihre Ehrenbezeigungen an Merkur
Augustus, den Gott, der in den privaten Lararien Pompejis von
einer handeltreibenden Bevölkerung so sehr verehrt wurde. Nach
und nach kamen die Pompejaner zu der Auffassung, daß alle Götter
zum Kaiser hinführten. Der Synkretismus lenkte sie auf den Weg
zu einem einzigen Gott, den sie infolge eines grausamen Geschicks
nicht kennenlernen sollten.

Am besten verdeutlicht der Apollon-Tempel das Zusammenleben
verschiedener göttlicher Aspekte und ihre gutnachbarlichen Beziehungen, durch die der Begriff des Göttlichen noch verschwommener
wird.

Der Synkretismus im Apollon-Tempel (Abb. 7). Dieser Tempel ist
eines der ehrwürdigsten Gebäude Pompejis. Die Griechen haben ihn
gegründet, die Etrusker haben ihn übernommen;[88] er beherrschte
das samnitische Forum. Die Umfassungsmauer des Heiligtums wurde reguliert, als das zweite samnitische Forum dem Tempel des kapitolinischen Jupiter den ersten Platz einräumte.

Ein samnitischer Quaestor, Oppius Campanus, hatte auf Anordnung
der Volksversammlung, mit Geldmitteln, die dem Apollon-Tempel
gehörten, den Boden der *cella* erneuern lassen. Der Omphalos, dargestellt durch einen Tuffstein von der Form eines halben Eies, der
sich in der *cella* findet, läßt keinen Zweifel darüber, welche Gottheit
hier verehrt wurde. Auch die Greifen, die den Stuck des Peristyl-
Gesimses zieren, geben einen deutlichen Hinweis. Der ursprüngliche
Tempel wurde ungefähr Mitte des 2. Jahrhunderts erbaut, als N.
Popidius auch die Tuff-Kolonnade des Forums errichten ließ. Er
war als einziges Gebäude am Forum fast vollständig restauriert und
mit einer kompletten neuen Dekoration versehen.

Während die Pompejaner bis 79 durch Zugänge längs des Forums,
die heute vermauert sind, in den Tempelhof gelangten, betreten
wir ihn durch einen Nebeneingang, der im Verhältnis zur Ge-
bäude-Achse leicht verschoben ist. Eine Kolonnade, die bis zum
Erdbeben ein zweites Geschoß besaß, bildet um den länglichen Hof
einen vierseitigen Portikus. Der Tempel, dem eine breite Treppe
vorgelagert war, stand auf einem hohen Podium; die enge *cella*

enthielt nur eine Kultstatue; die *cella* war gemäß dem etruskischen Plan ganz von einer korinthischen Kolonnade umgeben.

Die Kolonnade im Hof bestand aus mit Stuck verziertem Tuff; an ihr zeigt sich die Stilmischung, die den Pompejanern so gut gefiel: ein dorisches Gesims mit Triglyphen wurde von ionischen Säulen getragen. Beim Wiederaufbau nach der Katastrophe von 62 gab man die schlichten Formen der griechischen Architektur auf; man bevorzugte nun lebhafte Farben und fröhliche, phantastische Zeichnungen. Die Kapitelle wurden mit Stuck zu korinthischen umgestaltet, die man rot, gelb und blau bemalte. Der untere Teil des Säulenschaftes war ebenfalls in Gelb gehalten. Auch das Gesims wurde mit Stuck überzogen; die Wände des Tempels wurden mit Marmorstuck versehen. Die Kolonnadenmauern bemalte man im 4. Stil; die Bilder stellten Szenen aus dem trojanischen Zyklus dar.

Vor den Tempelstufen war ein Altar – zweifellos unter Augustus[89] – vom Kollegium der städtischen Magistrate errichtet worden. Zwei weitere Duumvirn stifteten eine Sonnenuhr, die auf einer ionischen Säule angebracht war.[90] Die Magistrate veranstalteten Spiele zu Ehren Apollos, die kurz nach ihrem Amtsantritt vom 6. bis zum 13. Juli stattfanden.[91]

Auf der rechten Hofseite vor der dritten Säule stand die Statue eines Gottes; ihr gegenüber auf der linken Seite das Standbild der Artemis. Die beiden Gestalten waren mit einem Bogen bewaffnet; sie könnten ursprünglich zu einer Niobiden-Gruppe gehört haben. Eine Reihe anderer Gottheiten war durch Bilder auf den Sockeln vor der Kolonnade im Heiligtum präsent: Venus, die Göttin der Liebe, ein Hermaphrodit aus Marmor, dessen spitze Satyrohren ihn in die Gesellschaft des Bacchus verweisen. Die Gegenwart dieser beiden Gestalten kann uns nicht überraschen. Auf der Höhe der fünften Säule standen die Hermen des Merkur und der Maia. Merkur ist mit den sanften, friedfertigen Zügen eines jungen Mannes dargestellt als Gott der Palästra, wie er auch in den Stabianer Thermen erscheint. Maia, die Mutter des Hermes, war die Tochter des Atlas; sie wurde mit der italischen Maia, der Frühlingsgöttin, identifiziert. Die Pompejaner verehrten – wie wir gesehen haben – Mer-

kur und Maia bis 14 v. Chr., dann stellten sie sie zugunsten des
Augustus zurück, der seine Abstammung auf Apollon, Venus und
Merkur zurückführte. Die Folge waren Synkretismus und Sieg des
Kaiserkultes. Die Pompejaner antworteten – ohne Originalität und
ohne schmeichlerischen Eifer – der kaiserlichen Propaganda. Die
Triaden büßten ihre Beliebtheit ein, die eine kaiserliche Gottheit
setzte sich allenthalben durch.

Die Mysterienvilla ist nicht der Versammlungsort einer Sekte

Der Hang zum Geheimnis, zum Mysterium, vertreibt die Menschen
von den Plätzen, die zudringlichen Blicken offenstehen; es entspinnen
sich mystische Dialoge, deren Echo auch in Pompeji zu vernehmen
ist.

In der Villa Item, so bezeichnet nach dem Besitzer des Geländes,
später in Mysterienvilla umbenannt, muß man seit der Entdeckung
der herrlichen Gemälde von dionysischen Szenen nach den geheimen
religiösen Vorstellungen und Hoffnungen der Pompejaner fragen.
Geheimnisvoll ihrer Bestimmung und Bedeutung nach, wie diese
etwa 60 v. Chr. entstandenen Bilder waren, mußten sie leidenschaftliche
Diskussionen hervorrufen, die zu widersprüchlichen Schlußfolgerungen
führten. Heute kann man allerdings von einigen gesicherten
Ergebnissen ausgehen. Der mit der »Megalographie« geschmückte
Saal ist nicht der Versammlungsplatz einer Sekte. Es widerspricht
dem Wesen des Mysteriums, seinen Ablauf in Gemälden festzuhalten;
dies wäre im wahren Sinn des Wortes eine Profanierung. Außerdem
liegt der betreffende Saal direkt neben Schlafzimmern im
entlegensten Teil des Hauses. Man hätte wohl einen leichter zugänglichen
Raum für die Zusammenkünfte der Anhänger der Dionysos-Religion
gewählt. Der Besitzer bekannte sich also nicht zum dionysischen
Glauben; er wollte nur, daß in der Dekoration seiner Wohnung
eine höhere Welt lebendig werde, zu der nur eine Initiation
Zugang verschafft gemäß den Lehren der neupythagoräischen Bewegung,
die ab dem 1. Jahrhundert n. Chr. zahlreiche Anhänger
gewann (Abb. 22).

Das Paar Dionysos–Ariadne. Versuchen wir zunächst, die Szene zu beschreiben, die sich vor unseren Augen abspielt, wenn wir den Saal durch die kleine Verbindungstür betreten, die zu den beiden Bettnischen führt. Auf der Breitseite im Hintergrund des Saales wird das Auge von der zentralen Gruppe, bestehend aus Dionysos und Ariadne, angezogen. Der trunkene Dionysos ruht im Schoß Ariadnes, die ihn verliebt umschlungen hält. Der Gott ist halbnackt und mit Efeu bekränzt; der bebänderte Thyrsos zeichnet eine symmetrische Diagonale zur Linie des entspannten Körpers; ein Fuß ist unbeschuht. Dionysos betrachtet seine Gefährtin mit glückstrahlenden Augen, die erfüllt sind von innerer Erleuchtung; sein Mund ist ekstatisch geöffnet. Die Gegenwart des Göttlichen beherrscht diesen Wandabschnitt und gibt der Dekoration ihren Sinn, denn durch Liebe und Wein sind Dionysos und Ariadne zu einer unaussprechlichen Erkenntnis und in den Besitz göttlicher Wahrheit gelangt. Nachdem der Eintritt in eine höhere Sphäre der Erkenntnis in der hochzeitlichen Epiphanie symbolisch dargestellt war, mußte der Maler nun die Initiation in Bilder übersetzen.

Die Initiation durch den Phallus. Zu beiden Seiten des Paares spielen sich Initiationsriten ab. Rechts ist eine kniende Dienerin im Begriff, das Tuch von dem phallischen Symbol, das in der mystischen Kornschwinge liegt, zu entfernen. Die Geste, die zur Enthüllung des Initiationswerkzeuges führen wird, ruft bei einer geflügelten Mänade sofort eine Abwehrreaktion hervor. Die Gestalt ist mit nacktem Oberkörper dargestellt, um die Hüften trägt sie eine Art kurzen Rock, die Füße sind in Stiefeln mit hohem Schaft. Sie weigert sich, das Schauspiel zu betrachten, und wendet ihr Gesicht davon ab. Erschreckt von der Enthüllung des Phallus packt sie mit der erhobenen Rechten eine Gerte und holt mit aller Kraft zu einem Schlag aus, der auf der rechten Wand den nackten Rücken eines knienden Mädchens treffen soll, die mit geschlossenen Augen Kopf und Brust in den Schoß einer sitzenden Frau gebettet hat. Diese schaut zornig auf die entfesselte Mänade und versucht mit mütterlicher Geste, die bedrohte Blöße des Mädchens, das offenbar Trost von ihr erwartet, zu schützen.

Denselben geflügelten Dämon entdeckt man auf Pariser Terrakotten und auf einem Mosaik von Djemila.[92] Man wußte ihn nicht zu be-

nennen, bis ein Gemälde im ägyptischen Hermopolis des Rätsels
Lösung brachte.[93] Es wurde in einem Grab aus hadrianischer Zeit
entdeckt und stellt dar, wie Oedipus in Gegenwart eines bekleideten,
geflügelten Dämons Laios tötet. Die Szene spielt sich in einem Dio-
nysos-Heiligtum ab, und bei dem Dämon ist die griechische Inschrift
ΑΓΝΥΑ = Ἄγνοια, das Nichtwissen, angebracht. Das Nichtwissen,
der tragische Dämon, der für die Schuld verantwortlich ist, befiehlt
Oedipus, das Verbrechen nicht zu begehen. In der Mysterienvilla
lehnt das schwarzgeflügelte Nichtwissen die Erkenntnis ab. Der
Künstler hat der Gestalt aber eine neue Bedeutung verliehen, indem
er ihr die Rute in die Hand gab. Es handelt sich hier weder um eine
rituelle Geißelung[94] noch um eine symbolische Reinigung oder Bestrafung, noch um die Allegorie der Leiden der Frau. Eine Idee wird
ins Bild übersetzt: das junge Mädchen, das da kniet, wird gequält
von dem Mangel an Erkenntnis.

Die Frau, die gegen den Dämon Zorn empfindet, ist mit der sitzenden weiblichen Gestalt rechts im Mosaik von Djemila zu identifizieren, welche die mystische Ziste (Korb) trägt, die die *mysteria* der
Initiation enthält. Sie verkörpert also die Initiation – Myesis; das
junge Mädchen flüchtet sich in den Schoß der Initiation, weil es an
seiner Unwissenheit leidet; es ist eine Mystin, denn es hält die Augen
geschlossen; dies ist eine rituelle Haltung, die der ursprünglichen
Bedeutung des μύεσθαι entspricht. Zur Rechten des Paares, das zu
den Eingeweihten zählt, spielen sich also Szenen ab, die die Flucht
vor dem Nichtwissen, das die Nichteingeweihten quält, versinnbildlichen. Auf der Seite Ariadnes sind es weibliche Gestalten, die durch
die Enthüllung des Phallus zur Erkenntnis gelangen; die einge-
weihte Frau, deren Augen für die überirdischen Wahrheiten geöffnet sind, trägt dasselbe violette Gewand wie die Mystin, sie identifiziert sich mit ihr. Unter den Armen hält sie den Thyrsos; eine
andere weibliche Gestalt schlägt nackt wie eine Mänade im bacchantischen Thiasos die Zimbeln und zeugt so von der Ekstase, die das
Wissen um ein göttliches Leben hervorruft.

Die Initiation durch die Maske. Links, auf der Seite des Dionysos,
darf man ein ähnliches Voranschreiten männlicher Gestalten zu
einem glücklicheren Leben erwarten. Ein alter, bärtiger Silen mit

nackter Brust, einen Efeukranz im weißen, schütteren Haar, hält einem Satyr ein Gefäß (λεκάνη), eine Metallschale ohne Fuß,[95] hin; der Satyr beugt sich darüber, aber er trinkt nicht. Er sieht, wie sich auf dem Wein in magischer Weise die wilde Maske eines Silens spiegelt; dieses Bild betrachtet er angstvoll. Er weiß nicht, daß ein junger Pan mit spitzen Ohren und keimenden Hörnern und einem ockerfarbenen Gewand um den Unterkörper diese Maske hinter seinem Rücken hochhebt. Der sitzende Silen schaut voll Zorn auf ein Mädchen, das auf der linken Mauer mit angsterfüllten Augen flieht. Die Bildkomposition auf der rechten und auf der linken Seite ist vollkommen symmetrisch; auch die Deutung muß daher parallel verlaufen.

Die Maske ist das Instrument der Enthüllung, wie es auch auf einer Pariser Kamee dargestellt ist. Das Nichtwissen ergreift wiederum die Flucht, es weigert sich, die Wahrheit zu erfahren. Es wird dargestellt durch die menschliche Dienerin und steht im Gegensatz zu dem jungen Mädchen, das an seinem Nichtwissen leidet. Der alte Silen ist der Meister der bacchantischen Initiation und somit das Pendant zur weiblichen Myesis. Er streckt dem jungen Initianden, dem Satyr, die λεκάνη der Initiation entgegen; diese Szene entspricht der Initiation des jungen Mädchens.

Die Spiegelung der Maske im Wein gehört zu einer Reihe von Spiegelorakeln. Die Maske ist keine Theatermaske,[96] sondern das Symbol der bacchantischen Enthüllung, einer stufenweisen Enthüllung in dem Maße, in dem sich dank der Spiegelung das Bild verdeutlicht. Dieser Vorgang führt schließlich zum glückseligen Wissen. In Hermopolis versinnbildlicht der von der Sphinx befragte Oedipus die Wahrheitssuche durch alle Irrtümer hindurch; denn die Schuld kommt aus dem Nichtwissen. Diese Suche wird auch von Narziß symbolisiert, der sein eigenes Spiegelbild betrachtet; das Betrachten eines Abbildes bedeutet im neuplatonischen Kontext die Suche nach der Wahrheit, die man erst nach den Enthüllungen des Hierophanten erkennt. Der junge Myste nimmt eine Wahrheit auf sich, die ihn reifen läßt, durch die er von einer Altersstufe in die andere überwechselt; in den Augen des Greises leuchtet die Weisheit und die Kenntnis der höchsten Wahrheit auf. So singt denn ein alter, bärtiger Pappo-Silen, unbekleidet, das Gesicht in Ekstase zu dem göttlichen Paar gewandt, einen Lorbeerkranz im Haar, auf der Leier das Glück, das die Enthüllung schenkt. Er und das erschreckte junge Mädchen umrahmen eine auf den ersten Blick bukolische Szene: ein junger Satyr spielt die Flöte, ein weiblicher Satyr reicht einem Zicklein die Brust; im Vordergrund ist ein Ziegenbock dargestellt. Trotz der idyllischen Atmosphäre des Bildes aus der Hirtenwelt darf man die sicher esoterische Bedeutung[97] des in Milch gefallenen Zickleins nicht vergessen. Dies ist die erste Szenengruppe, die den bacchantischen Thiasos von der Verweigerung der Initiation über zwei Enthüllungen bis zur Ekstase entwickelt.

Die liturgische Szene. Die zweite Gruppe umfaßt sieben Personen auf der linken Wand direkt im Anschluß an die Tür: eine stehende Frau, nach der alten Mode in den klassischen Peplos gekleidet, der in steilen Falten herabfällt, den Kopf in einen Schleier gehüllt, der sich unter dem Griff der beringten linken Hand vor ihrer Brust bauscht. Die rechte Hand ist auf die Hüfte gestützt; sie schreitet auf ein nacktes Kind zu, das man vielleicht als Dionysos-Knaben interpretieren kann. Aus einem Volumen liest das Kind einen heiligen Text vor, den vermutlich die Frau mit dem Schreibgriffel in der rechten, auf der Schulter des Knaben ruhenden Hand verfaßt hat. Man muß sie also mit der Autorin des heiligen Rituals identifizieren. Sie stellt das Bindeglied zwischen der »Ouvertüre« der heiligen Handlung und den folgenden Opfervorbereitungen dar. Eine Matrone mit einem Kranz aus Olivenzweigen auf dem verschleierten Haupt sitzt auf einem Schemel, der mit einem safranfarbenen Tuch mit violetten Streifen bedeckt ist. Dem Betrachter wendet sie den Rücken, das Gesicht dreht sie nach rechts zu einer ebenfalls mit Olivenzweigen bekränzten Gehilfin, die ihr, über einer Schale, Wasser auf die rechte Hand gießt. Mit der Linken hebt sie das Tuch von einem Körbchen, das leer zu sein scheint, aber von einer Dienerin mit großer Vorsicht gehalten wird. Es dürfte einen geheimnisvollen Gegenstand enthalten, der jedoch nichts mit dem Phallus auf der Getreideschwinge zu tun hat, welcher auf der Rückwand dargestellt ist. Das ernste Gesicht der Dienerin verdeutlicht, welche Aufmerksamkeit sie der kultischen Handlung widmet.

Das Schmücken der Braut. Auf der rechten Wand stellt eine dritte Gruppe das Schmücken einer Braut dar. Eine junge Frau sitzt auf einem Schemel mit metallbeschlagenen Füßen. In einem Spiegel, den ihr ein kleiner Amor hinhält, betrachtet sie ihr schönes, langes Haar, das sie mit der Hilfe einer hinter ihr stehenden Dienerin kämmt. Auf dem Mauervorsprung vor dem Portikus betrachtet ein anderer geflügelter Eros, in der Rechten den schicksalsträchtigen Bogen, die Szene. Die Toilette zieht die Aufmerksamkeit einer *domina* auf sich, die auf einer reichgeschmückten Kline sitzt, die Füße auf einem Schemel; sie stützt sich auf den rechten Arm, der auf Kissen ruht, und wendet ihren Oberkörper der Szene zu, die – wie es scheint – alte Erinnerungen in ihr weckt. Ihr Blick ist heiter, ihr halbgeöffneter Mund verrät eine vor langer Zeit empfundene Ekstase. Ihre körperliche Schönheit ist auf dem Gipfel der Reife dargestellt; am linken Arm trägt sie ein Armband, am Ringfinger einen Ehering. Der ärmellose Chiton verhüllt einen Fuß; darüber hat sie einen ockerfarbenen und violetten Mantel gelegt. Sie strahlt Würde und Reife aus, die Respekt einflößen und den Ernst, der das ganze Gemälde beherrscht, noch verstärken.

In der subtilen Mischung von sakralen und profanen Elementen bei der göttlichen Hochzeit und den weltlichen Vorbereitungen zu einer Eheschließung liegt die gleiche doppelte Gewißheit, so wie ein Musikinstrument mit zwei Registern über zwei musikalische Bereiche verfügt: die Möglichkeit der Initiation in ein höheres Wissen, in dem das menschliche Wesen sich dessen bewußt wird, daß es ein gefallener Engel und aus dem Himmel verstoßen ist, und die Gewißheit, daß es als Eingeweihter das Paradies der Seligen wiederfinden kann.

Eine fromme Stadt

Die Gegenwart des Heiligen im täglichen Leben ist nicht zu übersehen, da das irdische Glück der Ehe einer der Wege ist, die zum Göttlichen führen. Über alle offiziellen Kultformen hinaus – mögen sie sich an eine der Triaden oder an alle drei zugleich wenden – und von den Tempeln, dem Stolz der Stadt, abgesehen, ist die persönliche Religiosität der Pompejaner am wichtigsten gewesen. Jeden

Morgen ehrt der Hausherr vor dem Lararium der Familie die Ahnen und die Götter, die er liebt und die sein Heil sichern, mit Libationen und Blumen. Um die Vorschriften eines strengen Katechismus
oder die Forderungen einer kleinlichen Geistlichkeit kümmert er sich
kaum. Bei jedem glücklichen Ereignis im Leben der *gens*, Geburt,
Verleihung der *toga virilis* oder Hochzeit, läßt er sein großzügiges,
empfindsames Herz sprechen. Die Zahl der Lararien, ihre oft prächtige Ausstattung, die Zahl der Götterstatuen oder der Gemälde, die
sie vergegenwärtigen, zeugen von der Lebenskraft der Privatreli-
gion, die der Kaiser allerdings zu einem öffentlichen Kult auszuwei-
ten verstanden hatte. In ihrem Glück, der Katastrophe von 62 ent-
ronnen zu sein, denkt die Stadt, wie Caecilius Iucundus, an die
Laren. Die Sorgfalt, mit der die Lararien in den wiederaufgebauten
Häusern restauriert und verschönert wurden, zeigt, daß die Ehrfurcht vor dem Heiligen zu den alltäglichen Obliegenheiten der
Pompejaner gehörte. Sie richten auch geheime Heiligtümer[98] ein, in
denen der mit der Toga bekleidete, mit Lorbeer bekränzte *genius*
wohnt, das Füllhorn in der Linken, während die Rechte über der
Flamme des Altares eine Libation vollzieht; zwei Laren mit Situla
und Rhyton (Trinkhorn) umgeben ihn. Manchmal verehrten die
Pompejaner an dieser Stelle auch eine geheimnisvolle Göttin, die auf
einer Kline saß oder lag. Auf jeden Fall beteten sie, und Pompeji
war keine gottlose Stadt wie Sodom und Gomorrha, die die Götter
des Olymp oder der Gott der Christen im Jahre 79 hätten strafen
wollen.

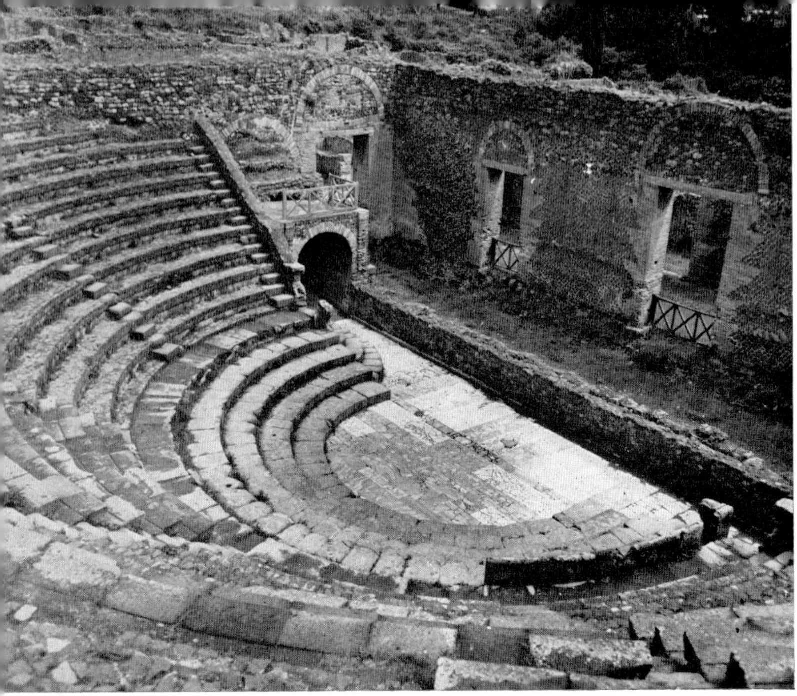

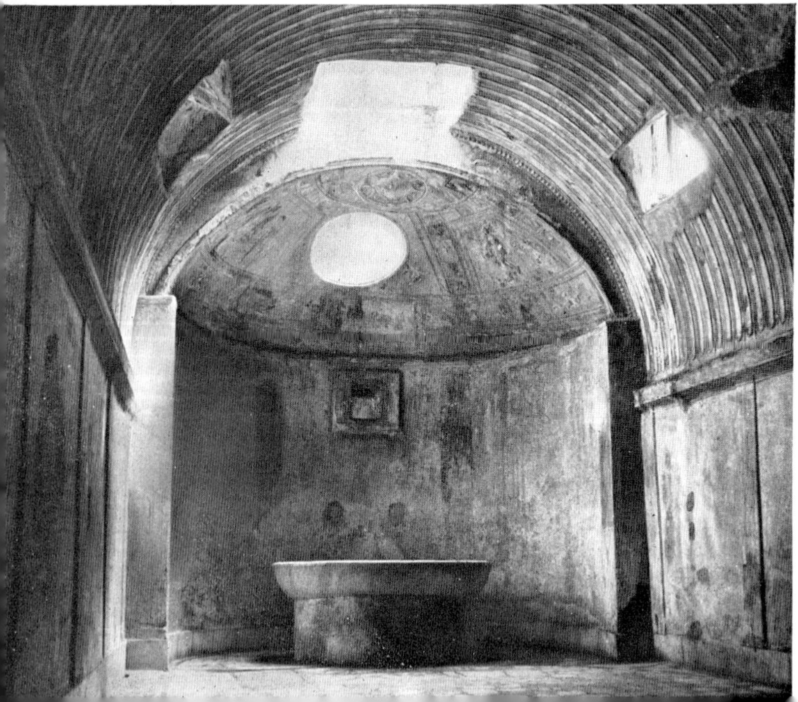

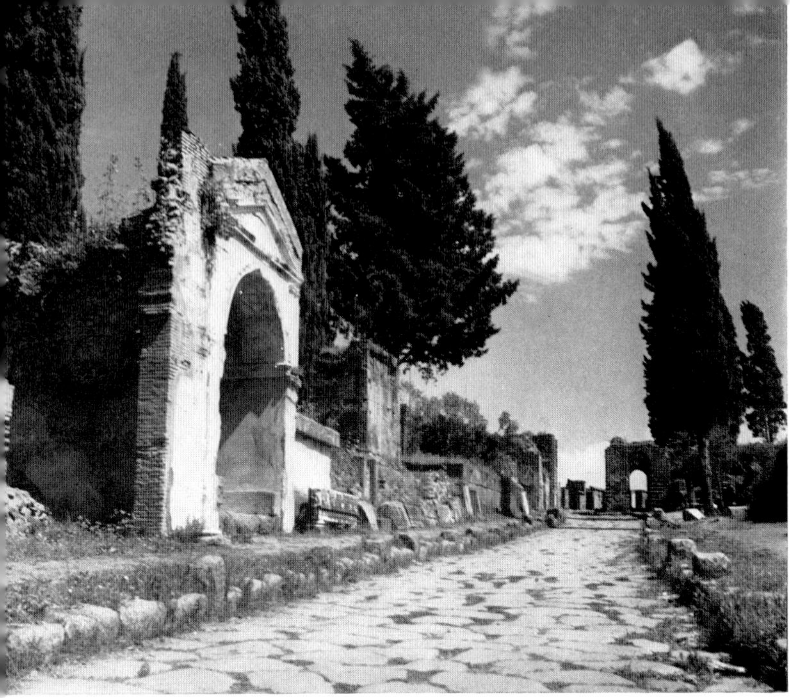

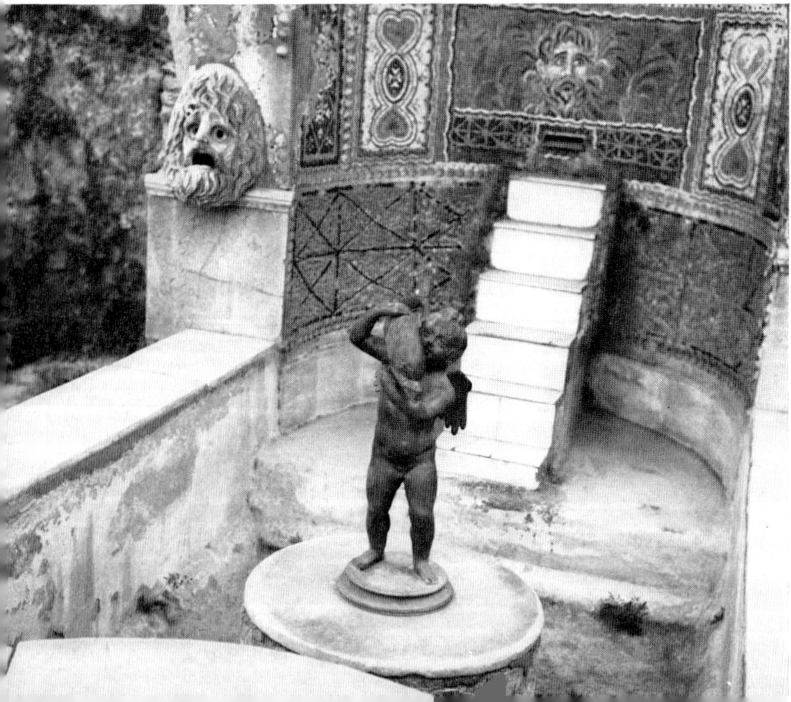

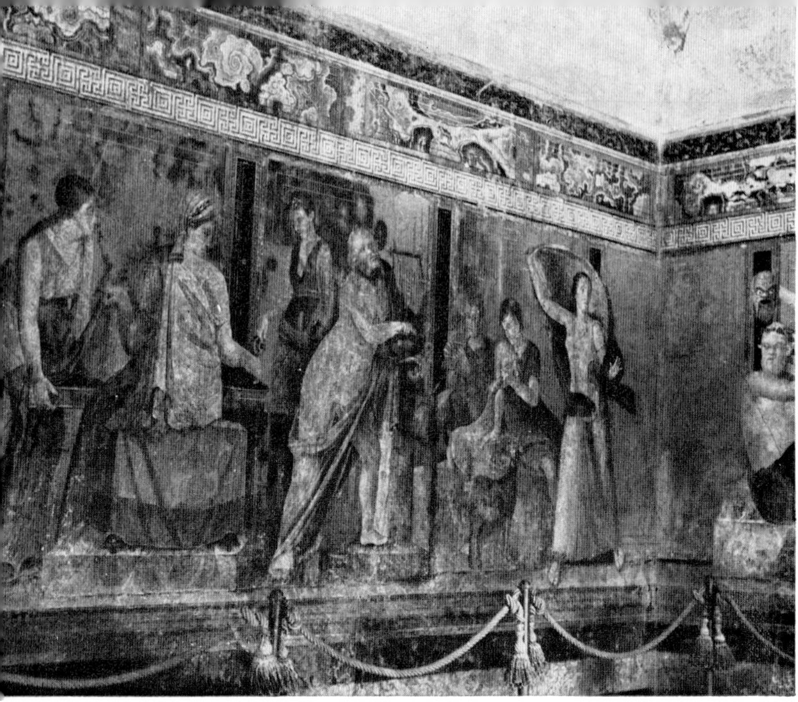

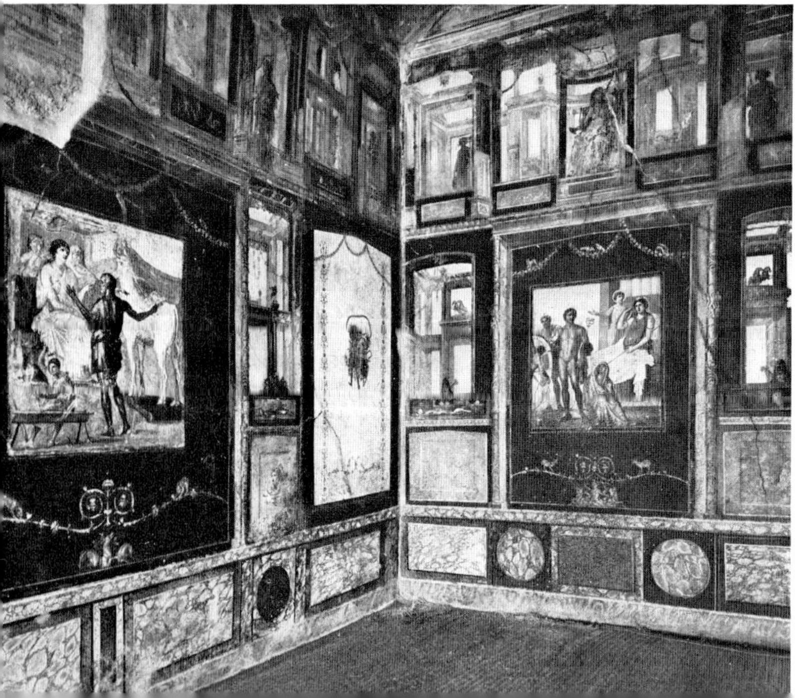

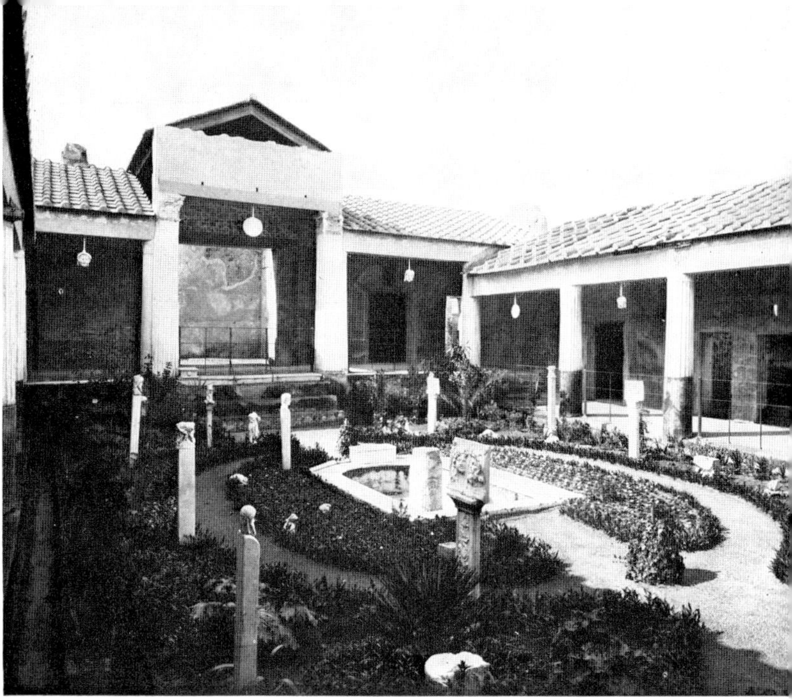

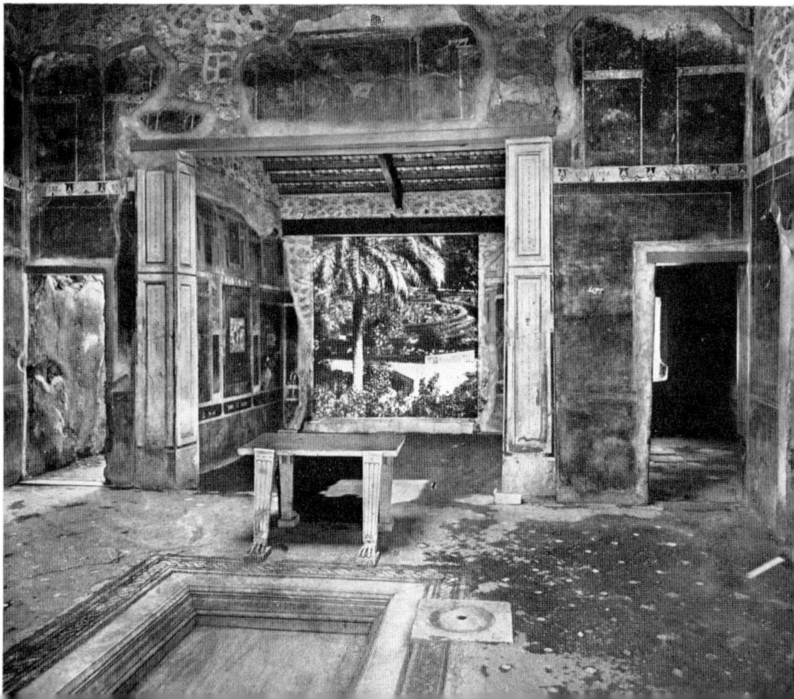

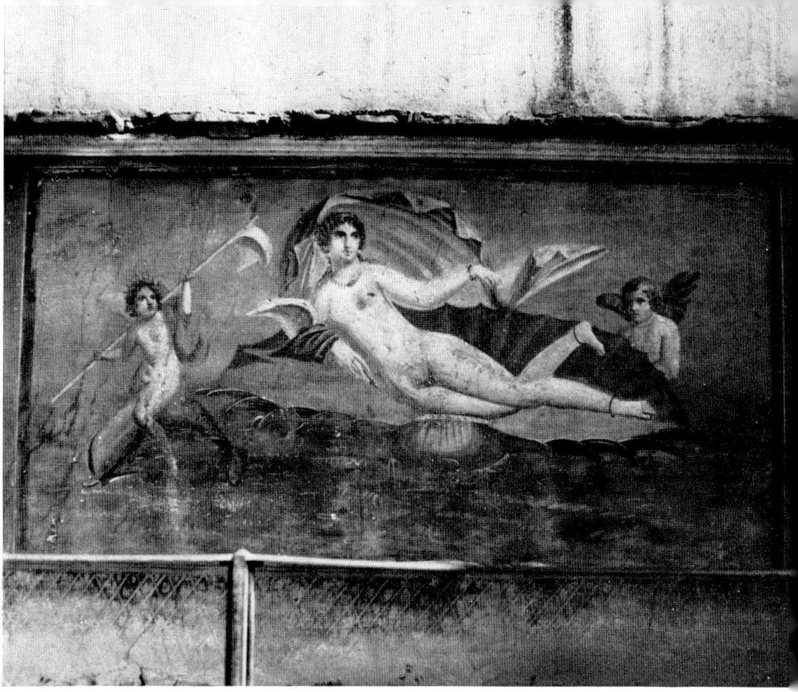

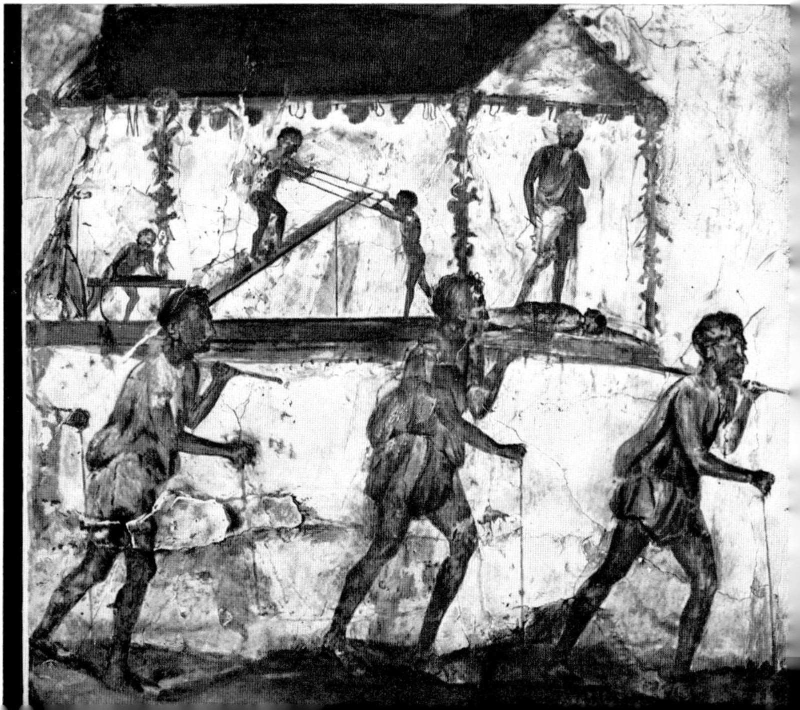

Drittes Buch
Vergnügungen und Spiele

Erstes Kapitel
Häuser und Gärten

Das pompejanische Haus scheint ganz im Dienst von Annehmlichkeit und Muße zu stehen. Es ist den verschiedensten Bedürfnissen
hervorragend angepaßt und befriedigt in der Stadt wie auf dem
Lande den Sinn seines Besitzers für das »Funktionale«; dieser ist
den Traditionen einer bäuerlichen Welt treu geblieben. Das Haus
schließt sich nicht ab, es nimmt die Natur in sich auf und räumt dem
Garten einen immer größeren Platz ein. So bleibt der Pompejaner
in einem durch und durch hellenistisch geprägten Lebensraum und
in engem Kontakt mit der Natur dem römischen Naturalismus verbunden, aus dem er eine Ästhetik, eine Religion und eine Philosophie ableitet.

I. Die Elemente des pompejanischen Hauses[1] (Abb. 23)

Der Pompejaner, der unter Vespasian lebt, hat vergessen – oder
überhaupt nicht gewußt –, daß sein Haus sich aus dem etruskischen
Haus entwickelt hat und daß auch hier die Vergangenheit mit ihrem
ganzen Gewicht auf der Wohnhaus-Architektur lastet. Die harmonische Einheit, die das italische Atrium-Haus und das hellenistische
Haus mit Peristyl zusammenfaßt, hat sich in der samnitischen Epoche entwickelt, ja beinahe schon fixiert, zu dem Zeitpunkt also, da
man aus dem Tuff von Nocera die majestätischen Fassaden der Pa-
trizierhäuser errichtete. Der Pompejaner blieb diesem Plan treu,
der seinem Haus scheinbar zwei gleichwertige Zentren gab, und im
letzten Jahrhundert der Stadt finden sich nur wenige neue Elemente
in der Privat-Architektur. Die Räume um das Atrium oder um das
Peristyl können natürlich verschiedenartig angeordnet sein, aber
trotz der scheinbaren Verschiedenheit können wir die Elemente des
pompejanischen Hauses analysieren, die uns auch Vitruv vorstellt;

mit ihnen müssen wir uns vertraut machen, bevor wir die Idee des
Architekten erfassen können, der sie zusammenfügt.

Vorhof, Flur (fauces) und Eingangstür. Der Vorhof ist der Raum
zwischen der Straße und der Tür in der Fassade. Er ist meistens sehr
schlicht gestaltet; nur einer – am Haus der Vestalinnen – gleicht
einem Portikus (VI, 1,7).

Hinter der großen Eingangstür oder einer kleinen Seitenpforte liegen die *fauces,* ein enger Flur, der zum Atrium führt. Die Eingangstür wird von Pilastern mit korinthischen oder würfelförmigen Kapitellen eingerahmt und hat meist imposante Ausmaße.[2] Die beiden
hölzernen Türflügel sind mit Metall beschlagen und schließen sich
über einer vorspringenden Schwelle. Die Türen sind gut gesichert:
kunstvolle Schlösser und ein System aus Eisen- und Holzriegeln
schützen die reichen Häuser vor allem bei Nacht.

Das Atrium ist das Herz des ursprünglichen italischen Hauses. In
etruskischer Zeit bestand es aus einem Hof, der dem Hauptraum,
dem *tablinum,* vorgelagert war. Es wurde zu einem Raum, dem man
seine ursprüngliche Funktion noch ansehen kann, denn es besitzt eine
Öffnung – *compluvium* –, zu der sich die Dachflächen hinneigen; auf
dem Boden unter dem *compluvium* fängt das *impluvium* das Regenwasser auf; zwei Kanäle gehen von ihm aus, einer führt zur Zisterne
mit rundem Brunnenrand (*puteal*), der andere als Ableitung für den
Wasserüberschuß auf die Straße.

Von den fünf Atrium-Typen, die Vitruv beschreibt, finden sich in
Pompeji drei. Das toskanische Atrium, das von den Etruskern
stammt, repräsentiert die ursprüngliche italische Form. Der Architekt
bildete das *compluvium* aus vier paarweise gekreuzten Balken.
Dann verband er die Ecken des Raumes mit denen des *compluvium*
und brachte die Dachlatten, die die Ziegel hielten, an; jede Dachfläche war nach dem *compluvium* hin geneigt. Sein Rand war oft
mit Wasserspeiern geschmückt, mit Tierköpfen aus Terrakotta:
Hunden und Löwen zwischen Palmetten aus Akanthusblättern.

Im viersäuligen Atrium wird das Dach von vier Säulen getragen,
die die Konstruktion verstärken. Im korinthischen Atrium ist das
compluvium weiträumiger, da die Zahl der Säulen größer ist. Im
Haus des Epidius Rufus (IX, 1,22) zählt man sechzehn.

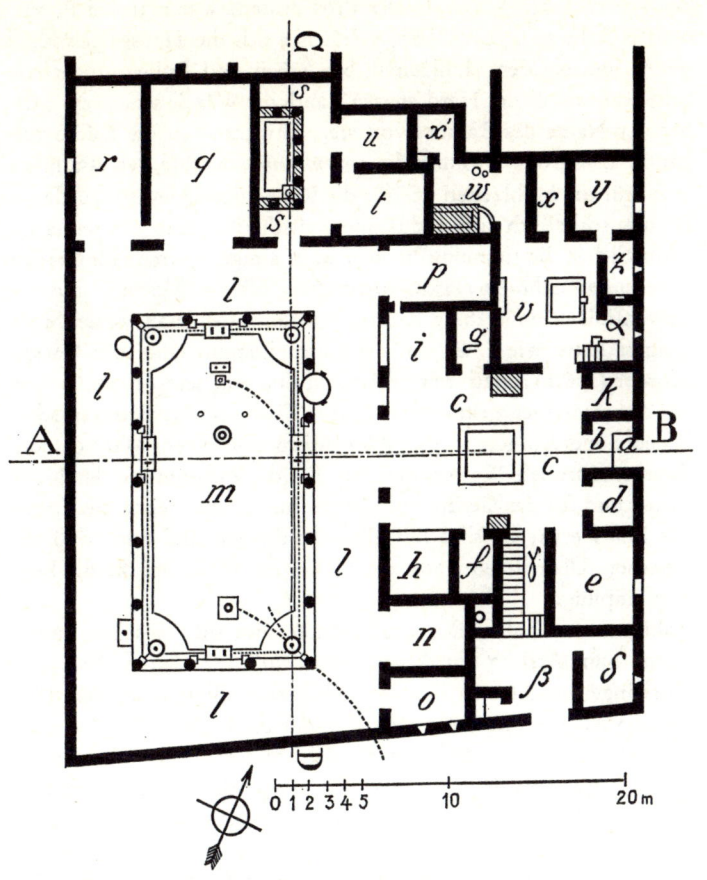

Abb. 23. Plan des Hauses der Vettier

a Vestibulum
b Fauces
c Atrium
h, i Alae
l Portikus des Peristyls
m Garten

n, p Speisezimmer
q Saal der Liebespaare
s Kleines Peristyl
t Speisesaal
u Schlafzimmer
v Zweites Atrium

w Küche

x′ Zimmer des Kochs
γ Korridor zu den Neben-
  räumen (β, δ) und zur
  Hintertür

In Pompeji sind die Maße der Atrien im allgemeinen größer als die
bei Vitruv angegebenen. In der Provinzstadt war man bei Privat-
bauten recht großzügig. Lange Zeit hat sich die Hausgemeinschaft
im Atrium bei den Mahlzeiten, bei Arbeit und Ruhe aufgehalten.
Sehr früh wurde der Herd, dessen Rauch die Wände schwärzte – daher der Name des Raumes von *ater, schwarz* –, in die Küche verbannt. Die große Öffnung des *compluvium* machte den Raum sowohl für die Mahlzeiten wie für die Ruhe ungeeignet; so wurde das
Atrium schließlich zum Licht- und Luftschacht. Aber von seiner ursprünglichen Bestimmung bleiben noch einige Spuren: hinter dem
impluvium steht ein Tisch, *cartibulum,* oft aus Marmor und mit
Löwenfüßen, ein wahrer Kunstgegenstand, den man vielleicht er-
steigert hatte wie z. B. den des Casca Longus, eines der Caesar-
Mörder (I, 6,11); nach seiner Proskription war sein *cartibulum* unter den Hammer gekommen. Dieser Tisch ist mit Bronzegeschirr
bedeckt und erinnert an den Küchentisch. Aus einem Marmorsockel
daneben sprudelt Wasser, das man für die Zubereitung der Mahlzeiten und für das Geschirr benötigte. Im Atrium stehen die Truhen
des Hausherrn; sie sind mit Eisen beschlagen und mit Schlössern
versehen. Über ihnen wacht die Herme des Besitzers, die die Besucher empfing.

Tablinum und alae. Der große Raum, der sich in seiner ganzen
Breite zum Atrium hin öffnet, heißt *tablinum.* Türen, öfter noch
Vorhänge verschlossen ihn vor indiskreten Blicken; an der Rückwand verband ihn eine zweite Tür mit einer Veranda oder einem
Portikus, der sich zum Garten hin öffnete. Der *lectus adversus* oder
lectus genialis in dem Zimmer, das gelegentlich als Speisesaal benutzt wurde, zeigt an, daß einst das Bett des Hausherrn hier gestanden hatte. Alles änderte sich mit dem Bau des Peristyls und der
Speisezimmer, die ihn umgeben. Von diesem Zeitpunkt an empfängt
der Hausherr im *tablinum* seine Klienten und alle anderen, die er
von der Intimität seines Hauses fernhalten will.

Die *alae* sind zwei Räume, tiefe Kammern, auf den Seiten; hier
stellte man unter anderem die Bilder der Ahnen auf; sie dienten als
Eßräume, Garderobe und Abstellräume ohne festumrissene Bestimmung.

Die Räume um das Atrium. Vorne befanden sich die Läden, wo die Freigelassenen des Hausbesitzers die Produkte seiner Ländereien, Öl und Wein vor allem, verkauften. Den *alae* waren zwei Kammern vorgelagert; außerdem gab es noch zwei Räume von der gleichen Tiefe wie das *tablinum*; eines diente als Speisezimmer, das andere stellte die Verbindung zum anderen Teil des Hauses her, der um das Peristyl angeordnet war. Dieser einfache Korridor entspricht dem ἀνδρών des hellenistischen Hauses.

Peristyl und Garten. Manche Häuser haben – wie in alter Zeit – kein Peristyl; im Haus des Chirurgen (VI, 1,9–10), im Haus des Sallust (VI, 2,4) und im Haus des Epidius Rufus (IX, 1,22) führt ein einfacher Portikus in den Garten. Unter dem Einfluß der hellenistischen Architektur und anderer Ideen, die wir weiter unten untersuchen werden, wird in Pompeji das Peristyl, das einen Garten umschließt, eingeführt. Es hat entweder einen vierseitigen Portikus oder eine Kolonnade auf zwei oder drei Seiten. Wenn eine Seite höher liegt als die drei anderen, wie im Haus der silbernen Hochzeit (V, 2), handelt es sich um ein rhodisches Peristyl; es ist oft mit einer zweiten Säulenreihe für die Räume in der ersten Etage versehen.

Schlafzimmer. Die Räume rund um das Peristyl haben eindeutigere Bestimmungen als die um das Atrium. Sie sind übrigens niedriger als jene, die meist 4,50 m bis zur Decke messen. Je nach ihrer Lage benutzt der Hausherr die Räume als Winter- oder als Sommerschlafzimmer. Der Platz für das Bett ist oft durch eine leichte Erhöhung auf dem Boden und eine Wölbung der Decke über dieser Stelle gekennzeichnet, wie z. B. im Haus des Zentauren (VI, 9,3–5). Die Bettnische kann auch nur durch eine einfache Fläche aus weißen Vierecken auf dem Mosaikfußboden angedeutet sein.

Speiseraum. Als sich der griechische Brauch ausbreitete, daß man beim Essen lag, mußten die Architekten spezielle Räume einplanen, in denen drei Speisesofas (κλῖναι) untergebracht werden konnten; der Raum wurde *triclinium* genannt. Um die Bedienung zu erleichtern, öffnet sich das *triclinium* mit einer großen Tür zum Peristyl hin, und zwei weitere Türen führen zu Gängen, die die Dienerschaft benutzte. Die U-förmig aufgestellten Speisesofas bieten Platz für je drei Gäste, die ihren linken Arm auf ein Kissen stützten. Der Ehrenplatz wurde vom ersten Geladenen auf dem oberen Sofa eingenommen. Nach 62 wurden einige große Speisezimmer eingerichtet, und zwar im Haus des Pansa (VI, 6,1), im Haus des Kastor und Pollux (VI, 9,6–7) und im Haus des Kitharaspielers (I, 4,5).

Freiluft-Triclinia. Im Sommer speisten die Pompejaner – wie es heute noch in der Gegend üblich ist – unter freiem Himmel (*in propatulo*); man brachte die Speisesofas unter das Peristyl oder in den Garten. Um sich die Mühe des Transports schwerer Möbel zu sparen, wurden in den Gärten um einen gemauerten Tisch gemauerte *triclinia* errichtet[3] (Abb. 24). Ihre Einfachheit paßt mehr zu Mahlzeiten im Familienkreis als zu Galadiners. Selbst wenn ein Haus über ein Luxus-*triclinium* verfügt, ist das Freiluft-*triclinium* einfach gehalten wie

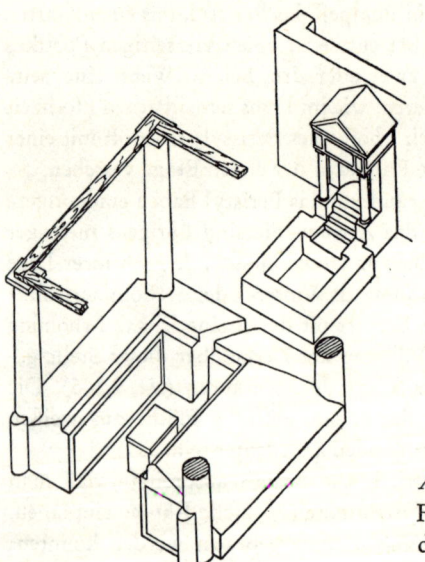

Abb. 24.
Freiluft-Triclinium im Haus des Epheben

im Haus der silbernen Hochzeit (V, 2) oder im Haus des Menander (I, 10,4). Daneben stand ein kleiner Altar bereit für die Libationen, die jeden Gang begleiteten. Als Schutz gegen die Sonne und als Freude für die Augen spendeten Pergolen und Brunnen Schatten

und Frische, und am Abend sorgten Lampengestelle oder Statuen
wie der lampentragende Ephebe im Haus des Epheben (I, 7,10–12)
für die nötige Beleuchtung. Das Haus des Epheben hat das größte
Freiluft-*triclinium* von den vierzig Häusern, die in Pompeji mit
dieser Einrichtung versehen waren. Im Hintergrund (Abb. 24) spen-
dete ein kleines Nymphäum Wasser, das in einem Kanal aufgefangen wurde, welcher das mittlere Sofa in zwei Teile teilt. Das Wasser
speiste die Fontäne mitten zwischen den Sofas mit ihren geneigten
Oberflächen. An den vier Ecken stützten Säulen die aus hölzernem
Lattenwerk gefertigte Pergola; die zwei runden Pilaster dürften
Schmuckstatuen getragen haben.

Oeci. Kommen wir wieder auf das Innere des Peristyls zurück: in
vielen Häusern findet sich ein besonders schönes Zimmer, *oecus* genannt (vom griechischen οἶκος), das oft als Speisesaal benutzt wurde.
Der korinthische *oecus* ist besonders elegant. Eine Säulenreihe zieht
sich in geringem Abstand vor den Längswänden hin und teilt so
einen Gang mit flacher Decke ab, den die Gäste benutzen, um zu
ihren Plätzen zu gelangen. Die Säulen tragen eine gewölbte Kassettendecke; die schönsten finden sich im Haus des Meleager (VI, 9,2)
und im Haus des Labyrinthes (VI, 11,9–10). Bei so anspruchsvollen
Leuten wie Trimalchio mußte für jede Jahreszeit ein eigenes Speisezimmer bereitstehen.[4] In Pompeji kannte man nur nach Süden gelegene Speisezimmer für den Winter und Sommerspeiseräume, die
nach Norden ausgerichtet waren. Alles andere ist Protzerei und
Übertreibung.

Exedren. Hinter dem Peristyl liegt entsprechend zum *tablinum*
genau in der Achse des Gebäudes die bald viereckige, bald runde
Exedra, ein Prunksalon, der auch die Rolle eines Raumes der Ruhe
und Entspannung für einen Hausherrn, der die Vorzüge des *otium*
zu schätzen wußte, spielen konnte.

Küche, Bäder und Abstellräume. Unter dem Einfluß des Hellenismus erhielten die Räume spezielle Funktionen, nach denen sich die
ästhetische Gestaltung richtete. Die Nutzräume wurden weit entfernt von den vornehmen Wohnräumen untergebracht, ohne daß
ihnen ein genau bestimmter Platz eingeräumt war.

Die Küche enthält einen gemauerten Herd, der in einer Ecke des

Raums aufgeführt ist. Töpfe und Kasserollen werden auf Dreifüße oder auf kleine gemauerte Vorsprünge gestellt, zwischen denen die Holzkohle brennt. Oft gibt es einen zweiten kleinen Ofen für Feingebäck; das Brot kauft man im allgemeinen beim Bäcker. Über dem Herd dient eine Maueröffnung als Rauchabzug. Die einfache Einrichtung der Küchen zeigt, daß der Tafelluxus in der kleinen Provinzstadt Pompeji keine besonderen Fortschritte gemacht hat. Wenige Häuser haben einen Keller; in einigen gibt es ein Souterrain, wie z. B. in der Casa del Centenario (IX, 8,3) und im Haus des L. Caecilius Iucundus (V, 1,26).

Die Latrinen liegen in der Nähe der Küche und sind an den Schmutzwasserkanal angeschlossen. Das Bad ist meistens klein und besteht aus einem *tepidarium*, einem leicht erwärmten Saal, und einem *caldarium*, einem warmen Saal, in dem die Badewanne steht. Das kalte Bad ist ein einfaches Becken. Das Heizungssystem gleicht dem in den öffentlichen Bädern[5] und wird gemäß dem Fortschritt der Technik immer komplizierter. Die Abstellräume erkennt man an den Regalen und Schränken.

Obergeschoß. Die meisten Häuser in Pompeji haben kein Obergeschoß; doch hat der Bevölkerungszuwachs dazu geführt, daß über dem Erdgeschoß gelegentlich ein zweites Stockwerk errichtet wurde; das Erdgeschoß wurde dann entsprechend niedriger gestaltet. Die Schlafzimmer wurden oft nach oben verlegt. In manchen Häusern führt eine separate Treppe von der Straße direkt in das Obergeschoß. Die Einzelzimmer, eine Art Mansarden, *cenacula* genannt, sind in Pompeji weit weniger zahlreich als in Herculaneum.

Dies sind die Elemente des pompejanischen Hauses, der traditionellen *domus*, die sich aus drei Bezirken zusammensetzt: dem Atrium und seinen Räumen, dem Peristyl und seinen Zimmern und den Nutzräumen. Wir werden sie im einzelnen im Haus des Menander wiedererkennen, das wir als Typus des Stadthauses näher betrachten wollen.

II. Ein Stadthaus: das Haus des Menander [6] (I, 10,4) – (Abb. 25)

Das schöne Patrizierhaus gehörte einem reichen Bürger, einem Mann
von Geschmack – der ebenso außergewöhnliches, hellenistisches Silbergeschirr sein eigen nannte wie das von Boscoreale –, einem Gebildeten, der eine Bibliothek besaß und die Porträts seiner drei bevorzugten Dramatiker vor Augen zu haben wünschte. Das Haus
des Q. Poppaeus, dessen *gens* auch die Casa degli Amorini dorati
(VI, 16,7) gehörte, hat sich nicht so harmonisch und organisch entwickelt wie viele andere reiche, vornehme Häuser: der Atrium-
Bezirk ist im Vergleich zum Peristyl sehr bescheiden; die Achse des
Peristyls ist im Verhältnis zu der des Atriums stark verschoben. Das
Haus ist also umgebaut und erweitert worden, was es besonders interessant macht. Der ursprüngliche Kern war ein Atrium-Haus
toskanischen Typs aus der Zeit zwischen 250 und 200 v. Chr., als
man zum Bauen den Kalkstein verwendete; der Teil mit dem Peristyl ist ein Jahrhundert jünger; in der augusteischen Zeit wurde das
Haus im Osten und Süden erweitert und im Südwesten ein Privat-
bad eingerichtet. In claudischer und neronischer Zeit ist die Entwicklung abgeschlossen. Die Dekoration wurde nach 62 erneuert.

Die herrschaftlichen Räume rund um das Atrium. Der Eingang
überrascht wie bei allen Tuffsteinhäusern aus der samnitischen Epoche durch seine imposanten Ausmaße. Pilaster mit korinthischen
Kapitellen umrahmen die gewohnte, zweiflüglige Tür. Ein schmaler
Korridor führt zum rechteckigen Atrium (9,80 mal 7,20 m), das
seinen Charakter als toskanisches Atrium aus der Kalksteinepoche
gewahrt hat. Es ist umgeben von zwei Räumen mit hohen Türen;
die Räume 5, 6 und 7 wurden niedriger gehalten, als das Obergeschoß aufgesetzt wurde. Das Bodenpflaster besteht aus einfachem
signinum (zerbrochenen Ziegelsteinen); das *impluvium* hat Marmor-
fliesen. Am Rand des *compluvium* wechseln Delphinköpfe mit Palmetten ab. Das Lararium in der Nordwestecke ist als kleines Giebel-
tempelchen gestaltet; es steht auf einem hohen Podium; zwei Gitter
schützen die Kultstatuetten vor Dieben.

Rund um das Atrium sind angeordnet die Loge des Türhüters (*cella
atriensis* – 1), das Treppenhaus (2), das zum Obergeschoß führt, das

Schlafzimmer (3) mit Gewölbe und Kranzgesims aus Stuck, die
Exedra (4), der vornehmste Raum in diesem Teil des Hauses, mit
Szenen von der Einnahme Trojas geschmückt, im Westen ein Vor-
ratsraum (*apotheca*) (5), ein Schlafzimmer für den Türhüter (6) und
eine weitere Kammer (7); der Eingang zum *tablinum* (8) ist mit
zwei schönen korinthischen Tuffsäulen geschmückt, die nach dem
Erdbeben von 62 stuckiert und bemalt wurden. Ein großer Vorhang
zwischen den Säulen verbarg den Bezirk des Peristyls vor neugieri-
gen Blicken. In 11 und 12 erkennt man zwei *oeci*, die je nach der
Jahreszeit als Speise- oder als Ruheräume dienten. Im *oecus* (11),
einem der ganz seltenen Räume in Pompeji, die grün ausgemalt sind,
umrahmen weiße, blaue und schwarze Mosaiksteinchen ein *emblema*,
das eine Nillandschaft darstellt.

Die herrschaftlichen Räume rund um das Peristyl. Das Peristyl hat
eine unregelmäßige Kolonnade, deren Säulenzwischenräume sich
nach der Breite der Räume richten, welche sich zum Peristyl hin
öffnen. Im Norden entsprechen die fünf verschiedenen Zwischenräume den Türen des *tablinum*. Der hellenistische Plan wurde den
neuen Bedürfnissen entsprechend abgewandelt: Existenz eines Gartens, Wunsch nach Sonneneinstrahlung in der römischen Epoche.
Eine niedrige Mauer verbindet die Säulen, sie ist nur vor dem *tablinum* unterbrochen; vor dem Eingang zum großen *triclinium* (18)
wird sie durch ein Gitter ersetzt. Rund um das Peristyl sind die
Räume des herrschaftlichen Wohnbezirks angeordnet: im Norden
das *tablinum* (8) und die *oeci* (11 und 12); im Westen liegt ein Korridor, der den Zugang zur Küche und zum Bad bildet; im Süden
hinderte ein Nachbarhaus jede Ausdehnung; die Mauer ist wie eine
frons scenae behandelt: eine rechteckige Exedra (23) wird von zwei
halbkreisförmigen Exedren (22 und 24) eingerahmt.

Die weißen Säulen des Peristyls sind kanneliert und stuckiert und
haben spätdorische Kapitelle; die niedrige Mauer ist mit Sträußen
aus blühenden Pflanzen, Vögeln und Jagdszenen dekoriert. Die
Bilder aus der Natur erweitern gleichsam den Miniaturgarten.

Das Schlafzimmer mit doppelter Bettnische (21) im Südostteil ist in
der letzten Zeit der Villa verändert worden: die Wandregale lassen
darauf schließen, daß hier die Bibliothek des letzten Besitzers ein-

gerichtet war; er dürfte wie die Pisonen, die Besitzer einer herrlichen Villa in Herculaneum, über Buchrollen – *volumina* – verfügt haben. Hier las und meditierte der Hausherr, ausgestreckt auf seinem Bett.

In einer der beiden rechteckigen Exedren (25) war eine Nische in Form eines *arcosolium* ausgespart; rund um einen kleinen gemauer-

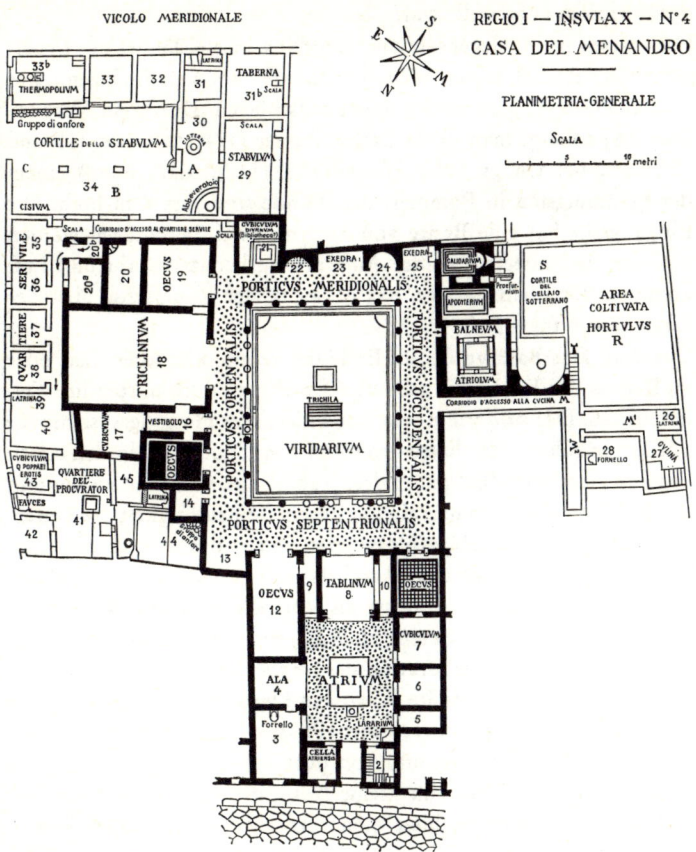

Abb. 25. Plan des Hauses des Menander

ten Altar standen die Ahnenbilder, die *imagines maiorum,* die in den Leichenzügen mitgeführt wurden. Normalerweise waren sie hinter Holztürchen verborgen.

In der anderen rechteckigen Exedra (23) umrahmten zwei Gruppen von Theatermasken, die auf Tischen aufgestellt waren, die Porträts von Dramatikern. Erhalten ist nur das Bild des Komikers Menander. Man kann mit einiger Sicherheit annehmen, daß auch das Bild des Euripides aufgestellt war.

Der Ostteil ist im Gegensatz zum Südteil sehr weitläufig, der Eigentümer hat nämlich andere Häuser aufkaufen können. Sie lagen tiefer als das Peristyl; man mußte daher aufschütten. Durch ein Vorzimmer (16) gelangt man in ein Schlafzimmer (17); zwei *oeci* (15 und 19) liegen bei dem großen *triclinium* (18) (11,50 mal 7,60 m), einem der geräumigsten in Pompeji; die Wände sind fast 8 m hoch. Die Eingangstür hat eine Breite von 3,70 m; zwei Seitentüren werden von den Bediensteten bei der Aufwartung benutzt. Licht und Luft kommen durch ein Fenster, das genau in der Raumachse über der Eingangstür angebracht ist.

Das Bad. Das Bad wurde am Ende der republikanischen Zeit oder zu Beginn der Kaiserzeit gebaut; 79 war man noch mitten im Wiederaufbau. Das *caldarium* war vollendet; sein Heizungssystem war völlig verändert: man hatte den Ofen vom Souterrain in den ersten Stock verlegt. Das Bad nahm drei Räume ein, war sehr sonnig und durch das gewölbte Souterrain gut gegen die Feuchtigkeit des Untergrunds gesichert. Ein abgeschlossenes *atriolum,* das von acht stuckierten und bemalten, auf dem Rand des *impluvium* stehenden Backsteinsäulen getragen war, diente als Vorhalle zum Bad. Man betrat es vom Peristyl aus durch eine niedrige, enge Tür, die es gegen Zugluft abschirmte. Die Dekoration des *impluvium* und der Wände ist sehr fein. Auf der Westseite führte ein Durchgang ins *apodyterium* (Auskleideraum) ohne *suspensura* (Pflaster auf den Backsteinsäulchen des Hypokaustums) und von dort ins *caldarium* mit *suspensura* (2,30 mal 3,75 m); eine kleine Apsis, die durch ein rundes Fenster erleuchtet war, enthielt einen Brunnen mit rundem Becken (*labrum*); die Wanne mit dem heißen Wasser (*alveus*) stand auf der Nordseite. An das eigentliche Bad schloß sich eine Terrasse (*sola-*

rium) an, wo man, geschützt gegen Nordwind, Sonnenbäder nehmen konnte. Die ganze Anlage ist für ein privates Bad sehr bemerkenswert und vermittelt einen Eindruck vom Reichtum und der Lebensart des Besitzers.

Versorgungsteil und Wohnräume der Sklaven. Nicht weniger bezeichnend und erstaunlich ist die Tatsache, daß die Nutzräume und der Wohntrakt der Sklaven einen sehr ansehnlichen Raum einnehmen. Die Sklavenwohnungen, Vorratsgewölbe, Lagerräume, die Küche, die Getreidemühle, der Stall für die Lasttiere, die Remise für die Wagen, die Tag für Tag Getreide, Gemüse und Früchte für den Haushalt heranschafften, zeugen von der Bedeutung dieses Hauses. Im Rahmen der pompejanischen Wirtschaft, wie wir sie beschrieben haben, erhellt sich hier der »ländliche« Hintergrund eines Stadthauses.

Der Versorgungsteil und die Sklavenwohnungen liegen hauptsächlich südlich und östlich vom Peristyl hinter dem großen *triclinium* (18).

Der Südteil: Wegen des unterschiedlichen Geländeniveaus führte eine Treppe zu einem Korridor, der wie eine sanft geneigte Rampe in 20 b mündet. 20 und 20 b waren Vorratskammern. Von diesem Korridor gelangt man durch eine niedrige Tür in einen kleinen Hof (34), der an drei Seiten von einem Portikus umgeben war. Hier waren die Ställe für die Lasttiere und Zugtiere und die Wagenremise untergebracht. Ein breiter Torweg verband den Hof mit dem östlichen Gäßchen. Auf dem Hof hat man ein *cisium,* einen leichten Reisewagen, mit eisenbeschlagenen Rädern und Wagenkasten gefunden; die Deichsel endet in einem Bronze-Ornament. 43 leere Amphoren, die längs der Wand gestapelt waren, warteten auf ihren Abtransport aufs Land. Der Portikus im ländlichen Stil bestand aus Pilastern aus *opus mixtum.* In den gestampften Boden war eine Klärgrube eingelassen, die die Zisterne für den Stall (*stabulum*) speiste; eine halbkreisförmige Tränke stand in der Südwestecke des Hofs. Im Stall waren auf einem 60 bis 70 cm hohen Sockel hölzerne Futterkrippen aufgestellt. Hier fanden vier Tiere Platz; eine hölzerne Treppe führte ins Obergeschoß zum Heuspeicher und den Räumen für die Stallknechte und Kutscher. Im Süden erkennt man eine Werkstatt (31 b), eine Latrine für die Bediensteten (31) und zwei weitere Räume (32, 33), deren Verwendungszweck nicht eindeutig festzustellen ist.

Der Ostteil: Der Wohnteil der Sklaven im Osten ist mit den herrschaftlichen Räumen durch den langen Südkorridor verbunden und öffnet sich direkt auf das Ostgäßchen. Ein zweiter Türhüter überwachte diesen Eingang: so vollzog sich denn der ganze Handel und Wandel weit entfernt von den Räumen der Herrschaft, und nichts störte die Ruhe und die Studien des Hausherrn. Die Räume 35 bis 38 sind gleich gestaltet, es handelt sich um Schlafzimmer für die Sklaven, die von einem kleinen Fenster erhellt werden. 40 ist größer und hat eine Latrine (39). Die Räume 41 bis 45 bilden die Wohnung des Prokurators Q. Poppaeus Eros, ein Appartement, das ursprünglich separat war, später aber in den herrschaftlichen Hausteil eingegliedert wurde. 43 war das Zimmer des Vertrauensmannes, der die landwirtschaftlichen Geräte und das Bronzegeschirr verwaltete. Diese Räume erhielten Tageslicht durch ein Atrium, das man so umgebaut hatte, daß es eine einzige gegen 44 geneigte Dachfläche besaß.

Küche und Vorratsräume im Westteil: Westlich vom Bad führt ein Gang zur Küche (27), die mit einem Herd auf Backsteinbögen und mit einem Wasserbehälter ausgestattet ist. Hier arbeitete der Koch Crescens. Der Gang M' führt zu einer Latrine (26); in 28 war ein zweiter Herd für Notfälle aufgestellt.

Am Ende des Ganges M führte eine Treppe T in den Nutzgarten hinunter, wo Gemüse für den täglichen Bedarf gepflanzt wurde. Ein Teil der Fläche (S) aus gestampfter Erde diente als Zugang zu den gewölbten Souterrains, wo man einen ungewöhnlichen Silberschatz gefunden hat. Die Souterrains stammen aus derselben Zeit wie das Bad, denn unter dem *cellarium* heizte der Ofen, in dem das Brot gebacken wurde, gleichzeitig die *suspensura* und die doppelten Wände. Hier hat man in einer verschlossenen Truhe den aus 118 Stücken bestehenden Silberschatz gefunden, dessen sich der Besitzer nicht bediente, als das Haus von Grund auf erneuert wurde.

Dies ist das Haus des Menander, in dem alles für die Bequemlichkeit des Besitzers getan ist. Weite, gut erleuchtete Räume laden zu Stu-

dien oder zur Versammlung ausgewählter Freunde ein; die Ban-
kette werden in der weit entfernten Küche zubereitet, so daß kein
störender Geruch zu den Gästen dringt; ein Heer von Sklaven glei-
tet geräuschlos durch die endlosen Gänge. Der Aufseher, ein Freigelassener, überwacht das Personal und das tägliche Kommen und
Gehen der Wagen, die den Haushalt versorgen; er schützt die Ruhe
seines Herrn, der nach einem belebenden heißen Bad die Sonne genießen und dabei seinen Menander lesen kann.

Die Frage, ob die traditionelle Hausarchitektur in den Vorstadtvillen beibehalten wurde, ist berechtigt; denn diese Anlagen sind frei
von den Zwängen der städtebaulichen Gegebenheiten und der Geschichte der Stadt. Verwirklicht sich diese Freiheit in der Anordnung
der Räume, führt sie zu einer Revolutionierung der Architektur?
Wir werden dies überprüfen, indem wir die Mysterienvilla[7] näher
betrachten.

III. Die Mysterienvilla, der Typus einer Vorstadtvilla
(Abb. 28)

Eine Vorstadtvilla muß den Anforderungen eines landwirtschaftlichen Betriebes entsprechen und zugleich eine prunkvolle Unterkunft für den Besitzer sein. Der Besitzer der Mysterienvilla zum
Zeitpunkt des Vesuvausbruchs im Jahre 79 war ein gewisser Istacidius; der Prokurator L. Istacidius Zosimus überwachte die Aufbauarbeiten: darin liegt eine erste Ähnlichkeit mit dem Schicksal des
Hauses des Menander (I, 10,4).

Die Lage der Mysterienvilla

Die Mysterienvilla liegt zwischen zwei Straßen; die eine zweigt von
der Gräberstraße ab und führte zu den verstreuten Anwesen und
Häusern auf der halben Höhe des Vesuvhanges, die andere ist die
Straße von Pompeji nach Herculaneum und Neapel, von der aus
man auf einem gewundenen, holprigen Weg zur Mysterienvilla gelangte. Zwischen diesen beiden Straßen fällt das Gelände stark ab,

weil sich hier eine alte Lavabank hinzog. Die Villa lag auf halber
Höhe; ihre Hauptachse verlief von Osten nach Westen, war also
nach der Küste und dem Golf hin ausgerichtet; oben mußte sie mit
einem gemauerten Erdwall gesichert und unten mußte über einem
Kryptoportikus eine Terrasse angelegt werden, damit eine ausreichend große ebene Fläche zustande kam, die zum Meer hin ausgerichtet war. Welch gewaltige Erdarbeiten waren hier nötig, während die Vergrößerung des Hauses des Menander nur geringer Vorbereitungen bedurft hatte!

Der Gesamtplan

Auf einer Fläche von 1820 m² verteilten sich die Räume nach einem
klaren, logischen Plan. Große, weiträumige Zimmer ordnen sich um
ein toskanisches Atrium und seinen dreifachen Portikus. Zwischen
dem Eingang und dem Atrium liegen ein Peristyl und andere Wohn-
und Prunkräume. Im Süden bildet ein viersäuliges *atriolum* den
Hof vor dem Bad. Hinter dem Bad befinden sich die Küche, das
Lararium und die Räume für die Sklaven. Später wurden im Osten
eine ganze Reihe neuer landwirtschaftlicher Nutzräume angebaut;
gleichzeitig entstand ein neuer Eingang. Von diesem Zeitpunkt an
erfüllte die Villa die doppelte Funktion einer Vorstadtwohnung
und eines landwirtschaftlichen Betriebes. Wir wollen das Haus mit
den neunzig Räumen besuchen, das unter den Flaviern bereits zwei-
einhalb Jahrhunderte alt war.

Die Räume um das Atrium. Am Eingang finden wir bereits zwei
Türen, Kennzeichen der Entwicklungsstufen der Villa: den echten
Eingang unter den Rundbogen und den ursprünglichen Eingang, der
von Bänken in der Mauer flankiert ist nach dem Vorbild der Eingänge zu den städtischen Patrizierhäusern.

Der städtische Charakter triumphiert mit dem rechteckigen toskanischen Atrium (11,5 mal 8 m); das flache *impluvium* mit seinem breiten Bandgesims gleicht denen in den ältesten Häusern, im
Haus des Chirurgen (VI, 1,9–10), des Sallust (VI, 2,4), im Haus
der silbernen Hochzeit (V, 2) und im Haus des Obellius Firmus
(IX, 10,1–4).

Ursprünglich (Abb. 27) öffneten sich 13 große Türen (1,10 bis 1,20 m
mal 3,20 bis 3,25 m) zum Atrium hin, das sich in einem Übergangs-
und Anpassungsstadium des städtischen Hauses an das Vorstadthaus
befindet. Die *alae* fehlen; zwei Türen gehen auf eine überdachte
Veranda, zwei Seitenpforten bilden Zugänge zum *tablinum*, von
wo aus man den westlichen Portikus erreicht.

Raum 6 ist ein sehr geräumiger Salon, der ursprünglich nur mit dem
Atrium in Verbindung stand und zur Terrasse P 1 (Abb. 28) ein
Fenster hatte; der Korridor 7 und die Bettnische 8, die sich später
nach dem Peristyl hin ausrichteten, bildeten ein einziges Zimmer mit
dem Eingang zum Atrium. Ebenso verhielt es sich im Norden mit
den Räumen 19, 20, 21, 16 und 18 (Abb. 28).

Aber unter dem Einfluß der hellenistischen Tuffsteinarchitektur und
der Dekoration im 2. Stil verlor das Atrium zugunsten des Peristyls

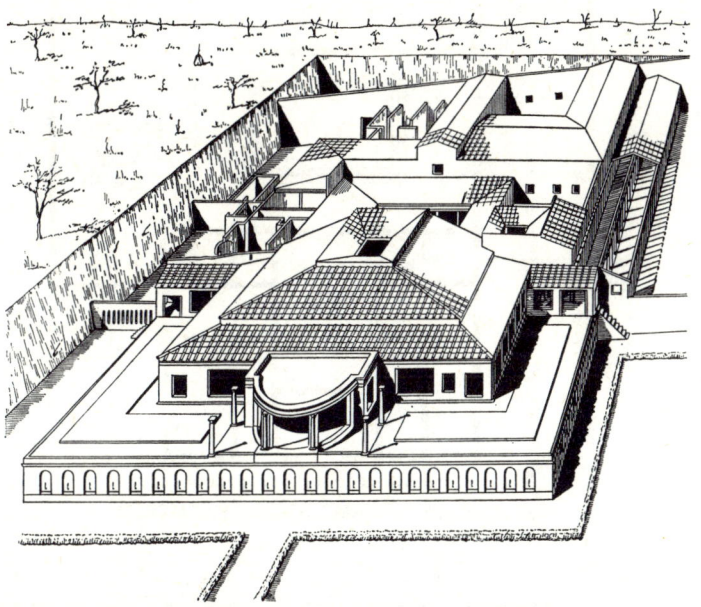

Abb. 26. Rekonstruktion der Mysterienvilla

an Bedeutung. Man verschloß einige Durchgänge, die zum Atrium führten; nur fünf Türen blieben offen. Das *tablinum* wurde vom Atrium wie von der Galerie isoliert.

Anfangs war die Vorstadtvilla also als städtisches Patrizierhaus konzipiert gewesen, in dem das Atrium das Herz des Hauses darstellte. Aber in einer Vorstadtvilla konnte das alte italische Atrium, das Licht und Luft durch die enge Öffnung des *compluvium* erhält, nicht mehr den Anforderungen eines reichen Landhauses mit Blick in die Natur und auf das Meer genügen. Die Räume orientieren sich mehr und mehr nach der Außengalerie hin oder zum Peristyl, denn die Bewohner suchen Sonne, frische Luft und Grün. Es bedeutet eine Revolution der Architektur, daß sich das Stadthaus mit den kleinen

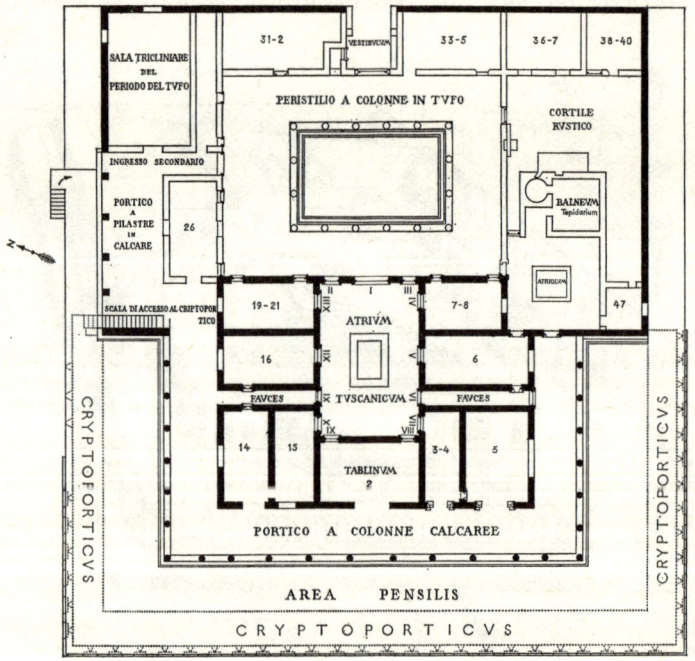

Abb. 27. Plan der Mysterienvilla, erster Bauzustand

Fenstern und den hohen blinden Außenmauern auf Terrassen und
hängende Gärten öffnet. So ist die Natur nicht mehr im Haus gefangen, im Gegenteil, die Villa ist so angelegt, daß der Eigentümer
frei die gute Luft, die Sonneneinstrahlung und die heitere Schönheit
der Landschaft genießen konnte. Dem Zwielicht des Atriums, wo die
Familie lange Ruhestunden genoß, zogen die neuen Herren die
Exedra-Veranda vor, die dank dreier großer Öffnungen (zweimal
3,10 m und 2,80 m) ganz in Licht gebadet ist und von der aus man
den Vesuv, die Lattari-Berge oder das Meer betrachten konnte.

In vorrömischer und republikanischer Zeit (Abb. 27) umgab ein
Portikus die Villa; er lag U-förmig vor der Seite, die der Küste
zugewandt war; weil er zu zugig und sonnig war, wurde er mit

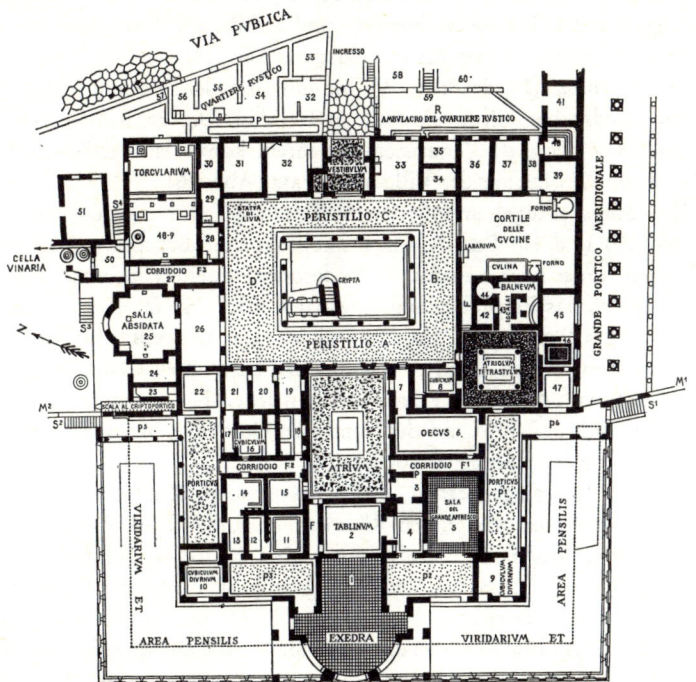

Abb. 28. Plan der Mysterienvilla, letzter Bauzustand

Türen und Fenstern verschlossen (Abb. 28). Die beiden Ecken baute man zu Zimmern (9 und 10) aus, die zur Siesta und wegen ihrer sehr niedrigen Fenster als Aussichtszimmer benutzt wurden. Vorn in der Mitte baute man eine große halbkreisförmige Veranda, die der Villa als Belvedere diente. Aber nicht dieser Portikus stellt die architektonische Revolution dar, denn ein Portikus mit Kalksteinpilastern umgab bereits in einer frühen Baustufe das Zimmer 26 (Abb. 27), ein halbes Jahrhundert vor der Einführung der Tuffsteinsäule, die die ganze Entwicklung des Peristyls hellenistischer Prägung durchmachte.

Die herrschaftlichen Räume rund um das Atrium. Der Plan der Villa zeugt also von einer architektonischen Revolution. Trotz der Veränderungen ist die Verteilung der Zimmer rund um das Atrium, längs der drei Flügel des Portikus und auf die als Rosengarten angelegte Terrasse hin am besten gelungen (Abb. 28).

Das *tablinum* (2), das keine Verbindung mit dem Atrium und mit der Exedra hat, öffnet sich nur nach 4 hin. Die Exedra-Veranda empfängt heute den Touristen mit ihrem konvexen Portikus, der über die Westfassade der Villa hinausragt (Abb. 26).

Der Südwestflügel umfaßt ein Schlafzimmer mit einem einzigen Bett (3) und ein Schlafzimmer mit doppelter Bettnische (4), die nacheinander nach mehrfachen Änderungen in ein Vorzimmer zum *tablinum,* das Empfangsraum geworden war, und in einen Durchgang zum Portikus verwandelt wurden. Das *triclinium* (5) ist der vornehmste Raum, denn es war mit den berühmten Gemälden dekoriert, nach denen die Villa benannt wurde.[8] Es ist sonnig und hat einen Blick auf die Landschaft und den Golf. Der *oecus* (6) öffnet sich auf den geschlossenen Portikus.

Der Nordwestflügel besteht aus Vorzimmern und Zimmern (11–15), die aus zwei ursprünglichen Räumen entstanden sind. Ein Schlafzimmer mit doppelter Bettnische und Schrank (16) liegt hinter einem Vorzimmer (17), das als Verbindungsgang zu 21 dient. In 18 war eine Latrine eingerichtet, die durch eine Luke vom Atrium her Licht bekam. Das *cubiculum* mit doppelter Bettnische dürfte während der Sommerhitze das bevorzugte Schlafzimmer gewesen sein, denn es lag nach Norden.

Das viersäulige Atrium und das Bad. Zwischen dem Portikus der
Terrasse und dem schlichten Küchenhof liegt ein zierliches, quadra-
tisches, viersäuliges Atrium. Ursprünglich diente der einfache Hof
der Belüftung und als Ruheraum nach dem Bad; er dürfte als toskanisches Atrium ohne Backsteinsäulen konzipiert gewesen sein. Als
das Bad nicht mehr benutzt wurde, gestaltete man das Atrium
völlig neu; es wurde viersäulig und trug einen Balkon, der die über
dem Bad gelegenen Räume miteinander verband. 42 ist eine Exedra,
die als *apodyterium* gedient hat; in 43 erkennt man das *tepidarium*
und 44, ein kreisrunder Raum, war das *laconicum*. Das Bad wurde
aufgegeben, weil man im Raum 43 eine Treppe zur oberen Etage
bauen mußte. Die bescheidene Bade-Einrichtung gehört in eine Zeit,
in der man das System der *suspensura* noch nicht kannte; das *laconicum* mit der halbkugelförmigen Kuppel wurde mit einem Kohlebecken beheizt; die Bäderarchitektur stand noch in ihren Anfängen.
Die herrschaftlichen Räume rund um das Peristyl. Zwischen Eingang und Atrium, wo sich ursprünglich ein Hof befand, lag später
ein rechteckiges Peristyl mit sechs Säulen an den Langseiten und vier
an den Breitseiten. Die Säulen aus schönem Tuffstein von Nocera
(3, 10b) sind vom toskanisch-dorischen Typus und haben Kapitelle
mit geometrischen Schmucklinien. Eine 1,50 m hohe Mauer hat das
ursprünglich offene Peristyl in einen halbgeschlossenen Portikus verwandelt, der mit einfachen Fenstern versehen ist. Diese Veränderung
ist nicht erstaunlich, wir kennen sie bereits aus dem Haus des Menander. Die Römer hatten eine Schwäche für den Kryptoportikus,
wo man sich geschützt vor Zugluft und Sonne aufhalten konnte. Die
Eingliederung des Peristyls erhöhte die Zahl der Wohnräume beträchtlich, zumal bis zum Jahre 62 in diesem Gebäudeteil eine obere
Galerie existierte.
Im Westen verband der Raum 7 den *oecus* 6 mit dem Peristyl. 8 war
zuerst ein Zimmer, später ein einfacher Durchgang zum viersäuligen
Atrium. 19 und 20 sind zwei weitere Zimmer, 21 ein einfacher
Gang zwischen P[4] und dem Peristyl; im Jahre 79 war man dabei,
diese Räume wieder in einen einzigen zurückzuverwandeln.
Im Norden diente 26 als Vestibül zu dem Apsidensaal 25. An der
Stelle des Portikus mit den Kalksteinpilastern hatte der flavische

Architekt einen vierflügeligen Saal mit Apsis errichtet, der mit einem großen Fenster versehen war. Der Korridor 27, der früher den Salon 48/49 mit dem Peristyl verbunden hatte, wurde zu einem blinden Gang, der als Lagerraum diente. Die schlichten Räume 28, 29 und 30 waren zum landwirtschaftlichen Teil der Villa hin ausgerichtet, und 31 und 32, die früher einen Salon mit Verbindung zum Peristyl gebildet hatten, öffneten sich nun auf den Korridor des Wirtschaftsteils. Die Räume 33 bis 35 waren sehr einfach; in 33 war eine Küche eingerichtet.

Der Hof der Küchen. Im Süden war eine Küche in einem kleinen Hof unter einem Schutzdach eingerichtet; die beiden Öfen, die man dort gefunden hat, einen für Brot, den anderen für Feingebäck, stammen aus der letzten Bauperiode der Villa. Die angrenzenden Räume dienten im Untergeschoß als Wirtschaftsräume, im Obergeschoß als Sklavenwohnungen. Ein einfaches Lararium wurde von den Sklaven unterhalten. Raum 40 ist eine große Latrine, die in der üblichen Entfernung von der Küche untergebracht war.

Weiter südlich befand sich ursprünglich eine Terrasse, die zu landwirtschaftlichen Zwecken gebraucht wurde. Zur Zeit des Tiberius wurde hier eine doppelte Kolonnade errichtet, die in flavischer Zeit mit einem Satteldach gedeckt wurde; das Wasser der inneren Dachfläche wurde in die Zisterne des Kryptoportikus geleitet.

Diese Bauweise ermöglichte die Anlage von weitläufigen bequemen Souterrains, wo man landwirtschaftliche Produkte lagern konnte. Solche Räume sind in einer Vorstadtvilla vonnöten. Zwar ist ein Kryptoportikus nicht so vornehm wie ein Portikus mit Fenstern oder Maueröffnungen, wie in den Villen, die nur als Residenzen benutzt werden, aber der unterirdische Lagerraum ist sehr nützlich.

Der Kryptoportikus. Er ist eines der besonderen Kennzeichen der Villa und zieht sich an drei Seiten über 95 m hin. Er stützt die Terrasse, auf der die Kalksteinportiken errichtet wurden.

Die Galerie ist weniger großartig als die in der Villa des Diomedes; sie erreicht eine Breite von 2,65 m; die Höhe bis zum Gewölberükken beträgt 2,60 m. 79 ließ der Prokurator der Villa die Zisterne im Südflügel entfernen, damit der Kryptoportikus ausschließlich als Lagerraum benutzt werden konnte.

Die landwirtschaftlichen Räume und die Sklavenwohnungen. Wir haben gesehen, daß in der letzten Bauperiode die Räume 31, 32 und 33 bis 35 in Wohnräume für den Aufseher und die Sklaven umgewandelt worden sind, die in der landwirtschaftlichen Produktion arbeiteten. Der echte landwirtschaftliche Teil muß eine Zeitlang genau umrissen und vom Peristyl abgetrennt gewesen sein. Er lag in dem dreieckigen Raum zwischen der alten und der neuen Umfassungsmauer; der Gang P begrenzte ihn im Westen. Die Sklavenwohnungen umfassen die Räume 52 bis 56 und 58 bis 60; das Obergeschoß ist dem Prokurator vorbehalten, der hier nicht so bequem untergebracht war wie im Haus des Menander (I, 10,4), aber von seinen Räumen aus seine Untergebenen gut im Auge behalten konnte.

Die landwirtschaftlichen Einrichtungen. Da die Ausgrabungen dieses Teils im Norden, Osten und Süden noch nicht abgeschlossen sind, kann man sich von den landwirtschaftlichen Nutzräumen, die der ursprünglichen Villa angefügt worden sind, noch kein rechtes Bild machen. Man gelangte zu ihnen durch einen Nebeneingang und eine Nebenrampe (57).

Das *torcularium,* wo die Trauben gepreßt wurden, war in einem alten Sommer-*triclinium* eingerichtet; anfangs wurde der Most nach der Gärung in den *dolia,* die in den Boden des *torcularium* eingelassen waren, in Weinamphoren umgefüllt und in die Souterrains des Kryptoportikus transportiert. Damals war die Weinproduktion nur auf die Bedürfnisse des Besitzers und seiner *familia* abgestellt. Dann wurde die Produktion erweitert, und das *torcularium* bildete mit dem Weinkeller (*cella vinaria*) eine Einheit. Durch einen Kanal floß der Saft in den Raum 50 und wurde dort in einer Zisterne (*lacus*) aufgefangen; von dort aus wurde er in die *dolia,* die in die Erde eingelassen waren, gefüllt. Wir wollen uns mit *torcularium* und *cella vinaria,* die wir oben bereits beschrieben haben,[9] nicht weiter befassen; über dem Raum 50 war ein Zimmer für den Wächter eingerichtet, der die Ernte gegen Diebe schützen sollte.

So lassen sich an der Mysterienvilla Ähnlichkeiten und Unterschiede im Vergleich mit dem Stadthaus aufzeigen. Anfangs standen das Haus mit dem toskanischen Atrium und seinen nach innen gerichteten Zimmern und der Portikus aus Kalksteinsäulen, der die Fassade der Villa zum Meer hin bildete, in einem gewissen Gegensatz zueinander. Der Architekt baute diesen Portikus, weil er sah, daß man den Blick nach draußen freigeben mußte. Der städtische Charakter der Villa verstärkt sich durch die Errichtung des Peristyls und die nachträgliche Aufteilung der Räume, die die Wohnmöglichkeiten vergrößern, obwohl die Zimmer kleiner werden. Um das toskanische Atrium gruppiert sich der Badetrakt. In der augusteischen Zeit ereignet sich die eigentliche Revolution: das Atrium verliert seine Funktion und seine Würde. Die Räume öffnen sich zum Peristyl aus Tuffstein, dessen Säulenzwischenräume geschlossen werden. Bis 62 erfüllt die Villa ihre doppelte Funktion als Herrensitz und landwirtschaftlicher Betrieb. Die ganze Südfassade wird in neuem Stil umgestaltet: es entstehen ein Wandelgang mit Fenstern, Ruheräume und ein Belvedere.

Während die Sklaven und Freigelassenen in dem neuen Wirtschaftsteil arbeiten, kann der Besitzer sein Haus, das teilweise mit einem Obergeschoß versehen ist, genießen, ohne von den doch nahen Landarbeiten gestört zu werden. Es ist ihm gelungen, seinen wirtschaftlichen Reichtum, der durch den landwirtschaftlichen Betrieb genährt wird, und seinen Sinn für den ästhetischen Reiz einer schönen, freundlichen Landschaft auf einen Nenner zu bringen. Nach 62 denkt der letzte Besitzer mehr daran, sein Vermögen zu sichern, als alle vornehmen Räume wieder bewohnbar zu machen. Er scheint vor allem die Durchgänge zu luftigen und sonnigen Plätzen vermehrt zu haben, die in der Nähe des Wandelganges und der hängenden Gärten lagen.

IV. Die Revolutionen in der Architektur

Die Revolution in der städtischen Architektur. Haben sich die revolutionären Tendenzen auch in der Stadt gezeigt? Man darf annehmen, daß die alte italische Konzeption des Atrium-Hauses selbst nach ihrer Verbesserung durch das hellenistische Peristyl gewisse, für Neuerungen empfängliche Besitzer nicht mehr befriedigte, ob-

wohl die vornehmen Pompejaner durchweg konservativ eingestellt
waren. Die Kolonie hatte einiges Gelände an der Mauer und in der
Region VIII die Mauer selbst zum Verkauf angeboten. Die Beschaffenheit des Terrains forderte neue Ideen, zumal wegen der
Abschüssigkeit des vulkanischen Bodenreliefs umfangreiche Stütz-
mauern errichtet werden mußten, wenn man einen unverbaubaren
Blick genießen wollte. Die Häuser haben im Verhältnis zur Küste
und zum Meer dieselbe Lage wie die Mysterienvilla. Nur durch
Terrassen auf dem gleichen Niveau konnte man einen ausreichend
großen, ebenen Bauplatz schaffen. Wenn man heute den alten Schutt
abträgt, entdeckt man Gewölbe und Pfeiler dieser Terrassen. Oft ist
zwar noch ein Atrium vorhanden, doch die Räume richten sich nach
den Terrassen aus, und ihre breiten Fenster bieten einen freien Blick
auf die Landschaft. Ein durchdachtes Treppensystem erschließt
mehrere Aussichtsebenen wie z. B. im Haus des Kaisers Joseph II.
(VIII, 2,39 – Abb. 29), das über drei Plateaus verfügt. Anfangs
wurde das Stadthaus auf das Land verpflanzt, später kamen Villen
und abgestützte Terrassen in die Stadt. Der Wunsch nach Luft und
Licht und der Sinn für die Natur hatten sich verstärkt; man versteht sehr gut, daß die Südflanke der Mauer trotz der hohen Kosten
für die Substruktionen zuerst aufgegeben und in eine Wohngegend
für vornehme Leute verwandelt wurde und daß wir an dieser Stelle
die ersten Anzeichen einer avantgardistischen pompejanischen Architektur finden.
Es gibt in Pompeji in flavischer Zeit auch Häuser ohne Atrium und
ohne Peristyl; sie haben einen Hof mit Portikus, der eine Variante
des hellenistischen Peristyls darstellt. Dies ist z. B. im Haus IX,
5,18–21[10] der Fall. Eine solche Modernisierung ist nur relativ, denn
das Leben bleibt nach innen gewendet; die Fenster in der Außenwand sind klein und gering an Zahl.
Die echte Revolution, die übrigens von der Backsteinarchitektur
begünstigt wurde, ist die neue Ausrichtung der Räume mit ihren
großen Fenstern, die sich auf einen Portikus und auf Gärten hin
öffnen. Weniger wichtig ist die Einführung des Peristyls, dessen
Funktion wir nun erfassen wollen.[11]

Die Rolle des Peristyls. Das Peristyl spielt im hellenistischen Haus dieselbe Rolle wie das Atrium im italischen. Wenn das pompejanische Haus einfach nur aus einem italischen und einem hellenistischen Haus zusammengesetzt wäre, könnte man nicht von Neuerung und Verwandlung sprechen, denn es handelte sich dann um eine Verdoppelung und ein Fehlen von schöpferischer Phantasie. Im pompejanischen Haus sind die Peristyle aber keine Höfe, sondern Gärten; das Peristyl hat folglich einen anderen Charakter als das Atrium. Das Atrium seinerseits gerät allerdings unter den Einfluß des hellenistischen Peristyls, denn es erscheinen – wie wir gesehen haben – das viersäulige und das korinthische Atrium. Diese beiden Typen sind eigentlich Peristyle; sie bilden neben dem traditionellen toskanischen Atrium neue Lichthöfe für eine Reihe von Räumen, wie z. B. im Haus des Fauns (VI, 12,2–5), im Haus des Zentauren (VI, 9,3–5) und im Haus des Epidius Rufus (IX, 1,22).

Das alte italische Haus ändert sich also nicht dadurch, daß ihm ein Peristyl eingefügt wird, sondern durch seine Öffnung auf die Landschaft und die Eingliederung eines Gartens. Der Gemüsegarten fällt in Ungnade, er macht einem Ziergarten Platz, der gleichzeitig die verborgene Naturverbundenheit der Römer und die neuen Bedürfnisse nach Luxus und Exotik in der Architektur befriedigt.

Das Peristyl ist nur ein Sonderfall der Kolonnade. Die ältesten Häuser enthalten Pseudo-Peristyle. Im Haus des Sallust (VI, 2,4) öffnet sich das *tablinum* auf eine rechtwinklig nach hinten versetzte Kolonnade. Selbst wenn Platz für ein vollständiges Peristyl vorhanden war, ist es nicht selten auf eine Kolonnade reduziert, wie z. B. im Haus des Loreius Tiburtinus (II, 2,2), wo eine geschweifte Kolonnade als Übergang zwischen einem großen Garten und den Wohnräumen dient. Unvollständige Peristyle können eine dekorierte vierte Mauerwand haben und ohne Portikus mit Darstellungen von Gärten gestaltet sein. Wenn das Ideal-Peristyl vier Portiken hätte haben müssen, hätte der Maler bestimmt die fehlende vierte Kolonnade aufgemalt. Nun stellt er aber einen Garten dar, doch dieser Garten ist nicht die Fortsetzung des echten Gartens, der im Peristyl angepflanzt ist. In den pompejanischen Beeten sind die Pflanzen in Büscheln und niedrigen Strauchgruppen angeordnet; sie haben weder die Fülle, noch nehmen sie so zusammenhängende Flächen ein, wie es auf den Gemälden dargestellt ist.

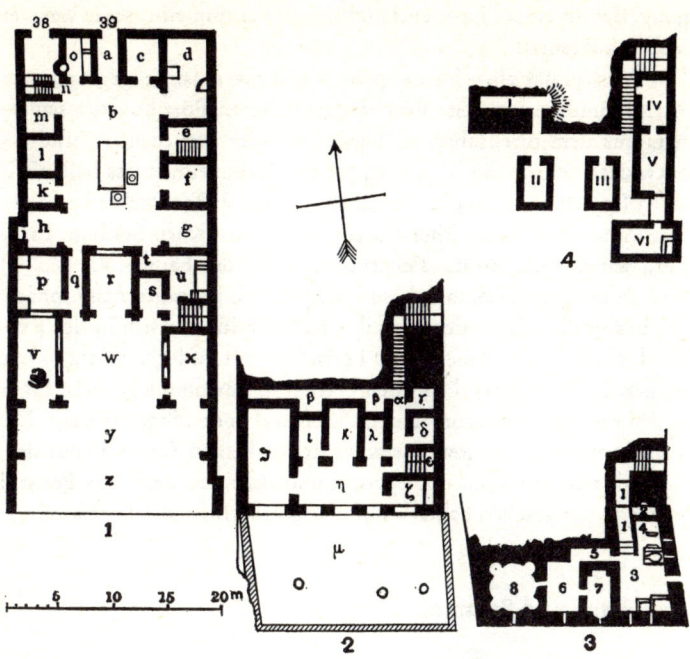

Abb. 29. Plan des Hauses des Kaisers Joseph II.

1 Obere Terrasse auf Straßenniveau
  a Vestibulum
  b Atrium
  c Lararium
  g, h Alae
  u Doppelte Treppe zur oberen Etage
    und zur mittleren Terrasse
  w Salon, der sich auf die Kolonnade
    y und die Terrasse z öffnet
  x, v Speisezimmer
2 Mittlere Terrasse
  α Korridor entsprechend zur Treppe u
  β Korridor
  γ, δ Niedrige, gewölbte Räume

  ε Treppe zur unteren Terrasse
  η Hauptraum
  ϑ Speisezimmer
  ϰ Kleines Speisezimmer
  ι, λ, ζ Schlafzimmer
3 Untere Terrasse
  1 Korridor
  3–4 Bäckerei
  6–8 Bad
4 Die oberen Räume der mittleren
  Terrasse
  I Vorratsgewölbe
  II, III Räume über ι und λ
  VI Räume über ζ

Oft besteht der echte Garten nur aus gemauerten Blumenschalen, die längs der Portiken zwischen den Säulen aufgestellt sind. Das Peristyl öffnet sich also auf einen anderen Garten; es ist nur ein Wandelgang, der an einem Park entlangführt, sei er nun echt, sei er auf der Mauer aufgemalt.

Das Peristyl hat also eine doppelte Funktion: es ist ein geräumigeres Atrium und andererseits Erbe des griechischen Portikus, der seinerseits aus dem orientalischen, persischen oder syrischen, »Paradies« entwickelt wurde. So ist es weniger das Kennzeichen des hellenistischen Privathauses als die Nachahmung königlicher Parkanlagen der Diadochen und öffentlicher Gärten in hellenistischen Städten. Erinnern wir uns nur an die Peristyle im Haus des Fauns (VI, 12,2–5) und an die ganz orientalisch und hellenistisch geprägte Atmosphäre, die das große Alexander-Mosaik schaffen hilft, das sich in der Exedra befindet, welche die beiden Peristyle trennt oder vereinigt – wie man will. Das Peristyl soll den Garten in das pompejanische Haus einführen; es besteht fort in den Villen und in den Stadthäusern. Die von Portiken gesäumten Fassaden stellen keinen neuen Typus dar, der sich von der Villa mit Peristyl unterscheidet, denn das Peristyl ist – wie wir gesehen haben – nur eine Sonderform des Portikus.

V. Gärten und Brunnen

Die Bedeutung des Gartens. Garten und Haus entwickeln sich in enger Verbindung miteinander. Daß der Garten einen immer größeren Raum einnimmt, entspricht dem Sinn der Römer für die Natur und kommt ihren innersten Bedürfnissen entgegen. Ein Garten ist gewiß kein willkürlicher Luxus, das Klima Kampaniens erfordert eine Zuflucht vor Licht und Hitze; er ist das zusätzliche grüne Zimmer, wo man lebt wie in einem Salon. Auch der Garten hat Geschichte; aus der Vergangenheit nimmt er Würde und Ansehen und gibt seinen vornehmen Besitzern die Illusion, hellenistischen Prinzen gleich zu sein. Die Entwicklung des Atriums zieht die Entwicklung des Gartens nach sich als Rahmen für Meditation und Studium. Die Speisesäle unter freiem Himmel zeigen in ihrer Atmosphäre eine intime Mischung von Leben und Natur, wie wir gesehen haben; die *diaetae,* kleine runde oder viereckige Pavillons, die ganz im Grünen versteckt liegen, erinnern an die ägyptischen, persischen oder palästinensischen Türme und befriedigen den Wunsch nach Exotik, der mit der Naturverbundenheit Hand in Hand geht.

Die Pflanzen in den Gärten. Die Landschaftsgärtner pflanzen in den Gärten Akanthus, Efeu, Narzissen, Oleander und Stechwinde. Sie nehmen die *herbae topiariae* von Plinius dem Älteren, d. h. die Pflanzen, die ein Landschaftsbild suggerieren können: Myrte, Immergrün, Frauenhaar, Zypressen und Platanen. Auf den Malereien erkennen wir andere Pflanzen: Buchs, Iris, Mäusedorn, Rosen, Veilchen und Weinreben. Dank der zurückgebliebenen Wurzeln können wir einige Gärten rekonstruieren, z. B. den in der Casa del Centenario (IX, 8,3) und des Hauses der Vettier (VI, 15,1). Man sieht, daß die Pflanzen nicht wegen ihrer Schönheit ausgewählt und wegen ihrer besonderen Eigenarten gepflegt werden. Die Gärtnerkunst ist bescheiden, sie beschränkt sich auf Rosenzucht. Die Blumen sind im wesentlichen Feldblumen. Dekorative Effekte erzielt man vor allem durch Blattwerk und Zwergbäume. Gerade Platanen, Zypressen, Efeu, Lorbeer und Oleander vermitteln die Illusion eines großen Parks.

Die runden Pflanzengruppen bestehen aus Lorbeer, der Rand ist mit Feldblumen eingefaßt. Auch die Blumenschalen nehmen Feldblumen in kunterbuntem Durcheinander auf oder beherbergen immergrüne Pflanzen. Jedenfalls war der Garten unabhängig von den Jahreszeiten, und der Mensch suchte in ihm einen unveränderlichen Rahmen für sein tägliches Leben, dem es zwar an Farben mangelte, dessen Vegetation der Phantasie aber Gebilde zu schaffen erlaubte wie z. B. die Girlanden, die aus Ägypten und Alexandrien stammten. Der Garten war wie die Architektur etwas Beständiges.

Die Gartenarchitektur. Aus den Dekorationen im 3. und 4. Stil können wir Pläne von Gartenanlagen entnehmen. Man spürt in ihnen denselben architektonischen Rhythmus, der auch die umliegenden Räume prägt. Manche sind ganz einfach: schlichte Lauben aus einem Viereck aus Lattenwerk; andere sind komplizierter angelegt mit Apsiden, Pergolen und Brunnen.

Die größten Gärten bestehen aus kleinen Sälen, die untereinander durch gedeckte Weinspaliere verbunden sind, wie im Haus des Loreius Tiburtinus (II, 2,2) und in der Casa del Centenario (IX, 8,3). Manchmal sind sie wie *frontes scenae* konzipiert, wo sich halbkreisförmige Exedren und geradlinige Nischen abwechseln. Der Garten ist also ein Teil der Architektur; die Architektur gibt ihm die Aufgabe, Dekor zu sein im Dienste der Menschen; der Garten wird wie das Haus zum Mittel, das die Lebensfreude im Alltag garantiert.

Das Wasser. Wasser ist notwendig für den Garten, denn von ihm hängen Wachstum und Fülle ab. Frisches Wasser, das ständig zur Verfügung steht, macht auch einen Teil der Lebensfreude des Südländers aus. Ein Garten muß Springbrunnen, Quellen, Kaskaden, Bäche und Becken enthalten. Bei Loreius Tiburtinus (II, 2,2) finden wir einen künstlichen Fluß, einen Euripos, der aus zwei Armen besteht und die Form eines T bildet. Ein Arm verläuft in 10 m Länge vor dem Portikus und der Terrasse des Hauses, der andere, 25 m lang, folgt der Achse des Gartens; der Kanal ist 2 m breit. Das fließende Wasser kam in einer Kaskade aus einer künstlichen Grotte, die unter der Terrasse am Treffpunkt der beiden Kanäle angelegt war. Ein weiterer Brunnen befand sich im Hauptarm, und am entferntesten Ende stand eine Art Miniaturtempel. Die Freude an Exotik und an Wasser erklärt auch die Existenz zahlreicher Nymphäen, künstlicher Grotten, Kapellchen, Tempel oder auch komplizierterer Anlagen und vor allem die Vorliebe für Brunnen.[12]

Brunnen. Sie sind bisweilen das kostbarste Element der Dekoration und geben so dem Haus seinen Namen: Haus des großen Brunnens (VI, 8,22), Haus des kleinen Brunnens (VI, 8,23–24), die nebeneinander liegen. Betrachten wir den großen Brunnen. Ein Bassin mit konkaver Fassade ist ihm vorgelagert; das Ganze ist mit Marmor verkleidet; in der Mitte steigt der Wasserstrahl von der Figur eines Kindes mit einem Fisch auf. Zwei dionysische Masken bilden den Ansatzpunkt der Gurtpfeiler des eigentlichen Brunnens; seine Giebelfassade ist mit bunten Mosaiken geschmückt; die einzelnen Motive sind – wie gewöhnlich – mit Muscheln eingerahmt. Auf den Gurtpfeilern erkennt man in Zierleisten eingefaßt die Bilder zweier

Vögel, die sich gegenüberstehen, und in den Zwickeln Schwäne mit ausgebreiteten Flügeln. In der Nische verbinden sich Grottensteine, Mosaiken, Marmor und Muschelstreifen und bilden Bögen um einen stilisierten Kantharos. Die halbrunde senkrechte Partie setzt sich aus rautenförmigen Platten zusammen, die den Kopf einer Flußgottheit umgeben. Das Wasser floß aus seinem Bart und fiel in einer Kaskade über fünf kleine Marmorstufen. Während im Brunnen des Hauses der Gelehrten das Blau dominierte, herrscht hier die Polychromie mit Grün, Gelb und Rot und verstärkt den Eindruck von Rokoko, den die gesamte Anlage erweckt.

Der kleine Brunnen (VI, 8,23–24) ist weniger kompliziert aufgebaut; der Charme des Bassins beruht zum guten Teil in der Anordnung der Statuen: in der Mitte des Beckens die Bronzestatue eines Kindes mit einer Gans; rechts der Fischer, am Fuß des Brunnens eine Silensmaske, aus der – wie zum Spott – Wasser fließt, und ein Kind mit Kapuze. Hier hat man also den Wasserstrahl vervielfältigt: jede Figur, die im narrativen hellenistischen Stil gehalten ist, läßt Wasser hervorsprudeln.

In gewissem Sinn – die erschöpfende Untersuchung der Brunnen würde es eindeutig beweisen – sucht der Pompejaner in seinem Garten das Wasser wie die Natur einzufangen. Er will sich mit einem vollständigen Universum umgeben. Der Garten im Haus der Vettier (VI, 15,1), der stark architektonisch geprägt ist, hat in jeder Ecke des Peristyls eine runde Fontäne und je ein längliches Becken auf den Langseiten. Der Wasserstrahl kommt aus Statuetten, die auf Sockeln stehen, je eine an den runden und je zwei an den länglichen Brunnen.

Tiere. Der Garten ist nicht still – das Wasser macht ein angenehmes Geräusch – und nicht verlassen, denn eine Schar von Tieren, echt oder als Statuen nachgebildet, bevölkert ihn. Auf den Gemälden beleben Vögel die Beete, vor allem die dekorativen Pfauen breiten ihre majestätischen Schwanzfedern aus (Haus der Amazonen). Zahme Tauben lassen sich zum Trinken auf den Brunnenrand nieder, Volieren nehmen Ibisse, Fasanen, Sperlinge auf; manchmal stirbt die Schlange unter dem Schnabel des Ibis. Die Marmortiere erinnern daran, daß der Garten auch eine heilige Landschaft ist.[13]

Im Augenblick der Katastrophe von 79 scheinen die Gartenarchitekten mit den Hausarchitekten im Wettbewerb zu stehen. Bauten überschwemmen die Gärten, und die Pflanzen müssen sich geometrischen Formen unterordnen. Der Garten hat also ornamentale Funktion und sichert durch plastische Kunstformen den Übergang zwischen der Architektur und der Natur. Neben der Freude am Ästhetischen bringt der Garten dem Städter eine Befriedigung seiner Sinne: hier wird jeder zum Epikureer; durch den Garten dringt die Natur in den Alltag und nährt die tiefe Naturverbundenheit der bäuerlichen Rasse.

VI. Möbel und Geschirr

Spärlichkeit der Möblierung

Im Unterschied zu unseren modernen Häusern beschränkt sich das Mobiliar eines pompejanischen Hauses auf das unbedingt Notwendige. Da man alle dekorativen Effekte auf die Wandmalerei übertragen hat, können sich die Pompejaner mit wenig Möbeln begnügen.

Die Betten haben verschiedene Funktion: sie sind Speisesofas in den *triclinia,* in den Schlafzimmern Ruhestätten für die Nacht, in den Salons Konversationsliegen, und in Bibliotheken dienen sie zur bequemen Lektüre. Hinzu kommen Tische aus Marmor oder Bronze, Schemel mit Bronzefüßen und für die Beleuchtung Kandelaber mit sehr hohem Schaft und Kohlebecken für die Heizung. Die Möbel sind also schnell aufgezählt. Die wertvollsten Einrichtungsgegenstände werden in eisenbeschlagenen Truhen verwahrt, die im Atrium aufgestellt waren. In Wandschränken standen unter Verschluß das Alltags- und das Bronzegeschirr.

Wir wollen die Einrichtung des Hauses des Menander (I, 10,4) beschreiben, eines Patrizierhauses, dessen Besitzer als Familienerbe Stücke hellenistischer und altitalischer Toreutik verwahrten, die vor allem in Tarent und Capua hergestellt wurden.

Betten. Zwei Betten, die im *tablinum* entdeckt wurden, haben Seitenteile und Kopf- und Fußenden aus Holz. Ihre Maße (Länge

2,07 m; Breite 0,90 m; Höhe 0,33 m) entsprechen der Norm, aber der Bronzebelag des Rahmens (*fulcra*) ist mit Mäandern und mit Akanthusblättern aus Silber eingelegt; das Gestell auf der Wandseite ist nur mit einer Rose und dem Kopf einer Gans verziert, die Vorderseiten aber mit Silensbüsten, liegenden Eroten und einem stehenden Herkules. Zum ersten Mal finden sich hier diese drei Figuren vereint; die Arbeit muß aus augusteisch-claudischer Zeit stammen.

Das labrum. Im Südwestteil des Atriums in der Nähe des *tablinum* diente ein *labrum* aus Bronze als Brunnen für das Atrium. Es mißt 1 m im Durchmesser, der Rand ist mit einer Borte aus eirunden Verzierungen gesäumt; nach dem Vorbild der Phialen mit Omphalos ist die Mitte mit einer Rose und vier konzentrischen Bändern verziert.

Tische. Ein Marmortisch (83 mal 46 cm) hat einen Bronzefuß, der in Löwenfüße ausläuft; die glatte Bronzesäule trägt ein vierarmiges Pult mit je einem Zapfen an den Enden, auf denen die Tischplatte festsitzt. Die Marmorplatte ist von einer Kranzleiste umgeben, auf der schlafend ausgestreckte Löwen eingraviert sind.

Ein anderer Marmortisch, den man im Zimmer des Aufsehers entdeckt hat (92 mal 58 cm), steht auf einem Marmorfuß mit einem Bacchantinnenkopf, der einen Lorbeerkranz trägt.

Kohlebecken. In einem Kohlebecken im Peristyl hat man noch Asche gefunden. Es hat die übliche runde Form und steht auf drei kräftigen Löwenfüßen, die auf kleinen Basen ruhen und oben mit einem eleganten Palmettenmotiv, einer Spirale und einem Löwenkopf geschmückt sind. In drei kleinen Löwenköpfen sind die Griffringe befestigt.

Kandelaber und Lampen. Es handelt sich um schlichte Bronzekandelaber, die z. B. auf drei Löwenfüßen oder auf drei Platanenblättern stehen. Man hängte daran die ein- oder zweischnäbligen Bronzelampen auf.

Das Silbergeschirr

Das einfache, aber erlesene Mobiliar wird weit übertroffen vom Silbergeschirr, das das Haus des Menander berühmt gemacht hat. Es übertrifft noch die Entdeckung von Boscoreale, wo man 108 Stücke gefunden hat. (102 wurden dem Louvre von E. von Rothschild vermacht.) Im Haus des Menander barg die berühmte Truhe im Souterrain unter dem Bad unter einem groben Wollstoff 118 sehr gut erhaltene Stücke. Das Tafelservice ist aus massivem Silber, das Trinkgeschirr versilbert und in getriebener Arbeit. Das Tafelgeschirr ist paarweise vorhanden, die weniger kostbaren Geschirre, Schüssel und Löffel, in je vier oder acht gleichen Exemplaren. Hier nun das Inventar des 24 kg schweren Silberschatzes, den L. Poppaeus oft Stück für Stück inspiziert haben dürfte.

Inventar

Trinkgeschirr

Zahl	Art	Dekoration
		(Die Nummern entsprechen denen im Inventar)
2	Schalen mit niedrigem Fuß und zylindrischem Körper (*scyphi*)	Landschaften: Ruderer, Hirt und Widder, Reisender mit Heiligtum (1) Weidendes und ruhendes Vieh, Reisender und Hexe (2)
2	Schalen mit niedrigem Fuß und zylindrischem Körper (*scyphi*)	Arbeiten des Herkules: Antaios, die Kerynitische Hirschkuh, der Nemeische Löwe, Geryon, die Amazone Hippolyte, die Hydra von Lerna (3) Der Erymanthische Eber, der Zentaur Pholos, die Stymphalischen Vögel, die Äpfel der Hesperiden, die Rosse des Diomedes, Zerberus (4)
2	Schalen mit hohem Fuß und eiförmigem Körper (*canthari*)	Die Hochzeit der Venus und des Mars unter Girlanden aus Weinlaub und Lotosblüten (5–6)

Trinkgeschirr

Zahl	Art	Dekoration
2	Schalen mit hohem Fuß und eiförmigem Körper (*canthari*)	Olivenzweige (7–8)
2	kleine Schalen mit zylindrischem Körper (*scyphi*)	Dionysische Miniaturen: der Tod der Semele, die Geburt des Dionysos (9–10)
2	Henkelgläser	Szenen mit Amor und Victoria bei Zirkusspielen (11–12)
1	Henkelglas	Tierszenen: Störche und eine Schlange in einem Getreidefeld (13)
1	Phiale mit goldenem *emblema*	Die Tyche der Stadt (14)
1	großer Wasserkrug mit Henkel	(20)
1	kleiner Wasserkrug	Negerkopf mit Schmuckgehängen auf dem Henkel (21)
2	kleine Kannen mit dreilappigem Schnabel (*Oinochoen*)	(23–24)
1	zweihenklige Amphora	(22)
2	sehr dünnwandige Gläser	(25–26)

Tafelgeschirr

Zahl	Art	Dekoration
1	große Kasserolle (Patera)	Stiel mit einer Jagdszene dekoriert (17)
2	kleine Kasserollen	8 eirunde Reliefverzierungen (18–19)
1	große Schüssel (*lanx*)	(27)
16	Schalen und Teller, je 4 von einer Sorte	leichter Typ (28–43)
12	Schalen und Becher, je 4 von einer Sorte	schwerer Typ (44–55)
8	Tabletts, 4 vom schweren, 4 vom leichten Typ	(56–63)
1	großer Löffel	(64)
6	Suppenlöffel	(65–70)
8	schwere Löffel	(71–78)

Tafelgeschirr

Zahl	Art	Dekoration
4	leichte kleine Löffel	(79–82)
1	eine große Schüssel in Muschelform	(83)
2	kleine Schüsseln in Muschelform	(84–85)
2	Schöpfkellen (*simpula*)	(86–87)
2	Näpfe	(88–89)
4	kleine Schalen	(90–93)
4	kleine Kelchbecher	(94–97)
8	kleine Kelchbecher	(98–105)
4	kleine Kuchenformen	(106–109)
4	Eierbecher (?)	(110–113)
2	Pfefferbüchsen	(114–115)
1	Pipette	(116)
1	Phialen-Ständer	(117)
1	tragbarer Holztisch mit Silber-lamellen	(118)

Um die Zahl von 118 Stück zu vervollständigen, sind noch hinzuzufügen:

1	großer Spiegel	(15) Apollo-Kopf (?)
1	kleiner runder Spiegel mit Stiel und Ring	(16)

Der Geschmack eines Sammlers. Es handelt sich um eine erlesene Sammlung, zusammengestellt von einem Liebhaber und Kenner, den die Vielfalt der Ziselierkunst bezaubert hat. Eine solche Sammlung ist nicht das Werk einer einzigen Generation. Das Familiensilber wird repräsentiert durch die sechs *scyphi* (1–4; 9–10). Es sind Produkte der hellenistischen Toreutik (Ziselierkunst) vom Ende des 2. Jahrhunderts v. Chr., dem Zeitpunkt, da sich der Silberhandel zwischen Rom und dem Orient entwickelt und die berühmtesten Toreutiker von Rhodos, Pergamon und anderen asiatischen Städten nach Rom auswandern. Eher in die augusteische Zeit gehören die eiförmigen Kantharoi mit den Olivenzweigen und den Bildern von der Verbindung zwischen Mars und Venus. Aus späterer Zeit scheinen die beiden Gläser (11 und 12) zu stammen. Die beiden großen

Epochen der Silberschmiedekunst sind also gut vertreten, der Silberschatz hat – wie das Haus – eine lange Vergangenheit.

Inventar des Bronzegeschirrs

Das Bronzegeschirr wurde vom Aufseher kontrolliert, der es in einem Schrank in seinem Zimmer verwahrte. Es enthält sehr schöne Stücke:

Zahl	Art	Dekoration
1	große Bronze-Situla	Fries aus Palmetten und Lotosblüten, verziertes *emblema* am Henkelansatz (Abb. 1)
1	großes Gefäß	Henkelansatz in Form von offenen Händen
1	Krug (0,3 hl)	Der Henkel endet oben in einem zurückgebogenen Blatt; unten in Akanthus und akanthusförmigen Blättern; ein Amor, erhaben gearbeitet, trägt auf den Schultern ein Lasttier.
1	kleiner Krug	
1	kleine Amphore	
1	Patera vom Typus Phiale ohne Stiel	
mehrere	*paterae* vom Typus Kasserolle	Stiel in einem Widderkopf endend; hergestellt von Q. Fabius Secundus
mehrere	Ölkrüge (ὄλπαι), dickbauchig, auf Dreifüßen	Nackte Frau in der Haltung einer phönizischen oder zyprischen Aphrodite, die ihre Brust in den Händen hält; Europa auf dem Stier
Nackte liegende Frau auf dem Rand des Gefäßes; Gorgonenhaupt
mehrere	Oinochoen (0,2 hl) mit dreilappigem Schnabel	Henkel endet in einem Bacchantinnenkopf, unten in einer Sphinx Löwenfüße und Löwenkopf
2	korbartige Gefäße für den Verkauf von Weichtieren und Meeresfrüchten	Amor als Faustkämpfer; Meermotive
mehrere	Kochtöpfe, mehrere Kessel	
mehrere	Schöpfkellen, mehrere Schalen	

Die Geschichte. Auch das Bronzegeschirr hat eine Geschichte. Die Situla erinnert z. B. an die orientalisierende Kunst; sie kann nur aus Tarent stammen, wo sie im 2. Jahrhundert v. Chr. hergestellt und dekoriert wurde. Das große Gefäß mit dem Henkelansatz in Form von offenen Händen, einem altitalischen Motiv, stammt aus dem 1. Jahrhundert. Die anderen Stücke sind am Ort entstanden; die Bronzeschmiede Pompejis hatten keinen Mangel an Beschäftigung, auch wenn sie keine Dutzendware für den Markt herstellten.

Terrakottageschirr und Glas

In einem Schrank des *tablinum* war ein Service im arretinischen Stil untergebracht, bestehend aus Schüsseln, Schalen, *paterae* und Gläsern. Außerdem enthielten zwei Truhen sechs dickbauchige Glasflaschen und vier eckige Flaschen mit engem Hals und Henkel sowie vier Glasgefäße.

Wir finden im Haus des Menander neben einfachen Geräten für den Alltag einen außergewöhnlichen Silberschatz, schönes Bronzegeschirr mit echten, antiken Stücken, die den guten Geschmack des Besitzers, eines Kenners und Genießers, verraten. Die spärlichen Möbel passen sehr gut in den Rahmen, den sich der reiche und feinsinnige Poppaeus gewählt hat.

Haus, Garten und Einrichtung zeigen uns die Veranlagung des Pompejaners, seine Empfänglichkeit für das Schöne und seinen Sinn für das Solide. Verliebt in die Ordnung, wählt er einen Bauplan für sein Haus, der ihm eine Einteilung der Räume erlaubt, wie sie seinen Bedürfnissen entspricht. Um Klienten und offiziellen Besuch zu empfangen, verfügt er über ein Atrium und ein *tablinum*. Für seine Gäste richtet er Empfangsräume rund um das Peristyl ein. Küche und Bad sind selbst den Blicken intimer Bekannter entzogen; verborgen ist auch der Sklaventrakt, den man hinter der Biegung eines Korridors kaum erahnt. Seinen Alltag verbringt er bequem in den zahlreichen Zimmern seines weitläufigen Hauses. Vor allem lebt der Städter dank des Gartens naturnah, und wenn er über eine

unverbaubare Aussicht verfügt, dann weiß er sie mit Hilfe geschickt
angelegter Säulengänge zu genießen. Auf seinem Lager ausgestreckt,
den Freuden der Lektüre hingegeben, tritt er mit der Natur in Verbindung. Auf dem Lande bleibt er also der kultivierte Städter und
verzichtet auf keinen Vorteil der Zivilisation. Er umgibt sich mit
den Bildern der Götter, die er so auf die Erde herabholt; der reiche
Pompejaner verbringt herrliche Tage angesichts des Meeres oder der
Hänge des Vesuvs.

Diese Freuden und Bequemlichkeiten werden der ganzen Familie
zuteil, auch den Frauen, die nach hellenistischem Vorbild über eigene
Räumlichkeiten verfügen. Sie haben aber auch freien Zugang zu
den Portiken des Peristyls und teilen das bezaubernde Ambiente.
Freigelassene und Sklaven haben in geringerem Maße an diesem
Luxus teil. Wie steht es aber mit dem Händler, der über dem Laden
wohnt, wie lebt derjenige, der einige Räume im Obergeschoß gemie-
tet hat? Bei ihnen kann man kaum von einem Haus sprechen. Ihr
Garten beschränkt sich auf einige Blumenkästen, die die Sonne allzu
rasch ausdörrt. Natürlich gehört ihnen die Straße.[14] Aber in der
Heiterkeit, die uns erfaßt, wenn wir das Haus des Fauns (VI, 12,
2–5) oder des Loreius Tiburtinus (II, 2,2) betreten, in unserer Bewunderung für all die Intelligenz, den Einfallsreichtum und Geschmack sollten wir auch dem einen Gedanken schenken, der in der
Hitze seines *cenaculum* fast erstickte, der auf einer groben Matte am
Boden schlief. Er schlummerte beim Plätschern des öffentlichen Brunnens ein, und einen Platz für seine Götter hatte er nur in seinem
Herzen.

Zweites Kapitel
Die Welt der pompejanischen Malerei

Der Pompejaner, der sich ein schönes Haus geschaffen hat, vermehrt seine Freude daran, indem er es in ein »imaginäres« Museum verwandelt. Sein Vergnügen können wir heute noch würdigen, denn die Wandmalereien, die seit ihrer Entdeckung die Aufmerksamkeit der Gelehrten und der Laien auf sich gezogen haben, sind uns unverändert, im strahlenden Glanz ihrer Farben und Darstellungen überkommen, noch lebendig nach einer langen Nacht. Diese Kunst ist aber nicht willkürlich entstanden; sie ist so eng verbunden mit der Entwicklung der römischen Mentalität, daß uns die Malerei helfen kann, in die geistige Welt der Pompejaner einzudringen.

Die Maltechnik

Der außerordentlich gute Erhaltungszustand hat die Forscher dazu veranlaßt, die Maltechnik zu untersuchen. Die Probleme, die sich dabei stellten, haben sie auf verschiedene Arten zu lösen versucht und sich jeweils eines speziellen Vokabulars bedient, ihre Ergebnisse zu formulieren.[1]

Fresko oder Enkaustik?

R. Mengs[2] glaubte an Fresko-Technik, also an Malerei, die »al fresco«, d. h. auf feuchtem Untergrund, ausgeführt wird, und zwar von äußerst begabten und geübten Malern, die sehr schnell arbeiten. A. Requeno[3] neigte eher zu der Auffassung, es handle sich um Enkaustik. Die Gelehrten entschieden sich seither für eine der beiden Thesen oder für eine mittlere Position mit der Annahme, es handele sich um Tempera-Malerei mit Milch, Wachs, Öl oder anderen Materialien. Von diesen ungewissen, unvollständigen und oft widersprüchlichen Aussagen mußte man wegkommen. Im Auftrag von

A. Maiuri machte Selim Augusti 1947 und 1948 eine Serie von Laboratoriumsanalysen, so daß wir uns heute eine klare Vorstellung von der Maltechnik, die in Pompeji angewandt wurde, machen können.

Die wirkliche Maltechnik: verseifter Kalk

Zunächst mußte der Untergrund für die Malerei minutiös vorbereitet werden.[4] Die dicke Unterschicht (3 bis 5 cm) bestand aus Kalk und Sand, eine zweite, dünnere Schicht (0,5 bis 0,7 cm) aus Kalk und Kalkspat. Es wurden nur Materialien bester Qualität verwendet. Die zweite Schicht trug man erst auf, nachdem die erste gut getrocknet war. Nach dem Trocknen kam dann eine dritte Schicht, eine Haut (0,05 bis 0,1 cm) aus einer wäßrigen Mischung aus Kalk und Seife, die beide richtig dosiert sein mußten; das Ganze wurde heiß mit Wachs und fein gemahlener Kreide versetzt. Dieser Untergrund wurde mit mechanischen Mitteln (Eisenkellen, Marmor- oder Glaszylindern, Poliersteinen) geglättet und mit einem ganz sauberen Tuch blank gerieben. Auf dem so vorbereiteten, trockenen Untergrund wurde die Malerei aufgetragen. Die Malerfarben wurden aus einer wäßrigen Lösung von Farbstoffen in Kalk und Seife mit einem Wachszusatz hergestellt. Die bemalte Fläche wurde genau wie der Untergrund geglättet und blank poliert.

Vorteile. Die zahlreichen Vorzüge dieser Technik liegen auf der Hand. Der flüssige Zustand der seifigen Lösung erlaubte ein bequemes und rasches Arbeiten mit sehr feinen Pinseln. Die Maler hatten eine solche Fertigkeit erlangt, daß sie direkt malten, ohne die Zeichnungen vorzubereiten oder vorzuritzen. Man hat keinerlei eingravierte Konturen gefunden. Da sie auf einem trockenen Untergrund malten, konnten sie jederzeit arbeiten. Man malte von oben nach unten. Zuerst wurden die Gesimse ausgeführt, dann der Hintergrund, darauf die Bilder auf den Wandflächen und schließlich der Sockel. Handwerker trugen den Hintergrund auf, die Künstler behielten sich die Gestalten und Ornamente vor. Manchmal stellten sie aber auch den Untergrund selber her und nahmen dafür eine hellere Kreide als die Handwerker. Oft übermalten sie auch den

Hintergrund rund um ihre Gemälde mit leuchtenderer Farbe, um
ihre Arbeiten besser zur Geltung zu bringen. Die Technik ist ein
Wunder an Einfachheit. Das Geheimnis der Perfektion und der Wi-
derstandsfähigkeit der pompejanischen Malerei liegt in der sorgfältigen Vorbereitung des Untergrundes: Kalk und Kalkspat härte-
ten ihn gut, die Materialien der obersten Schicht waren genau auf
den Untergrund abgestimmt in Zusammensetzung und Dosierung;
der Kalk bildete mit der Zeit eine harte Schicht Kalkkarbonat; die
Seife neutralisierte die Ätzwirkung des Kalks mit ihren Fettsäuren;
das Wachs gab der Malerei Glanz und Brillanz und machte sie
feuchtigkeitsbeständig; die Kreide erhöhte die Festigkeit, hellte den
Untergrund auf und erleichterte Glätten und Polieren. Wenn wir
nun die pompejanische Maltechnik definieren wollen, können wir
sagen, daß es sich um ein Spezialverfahren der Tempera-Malerei
handelt, die auf dem Gebrauch von verseiftem Kalk beruht. Die
verschiedenen Materialien sind genau dosiert; die exakte Zusammensetzung wäre eines modernen Chemikers würdig. Die Perfektion
der Technik ist eine der Lektionen, die uns die Antike vermittelt.
Die Farben. Hier nun die chemische Zusammensetzung der leuchtenden Farben,[5] die sich das Beiwort pompejanisch verdient haben:
das Rot ist auf natürlicher (Sinopis, Ocker) oder künstlicher (ge-
brannter Ocker) Eisenoxydbasis; das Hellrot besteht aus Zinnober
(einer Schwefel-Quecksilberverbindung, in der Antike *minium* genannt); das Gelb ist auf der Basis der Verbindung von Eisenoxyd
mit Wasser; das Blau auf der Basis von Kupfer und Kiesel; das
Schwarz wird aus verkohlten Stoffen gewonnen.

Die Chronologie der Malerei

August Mau

Die Maltechnik ist zwar klar, nicht aber die Chronologie, die mehrere Jahrhunderte – vom 4./3. Jahrhundert v. Chr. bis 79 n. Chr. –
umfaßt. Es scheint daher natürlich, daß man mehrere Perioden der
pompejanischen Wandmalerei zu unterscheiden versuchte. Das wich-

tigste Werk auf diesem Gebiet bleibt das Buch des Deutschen A. Mau[6], der die ganze Malerei Pompejis in ein formales und chronologisches Schema bringen zu können glaubte. Die Konstruktion ist sehr verlockend; aber wir können uns heute nicht mehr mit seinem Raster begnügen und müssen kritisch dazu Stellung nehmen.

Mau unterscheidet vier Phasen, von denen jede die Synthese bestimmter Ausdrucksformen darstellt, der er den Namen Stil gegeben hat. Er versucht auch, durch die formale Entwicklung hindurch Abfolgen und Abhängigkeitsverhältnisse zwischen den einzelnen Phasen festzuhalten. Betrachten wir seine Stilkunde.[7]

Der 1. Stil ist im wesentlichen von Struktur und Architektur geprägt; figürliche Darstellungen fehlen ganz; er wird »Inkrustationsstil« genannt. Auf der in drei Partien unterteilten Wand werden das Relief der stets ionischen Gesimse, das Hervortreten der Pilaster, die Struktur und die Buntheit seltener Marmorsorten und der Sockel in gelber Farbe, welche Holz imitiert, durch die Malerei hervorgehoben. In diesem Stil, der vom orientalischen Mittelmeer beeinflußt ist, soll die geschlossene Wandfläche nur durch Farben und plastische Gestaltung wirken. Auf diese Weise sind das Schiff der Basilika, das erste Peristyl im Hause des Fauns (VI, 12,2–5), das Haus des Zentauren (VI, 9,3–5), die Wand im Atrium des Hauses des Sallust (VI, 2,4) dekoriert. Der Stil soll gegen Ende der Kalksteinperiode, während der Tuffsteinperiode bis zu den Bundesgenossenkriegen geblüht haben; er ist also vorrömisch.

Der 2. Stil – der »Architektur- oder Illusionsstil« – findet sich auf der immer noch dreigeteilten Wand, deren oberste Partie nun aber anders behandelt wird. Die Mauer hat kein Relief mehr; die glatte Oberfläche überläßt der Farbe die Rolle, die Massen zu gliedern und die Illusion einer perspektivischen Architektur zu erwecken. Die Malerei suggeriert einen Raum hinter der Mauer und zerstört damit die Mauer selbst; an ihre Stelle treten gemalte hellenistische Architekturen. Zwischen den Bundesgenossenkriegen und der augusteischen Zeit erobert die pompejanische Malerei den Raum; die Mysterienvilla liefert ein besonders schönes Beispiel dafür in ihrem *cubiculum,* dem Schlafzimmer mit der doppelten Bettnische. Die letzten Dar-

stellungen im 2. Stil verzieren aber die Wand mehr, als daß sie ihr
Tiefe geben.

Von Augustus bis zur claudischen Zeit herrscht der 3., der »ornamentale Stil«, der von Ägypten beeinflußt ist. Die Wand wird wieder zur geschlossenen Fläche, die durch dünne Säulen oder Kandelaber mit pflanzenartig gestalteten Schäften unterteilt wird. Die
obere Wandpartie zeigt architektonische Formen und die verschiedensten Ornamente auf weißem Grund, bleibt aber ohne Verbindung mit der übrigen Dekoration. Die einzelnen Füllungen sind
rotgrundig und sehen aus wie an der Wand aufgehängte Bilder. Die
Bemalung der Gesimse und der Friese wirkt fein wie Spitze. In
diesen zierlichen, anmutigen Rahmen bringen die ländlichen Bilder
und die Meeransichten einen Hauch von Frische und Naturalismus;
sie beleben die Wände, die durch die kühlen Farbkompositionen oft
ganz flach erscheinen.

Der 4. Stil von der claudischen Epoche bis 79 greift wieder auf die
offene, lichte Wand mit mehr Tiefenwirkung und auf luftige Pavillons zurück. Die Freude am Ornament bleibt aber erhalten; der
vierte Stil vereinigt dekorative und räumliche Komposition. Man
befreit sich von alten Traditionen, z. B. gibt man die Dreiteilung
der Wand auf; die gemalte Architektur der Friese wird in das
Hauptfeld übertragen und fügt sich besser in die gesamte Dekoration. Die Phantasie-Architekturen sind Übertragungen von Theaterszenen. Der 4. Stil würde den Namen »Bühnenbildstil« verdienen.
Die Maler der Theaterdekorationen hatten bereits den 2. Stil beeinflußt.[8] Ansonsten überläßt sich der Künstler seiner dekorativen
Phantasie und macht ausgiebig Gebrauch von Arabesken, Vergol-
dungen, Ziselierarbeiten, Medaillons und Kandelabern, mit deren
Hilfe er die Perspektiven erhellt und die Tönungen geschickt verteilt.

Kritische Einwände. Eine solche Theorie ist sehr bequem; obwohl sie
klassisch geworden ist, haben sich viele Einwände gegen sie erhoben,
und der Wille, sie zu erneuern, hat viele Nachfolger von Mau be-
seelt.[9] Maus Stilbegriff ist nicht zufriedenstellend, da man eine
Reihe von Zwischenphasen zwischen den einzelnen Stilen ansetzen
muß. Außerdem haben die chronologischen Einschnitte immer wie-

der Anlaß zu Auseinandersetzungen gegeben. Liegt der Übergang vom 2. zum 3. Stil etwa am Beginn der christlichen Zeitrechnung oder erst beim Tod des Augustus 14 n. Chr.? Muß man den Beginn des 4. Stils beim Tod des Tiberius oder beim Erdbeben von 62 ansetzen? Wäre es nicht sinnvoller, Sicherheit in den Texten der Antike und in den Resultaten der archäologischen Forschung zu suchen?

Vitruv und die Imitation der Wirklichkeit

Wir müssen von Vitruv ausgehen, der sein Werk »De architectura« dem Kaiser Augustus widmete und im VII. Buch die dekorative Kunst seiner Zeit, d. h. um 30 v. Chr., beschrieben hat. Er gibt sogar einen Abriß der Geschichte der Malerei und nennt dabei ihre drei großen Epochen; damit ist die Theorie der Stile gerechtfertigt.

»Die Malerei ist das Abbild dessen, was ist oder was sein kann, z. B. von Menschen, Bauwerken, Schiffen und allen Gegenständen, von denen man Abbilder herstellen kann, die ihnen ähnlich sind, indem man die Erscheinung bestimmter, festumrissener Körper darstellt. So ahmten die Alten, die sich zum ersten Mal des polierten Stucks bedienten, zuerst die Verschiedenheit und die Anordnung von Marmorplatten nach, dann die zahlreichen Kompositionen aus Girlanden, Farnen und Dreiecken.«[10]

Erkennt man hier nicht den 1. Stil, der sich in Griechenland findet, z. B. auf Delos? In diesem Zusammenhang kann man kaum von Wandmalerei sprechen, denn die Farbe hat nur die einfache und sekundäre Funktion, die Strukturen der Mauermassen zu unterstreichen. Man könnte sagen, daß es sich schon um ganz deutlich architektonische Detailvorstellungen, um eine Imitation der massiven Wand handelt.

»Dann ahmten sie (die Alten) die Silhouetten von Gebäuden und die Vorsprünge von Säulen und Giebeln nach; in Räume ohne Dach, z. B. in Exedren, malten sie im Hinblick auf die Maße der zur Verfügung stehenden Wandflächen Architekturen nach dem

Vorbild tragischer, komischer oder satirischer Bühnenbilder; für die überdeckten Wandelgänge benutzten sie wegen der langen Wandflächen als Dekoration die verschiedensten Landschaften (*topia*), Bilder bestimmter, sehr genau definierter Ansichten.[11] So malten sie Häfen, Vorgebirge, Uferlandschaften, Flüsse, Quellen, Kanäle, Tempel, heilige Haine, Gebirgslandschaften, Herden und Hirten...«

Die Darstellung von Architekturen ist in der zweiten Periode komplexer geworden. Aber die Verbindung zum ersten Stil bleibt deutlich. Gibt es in dem großen Gemälde der Mysterienvilla nicht eine Wand, die Inkrustationen mit einer niedrigen Mauer und der Andeutung einer Kolonnade im Vordergrund enthält? Von jetzt an ist die Kolonnade, die sich vom Hintergrund abhebt und dem Bild Tiefe verleiht, unterbrochen von Durchblicken nach draußen oder wird, wenn sie nicht unterbrochen ist, in ihrer obersten Partie aufgeteilt, um Bildebenen, die in den Innenraum ragen, erscheinen zu lassen. Dieser Typus ist, wie auch Vitruv bemerkt, szenographisch. Er führt die Natur in die Darstellung ein; aber es ist eine typisierte, abstrakt wirkende Natur, die bald die ganze Wandfläche einnimmt. Der so definierte 2. Stil wird von Vitruv und verschiedenen Zeitgenossen des Augustus bevorzugt, die das Loblied der vergangenen Zeit singen. Hören wir, wie sie gegen die »moderne Malerei« wettern.[12]

Pervertierter Geschmack

»Aber die Themen, die aus der Wirklichkeit übernommen wurden, werden heute von einem absurden Geschmack verworfen. Man bemalt die Wände in der Tat mit Ungeheuern anstatt mit genauen Bildern von bestimmten Dingen; an die Stelle von Säulen tritt kanneliertes Schilfrohr, an die Stelle von Giebeln Verzierungen aus gerollten Blättern und Laubwerk und Kandelaber, die Bilder kleiner Tempel tragen; aus ihren Giebeln wachsen Blumensträuße aus verschlungenen Wurzeln; dazwischen finden sich ohne Sinn und Verstand sitzende Figürchen und Stengel, die

Halbfiguren tragen, die einen mit Tier-, die anderen mit Menschenköpfen. Das alles existiert nicht, kann nicht existieren und hat niemals existiert.«

Vitruv verurteilt so die Verwandlung architektonischer Formen ins Dekorative. Auf der Wand wurde bislang das ganze Universum festgehalten; sie vermittelte eine persönliche Sicht der Welt, die auf einer visuellen Synthese beruhte. Diese Art von Impressionismus unterstreicht die doktrinären und intellektuellen Tendenzen des späten Hellenismus. In den Zeilen Vitruvs wird nirgends auf das gemalte Bild angespielt, das als solches verstanden und als Mittelpunkt der Wanddekoration angesehen würde. Man muß daraus schließen, daß bis zur Zeit des Augustus Themen, die von der Architektur bestimmt waren, Szenographien und Megalographien, die einzigen Formen dekorativer Wandmalerei darstellten, die theoretisch zugelassen waren, und daß die kleinen Bilder, die bildlichen Darstellungen der zyklischen Poesie oder der Religion ausschließlich die Funktion hatten, die Gesamtdekoration zu vervollständigen. Es mag sich um eine Megalographie oder um eine Landschaft handeln, wir haben es jedenfalls immer mit einer fortlaufenden Komposition zu tun.

Die wahre Revolution: das Bild

Mehr als die Verkehrung des Geschmacks, die Vitruv angeprangert hat und die auf die Endphase des 2. Stils zielt, bedeutet die Einführung des Bildes, der *tabula,* als Zentrum der Komposition eine echte Revolution in der pompejanischen Wandmalerei, wenn nicht gar ihre eigentliche Geburtsstunde. Zum ersten Mal gelingt es einem Künstler, ein kleines Bild auf die Wand zu übertragen; er kopiert die Pinakes, die von einer Art Schrank mit Holztüren schützend umgeben waren und im Kunsthandel mit Delos, Alexandria, Rhodos und Rom eine große Rolle spielten – ähnlich wie die *emblemata* (Mittelstücke) aus *opus vermiculatum,* die dazu bestimmt waren, das Zentrum der Mosaikfußböden zu bilden. So entwickelt sich denn zwischen 20 und 79 die dekorative pompejanische Malerei, die im

Unterschied zur perspektivischen Malerei dem hellenistischen Einfluß nichts verdankt. Man muß sie im künstlerischen Milieu Kampaniens ansiedeln, bei sehr geschickten Malern, die die Tradition der Keramikmaler Apuliens, Lukaniens und Kampaniens selbst bewahrt haben. Sie hat die Bedürfnisse einer erdverbundenen Aristokratie von reichen, kultivierten Handelsleuten befriedigen können und eine unglaubliche Masse kleiner Bilder hervorgebracht.

Die beiden Phasen der dekorativen Malerei

Nach dieser Revolution, die z. B. von Plinius verkannt wird,[13] macht die Wandmalerei zwei Phasen durch: die eine, die einem strengen System vom Typus des 3. Stils nach Mau folgt, ist gekennzeichnet durch Pavillons und kleine Häuser, die als Rahmen für das Bild fungieren, wie im *tablinum* des Hauses des Lucretius Fronto; für kleinere Bildchen mit Villenlandschaften wird Platz gelassen. In der ersten Phase nimmt die reiche Ornamentik einen bedeutenden Raum ein: Motive mit Kandelabern und Miniaturen von Gartendekors. Die Vielfalt dekorativer Kombinationen, die alle im Dienste des Zentralbildes stehen, hängt vom Einfallsreichtum des betreffenden Ateliers ab. Die behandelten Themen stehen im Einklang mit den klassischen Tendenzen augusteischer Prägung. Selbst wenn man eine Entwicklung von der augusteischen zur claudischen Technik hin sieht – vom rechteckigen, hochformatigen Bild zwischen zwei neutralen Leisten zum quadratischen Bild mit plastisch behandelten Personen, die nur von wenig Beiwerk begleitet werden –, bleibt der Geist der Malerei doch gleich.[14]
Der andere Typus der Dekoration trägt deutlich entgegengesetzte Züge: hier triumphiert die freie, architektonische Komposition; rund um das zentrale Bild sind außerdem kleinere, ornamentale Zentren mit Landschaftsbildern und figürlichen Darstellungen gruppiert. Solche kleinen Bilder sind der überaus prächtige Rahmen für die schönsten Gemälde im Haus des Dichters, des Siricus, des Holconius, des M. Lucretius, der Vettier und im Apollon-Tempel. Man kann sie genau datieren, denn sie sind parallel zu der grandiosen Komposition des Ekklesiasterion im Isis-Tempel, der nach 62 wie-

deraufgebaut wurde, entstanden. Dieser Typus dekorativer Malerei gehört in die neronische Zeit, die eine geistige Revolution erlebt, einen Triumph der barocken Fülle eines phantastischen und wunderbaren Universums, von dem das Goldene Haus zeugt. Ein neuer Geist weht uns an aus dem Bild der Liebenden im großen Salon des Hauses der Vettier; die architektonische Gestaltung des Peristyls deutet auf eine erneute Flucht in eine geheimnisvolle Welt hin; die barocke Architektur des Atrium ist bewegt und überladen und erinnert an italienische Theaterdekorationen des 18. Jahrhunderts. In der Zeit der Flavier vollzieht sich ein erneuter Wandel: die Wand schließt sich; der dekorative Manierismus des 3. Stils erscheint wieder, elegant und verfeinert auf weißen oder hellblauen Feldern; Tapisserien oder mit Kandelabern überladene Leisten trennen die Bilder.

Der Vorrang der Archäologie

Diese letztgenannten Tendenzen in der Maltechnik haben sich kaum entfalten können, während wir über eine beträchtliche Anzahl von Bildern des 4. Stils verfügen. Vor dem Ästheten und dem Kunstkritiker müssen wir aber den Archäologen hören. Man muß das Problem der pompejanischen Malerei nach dem Buch Maiuris über die letzte Phase der pompejanischen Aedilität neu angehen. Nicht alles hat man in Pompeji nach dem Erdbeben neu aufbauen müssen, obwohl in vielen Fällen durch Ausbesserungen und Veränderungen mit der Vergangenheit gründlich aufgeräumt wurde. Einem Wunder an gutem Geschmack verdanken wir die Erhaltung der großen Bildkomposition im 2. Stil in der Mysterienvilla. Andererseits hatten im Jahre 79 viele Räume noch nicht wieder ihre Dekoration erhalten, und es ist sehr schwierig, zwischen 62 und 79 genau den Zeitpunkt festzulegen, wann die flavische Malerei begann. Eine breite Strömung zeichnet sich ab, deren Anfänge rund ein Dutzend Jahre vor dem Erdbeben gelegen haben dürften und die nach 62 ein weiteres Jahrzehnt lebendig war, d. h. bis kurz vor dem Untergang der Stadt. Zu viele lassen sich von dem chronologischen Schema Maus verführen und übersehen dabei die Malerei, die über einen Zeitraum von siebzehn Jahren ganz deutlich die Szene bestimmte.

Die Irrtümer von Mau und Maiuri

Wir nennen als Beispiel das Haus der Vettier.[15] Aus dem langen analytischen Bericht Maus[16] geht hervor, daß die Gemälde, die alle dem 4. Stil angehören, im Atrium, in den beiden *alae* und im großen Speisesaal vor 62, in den Räumen, die sich auf das Atrium öffnen, im Peristyl und in den beiden *oeci* mit den Bildern von Ixion und Pentheus, im kleinen Portikus, in den Nordsälen und im Larium des kleineren *atriolum* nach 62 ausgeführt worden sind. Den Unterschieden in der Mauerstruktur soll ein entgegengesetzter Stil, eine andere Auffassung, eine andere Komposition und Ausführung entsprechen. In den älteren Gemälden, die Mau als reicher und vollendeter ansieht, spiegelt sich seiner Meinung nach ein feiner, erlesener Geschmack, die neueren Gemälde seien zwar geschickt und mit viel Fertigkeit, aber ohne Beachtung des Details gemalt und befriedigten nur einen mittelmäßigen Geschmack. Aus diesem Kontrast schließt Mau, daß das Haus bis zur Mitte des 1. Jahrhunderts einer kultivierten Familie gehört habe, die Maler aus Rom oder aus griechischen Städten kommen ließ, während es nach dem Erdbeben in die Hand der Vettier, neureicher Freigelassener, gefallen sei, die sich mit ortsansässigen Künstlern begnügt hätten.

Wer sieht nicht die Gefahren, die in einem solchen, auf ästhetischen Kriterien beruhenden Urteil liegen? Wie kann man die Gemälde im *oecus*, wo sich das Bild mit Ixion befindet, als grob bezeichnen? Sie gehören vielmehr zu den schönsten und feinsten Werken der pompejanischen Malerei. Die Hauptfassade trägt wie die Nebenfassaden am Süd- und am Westgäßchen deutliche Zeichen von Reparaturarbeiten, die nach dem Erdbeben von 62 ausgeführt worden sind. Dieselben Zeichen des Wiederaufbaus finden sich auch im Innern des Hauses, im Atrium und im großen *triclinium,* das Mau in die Zeit vor 62 datiert, ebenso wie in den *oeci.*

Maiuri sieht die Malereien in den *alae* als die einzigen Teile der Dekoration an, die vor dem Erdbeben entstanden sind. Dieser entschiedenen Aussage widerspricht Schefold, der die Malerei in den *alae* in die Zeit Vespasians datiert.[17] Sie ist – wie er annimmt – nach einer späteren Reparatur entstanden, die nach einem Erdbeben nötig geworden war, das der Katastrophe von 79 vorausging. Der 4. Stil herrscht also auf allen Gemälden im Haus der Vettier; lediglich neronische und flavische Tendenzen müssen dabei unterschieden werden.

Andererseits gibt es zu allen Zeiten Nachahmungen, und unter den Flaviern kann man archaisierende Tendenzen feststellen.[18] Nach 70 imitiert man z. B. den 1. Stil im Haus der Gelehrten. Man muß sich also hüten, Dinge in eine Chronologie zu pressen, die gleichzeitig entstanden, aber andersartig gestaltet sind und von verschiedener Hand stammen.

Die Maler von Pompeji

Dies hat Ragghianti[19] sehr wohl gesehen, und das macht seinen Deutungsversuch so wertvoll. Als Kunstkritiker glaubt er an die Originalität der pompejanischen Malerei. Ein echter Künstler verwandelt den Gegenstand, auch wenn er sich von einem Vorbild inspirieren läßt. Dort, wo einige nur knechtische Nachahmung griechischer Modelle sehen, unterscheidet das geübte Auge des Kritikers die Handschriften verschiedener »Meister«, von denen jeder eine eigene Persönlichkeit und spezielle Ausdrucksmittel hat.

Der Versuch Ragghiantis ist um so gerechtfertigter, als er der Meinung ist, daß die Mehrzahl der Bilder zwischen 62 und 79 entstanden und deshalb die Koexistenz verschiedener Malweisen und Künstler sehr wahrscheinlich ist.

Ragghianti unterscheidet also einen Meister der Dichterin[20], der die Bilder mit »Daedalus und Pasiphae«, die »Bestrafung des Ixion« und »Thetis bei Vulcanus« ausgeführt haben soll. Seine kernige Malerei geht auf ein verschwommenes Modell mit verwischten Schatten zurück. Die Pinselstriche sind flüssig, helle Farbstellen selten, die Gesichter sind oft von kommaförmigen Locken eingerahmt, wie z. B. das der »Sappho«, der Dichterin. Tragische Elemente fehlen in dieser von etwas preziöser Eleganz erfüllten Malerei, die leicht zugänglich ist und an die Konventionen kultivierter Konversation erinnert.

Der Meister der Schatten[21] – vielleicht handelt es sich auch nur um eine andere Malweise des Meisters der Dichterin – hat den Tod des Pentheus und des Kyparissos gemalt.

Mit dem Hofmaler[22], der im Haus der Vettier die »Leda«, die Architekturen in einem Schlafzimmer, die schwebenden Paare, die Fresken im Speisesaal, den Saal der Amoretten und andere figürliche Dekorationen »signiert«, kennen wir den vielseitigsten, einfallsreichsten, gewandtesten und aufsehenerregendsten Maler von Pompeji. Kennzeichnend für ihn sind eine klare Darstellungsweise und eine unerschöpfliche Phantasie sowie eine außergewöhnliche Gewandtheit bei der architektonischen Gestaltung der Wandflächen und bei einfarbigen Ornamenten.

Der Meister der perspektivischen Verkürzung[23], der fast mit dem Hofmaler identisch sein könnte, sich aber durch energische perspektivische Verkürzungen von ihm unterscheidet, malte die »Bestrafung der Dirke«.

Der Meister der Fabel[24] hat Gespür für Dramatik und für eine bewegte Darstellung; sie kennzeichnen die Bilder von »Herkules als Kind« und dem »Kampf zwischen Eros und Pan«.

Drei oder fünf verschiedene Hände haben an einer großen Wanddekoration gearbeitet; das gleichzeitige Auftreten verschiedener Malweisen ist nicht überraschend, Maiuri selbst neigte zu dieser Ansicht.[25] Ragghianti analysierte Komposition und Stil der Gemälde in verschiedenen Häusern, teilte sie entsprechend in Gruppen ein und definierte die verschiedenen Malweisen; so gab er der pompejanischen Malerei ihre Würde zurück. Keinen der Maler kann man als »volkstümlich« bezeichnen, denn selbst die Ladenschilder, wie z. B. die »Prozession der Kybele« und die »Venus Pompeiana« zeugen von großem Talent. Ragghianti hat glücklicherweise den starren chronologischen Rahmen Maus korrigiert. Er verfällt aber in einen sehr eklektischen Pluralismus;[26] doch zweifelt er manchmal selbst an der Berechtigung sämtlicher Benennungen, wie wir gesehen haben.[27] Ein Künstler kann verschiedene Malweisen anwenden; sein Talent kann sich zwischen 62 und 79 weiterentwickelt haben. Man kann sich nur schwer vorstellen, daß es in Pompeji gleichzeitig rund zwanzig begabte Maler gab, die dort über einen Zeitraum von siebzehn Jahren gearbeitet hätten. Echte Künstlerpersönlichkeiten sind seltener. In den Ateliers werden wohl ausgezeichnete Maler unter der Leitung eines Meisters gearbeitet haben, der selbst Gespür hatte für verschiedene Strömungen, für die archaisierende und neuattische, die sich z. B. in der »Opferung der Iphigenie« in gewollten Archaismen der Komposition ausdrücken. Das szenische Talent des Künstlers wird hervorgehoben durch die Gegensätze von Schatten und Licht. Die pompejanische Malerei ist uns in der Vielfalt der Malerpersönlichkeiten wiedergeschenkt, und diese Vielfalt ist ein Abbild der Welt der Bedeutungen, der sich die Auftraggeber der Maler verbunden wissen und von der sie ganz durchdrungen sind.

Vorspiegelung von Wirklichkeit

Die Pompejaner verlangen von der Malerei in erster Linie Vorspiegelung von Wirklichkeit. Dieser Illusionismus in der Malerei zielt nicht auf die Wiedergabe von Außergewöhnlichem und Phantastischem, er fügt vielmehr der Architektur die Natur bei. Die Freude an der täuschend ähnlichen Abbildung treibt bisweilen amüsante Blüten. Wer erinnert sich nicht an den Hund, der so wirklichkeitsgetreu auf die Wand eines Ganges gemalt ist,[28] daß der Besucher erschreckt vor dem abweisenden Tier zurückweicht? Wer kennt nicht die Sockel im Atrium, die wie eine Einfassung voll blühender Pflanzen aussehen, obwohl sie nur gemalt sind? Wer hat nicht staunend gesehen, wie der Künstler einen großen Park suggeriert, indem er auf eine blinde Wand eine Perspektive aus Bäumen und blühenden Beeten malte?

Schon im 1. Stil, dem Inkrustationsstil, entfaltete sich die wirklichkeitsgetreue Darstellung, denn jede Zone, jeder Absatz wird von der Malerei unterstrichen; dieses Vorgehen hat sich auch im 2. Stil erhalten.[29] In der Mysterienvilla sind die Fugenspuren der Wände betont, und die Megalographie ist auf eine so bemalte Wand aufgetragen. Wenn sich die Mauer in halber Höhe öffnet und den Blick auf die Kolonnade freigibt, die sich in den Himmel schwingt, dann drängt sich dem Auge des Betrachters eine neue Wirklichkeit auf. Die glatte, massive Wand gewinnt Tiefe; sie wird in einen drei-dimensionalen Raum hineinprojiziert. Die Entwicklung der Malerei bedeutet also die Eroberung einer reicheren und vollständigeren Realität. Die Realität hat zwei Aspekte: der Pompejaner befindet sich in einem reellen Speise- oder Schlafzimmer und ist sich dessen bewußt; aber er genießt gleichzeitig auch die Illusion, einen Park zu betrachten oder in einem schattigen Portikus zu wandeln.

Auswahl aus der Wirklichkeit: die »topia« (Abb. 30)

Sich die Illusion der Realität zu verschaffen, sich einen gemalten Garten zu leisten, den man in Wirklichkeit vielleicht gerne besitzen möchte, bedeutet nicht, daß man vom Maler verlangt, er müsse einen bestimmten Garten reproduzieren so, wie er ist. Auch hier hat die Realität zwei Aspekte. Der Maler gibt die typischen Elemente be-stimmter Plätze wieder, die man deshalb als *topia* bezeichnet.

So findet man in den pompejanischen Landschaftsgemälden immer wieder dieselben Details: das Vorgebirge, den Kanal, den heiligen Hain, das kleine Heiligtum, die Kuhherde, den Hirten und den Widder. Man könnte dieses Genre sakral-idyllisch nennen. In der ersten Periode der Gartenmalerei fügen sich die genannten Motive in Architekturen ein, die den Bauwerken des Hellenismus nachgebil-det sind. Man erkennt Portiken und im Grünen verstreute Neben-

Abb. 30. Topia, Haus mit dem kleinen Brunnen

gebäude. Die Fassaden sind auf überraschende Weise dargestellt; sie
schneiden sich bald in rechtem, bald in spitzem Winkel, andere sind
halbkreisförmig. Der Künstler, der diese Landschaften schafft, um-
kleidet sie mit einer zarten, romantischen Tönung. Manchmal erscheinen sie im Gegenlicht, in einem Spiel von Schatten und Licht,
das etwas irreal und übernatürlich wirkt.

In der zweiten Periode der Gartenmalerei ist die Natur auf Kosten
der Architektur weiterentwickelt. Die Landschaft wird zum Dekor
für literarische Sujets, für Genreszenen klassizistischer Prägung: der
Farnesische Stier bei der Bestrafung der Dirke, Niobidengruppen,
die Jagd des Meleager, Orpheus auf dem Felsen; die Darstellung
weicht dem Symbol, aber einem Symbol für eine Wirklichkeit, die
man vermitteln will.

Schließlich verflacht die Symbolik zum Ornamentalen; es ist die Zeit
des flavischen ornamentalen Barock. Ein bestimmtes Gartenmotiv
wird ausgewählt und um seiner selbst willen behandelt ohne Rücksicht auf die Wahrscheinlichkeit der Gesamtwirkung. Im Haus der
Vettier sieht man hinter falschen Fenstern mit Weinlaub überrankte
Pergolen, die unter einem ganz unnatürlichen Winkel erscheinen.
Die Stilisierung des Dekors führt zu einer romantischen und im-
pressionistischen Interpretation alter architektonischer Themen. Was
oft nur eine neue Technik ist, erzeugt die persönlicher gestaltete
Illusion einer Wirklichkeit; weit entfernt von einer klassischen
Schablone, wird die Dimension der Zeit wieder eingeführt, wenn
z. B. Häuser unter der glühenden Mittagssonne dargestellt werden.

Exotik

Der Nil und der Euripos waren feste Themen, *topia*. Das Mosaik
von Palestrina ist ein wunderbares Beispiel für diese Art von Bildwerken, die als Hauptthema den Nil mit seinen Schiffsfesten, seiner
Fischerei und seinen Jagden hat. Wir wissen, welchen Einfluß Ägypten auf die römische und die pompejanische Kunst ausgeübt hat.
Viele reiche Grundbesitzer wollten die vornehmen Häuser an den
Ufern des Nils mit ihren Becken und Kanälen, auf denen die Wasserpflanzen üppig blühten, nachahmen. Nillandschaftsszenen mit

grotesken Pygmäen, die riesige Flußpferde angreifen oder mitten zwischen großen, blühenden Wasserpflanzen fischen, sind häufig. Die Beliebtheit der Isis-Religion trägt dazu bei, daß sich die ägyptischen Themen vervielfältigen. Diese Natur mit ihren heiligen Kühen und dem Reiher, der mit der Uräusschlange kämpft, ist so ganz anders. Diese Welt fasziniert und bezaubert die Pompejaner.

Vermischung des Menschlichen und des Göttlichen

Der Illusionismus der pompejanischen Malerei gibt den Menschen die Möglichkeit, inmitten der Götter zu leben. Die Megalographie in der Mysterienvilla ist ein ausgezeichnetes Beispiel dafür. Gewiß sind die Priesterinnen die natürlichen Mittler zwischen der Welt der Menschen und der Welt der Götter. Aber die Gegenwart der Hausherrin und die Szene mit den Hochzeitsvorbereitungen zeigen an, wie die Menschen sich zu der Unsterblichkeit erheben können, die die bacchantische Religion verleiht. Die Illusion wirkt deshalb so stark, weil die pompejanische Malerei – wie wir gesehen haben – für denjenigen gestaltet ist, der den Raum betritt, in dem sie sich befindet. Noch heute ist der Besucher ganz überwältigt von dieser Welt mit ihren Personen in natürlicher Größe, die von einer Wand zur anderen Blicke austauschen; er wird erfaßt vom seligen Thiasos und nimmt teil an den Zeremonien des irrealen Bilderreigens, der selbst die Grenzen des Raumes überspielt.[30]

So läßt uns der Künstler durch ein Höchstmaß an Geschicklichkeit trotz der Illusion, die uns aus Zeit und Raum herauslöst, an einer Zeremonie teilhaben, die der Zeit bedarf, um sich zu vollziehen.

Das Porträt

Ein zweiter Pol der pompejanischen Malerei ist ihre Verbindung zum Alltag. Die Illusion fesselt unbefriedigte Herzen, die in ein Ideal verliebt sind. Handfester Alltag befriedigt diejenigen, die in engem Kontakt mit ihresgleichen und mit dem Zeitgeschehen leben. Die Porträtkunst spaltet sich in eine schwache Strömung akademischer Prägung und in eine breite, die von der Wirklichkeit bestimmt wird. Abgesehen von den idealisierten Porträts der Philosophen, Redner und Dichter, die der gebildeten römischen Gesellschaft so am Herzen liegen, ist z. B. das Porträt der jungen Pompejanerin zu nennen, die in einem Augenblick des Nachdenkens festgehalten ist; das Bild wirkt sehr steif. Den Griffel über die Lippen gelegt, die offenen Wachstäfelchen in der Hand, »posiert« sie. Ihr Gesicht ist von Löckchen eingerahmt, wie wir sie auf vielen anderen pompejanischen Porträts finden; sie dienen dazu, die Malweise des »Meisters der Dichterin« zu definieren.

Im Gegensatz dazu steht das Bild einer vornehmen Pompejanerin mit eindeutig kampanischen Zügen. Ihr volles Gesicht, der natürliche Teint und der kräftige Hals werden von den glatten, schwarzen Haaren, die über der Stirn gescheitelt sind, unterstrichen. Der Gesichtsausdruck ist ernst, fast melancholisch, die Augen sind schwer und haben einen tiefen Blick, die Lippen des sinnlichen Mundes sind kräftig ausgebildet. Der Künstler, der das Bild geschaffen hat, verstand es, durch leichte Lichteffekte das Porträt einer intelligenten Frau zu gestalten, die wohl wie Eumachia ihr Vermögen zu verwalten wußte.

Die naturgetreue Darstellung triumphiert auch in dem Bild des Bäckers Terentius Neo und seiner Frau. Er bleibt ein Bauer, etwas struppig, mit hartem Gesicht, in dem die Backenknochen vorspringen. Sie ist gewandt, listig und kokett. Ein reicher Pinselstrich gibt dem Bild sein wirklichkeitsnahes Leben, auch wenn die reichgewordenen Geschäftsleute gerne ihre Nachwelt täuschen möchten und zu »posieren« versuchen.

Stilleben

Dem Bauernvolk mußte das Stilleben gefallen,[31] auch wenn die Mode aus der hellenistischen Malerei übernommen wurde. Die kampanischen Stilleben haben sehr oft die Produkte der heimischen Erde zum Gegenstand. Obst, Wild, Fische, Käse oder Geflügel bevölkern die Miniaturen im 3. Stil. Diese Bilder leben von der Welt des sinnlich Erfaßbaren; sie offenbaren aber auch, daß der Pompejaner sehr stark vom Markt auf dem Forum und von den Ausla-

gen der fliegenden Händler angelockt wurde. Er verweilt vor den
Körben mit Trauben und Pfirsichen, die in ihrer ganzen Farben-
pracht leuchten, vor den noch zuckenden Fischen, die aus dem um-
gefallenen Korb geglitten sind. Der Maler sucht, ausgehend von
diesen isolierten Gegenständen eine Gesamtschau zu gestalten, die
in verschiedene Ebenen gestaffelt ist und in der das Licht den Reichtum der Natur noch unterstreicht. Der Stil dieser Bilder ist bewun-
dernswert. Eines davon befindet sich im Speisesaal und Nymphäum
der Julia Felix (II, 4,3), das sich auf den Garten öffnet. Dargestellt
sind Früchte auf einer Kristallschale: Äpfel, Birnen, Aprikosen,
Granatäpfel, rund und saftig, und eine Weintraube mit violetten
Beeren. Ein Apfel ist herabgefallen, ein Granatapfel hat sich halb
geöffnet. Weiter unten ein Topf mit Trauben und eine Amphore,
deren Deckel mit Schnüren festgehalten wird; sie scheinen darauf
zu warten, daß die Gäste zugreifen. Welche Freude, vor einer so
schönen, echten, wohlgeordneten Komposition zu speisen! Hier
noch ein anderes harmonisches Bild: auf einem Regal stehen ein
Bronzemörser mit einem großen Löffel, eine Schale mit großen Eiern,
eine Oinochoe mit dreilappigem Schnabel; an der Wand hängen
vier Drosseln und ein Tuch mit Fransen; eine kleine Amphore voll
kostbaren Weins lehnt schräg am Fuß des Regals. Hier wird nicht
nach Illusionen gesucht, hier offenbart sich der Sinn für elegante
Gegenstände und für saftige Früchte, die das Lob des pompejanischen Ackerbaus singen.

Szenen aus dem täglichen Leben

Die Malerei ist auch mit dem Alltag, den Bräuchen, den Glaubens-
vorstellungen der kleinen Bürger, der Händler, Handwerker und
des einfachen Volkes verbunden. Diese Welt wird lebendig in dem,
was man – bisweilen in unberechtigt abwertendem Sinn – Laden-
schild-Malerei oder Plakat-Malerei genannt hat. Ihre offene, freie
Ausdrucksweise voller Spontaneität zeugt für die kampanische Lebenskraft und einen Witz, der bis zur Karikatur geht.
Diese Malerei ist ein Kommentar zu aktuellen Situationen: Reiter
kommen in Pompeji an, ein bepackter Esel wird an einem langen

Halfter gezogen; ein Bettler trifft auf eine gütige Dame; hierher gehören die bunten Forum-Szenen, von denen wir bereits gesprochen haben,[32] die Verteilung des Brotes (man beachte das bunte Gewand!), die Szene in der Herberge, in der die energische Zeichnung die Gesten der Würfelspieler unterstreicht. Die Reklame-Malerei erhielt ihre höheren Weihen durch die Darstellung der Wollverarbeitung auf der Predella der Venus Pompeiana.

Der pompejanische Maler, der Landschaften zu vereinfachen verstand, stellte mit Humor die ehrwürdigsten klassischen Szenen dar und zögerte nicht, die Götter des Olymp und seine Mitmenschen zu karikieren.

Auf dem Fries des *atriolum* vor dem Bad im Haus des Menander (I, 10,4) treten die Götter als Zwerge mit riesigen Köpfen und Gesten wie Marionetten auf. Jupiter, mit langem, wirrem Haar, schwankt zwischen der Furcht vor der schrecklich eifersüchtigen Juno und der Angst vor Venus, die, als Hexe verkleidet, Cupido veranlaßt, seine Pfeile auf Jupiter abzuschießen. Die Legende von Aeneas wird zu einer Fabel von La Fontaine: Aeneas hat sich in einen großen Bären verwandelt, der einen alten Affen, Anchises, trägt, während das kleine Ascanius-Bärchen kaum den großen Schritten des Vaters folgen kann. Das »Urteil des Salomon« setzt andere Zwerge in Szene, die wie Pygmäen wirken. Die Nilszenen bringen die Maler erst recht in Schwung: winzige Pygmäen greifen riesenhafte Tiere an; einer reitet auf einem Krokodil, das er mit einem Lasso gefangen hat, ein anderer schlitzt den Rücken eines Flußpferdes auf, während das Tier ganz ruhig einen der unglücklichen Zwerge verschlingt.

Der bissige Humor des Volkes hat seine Freude an Hunden mit Halsband und langer Leine, die nur darauf warten, sich mit angriffsbereiten Tatzen, Zähnen und Zungen auf übelgesinnte Besucher zu stürzen. Ein anderes Mosaik stellt einen alten Silen dar, der sich trunken von Wein auf einen Esel hat fallen lassen, der unter seinem Gewicht zusammengebrochen ist. Zwei barmherzige junge Leute versuchen das unglückliche Tier wieder aufzurichten, indem sie es an seinen langen Ohren und am Schwanz ziehen. Die Komik volkstümlicher Farcen entspricht dem Geschmack eines Publikums, das

Theaterpantomimen sehr schätzte und unmittelbar die Lebensfreude suchte. Für andere, Anspruchsvollere, umreißt die Malerei ein Ideal der Zivilisation.

Prinzenerziehung

Der Pompejaner hatte in sein Haus den königlichen Portikus und die hellenistischen Parks eingeführt; er konnte sich die Illusion einer fürstlichen Kultur verschaffen, indem er sich mit Bildern umgab, die die jüngere hellenistische Geschichte zum Thema haben, in welcher Rom eine besonders schöne Rolle gespielt hatte. So erinnert im Sommer-*triclinium* der Villa des P. Fannius Synistor bei Boscoreale[33] ein mazedonischer Wappenschild an den Hof von Pella, genauer an den Saal im Palast, den einst Alexander bewohnt hatte. Man hat darauf Antigonos Gonatas, seine Mutter Phila und seinen berühmten Lehrer Menedemos von Eretria dargestellt. Auf einem anderen Bild will Ch. Picard den Vater des Antigonos Gonatas und Demetrios Poliorketes erkannt haben, wie sie, in heroischer Nacktheit, bei ihrer Schwägerin Eurydike, der unglücklichen Gattin des ersten Ptolemaios, und ihrer Tochter Ptolemaïs weilen. Diese glorreiche und glückliche Vision eines Fürstenhofes in Nordgriechenland gefiel dem Eigentümer der Villa; er wollte die ἐπιστήμη βασιλική, die Erziehung der jungen Antigoniden und ihre literarischen und musikalischen Betätigungen beschwören.

Die klassische Erziehung

Alltäglicher sind die Szenen, wie ein Ephebe von einem bärtigen Pädagogen in die Musik eingeführt wird; die weibliche Figur verkörpert dabei die Muse des Gesanges; oder die Szene, die einen in einer Papyros-Rolle lesenden Greis zusammen mit einer Matrone und einem kleinen Mädchen darstellt. Solche Bilder symbolisierten für den Besitzer der kaiserlichen Villa bei der Porta Marina den Sinn für Bildung, von dem auch die Dichterbilder – wie das von Menander – oder die Darstellungen von Philosophen – wie Menedemos – zeugen. Die epikureische Philosophie und die neue Komödie hatten Anhänger in Pompeji. Ein Skelett, das in jeder Hand ein Rhyton (ῥυτόν – Trinkhorn) schwingt, schmückt ein Mosaik in einem *triclinium*; es erinnert an das kleine Skelett aus Silber, das Trimalchio vorzeigt, oder an das Skelett auf einem der Becher von Boscoreale:

> So werden wir alle aussehen, wenn uns der Tod hinweggerafft hat.
> Laßt uns denn leben, solange noch Zeit ist – und laßt uns gut leben![34]

Das Theater

Auch das von den Pompejanern heiß geliebte Theater[35] hat die Künstler inspiriert. Theatermasken erscheinen als ein ständig sich wiederholendes Thema auf den Wandflächen. Sie fügen sich in alle Arten von dekorativen Kompositionen. Sie können auch symbolische Bedeutung haben und den Sinn einer Landschaft andeuten. Die Maske ist eng verbunden mit der dionysischen Religion, die die Natur durchdringt, die den pompejanischen Malern so lieb ist. Sie kann auch an die Kindheit des Dionysos und an die Erziehung des jungen Gottes erinnern.

Der homerische Zyklus

Unterricht und Bildung bleiben mit Homer verbunden; seine Dichtung kannte man in der zweisprachigen Stadt auswendig; die berühmtesten Szenen daraus wurden von den Malern gerne dargestellt: im Haus des tragischen Dichters (VI, 8,5) die Opferung der Iphigenie, der Weggang der Chryseïs, der Streit des Agamemnon, der Zorn des Achill und die Rücksendung der Briseïs; im Haus der Dioskuren Achill auf Skyros; bei Siricus (VII, 1,47) Thetis mit Hephaistos; im Haus des Lararium (I, 6,4) der tödliche Zweikampf zwischen Hektor und Achill, die dramatische Begegnung zwischen Priamos und Achill bei der Auslösung der Leiche Hektors; im Haus des Kryptoportikus (I, 6,2) sind fünfzig Episoden aus der »Ilias« dargestellt;

im Haus des Menander (I, 10,4) der Tod des Laokoon, die List mit
dem hölzernen Pferd und der Brand des Palastes des Priamos; die
Bilder sind in ein so unwirkliches Licht getaucht, daß sich die dramatischen und grausamen Begebenheiten in ein festliches Schauspiel
verwandeln.

Die Religion

Die literarische Bildung war untrennbar verbunden mit einem moralischen und religiösen Ideal. Auch hier verschafft sich der Pompejaner die Illusion, auf vertrautem Fuß mit den Göttern zu leben.
Sinnliche Freude und Befriedigung seines etwas boshaften Witzes
zieht er aus den vielfältigen Darstellungen der Affäre zwischen Mars
und Venus; Amoretten spielen mit dem Helm und dem Schwert, die
der Gott abgelegt hat. Das ganze Pantheon ist gegenwärtig; doch
Venus, die Patronin der Stadt, übertrifft alle anderen Gottheiten.
Die Halbgötter – z. B. Herkules – und die Befreier – z. B. Perseus –
haben ihren Platz. Die Malerei feiert nicht nur den religiösen Kon-
formismus, sondern auch den Sieg der Vernunft über die brutale
Gewalt, des Guten über das Böse. Die Priester aller Religionen,
besonders aber die Zeremonien des Isis-Kultes[36] unterstützen die
Verherrlichung der moralischen Werte, die die Erhaltung der sozialen Ordnung gewährleisten.

Politik und Moral

Die pompejanische Malerei ist nicht Kunst um der Kunst willen.
Zwar dient sie keiner bestimmten politischen Ideologie, aber sie
behandelt Themen, die der kaiserlichen Propaganda lieb und wert
sind. Das Mosaik der Schlacht von Issos und Gaugamela, wo das
Duell zwischen Alexander und Darius an die Stelle des kollektiven
Einsatzes der Armeen tritt, stellt z. B. einen entscheidenden Moment der Menschheitsgeschichte dar. Auf einem Hintergrund von
erhobenen Lanzen, die eine merkwürdige Präfiguration der Lanzen
von Breda darstellen, entscheidet sich das Schicksal des Griechen-
tums, das sich der Barbarei entgegengeworfen hat.

Der Sieg des Okzidents über den Orient bei Actium und anderswo – die Flavier sehen sich gerne als Verteidiger der Zivilisation gegen das Barbarentum – ist zugleich historisch und moralisch. Im Dienste des Rechtes mobilisiert man heroische Themen, auch wenn man sie dafür abwandeln muß: im Widerspruch zur Tradition packt Herkules Nessus heftig bei den Haaren (Haus der verhängnisvollen Liebe – IX, 5,18), und dies tut er unter dem Einfluß der Ideen der Kyniker und Stoiker. Im Haus der Vettier (VI, 15,1) verherrlicht man mit der Bestrafung des Ixion den Sieg der Götter und der gezügelten Kraft über die Giganten. Der illegitimen und unglücklichen Liebe setzten die Maler die Hochzeit der Thetis und des Peleus entgegen; die Themen der Bilder treffen sich mit den Absichten eines Catull.[37] Man darf sich nicht wundern, daß die pompejanische Malerei insgesamt so moralisierende Tendenzen hat, denn mit Herkules will sie an Vespasian erinnern.

Die pompejanische Malerei wendet sich an einen Betrachter, der zu sehen versteht und Sinn für feine Bosheiten hat; an Menschen, die der Kultur des *otium* angehören. Was der Pompejaner liebt, will er bei sich haben und den Rahmen seines täglichen Lebens damit schmücken: eine geordnete, frische Natur, Früchte und Blumen, und die Götter, die sein gutes Gewissen versinnbildlichen. In der Stille seiner weiten Wohnräume, die wie geschaffen sind für Konversation und Meditation, erinnert er sich gerne an das, was er draußen zurückgelassen hat: den Markt unter der heißen Sonne, die lärmende Menge, lästige Tiere. Er sorgt sich um seine *dignitas*; er möchte sich mit all den Symbolen einer Kultur umgeben, die für ihn ein Ideal verkörpert, einer Kultur, die er mehr wünscht als erwirbt. So findet er das hellenistische Maß, das aus einer Harmonie von Farben und Formen und dem Glauben an die Überlegenheit des Geistigen besteht. Er liebt die Natur, aber er intellektualisiert sie zugleich. Immer will er Illusionen haben: die Illusion der Wirklichkeit, die Illusion des Menschen, der er sein möchte – König, Dichter oder Dramaturg; er vereinigt sich mit den Heroen, die ihn umgeben, und lebt in ihrer Mitte ein unnachahmliches Leben. Das Leben ist für ihn kein

Traum, es ist eine Darstellung. Er lebt sein Leben nicht wirklich, er spielt es in der Stadt Pompeji, wo man das Theater so liebt, wo man Nero, dem Kaiser und Schauspieler, Beifall klatscht, wo man in ständiger Sinnenfreude und mit zufriedener Seele die Tage verbringt.

Drittes Kapitel
Die Straßen der Lebenden, die Straßen der Toten

Für einen Südländer bietet die Straße nicht nur Kommunikationsmöglichkeiten; sie ist ein zusätzlicher Wohnraum, der allen gehört. Sobald die Sonne untergegangen ist, lädt die Straße zum Spaziergang und zum Bummeln ein. Die Menschen, die in ihren überhitzten Häusern fast ersticken, finden hier frische Luft; sie sitzen auf den Bürgersteigen und plaudern mit ihren Nachbarn; sie rufen zum Spaß die Passanten an. Auch Pompeji hat diese südländische Fröhlichkeit, diese Volksfest-Atmosphäre gekannt, die noch heute in den Städten Kampaniens herrscht. Der Pompejaner lebte draußen vor der Haustür: abgesehen von ihrem städtebaulichen und handelspolitischen Aspekt, hat er der Straße der Lebenden eine kulturelle und religiöse Bedeutung zu geben verstanden. Er vergaß aber auch die Toten nicht, die seit dem Zwölftafelgesetz vom eigentlichen Stadtgebiet verbannt waren. Die Toten empfangen an den Straßen, die nach Pompeji führen, alle diejenigen, die sich in den Hafen am Sarno begeben wollen. Vor jedem Stadttor stehen sie ewig Wache, gleichsam als wollten sie daran erinnern, daß die Stadt auch auf dem verflossenen Ruhm ihrer großen Toten aufgebaut ist. Straßen der Lebenden, Straßen der Toten, das doppelte und alltägliche Gesicht unseres Pompeji.

Das Straßennetz

Man kann ohne Übertreibung behaupten, daß für die Römer und für die Etrusker, ihre Lehrer, die Straße vor der Stadt existiert hat. Sie entsteht aus der Kreuzung der beiden Ideallinien, die durch den Lauf der Sonne bestimmt werden, des *decumanus,* der von Ost nach West, und des *cardo,* der von Süd nach Nord verläuft. Diese Linien durchschneiden die Stadtmauern und legen so auch die Lage der Stadttore fest. Doch das rituelle Schema paßt sich den Gegebenheiten des Geländes und dem Erbe der Vergangenheit an: in Pompeji hatte ein alter Lavastrom einen unebenen Boden und einen von Norden nach Süden stark geneigten Hang geschaffen; der steilabbrechende Lavarand bildete ein Hindernis für die Verbindungen in südlicher Richtung, mit dem Gestade und dem Sarno. Das Straßennetz hat auch die Ursprünge und die Entwicklung der Stadt berücksichtigt. Die Vergangenheit belastet den Verlauf der Straßen vor allem im oskisch-etruskischen Kern mit seinem willkürlichen Plan; der rechtwinklige Städtebau ist ein Erbe der Griechen und Samniten. Natürlich haben sich die großen Achsen im Verlauf von vier Jahrhunderten dem Wachstum der Stadt angepaßt, d. h. sie haben sich verschoben. Der ursprüngliche *cardo* wurde zur Straße des Merkur; an seinem Schnittpunkt mit dem *decumanus* lag das Forum; der *decumanus* wurde von der Via Marina und einem Teil der Via dell'Abbondanza gebildet. Seit der römischen Besetzung ist der *decumanus* die Hauptverkehrsader der Stadt; sie verbindet die Porta Marina mit der Porta di Sarno. Die Via di Nola, von der im Westen die Via consularis mit der Porta Ercolano abzweigt, verläuft parallel zum *decumanus* und mündet im Osten in die Porta di Nola. Zur gleichen Zeit wird die neue Nord-Süd-Achse (*cardo*) von der Via Stabiana zwischen der Porta Vesuvio und der Porta di Stabia gebildet. An der Porta di Stabia hat man den steilen Lavastrom ausgehauen, und über diese Rampe kann der Verkehr ungehindert in die Stadt gelangen. Die ebenfalls im Süden gelegene Porta Nocera stellt die Verbindung zu Südkampanien her, während die Porta di Capua den Weg nach Nordkampanien freigibt. Das Straßennetz, das in seinem Plan auf Hippodamas zurückgeht, ist

sehr gut angelegt und sichert einen flüssigen Verkehr zwischen dem
etwas am Rande gelegenen zivilen Forum und dem Forum triangulare und dem Amphitheater. An den Kreuzungen erweitern sich
die großen Straßen, um das Kommen und Gehen derer zu erleichtern, die in großer Zahl die Thermen besuchen, welche sehr geschickt
an diesen Punkten angelegt sind.[1] Das ganze Straßennetz ist zudem
an die Umwallung angeschlossen, die außen und innen am Fuße der
Stadtmauer verläuft.

Straßen und Bürgersteige

Bei den Straßen verbindet sich die griechische Planung mit der ausgezeichneten Bautechnik der Römer, der besten Brücken- und Wege-
bau-Ingenieure.[2] Man unterschied zwei Arten von Verkehr, den der
Wagen auf der Straße und den der Fußgänger auf den Bürgersteigen. Die Straße war mit polygonen Blöcken aus Kalkstein und
Trachyt gepflastert, die sorgfältig verfugt wurden. Die Bürgersteige
wurden mit kleinen Steinen gepflastert oder erhielten eine Mörtel-
decke; manchmal bestehen sie einfach aus gestampfter Erde. Bisweilen ist das Datum der Pflasterverlegung bekannt. Je nachdem, ob
der Monat Juli *Quinctilis* oder *Iulius* genannt ist, befinden wir uns
zwischen 80 und 44 oder nach 44, dem Todesjahr Caesars, den man
ehrte, indem man einen Monat des Jahres nach ihm benannte.

Die Breite der Straßen

Die Straßen sind erstaunlich breit. Der *decumanus maximus,* die
Via dell'Abbondanza, hat eine Breite von 8,47 bis 8,53 m; ihre Bürgersteige messen zwischen 3,96 und 4,30 m; die Via di Nola ist 7,26 bis
8,36 m breit, ihre Bürgersteige 3,54 m. Der *cardo maximus,* die Via
Stabiana, erreicht 7,15 bis 7,47 m, ihre Bürgersteige sind 3,98 m
breit. Die Breite der anderen Straßen schwankt zwischen 3 und 5 m.

Die Bezeichnung der Straßen

Wie fand man sich zurecht? Die heutigen Straßennamen stammen
von den Ausgrabungen her. Man nahm z. B. den Namen des wich-

tigsten Hauses: Gäßchen der Vettier, des Lucretius Fronto; oder den
eines Brunnens: Via dell'Abbondanza; den Namen einer Entdek-
kung: Gäßchen der Skelette; einer architektonischen Besonderheit:
Straße des überhängenden Balkons; oder eines illustren Besuchs:
Straße der Königin. Aber auch in der Antike waren die Straßen
nicht anonym.[3] Anstelle von Graffiti haben wir andere Hinweise.
Es handelt sich um Keramikvierecke mit und ohne Giebelchen, die
mit einer geometrischen Zeichnung, mit Gegenständen oder Lebe-
wesen versehen waren, anhand derer man sich orientieren konnte.
In VIII, 4 ist der Backsteinwand eine Rosette eingefügt, in der
schwarzer Tuff in braun-roter Keramik die Blicke auf sich zieht.
Auf den Pilastern des Portikus der Tullii beim Tempel der Fortuna
Augusta umgeben vier diagonal angeordnete violette Blumenblätter
ein Motiv aus schwarzem Tuff. In VII, 5 zeigt an der Straßenecke
genau dort, wo unsere modernen Straßenschilder angebracht sind,
ein Esel den Weg. In VII, 4 wird die Straße der Augustalen durch
zwei Händler angezeigt, die eine schwere Amphore schleppen. Sie
haben diese am Hals an einen Pfahl gebunden, der auf ihren linken
Schultern liegt; beim Gehen stützen sie sich auf hohe Stäbe; das
Holz biegt sich unter der Last, die ihre Schritte hemmt. In III, 4
kennzeichnen ein Phallus über zwei Pfoten und eine Rosette darüber
die Straße; in der Straße des Merkur bezeichnen vier Phalli, die
einen Würfelbecher umrahmen, eher ein Spielhaus als die Straße.

Die Straße und das Wasser

Aquädukt und castellum aquae. Die Straßen sind städtisches Gelände; die Aedilen sorgen dafür, daß in einem Kanalnetz frisches
Wasser herangeführt und das verbrauchte abgeleitet wird. Die Technik, mit deren Hilfe das Wohl und der Komfort der Pompejaner
garantiert wird, ist bereits sehr weit entwickelt.[4] Die Epoche, in der
die Samniten Brunnen gruben und mit Winden, die von Sklaven bedient wurden, Wasser in Zisternen füllten, ist vorbei.[5] Nun bringt
ein Aquädukt Wasser nach Pompeji, das aus einer Quelle kam,
die bis heute nicht entdeckt ist. Der Aquädukt, ein Abzweig des
augusteischen Aquädukts von Serino, konnte das Wasser unter Druck

bis zu 45 m hoch leiten. Es kam sicher von weit her wie auch die
Leitungen, die Neapel, Pozzuoli, Baiae und Misenum versorgten;
sie nahmen das Wasser bei Avellino, 18 km östlich von Nola auf.
Der Aquädukt kam in der Nähe der Porta Vesuvio in die Stadt; der
Wasserturm (*castellum aquae*), der von außen einem Würfel aus
Backsteinmauern mit Pilastern als Verstärkungen gleicht, sorgte für
eine Dreiteilung des Wassers zwischen den öffentlichen Brunnen, den
Thermen und den Privathäusern, d. h. zwischen verschiedenen Sek-
toren der Stadt. Das Wasser wurde im Innern des Turms in einem
Becken gesammelt, von dem drei Leitungen ausgingen; mit Hilfe
eines Systems von Schiebern auf Gleitschienen konnten die Fluten
je nach Bedarf in diese oder jene Leitung gelenkt werden.

Die Wassertürme der Straßen. Vom großen Wasserturm, dem
Hauptverteiler, gingen Leitungen zu den kleineren Wassertürmen,
die man auf den Straßen antrifft, besonders an Kreuzungen, wie
z. B. der der Holconii. Die gemauerten Pfeiler sind durchschnittlich
bis zu einer Höhe von 6 m erhalten. Auf einer Seite nahm eine tiefe
Rille das Leitungsrohr auf, das das Wasser oben in einen kleinen
Behälter – wahrscheinlich aus Metall – füllte; Rohre kleineren
Durchmessers leiteten das Wasser von dort aus zu den Brunnen und
den Privathäusern.[6] In der Nordostecke von VI, 13 hat man Leitungen gefunden. Sogar auf dem Bogen am Ende der Straße des Merkur, der die Bronzestatue des Caligula oder des Nero trug, war ein
Reservoir angebracht; die Spuren der Leitungsrohre, die davon ausgingen, sind auf dem Bogen noch deutlich zu sehen.

Brunnen. Der Wasserstrom wurde mit Hilfe von Hähnen reguliert;
an den Brunnen lief das Wasser wahrscheinlich ständig. Der Südländer braucht Schatten und Frische. Der Charme der Städte des
Südens liegt in der Gegenwart lebendigen Wassers, das sich ständig
erneuert, das den Durst stillt und die Straßen und Plätze mit seinem
fröhlichen Plätschern erfüllt. Zu diesen Brunnen gehen die Frauen
und tragen in stolzer Anmut die Amphoren auf der Schulter oder
auf der Hüfte. Am Brunnen schwatzen sie, während die halbnackten
Kinder, von den Frauen unbeachtet, tausend Possen machen und sich
in den Bassins tummeln. Zahlreich sind die einfachen Brunnen; wenigstens an jeder Straßenkreuzung findet sich einer. Vier breite

Basaltplatten, die mit Eisenklammern zusammengehalten werden, bilden den rechteckigen Brunnentrog. In der Mitte einer Langseite ist eine Platte durchbohrt, dort tritt das Wasser ein; vorn leitet eine Rinne das überflüssige Wasser ab. Die Stelle, wo das Wasser eintritt, ist oft mit einem Relief geschmückt, das meistens graviert und nicht plastisch gestaltet ist. Das Wasser sprudelt aus einem Menschenmund oder einer Amphore. Gehen wir die Via di Nola und die Via Stabiana hinauf und freuen wir uns an der Vielfalt der Brunnenreliefs, die ebenfalls die Orientierung erleichterten. In IX, 10 finden wir einen einfachen, runden Schild, der in der Mitte durchbohrt ist, wie auch auf der Via dell'Abbondanza gegenüber von I, 7/I, 6 oder zwischen I, 9 und I, 8; in IX, 8 eine Rosette; in der Via Stabiana eine Frau mit einem Vogel; an der Ecke Via Stabiana / Via di Nola einen Silen mit einem Schlauch; immer noch an der Via Stabiana, Ecke VI, 14 und VI, 11 den Kopf eines Wolfshundes, einen Kürbis; eine Frau mit einem Kopfschmuck an der Ecke der Via dell'Abbondanza; ein Löwenmaul im Gäßchen der Vettier; an der Straße des Merkur einen etwas plumpen Merkurkopf. Manchmal wurde auch ein etwas feineres Material verwendet: der Brunnen, der mit der Concordia Augusta, die ein Füllhorn trägt, geschmückt ist, besteht aus Travertin; er hat der Via dell'Abbondanza den Namen gegeben; Eumachia dürfte an seiner Errichtung beteiligt gewesen sein; aus dem gleichen Material ist der Brunnen mit einem Adler mit ausgebreiteten Flügeln, auch er Stiftung eines reichen Bürgers.

Abflüsse. Der Überlauf der Brunnen wurde in Abflüsse geleitet, die unter dem Straßenpflaster verliefen und dem natürlichen Gefälle des Geländes folgten. Abflüsse bestanden vom Forum aus nach Süden, zur Porta Marina hin und in Richtung der Straße der Schulen und von der Via dell'Abbondanza in Richtung Süden. Die großen Hauptkanäle nahmen das Schmutzwasser der Thermen und der Privathäuser auf und reinigten oft noch die öffentlichen Latrinen. Das Abwassersystem ist noch nicht vollständig erforscht.

Straßen und Verkehr

Gut gepflastert und entwässert, ist die Straße dazu bestimmt, den Verkehr von Menschen und Waren zu ermöglichen; der Verkehr gibt ihr erst ihr eigentliches Gepräge.[7] Die betriebsamen, verkehrsreichen Straßen sind von Läden, Schenken und Handwerksbetrieben gesäumt; ihre Kreuzungen sind besonders schön ausgestaltet. Aber abseits von den breiten, lärmenden, sonnenüberfluteten Adern mit dem bunten Gewimmel gibt es stille, einsame, kühle, enge Gassen wie in mittelalterlichen Städten. Manche Straßen waren zum Teil für Wagenverkehr und Räderlärm gesperrt. Zu ihnen gehörte die Straße des Merkur, seit sie die Würde, *cardo maximus* zu sein, verloren und seit die samnitische Mauer das Tor versperrt hatte, das in der griechischen Mauer die Verbindung der Straße nach außen dargestellt hatte. Sie ist eine aristokratische Straße, breit und eben und bis zum Merkur-Turm von schönen Häusern gesäumt. Heute hat sie die angenehme Stille, wie sie einer Vorstadtstraße eignet, wiedergefunden wie damals, als die Gesänge und die Streitigkeiten der Zecher, die verspätet aus der einzigen Schenke an der Ecke zum Gäßchen des Hauses des Labyrinths (VI, 11,9–10) aufbrachen, ihre Ruhe kaum stören konnten.

Die Straßen zu unterhalten, war Aufgabe der Aedilen, die Pflege der Bürgersteige war Sache der Anlieger. Für den Besitzer eines hübschen Hauses war der Bürgersteig, der durch ein Vordach oder einen vorspringenden Balkon geschützt und mit einigen Sitzen für Klienten und Reisende versehen war, ein Teil des Vorraums vor dem Hauseingang; der vornehme Besitzer des Hauses des Fauns (VI, 12,2–5) hatte z. B. nicht gezögert, auf dem Bürgersteig mit Mosaikbuchstaben das Wort »*Have*, sei gegrüßt!« hinzuschreiben und so den Besucher zu begrüßen, noch bevor er die Schwelle des Hauses überschritten hatte. Manchmal war der Rand des Bürgersteigs mit einer Stufe versehen, damit man leichter hinaufgelangen konnte; sie sah aus wie eine Türschwelle; vor dem Haus des Pansa (VI, 6,1) kann man sie noch sehen. Der Bürgersteig kann aber auch erhöht sein; dann führt eine Steintreppe auf die Plattform hinauf, die auf derselben Höhe wie der Hauseingang liegt, z. B. am Haus des Epidius Rufus (IX, 1,22). Der erhöhte Rand eines schräg angelegten Bürgersteiges konnte auch als Trittstufe dienen, die das Aussteigen aus dem Wagen erleichterte, wie z. B. vor der Gladiatorenkaserne (V, 5,3).

Die Besitzer von Läden, Schenken und Geschäften nutzten den Bürgersteig ihrerseits, um die Passanten, vor allem die Fremden, dazu zu bringen, ihre ausgestellten Waren zu bewundern, im Freien heiße oder kalte Getränke, Bratspießchen vom Holzkohlengrill oder Scheiben gekühlter Wassermelonen zu genießen oder das Geschäft mit seinen starken Gerüchen und seiner erholsamen Kühle zu betreten. Die Löcher in der Bordsteinkante dienten wohl weniger dazu, die Lasttiere festzubinden, als mit Seilen provisorische Auslagen zu befestigen, die aus einem über Pfähle gezogenen Tuch bestanden. An Markt- und Ausverkaufstagen war die Ware auf dem Bürgersteig ausgestellt, und die Händler schrien sich die Kehle heiser, um ihre Vorzüge zu preisen. An diesen Tagen waren die Straßen, an denen sich Stände befanden, wohl für den Wagenverkehr gesperrt, um Unfälle zu vermeiden. Zu normalen Zeiten gelangten die Fußgänger auf großen Steinen, über die sich noch heute die Touristen wundern, von einer Straßenseite auf die andere. Man findet sie vor allem an Kreuzungen, z. B. an der Kreuzung der Via Stabiana mit der Via dell'Abbondanza; an diesen neuralgischen Punkten des Verkehrs haben sie die Rolle unserer modernen Fußgängerüberwege gespielt.[8] In breiten Straßen finden sich drei oder vier große Basaltsteine, in Nebenstraßen nur ein einziger. Sie waren gleich hoch und so weit voneinander entfernt, daß die Wagenräder zwischen ihnen durchrollen konnten; sie können nicht länger gewesen sein als die Entfernung von einer Radnabe zur anderen. Wenn einer der plötzlichen und heftigen Gewitterregen fiel, wie sie im Mittelmeerraum üblich sind, und die Abflüsse nicht schnell genug das Wasser ableiten konnten, verwandelten sich die Straßen vorübergehend in Bäche; dann war man froh, wenn man auf den Steinen relativ trockenen Fußes auf die andere Seite gelangen konnte.

Nach den tiefen Wagenspuren im Pflaster mancher Straßen zu schließen, die zu schmal waren, als daß zwei Wagen aneinander hätten vorbeikommen können, muß es wohl Einbahnstraßen gegeben haben; außerdem hatten viele Wagen offenbar die gleiche Spurbreite, denn die Wagen liefen immer in derselben Furche, die sie lenkte. Die Furchen sind am ausgeprägtesten dort, wo der dichteste Verkehr herrschte. Die Via consularis trägt die Spuren des Verkehrs von der Porta Ercolano her; doch die Porta di Stabia scheint noch verkehrsreicher gewesen zu sein. Dort strömten die Warentransporte vom Meer und vom Sarnohafen herein. Durch die nördlich gelegenen Tore, die Porta Vesuvio und die Porta Ercolano, wurden die Güter in die Vororte, Villen und Gehöfte in den Bergen und im Küstengebiet weiterverteilt. Als Verbindung zur Porta di Stabia hatten bereits samnitische Magistrate die *via pumpaiina* angelegt, die später die Via Stabiana wurde.[9] Von demselben Tor ging eine Straße zum Sarno[10] aus, die eine Meile von ihm entfernt in die Straße nach Neapel und Nocera mündete; sie war von den Duumvirn L. Avianius Flaccus Pontianus und Q. Pedius Firmus in Auftrag gegeben worden. Die Niederlassung eines Transportunternehmens mit *cisia*, zweirädrigen Wagen, an der Porta di Stabia ist ein zusätzlicher Beweis für die Dichte des Verkehrs, der dort herrschte. Abgesehen vom schweren Güterverkehr mußte es auch leichte Verkehrsmittel geben, die eine rasche Verbindung zwischen den Stadthäusern und den Landgütern ermöglichten und den innerstädtischen Verkehr erleichterten. Im Haus des Menander (I, 10,4) hat man ein *cisium* entdeckt; die Deichsel stand waagrecht, die Räder waren mit zwei Ziegelstücken verkeilt, wie man es noch heute zu tun pflegt. An der Tür der privaten Remise lagerten Amphoren, die abtransportiert werden sollten. Schwere Transporte konnten in Remisen (*stabula*) bei den Toren untergestellt werden. Die *muliones,* Maultiertreiber und Fuhrleute, waren dort stationiert, wie z. B. an der Porta Ercolano, wo ihre Innung in den Wahlkampf eingriff.[11] Die Fuhrleute hatten eine Schwäche für Remisen in der Nähe von Schenken, und die Fuhrleute der Porta Ercolano diskutierten über die Wahlkandidaturen bei Albinus, dem Schankwirt.[12]

Verkehrsbeschränkungen. Anläßlich von Spielen, Festen und Illuminationen gab es innerhalb der Stadt auch Verkehrsbeschränkungen. Pilaster und Gitter an den Mündungen der Querstraßen, die von der Via dell'Abbondanza zum Amphitheater und zur großen

Palästra führen, dienten zur Regulierung und Verteilung der Zuschauermassen, die zu den Gladiatorenkämpfen, den Tierhetzen in der Arena und den Ringkämpfen in der Palästra strömten. Dann verwandelte sich der grasbewachsene und von Platanen beschattete Platz wie bei einem ländlichen Fest in einen Markt mit Getränke- und Gebäckverkäufern, die entweder unter den Arkaden des Amphitheaters ihre Ware feilboten, sofern sie eine reguläre Erlaubnis von den Aedilen hatten, oder ihre improvisierten Stände im Schatten der Platanen aufbauten.

Verkehrsverbote. Das Forum war für jede Art von Wagen gesperrt; hohe Stufen und Steine versperrten alle Zugänge; die Via dell'Abbondanza ist mit drei Steinen, die fest im Pflaster verankert sind, abgeriegelt. Man mußte also mühsam das Forum umfahren und enge, unbequeme Umleitungen in Kauf nehmen. Mit einem Wort: die Pompejaner hatten das verwirklicht, was heute in den modernen Städten fast unmöglich erscheint, nämlich eine verkehrsfreie Zone, die die Bürger dazu anhielt, ihren Göttern, Magistraten und Richtern Respekt zu zollen.[13]

Gaffer und Bettler

Das Forum war erfüllt vom Lärm der Menge, die dort die Angelegenheiten der Stadt diskutierte, die kaiserliche Gottheit ehrte und ihre Einkäufe erledigte. Gefolgt von ihren Sklaven gingen die Bürger von *taberna* zu *taberna,* vom Macellum zum Wollmarkt; sie blieben stehen, um die Edikte der Duumvirn und der Aedilen und die verschiedenen Anschläge zu lesen, die auf beweglichen Schildern vor den Reiterstatuen der Kaiser angebracht waren[14] (Abb. 31). Der Pompejaner zeigt sich den zahlreichen Bettlern auf den Straßen gegenüber gerne großzügig. Einen davon kennen wir: einen bärtigen, gebückten Alten, der sich auf einen Stock stützt und an der Leine ein armseliges Hündchen führt.[15] Er empfängt von einer niedergekauerten Zauberin eine Schale, aus der er seinen Hunger stillen kann, die aber vielleicht auch einen Zaubertrank enthält. Unter dem Portikus des Forums bei den Auslagen der fliegenden Händler geht mühsam ein Blinder, der von einem Hund geführt wird; eine Dame

Abb. 31. Offizielle Anschläge auf dem Forum

nähert sich ihm voll Mitleid und streckt ihm ein Geldstück hin.[15]
Unter den Toten an der Porta Nocera ist auch ein alter Mann mit
schwächlichen Beinen und gekrümmtem Rücken; man kann sich
leicht seinen stoßweisen Atem vorstellen. Im Fallen hatte er sein

Gesicht mit einem Zipfel seines kurzen Mantels zu verhüllen versucht. An den Füßen trug er schöne, solide Sandalen, eine Kostbarkeit für ihn, der auf der Suche nach einem Zehrpfennig dauernd unterwegs war; ein Napf, ein Stock und ein Bettelsack waren seine ganze Habe.

Umherziehende Musikanten

Aber die Straße bot nicht nur solch traurige Schauspiele. Sie hallte wider von den Klängen der umherziehenden Musikanten. Schnell hatten sie eine einfache Bühne aufgeschlagen, indem sie ein Stück Tuch vor eine blinde Mauer spannten, und paradierten darauf wie Gaukler und Jongleure.[15] Vier Leute fesseln zahlreiche Gaffer, die gekommen sind, um ihnen zu applaudieren. Einer schlägt ein *cymbalum* und deutet eine Tanzbewegung an; er spielt, singt und tanzt gleichzeitig. Eine vulgäre, schwerfälligere Gestalt tanzt zum Klang des Tamburins. Eine Frau spielt die Doppelflöte, und im Hintergrund wartet ein schnurrbärtiger Zwerg auf seinen Auftritt. Die Szene ist grotesk, denn die Personen tragen Mäntel, die ihnen viel zu groß sind; mit ihren Späßen dürften sie Lachsalven erregt haben.

Andere Straßentypen

Nur auf den großen Verkehrsadern herrscht ein reger Verkehr von Menschen, Tieren und Waren. Die Gäßchen führen die Fremden zu versteckten Herbergen, die manchmal nur einige Schritte vom Forum entfernt liegen. Der Kern der alten oskisch-etruskischen Siedlung mit ihren gewundenen Straßen und ihren gastlichen Häusern ist von einer ganzen Schar von Mädchen und Kupplerinnen bevölkert, die nach Kundschaft für den Abend ausspähen. In der Gegend der Porta Nocera und im östlichen Viertel sind die Straßen von den hohen Mauern der Besitztümer gesäumt, die ihnen das Aussehen von Vorstadtstraßen geben. Ernst und traurig sehen sie aus; kleine Türen führen in die Gärten, wo vielleicht ein *triclinium* unter freiem

Himmel eingerichtet ist und der Hausherr in der Stadt die Freuden
des Landlebens genießt, Blumen pflanzt und mit seinen Freunden
plaudert.

Straße und Politik

Wir müssen noch einmal auf die großen Verkehrsadern zurückkommen, um ihre »Botschaft« zu umreißen und zu verstehen.

In gewissem Sinn ist diese Botschaft politischer Natur, denn die
Straße singt das Lob der lokalen Verwaltung und ehrt die kaiserliche Majestät. An der Kreuzung der Via dell'Abbondanza mit der
Via Stabiana steht eine Basis aus Travertin, die die Statue des M.
Holconius Rufus[16] trug; er war vom Volk gewählter Militärtribun,
fünfmal Duumvir, zweimal *quinquennalis*, Priester des Augustus
und Patron der Kolonie gewesen. Muß man überhaupt noch einmal
daran erinnern, daß die Straße ein idealer Platz für Wahlkampf-
Inschriften war,[17] die sich ohne Einschränkung auf allen Häusern
zur Straße hin sichtbar ausbreiten?

Straße und Religion

Die Straße ist nicht nur ein Propagandamittel. Sie gehört ebenso
den Göttern;[18] auch hier ist das Heilige gegenwärtig. Altäre für die
Lares Compitales, die Laren der Kreuzwege, finden sich auf der
Straße. Der Kult des *Genius* oder der Laren des Kaisers, der unter
Augustus eingerichtet wurde, war den *vicorum magistri,* den Magistraten der einzelnen Stadtviertel, anvertraut. In Pompeji unterscheiden sich die Heiligtümer auf den Straßen beträchtlich in Größe
und Charakter. Ein kleiner Altar lehnt sich an die Hauswand; auf
den Altar sind zwei Schlangen gemalt, eine männliche, an ihrem
Kamm erkenntlich, und eine weibliche; die Laren sind über dem Altar an die Mauer gemalt. Ein anderes Heiligtum befindet sich an der
Nordostecke der Via Stabiana und der Via di Nola zwischen Brunnen und Wasserturm. Der hintere Teil des Altars hat die Form eines
Giebels; vier Gläubige, mit Togen bekleidet, sind dem Brauch gemäß zusammen mit einem Flötenspieler dargestellt; auf den Seiten

finden sich die Bilder der beiden Laren, junge Männer in weiten Tuniken, die mit Gürteln gerafft werden; in der einen Hand halten sie ein Trinkhorn (ῥυτόν) hoch empor, aus dem ein Weinguß in einen Eimer (Situla) fällt, den sie in der anderen Hand halten. Auf der Westseite der Via Stabiana in der Nähe der Via dell'Abbondanza steht eine Kapelle; links vom Eingang ist eine Bank für die Gläubigen aufgestellt; im Hintergrund befindet sich ein großer Altar, rechts eine Nische für die Bronze- oder Terrakotta-Statuen der Laren und des *Genius*. Eine Kapelle gleichen Typs findet sich auch in der Straße des Merkur (VI, 8,14).

Auch andere Gottheiten werden verehrt: in der Nähe der Via di Nola auf der Ostseite der *insula* IX, 7 erhielt Salus eine Weihe-Inschrift; im Norden von VII, 7 war Jupiter ein Altar geweiht. Andere Götter sind auf die Außenmauern der Häuser gemalt, in der Via dell'Abbondanza die zwölf Gottheiten Vesta, Diana, Apollon, Ceres, Minerva, Jupiter, Juno, Vulcanus, Venus Pompeiana, Mars, Neptun und Merkur, von zwei Schlangen begleitet.

Der politischen Propaganda entspricht also auch eine religiöse. Wahlfieber und religiöse Begeisterung vereinigen sich an bestimmten Festen. Aber die Straßen vermitteln in ihren Graffiti ständig noch andere, volkstümlichere Botschaften.[19]

Die Straße als Liebesbotin

Die auf den Mauern der Häuserfassaden, Läden und öffentlichen Gebäude verstreuten Graffiti sind in gewissem Sinn die Stimme des fröhlichen Volkes. Sie übermitteln uns das Echo des gesunden, lärmenden, quirligen Lebens von Menschen, die in der Straße laut Zwiesprache führen und mit ihren vertraulichen Mitteilungen ein Viertel, ja die ganze Stadt zu einem einzigen, riesigen Haus machen, in dem jeder Nachbar ein guter Bekannter ist.

So ist die Straße auch Botin der Liebe. Freilich sind die Texte oft obszön: die irdische Venus schwingt ihr Zepter in den Vierteln, die einen schlechten Ruf haben, in denen die gewissen Häuser, die Bordelle und die verschwiegenen Zimmerchen zu finden sind. Geile Worte sind es, grobschlächtige Ausrufe der Bewunderung für amouröse Heldentaten, Anweisungen von Mädchen, die ihr Gewerbe verstehen, Rückforderungen der 2 oder 5 As, die auf einem Teller unter der Lampe mit einem erotischen Motiv deponiert worden sind, Namen und Spitznamen von Kupplern, Kupplerinnen, Mädchen und Knaben, die den Passanten ihre Liebesdienste anbieten. Epigramme von Catull und Martial sind hingekritzelt, jedoch nehmen ihnen die Pompejaner ihr poetisches Kleid.

Auf dem Gebiet der Kunst stehen einem unanständigen Priap und einer tierischen Paarungsszene die Bilder idyllischer und romantischer Liebe gegenüber: Hylas umgeben von den Nymphen, Narcissus an der Quelle, Hero und Leander. Ebenso verhält es sich mit der »Wandliteratur«. Trotz der zweideutigen Situation können die Verse des Pompejaners diskret und bezaubernd sein. Hören wir die Klage des Liebenden, der es eilig hat, seinen Geliebten wiederzusehen, und deshalb ungeduldig ist über den Aufenthalt, den ihm der Durst des Maultiertreibers aufzwingt:[20]

> »Wenn du die Feuer der Liebe fühltest, Maultiertreiber, so würdest du mehr eilen, um Venus zu sehen. Ich liebe einen schönen Knaben. Ich bitte dich, treib dein Gespann an. Du hast genug getrunken; so laß uns aufbrechen! Nimm deine Zügel und schüttle sie. Bring mich nach Pompeji, wo meine süße Liebe ist.«

Hier finden wir den Esprit der Pompejaner wieder mit seiner Mischung aus Sinnlichkeit und Schalkhaftigkeit, wie sie noch heute das neapolitanische Volkslied belebt. Venus wird angerufen, auf daß sie die Liebschaft begünstige und gnädig sei:[21] »Vergiß mich nicht, meine Freundin, ich bitte dich drum im Namen der Venus Fisica«[22]; oder daß sie tödliche Rache gewähre: »Ich bitte dich, laß meinen Rivalen untergehn!«[23] Doch der enttäuschte Liebhaber wendet sich gegen die Göttin, die ihm Leiden geschickt hat; er will der untreuen Göttin die Rippen brechen, die Lenden lahm schlagen und es ihr heimzahlen.[24]

Meist ist der Pompejaner aber ruhiger und sanftmütiger und verlangt nur das Recht zu lieben. »Die Liebenden verbringen wie die Bienen honigsüß ihr Leben.«[25] »Wer liebt, der lebe hoch! Nieder mit dem, der nicht zu lieben versteht!«[26] »Zweimal nieder mit dem, der zu lieben verbietet!«[27] Wieviel verhaltene Rührung, wieviel Resignation und Liebeszauber liegen in den Versen:[28]

»Ach, wie gerne würde ich deine geliebten Arme spüren, die meinen Hals umschlingen, und deine zarten Lippen küssen. Geh nun, kleine Puppe, und glaube mir, leichtfertig ist die Natur des Menschen. Und oft, wenn ich des Nachts wach lag und die Nacht für mich verloren war, sagte ich zu mir selbst: Viele von denen, die Fortuna hoch erhoben hat, wirft sie plötzlich nieder und stürzt sie in den Abgrund. So eint auch Venus die Körper der Liebenden, aber das Licht des Tages trennt sie wieder.«

Die gefühlvolle Zartheit steht im Gegensatz zu den heftigen Worten der Sklaven, die sich über ihr Unglück lustig machen, oder zu der Grobschlächtigkeit des Schreibers, der seinen Nachbarn als »Aas« bezeichnet.[29] Manierismus und alexandrinische Preziosität kurieren von Wollust und Verderbtheit. Die Reichen fielen auf der Suche nach innerem Gleichgewicht und einer Richtschnur für ihr Leben leicht von einem Extrem ins andere; bei den Vettiern liegt das häusliche Lupanar ganz in der Nähe des so herrlich dekorierten Speisezimmers. Eine solche Verwirrung verdeutlicht das mangelnde Gleichgewicht einer Gesellschaft, die Beute des Skeptizismus ist. Mag es ihr also an einer religiösen Ethik fehlen, so achtet sie doch ihre Toten und errichtet ihnen prunkvolle Mausoleen entlang den »Straßen der Toten«.

Der Tod hat in Pompeji nichts Trostloses an sich. Wenn es keine Begräbniszeremonie gäbe, wenn nicht die ergreifende Ehrung des Verstorbenen durch seine Verwandten und Freunde wäre, wenn nicht die Heiterkeit eines schönen Nachmittags durch die Seufzer und Klagen der trauernden Familie gestört würde, erinnerte nichts an Traurigkeit entlang der Straßen, die heute noch von einer gewissen Intimität gekennzeichnet sind, welche den Vorübergehenden zu Meditation und Erinnerung einlädt.

Gräber und Gärten

Der Tote, der meist eingeäschert und nicht beerdigt wird, findet seine Ruhestätte in einem Haus oder einem Monument, das sein Andenken verewigt: Marmorgrabstätten, Gedenksteine, Altäre, Häuschen und Grabeinfriedungen säumen, soweit das Auge schauen kann, die mit der schwarzen Lava des Vesuv gepflasterten Straßen; die Atmosphäre lädt zur Sammlung ein, denn das Geräusch der Wagen hat nachgelassen und das lustige Treiben an den Zugängen zur Stadt ist verschwunden. Aber der Schatten des Todes zwischen den Gräbern und Zypressen ist nicht eisig.[30] Die Bäume über den Grabstätten blühen, die Inschriften und Reliefs singen im Sonnenlicht das Lob der Magistrate und Stadtbewohner. Läden, Herbergen und prächtige Eingänge zu Landhäusern mischen sich unter die Gräber, und das Leben scheint mit dem Tode zu spielen oder die Toten scheinen im Jenseits das Leben und seine Freuden wiederzufinden.

> »Ich will, so sagt der trunkene Trimalchio, daß meine Asche von allen möglichen Arten von Früchten und Reben in Fülle umgeben ist. Nichts ist unverständiger, als zu Lebzeiten ein wohlbestelltes Haus zu besitzen und sich nicht um die Wohnung zu kümmern, in der man viel länger wohnen wird.«[31]

Zum Grab gehört – wie zu den Häusern der Lebenden – ein Baumgarten, ein Brunnen, wo man das Wasser schöpfen kann, ihn zu begießen, und ein *triclinium,* wo am Jahrestag die Verwandten und Freunde unter einem *velum* speisen können. Auf der halbkreisförmigen Bank, *schola,* ruhen sich diejenigen aus, die herausgekommen sind, den Toten zu ehren.

Die Gräber und das gesellschaftliche Leben

Die Gräber sind ein Abbild der Gesellschaft der Lebenden mit ihrer reichen Aristokraten-Klasse, die hier das Andenken an ihre hohen Ämter und an ihren Lebensstil verewigt. Der Patrizier nimmt in den

Bezirk seines Grabes aber auch diejenigen mit auf, die er ernährt und erzogen hat und die mit ihm Freuden und Leiden des Familienlebens getragen haben. Eine Amphore oder eine bescheidene Urne umschließt die sterblichen Überreste von Sklaven und Freigelassenen; ein Ziegelstein mit einem kreisrunden Loch über der Öffnung der Amphore und der Urne dient für Libationen, und eine Stele, bisweilen aus Marmor, die die Form eines Kopfes hatte – bei der Sklavin der Julia war sie mit Zöpfen versehen (Abb. 33) –, gibt den Namen des Dieners, des Sklaven oder Freigelassenen, an. Der Friede herrscht unter den Toten, wie er schon unter den Lebenden geherrscht hat; der Tod kennt in einer Gesellschaft, die Sklaven hält, keine Klassentrennung. Der Paternalismus erstreckt sich mit seiner Fürsorge bis ins Reich der Schatten.

Wir wollen die Gräber der beiden größten Nekropolen, die entdeckt worden sind, besuchen: die Nekropole an der Porta Ercolano ist schon länger ausgegraben, die an der Porta Nocera wurde erst später erforscht.

Die Nekropole an der Porta Ercolano (Abb. 32)

Wenn die Straße die drei Toröffnungen der Porta Ercolano hinter sich gelassen hat,[32] fällt sie leicht ab; das erste Grab auf der linken Seite, eine niedrige, gewölbte Nische, ist die Ruhestätte des M. Cerrinius Restitutus[33], eines Augustalen, der zu den reichen Freigelassenen zählte. Auf der rückwärtigen Mauer stand der marmorne Grabstein; Platz für eine Porträt-Skulptur war ausgespart.

Die *schola* aus Tuffstein, die auf das Grabmal folgt, hat 6 m Durchmesser; die Bank steht an ihren Enden auf Löwenfüßen, ein ornamentales Detail, das auch am überdachten Theater zu finden ist.[34] Dies war das Grab des Aulus Veius[35], des zweimaligen Duumvirn, *quinquennalis* und vom Volke gewählten Militärtribunen.

Durch Dekret der Dekurionen erhielt die öffentliche Priesterin Mamia[36] ihre Grabstelle; die *schola* stammt aus etwas späterer Zeit, aus der Zeit des Augustus oder des Tiberius. Zwischen den beiden letztgenannten Gräbern liegt das des Marcus Porcius[37], eines Sohnes des Gründers von Odeon und Amphitheater; es hat die Form eines

Altars; die Voluten am Oberteil sind aus Travertin; eine Grabkammer fehlt.

Hinter der *schola* der Mamia erhebt sich das schöne Monument der Istacidii[38] auf einer kleinen Terrasse, die von einer gemauerten Balustrade umgeben ist. Es sieht aus wie ein Rundtempel mit Halbsäulen auf den Seiten. Auf dem Untergeschoß erhebt sich eine *tholos* aus ionischen Säulen, die unter einem Dach die Statuen der Familienmitglieder barg wie im Monument der Julier in Saint-Rémy-de-Provence. Die Grabkammer im Untergeschoß hatte auf einer Seite eine Nische für den Hausherrn und seine Gattin und auf der anderen Seite zehn kleinere für die Familienangehörigen. Das Oberhaupt der Familie, die mit den angesehensten Geschlechtern Pompejis verbunden war, hieß Numerius Istacidius; seine Tochter Istacidia Rufilla war Priesterin der Stadt.

Auf der rechten Seite, von der Porta Ercolano aus gesehen, enthielt ein großes, altarförmiges Grabmal in seiner Grabkammer zwei Urnen; ein Geldstück aus Augusteischer Zeit wurde unter den Gebeinen gefunden. Etwas weiter finden wir einen neuen Grabtypus, eine Grabeinfriedung mit Eingangstür. Es handelt sich um die letzte Ruhestätte des T. Terentius Maior,[39] dem die Kolonie diesen Platz und 2000 Sesterzen zur Verfügung gestellt hatte. Eine gläserne Urne in einem Bleimantel war in einen irdenen Krug eingeschlossen, den man dann in der Erde bestattet hatte. Man hat zwei Münzen, eine von Augustus und eine von Claudius, gefunden; weitere Urnen enthielten Gebeine von Familienmitgliedern; Austernschalen sind die Reste eines Totenmahles.

Das Grab der Girlanden hat die Form eines Tempels mit Pilastern anstelle der Säulen. Zwischen den Pilastern hängen Girlanden aus Blumen und Früchten.

Vom Grab der blauen Vase ist nur die Grabkammer erhalten, die an ihrer Hinterseite mit einer Tür versehen ist. Sie umschloß drei Urnen, zwei aus Glas, eine aus Terrakotta. Die eine aus blauem Glas – daher ihr Name – kann sich mit den schönsten Glasgefäßen messen; übertroffen wird sie nur von der Portland-Vase. Das Gefäß hat die Form einer Amphore und ist mit weißen Reliefs auf tiefblauem Grund dekoriert: unten eine Hirtenszene mit weidenden Ziegen und Scha-

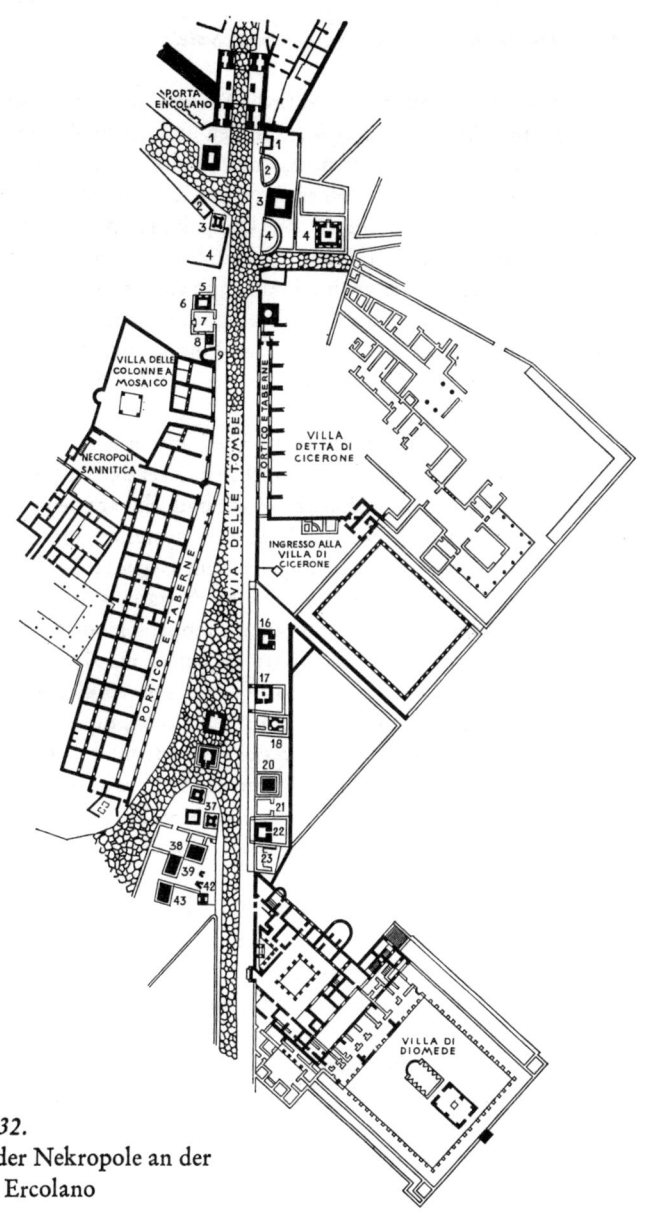

Abb. 32.
Plan der Nekropole an der
Porta Ercolano

fen; auf den Seiten zwei bacchantische Szenen, getrennt durch zier-
liche, elegante Arabesken aus Weinranken und gekrönt von Girlanden aus Früchten und Blumen. Es handelt sich um Szenen aus der
Weinlese. Eine davon sieht folgendermaßen aus: auf erhöhten Sitzen
zwei Knaben, von denen einer die Doppelflöte spielt; der andere
hält eine Pansflöte in der Hand und ist bereit, den ersten Spieler
abzulösen. Ein Amor keltert die Trauben in einer Kufe und schwingt
dabei den Thyrsos zu Ehren des Weingottes, während ein Diener
neue Trauben zur Presse bringt. Der Pompejaner hatte für sein
Leben im Jenseits ein Bild des Weines, des Trankes der Unsterblichkeit, ausgewählt.

Ein Grab mit einer Halbkuppel als Dach öffnet sich weit auf die
Straße hin; der Eingang ist mit einem stuckverzierten Giebel versehen; die Innenmauer der Exedra ist rot und schwarz bemalt.

Hinter einer Kreuzung, wo der Weg zur Mysterienvilla abzweigt,
findet sich links eine Gräbergruppe, die im Gegensatz zu den vorhergehenden aus der letzten Zeit der Stadt stammt. Sie ist in dem
Stil gehalten, der vor dem Untergang Pompejis modern war: eine
hohe Basis mit Marmorstufen führt zu einem massiven Überbau,
der die Form eines Altars hat und mit Marmor verkleidet ist. Das
Grabfeld ist mit einer niedrigen Mauer umgeben, die Grabkammer
durch eine Tür an der Seite oder an der Hinterfront zugänglich.

Das erste Grab war 79 noch nicht fertiggestellt und enthielt keine
Urnen; aber auf dem Grabfeld stand eine Stele, die der Juno der
Tyche, der Sklavin der Julia Augusta[40], geweiht war. Es folgt das
Grab des Umbricius Scaurus[41], eines reichen *garum*-Fabrikanten und
Händlers. Bemerkenswert sind seine Größe und seine Dekoration:
die grausamen, mitleiderregenden Gladiatorenspiele und die Tiere,
die an der Hetze beteiligt waren: Bär, Eber, Löwe und Stier.

Das folgende Mausoleum ist ein einfacher Zylinder aus Mauerwerk.
Die Backsteinfassade ist mit Stuck verkleidet, der Marmor imitiert;
die Grabkammer im Unterbau hat drei Nischen.

Das Zenotaph des Augustalen C. Calventius Quietus[42] hat die Form
eines Altars und ist mit einer Bürgerkrone und einem *bisellium* verziert, hohen Ehrenzeichen, die ihm die Kolonie verliehen hatte. Das
gleiche Aussehen hat das Grabmal, das Naevoleia Tyche ihrem

Gatten C. Munatius Faustus[43] errichtet hat; es ist von reichem Laubwerk umgeben, und die Fassade ist mit einem Porträt Tyches und
einem Basrelief mit einer Totenzeremonie verziert. Auf den beiden
Seiten sind ein *bisellium* und ein Schiff abgebildet, das in den Hafen
einläuft; man ist gerade dabei, die Segel einzuziehen. Ist das Bild
eine Anspielung auf die Tätigkeit des Munatius Faustus als Geschäftsmann oder ein Symbol des Todes? Die Grabkammer enthielt
in einer großen Urne die Reste der Naevoleia Tyche; andere Glas-
urnen waren von Bleimänteln umgeben. Auf einer Bank brannten
Lampen vor jeder Urne; weitere Lampen, die man an den Jahres-
tagen entzündete, hingen in jeder Ecke der Grabkammer.
In der Grabeinfriedung des Cn. Vibrius Saturninus[44] und seines
Freigelassenen Callistus war ein *triclinium* mit einem kleinen Tisch
für die Libationen zum Gebrauch der Lebenden eingerichtet.
Die letzte Gräbergruppe zeigt keine Besonderheiten. Zwei Grabmäler waren im Augenblick der Katastrophe noch im Bau, ein anderes war aufgegeben worden, weil die Erben die hohen Kosten
nicht hatten übernehmen können. Zwei Monumente mit kleinen
Nischen, in denen man die Urnen unter kleinen Ziegeln, die für die

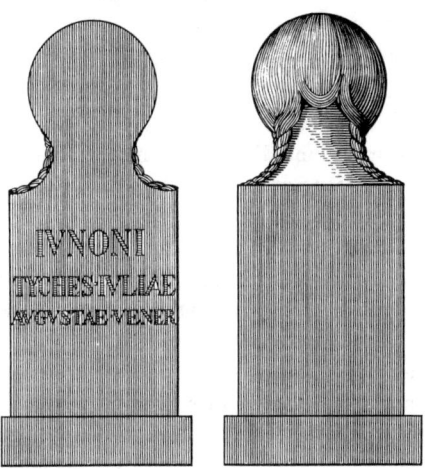

Abb. 33. Grabstele der Tyche, der Sklavin der Julia Augusta

Libationen mit einem Loch versehen waren, beisetzte, sind für Kinder bestimmt, für den zwölf Jahre alten M. Velasius Gratus[45] und den sechs Jahre alten Salvius[46].

Man kann das altarförmige Travertingrabmal des M. Alleius Luccius Libella bewundern, das seine Witwe Alleia Decimilla, Priesterin der Ceres, für ihren Gatten, den Duumvirn des Jahres 26 n. Chr., und für ihren im Alter von siebzehn Jahren verstorbenen gleichnamigen Sohn,[47] Mitglied des »Stadtrates«, errichtet hat.

Vier Gräber des gleichen Typs mit mehr oder minder vorspringenden Pilastern, erinnern an Tempelbauten. Es handelt sich um das Grab des L. Ceius Labeo, des zweimaligen Duumvirn und *quinquennalis,* und seiner Familie[48], der *gens* Arria und eines ihrer Freigelassenen, M. Arrius Diomedes[49], Magistrat des Vorortes *pagus Augustus Felix;* seine Funktion erklärt die Anwesenheit von Rutenbündeln ohne Axt; die benachbarte Villa hat seinetwegen irrtümlich den Namen Villa des Diomedes erhalten. Handelt es sich bei der strengen, in ihr Gewand gehüllten Frauengestalt um Arria, die eifersüchtig an der Tür zum Grabe wacht oder aus dem Jenseits irgendeine traurige und gewaltige Enthüllung erwartet?

Die Nekropole an der Porta Nocera

Die gleiche Vielfalt und dieselben Gräbertypen finden sich in der Nekropole an der Porta Nocera wieder,[50] die sich in einem engen Bogen oben auf einem Hügel hinzieht, der sich an dieser Stelle steil ins Tal zu senken beginnt. Die Via di Nocera hat hier eine Kreuzung, an der ein *cippus* wieder einmal an die schwierige, dringende Mission erinnert, die T. Suedius zu Vespasian führte. Die Straße, die sich vor der Stadt parallel zur Mauer hinzieht, kreuzt an dieser Stelle die Via di Nocera. Wir beginnen die Beschreibung der Gräber links auf der Seite, die dem Ausgang des Amphitheaters[51] am nächsten liegt, und wenden uns nach Westen.

Die Fassade des ersten, anonymen Grabes ist dreigliedrig: zwischen eingebundenen Säulen rahmen zwei Bau-Elemente, die von einem Bogen überwölbt werden, eine Tür ein, die mit einem dreieckigen Giebel versehen ist.

Das Grab der Freigelassenen C. Cuspius Cyrus und C. Cuspius Salvius besteht aus Ziegelstein; die hohe Grabkammer ist mit einer von zwei Säulen flankierten Fassade versehen; die Tür mit Oberschwelle und Gurtpfeilern aus Travertin öffnet sich unter einem weiten Bogen; *loculi* (Nischen für die Urnen) durchsetzen die Innenwände. Ein rundes Bauelement aus Tuff-*reticulum* krönt den imposanten Unterbau.

Die Fassade der Grabstätte des L. Barbidius Communis erinnert an die des ersten Grabes; doch ist hier der dreieckige Giebel durch eine gerade Oberschwelle ersetzt. Eine Grabkammer ist nicht vorhanden; aber im Grabfeld stehen die üblichen Stelen mit den Namen der Verstorbenen.

Dasselbe gilt für das Grab des A. Veius Atticus; die Fassade mit dem breiten, dreieckigen Giebel ist mit einer schlichten Bemalung und Stuckverzierung versehen. Direkt daneben liegt das Doppelgrab des C. Munatius Faustus mit den Stelen für kleine Mädchen und sogar für Säuglinge.

Das folgende Grab zeigt eine seltene Besonderheit: es ist ganz von Mauern umgeben; man gelangt nur über Lavastufen, die in die Mauer der Fassade eingelassen sind, ins Innere. Die Grabkammer liegt unter dem Niveau des Geländes, neben einem *arcosolium* (niedriges Bogenwerk, unter dem der Sarkophag untergebracht ist) steht ein U-förmiger Tisch (*tabula*) für die Totenmähler.

In einer weiten Einfriedung steht das Mausoleum, das eine Frau, Veia Barchilla, für ihren Gatten, N. Agrestinus Equitius Pulcher, hat errichten lassen. Die Flavii haben daneben Urnen und Büsten in acht Nischen untergebracht.

Etwas weiter birgt eine Nische mit zwei Antensäulen auf einem hohen Podium die würdevollen Tuffstein-Standbilder des Eigentümers und seiner Gattin.

Das großartigste Bauwerk des ganzen Sektors ist das Grabmal der Eumachia, der öffentlichen Priesterin der Ceres, die mit ihrem Geld die Wollbörse hat errichten lassen. Man betritt eine ziemlich hohe Terrasse durch eine Tür, deren Tuffsteinflügel noch mit einem Ring versehen ist und sich in einer Bronze-Angel dreht. Auf der Terrasse erhebt sich eine großartige Exedra. An ihrer Rückseite befindet sich die Grabkammer, die leider leer war, als man das Grab fand.

In der Nähe sehen wir auf einem hohen Podium ein kleines viersäuliges Tempelchen mit drei Tuffsteinstatuen: zwei Personen in
Togen, eine im militärischen Gewand. M. Octavius und die Freigelassene Vertia Philumene, seine Gattin, sind die Besitzer des Monuments.

Das Grabmal der Tillii, ein großer Würfel aus Tuffsteinen mit regelmäßigen Bossen, preist einen C. Tillius, Duumvir und Militärtribun in Pompeji, einen C. Tillius *pater*, zweimal Duumvir, Aedil
in Arpinum und Augur in Veroli; einen C. Tillius *frater*, Duumvir
von Pompeji und Militärtribun und Augur von Veroli. Eine Nische
mit einem dreieckigen Giebel ist die Ruhestätte der Vesovii, unter
anderem des Freigelassenen P. Vesovius Phileros, eines Augustalen,
der sich über einen Freund, welcher ihn zu Unrecht angeklagt hat,
beschwert und ihn dem Fluch der Penaten und Unterweltsgötter an-
heimgibt. Zwei Löwen bewachen das Grab der Stronnii in Form
eines viereckigen Altars.

Südlich der Kreuzung hat Helvia ihrem Gatten, dem Bankier L.
Ceius Serapion, in einer Umfriedung ein kreisrundes Mausoleum
auf einer viereckigen Basis errichtet; das Bauwerk ist sehr gut pro-
portioniert.

Auf der rechten Seite in östlicher Richtung steht eine Totenpyra-
mide mit Stufen, die in einer Art Steinei endet. Auf der Spitze steht
eine Art bronzener Dreizack, an dem man wohl Fackeln befestigte.

Das Kammergrab des Duumvirn und vom Volk gewählten Militärtribunen L. Cellius ist mit Stuckfeldern dekoriert; andere Gräber
gleichen Typs sind mit Inschriften versehen, die sich auf Gladiatorenspiele in Pompeji und Nocera beziehen.

Vor einem dieser Gräber steht eine schöne weibliche Marmorstatue
vor ihrem Sockel. Sie hat wie die Figur von der Nekropole an der
Porta Ercolano etwas Steifes, Knochiges, das vielleicht bei den Damen der feinen pompejanischen Gesellschaft als schicklich galt.

Der viersäulige Bau auf einem Podium ganz in der Nähe ist etwas
Besonderes: jeder Pfeiler aus *opus listatum* mit je vier eingebunde-
nen Säulen an den Ecken ist von einem korinthischen Kapitell aus
Travertin gekrönt. War der Bau im Jahre 79 bereits fertiggestellt?

Zu erwähnen ist noch das Grab mit einer Art Miniaturtempel: er hat zwei Antensäulen und ist sehr niedrig, so daß der ganze Bau sehr flach wirkt. In einer der Grabkammern hat ein Maler – was sehr selten ist – einen jungen Mann in kurzer Tunika mit Beinschienen dargestellt, der mit einem kurzen Schwert einen Eber erlegt; er hat ihm mit seiner Lanze bereits den Schädel durchbohrt. Es handelt sich um einen jungen Pompejaner, Opfer oder Held einer abenteuerlichen Jagd, den seine Eltern hatten verewigen wollen, wie er am frühen Morgen des Jagdtages aufgebrochen war, um mit seiner spitzen Lanze dem Tier in den Wäldern der Lattari-Berge die Stirn zu bieten.

Die Möglichkeiten der Ausgrabungen und glückliche Umstände haben die beiden großen Nekropolen an der Porta Ercolano und an der Porta Nocera wieder ans Tageslicht gebracht und uns erlaubt, sie hier vorzustellen. Die Nekropolen an den anderen Stadttoren sind viel bescheidener, aber deshalb doch nicht ohne Interesse.

Andere Nekropolen

Porta Vesuvio. Das wichtigste Monument an der Porta Vesuvio ist das Grabmal des C. Vestorius Priscus, das seine Mutter, Mulvia Prisca, dem jungen Mann, der mit zweiundzwanzig Jahren verstarb, errichtet hat. Die Innenwände sind mit Gladiatorenszenen[52] und mit Episoden aus dem Leben des Mannes geschmückt. Es handelt sich um eine Grabkammer in Tempelform, deren architektonische Details mit Stuck unterstrichen sind. Es gibt noch andere Gräber: eine *schola* vom bekannten Typus, aus der eine Säule mit einem dorischen Kapitell herausragt; auf dem Grabmal der Septumia schmückt eine Säule die sehr schlichte parallelepipedische Grabkammer; die des M. Veius Marcellus hat einen dreieckigen Giebel.

Porta di Nola. Im Jahre 1854 hat man an der Porta di Nola nahe an der Mauer gegraben und 36 Aschenurnen gefunden; kleine Parfum-Vasen waren darin enthalten; die Armen konnten ihre Toten unentgeltlich auf dem *pomerium* bestatten. Terrakottarohre führten zu den Urnen hinab, um Libationen zu ermöglichen. Normalerweise waren die Öffnungen der Rohre mit einem flachen Stein verschlossen und mit einer dünnen Schicht Erde überdeckt.

Das bedeutendste Bauwerk ist das Grab, das der Pompejaner N.

Herennius Celsus, zweifacher Duumvir und Berater eines Senators, seiner Gattin Aesquillia Polla errichtet hat, die mit zweiundzwanzig Jahren verstorben war;[53] das Gelände war ihm von der Kolonie Nocera zur Verfügung gestellt worden. Die Tuffstein-*schola* steht auf Löwenfüßen wie die *scholae* der Nekropole an der Porta Ercolano. Ein Altar unterbricht Bank und Rückenlehne; er trägt eine Säule mit ionischem Kapitell. Die Aschenurne auf der Säule wird von einem Dreizack überragt, der als Leuchterhalter diente.

Ganz in der Nähe findet sich eine weitere *schola*[54]; der Altar steht hier hinter der Exedra-Bank und ist mit einer Ziste geschmückt, aus der eine Schlange hervorkriecht.

Porta di Stabia. An der Porta di Stabia sind die *scholae* noch schlichter gestaltet. Eine davon ist M. Tullius, dem Begründer des Tempels der Fortuna Augusta[55] auf Beschluß der Dekurionen gewidmet, die andere M. Alleius Minius[56]; eine Inschrift in großen Lettern bedeckt den ganzen Sitz; die Grabstelle war auf Kosten der Kolonie nach dem Beschluß der Dekurionen zur Verfügung gestellt worden. Diese beiden bedeutenden Bürger hatten sich um die Kolonie verdient gemacht.

Die Ausgrabungen in diesen Nekropolen haben erst begonnen; man darf mit umfangreichen Entdeckungen rechnen. Die verkehrsreiche Straße von Pompeji nach Stabiae, die durch das Hafenviertel führte, eignete sich besonders für die Anlage einer großen Nekropole, wo sich öffentliche Grabmäler mit privaten um den Vorrang stritten.

In den Straßen der Lebenden haben wir vor allem die Masse des »popolino«, der kleinen Leute, angetroffen, die der Außenwelt bedürfen, um einen Lebenskreis zu besitzen. Die Herbergen und Schenken werden von einfachen Leuten besucht, Stadtbewohnern oder Durchreisenden. Klienten warten morgens auf den Bürgersteigen, bis sich die Tore der stolzen Herrenhäuser öffnen. Die Vornehmen benutzen das *cisium;* sie haben es eilig, sich aus dem lärmenden Betrieb der Straße, die sie ihren Freigelassenen übergeben, in ihre Gärten zurückzuziehen. Straße der Lebenden, gewiß, Straße derer, die am meisten Sinn für Farbe und Bewegung haben, die dem Archimimen Pylades ebenso wie dem Gladiator Celadon applaudieren und in den Pausen die *thermopolia* stürmen: das Volk, das schuftet und liebt, das gleichermaßen befähigt ist zu Poesie und Grobheit, das Salz der kampanischen Erde. Es begräbt seine Toten in der öffentlichen und anonymen Erde des *pomerium*. Wenn der Verstorbene einem vornehmen Hause angehört, hat er Anspruch auf eine Stele mit seinem Namen, die in groben Zügen das Profil eines menschlichen Kopfes nachahmt. Die Straßen der Toten sind das großartige Museum der städtischen Würdenträger. So lasten die vergangenen Generationen noch schwerer auf dem Pompejaner, der sich selbst als Freigelassener nicht von seinen *obsequia*, den Pflichten seinem Herrn gegenüber, löst und zu seinen Lebzeiten nur geringere Ehren empfängt, selbst wenn er reich geworden ist. Sein Geld erlaubt aber wenigstens seinen Erben, ihm ein Grab zu errichten, das es in seiner Pracht mit denen der traditionellen Aristokratie aufnehmen kann. In der erstarrten Dauer des Grabmals holt er diejenigen ein, die seit jeher das *ius imaginum*, das Recht auf das Porträt der Ahnen, besaßen. Nach dem Tod des Vaters gewinnt das Antlitz des neuen pompejanischen Bürgers Profil und schließt sich in dem immer wieder erneuerten Dialog des Lebens mit dem Tode seinen aristokratischen Vorbildern an. Doch die Lebenden in den Schenken und Läden und in den *villae* behaupten ihre Rechte in fröhlichem, lärmendem Treiben. Goethe konnte sich hier, erfüllt von innerer Heiterkeit, auf der Grabexedra der Priesterin Mamia niederlassen, das Meer, den Himmel und den rauchenden Vesuv betrachten und das Leben preisen.[57]

Viertes Kapitel
Erziehung und Bildung

Der Pompejaner, zumindest der Angehörige der Oberklasse, erscheint uns als begeisterter Liebhaber der Kunst und der Bildung. Sein Haus ist – wie wir gesehen haben[1] – mit Bildern dekoriert, die es in ein Museum verwandeln. Er läßt von den Malern Porträts anfertigen, die seinen Sinn für Bildung unterstreichen. Wir kennen das Bild des jungen Mädchens, das in einem Augenblick der Meditation festgehalten ist. Sie ist im Begriff, den Wachstäfelchen, die sie offen in der Hand hält, ihre intimsten Gedanken anzuvertrauen, sie legt den Griffel über ihre Lippen, mit dem sie die Träume einer romantischen Sappho[2] oder die Gedanken einer gelehrten Frau festhalten wird. Erinnern wir uns auch an die Frau des Terentius Neo, die – listig und kokett – Bildung vorzutäuschen versucht. Auch sie hält den Griffel in der Hand und ist bereit, in das vor ihr ausgebreitete Triptychon Eintragungen vorzunehmen, die nichts mit geschäftlichen Dingen zu tun haben. Die Papyrusrolle in der Hand ihres Mannes unterstreicht die Absicht des Paares, sich in der »Pose« kultivierter Leute darzustellen. Wir haben den Eindruck, daß jede der Personen eine bestimmte Rolle übernommen hat; diese angenommene Pose verrät eine bestimmte Psychologie: die des Bürgers, der den Intellektuellen spielen will. Wie ist die Bildung weitergegeben worden? Ist sie ausschließlich die Frucht einer Schulbildung oder wird sie nicht auch im Theater vermittelt, das noch am Morgen der Katastrophe, am 24. August 79, eine große Volksmenge auf seinen Rängen versammelt hat?

Die Zweisprachigkeit in Pompeji

Eine Sprache hat zwei Funktionen: sie ist Kulturträgerin und sichert den Zusammenhalt einer politischen Gruppe. Wenn ein Volk von einem Gegner militärisch besiegt worden ist, sieht es sich gezwungen, die Sprache des Siegers zu erlernen, und die ursprüngliche Sprache

Abb. 34. Theaterszene

sinkt auf den Rang eines Dialektes herab. So verzichtet auch das
samnitische Pompeji auf das Oskische und übernimmt das Latein
als einzige offizielle Sprache. Das Verschwinden des Oskischen ist
ein politisches Faktum, was nicht besagt, daß das Oskische auf dem
Markt oder in ländlichen Gebieten nicht weiter gebraucht wurde.
Drei Jahrhunderte sprachlicher Gewohnheiten lassen sich nicht durch
ein einziges Dekret wegwischen. Doch die Situation in Pompeji ist –
wie in den anderen Städten Kampaniens – nicht so klar und eindeutig. Wir haben gesehen, daß Pompeji zweimal unter griechischer
Herrschaft stand. Die weit zurückliegende hellenistische Vergangenheit ist noch wirksam dank der Lage der Stadt an einer Küste,
die von griechischen Schiffen angelaufen wird, wo noch während
der samnitischen Epoche ständig griechische Sklaven ankamen, zu
einer Zeit, da sich die alteingesessenen reichen Patrizierfamilien im
Handel mit Delos bereicherten. Pompeji ist keine rein samnitische
Stadt. In dem bunten Völkergemisch bleibt der griechische Zug
stark vertreten; Rom fand eine oskisch-griechische Zweisprachigkeit
vor. Vor dem entscheidenden Sturm waren die Inschriften an den
Straßenkreuzungen in oskischer Sprache ausgefertigt, und Rom

brach den Widerstand, indem es diese Sprache beseitigte. Doch vor dem Griechischen hatte es Respekt, und das besiegte Griechenland bezauberte auch in Pompeji den Sieger.

Rom hat nie vergessen, daß es dem Hellenismus viel verdankte; es hat ihm in seinen Sagen und in seiner Weltherrschaft einen bedeutenden Platz eingeräumt. Das Römische Kaiserreich ist zweisprachig; die Verwaltung auf dem Palatin liegt in den Händen einer Schar von Sekretären, die sowohl das Lateinische wie das Griechische beherrschen. Die Gouverneure der Provinzen und die hohen Beamten verstehen dank ihrer Erziehung und ihres Amtes die beiden offiziellen Sprachen, auch wenn die Angehörigen des Okzidents eher in den lateinischen Gebieten und die des Orients in der griechischen »Hemisphäre« eingesetzt werden; die Trennungslinie verläuft mitten durch Dalmatien. Rom hat weder ein Interesse daran, noch fühlt es sich dazu berufen, gegen die pompejanische Zweisprachigkeit Einspruch zu erheben. Kommen griechische Sklaven nicht immer noch in großer Zahl ins Land? Gibt es nicht eine phrygische Gemeinde mit einem eigenen Priester? Sind die griechischen und jüdischen Kaufleute nicht immer noch willkommen? Wir dürfen uns also nicht wundern, daß wir auf den Wänden der Häuser und der Palästra lateinische und griechische Alphabete[3] finden, daß wir griechische Namen auf den Amphoren lesen, griechische Epigramme[4] entdecken und in den *apochae* des Caecilius Iucundus sogar lateinische Wörter lesen, die in griechische Buchstaben transkribiert sind.[5] Pompeji liegt seit 80 v. Chr. am Zusammenfluß zweier Kulturen, der griechischen und der lateinischen, und das Schulwesen trug dazu bei, die doppelte Kultur zu festigen.

Die Grundschule und ihre Lehrer

In den Familien der städtischen Aristokratie gehörte es zum guten Ton, die Kinder von frühester Jugend an einer Amme oder einem griechischen Pädagogen anzuvertrauen. Die erste Sprache des kleinen Pompejaners war das Griechische; er war notgedrungen zweisprachig; sobald er alt genug war, die Schule zu besuchen, konnte er Lesen und Schreiben in beiden Sprachen lernen und begann dabei mit dem Griechischen. Die jungen Aristokraten waren also im Vorteil. Wie kann man von Gleichheit in der Schulbildung reden, wenn man nur zu gerne vergißt, was die Familie an Tradition und Bildung vermittelt? Im Haus der silbernen Hochzeit (V, 2), das L. Albucius Celsus gehörte, wurden die Kinder des Hausherrn in der mittleren, gelb ausgemalten Exedra des südlichen Peristyls von dem Privatlehrer C. Iulius Helenus[6] unterrichtet. Er war streng und verteilte Schläge, wenn die Aufmerksamkeit seiner Schüler nachließ. Nicht nur in den öffentlichen Grundschulen setzte es Hiebe mit der Rute für die Faulen. Die Schüler rächten sich an ihrem Lehrer, indem sie den Mauern unanständige Beleidigungen anvertrauten. »Iulius, du bist ein Liebling« ist noch eine der zahmsten.

Die öffentlichen Schulen in Pompeji verdienen ihren Namen. In aller Öffentlichkeit unter dem Portikus des Forums führte der arme Schulmeister Sema seine jungen Schüler (*pueri*) in die Geheimnisse des Alphabets ein, und umgeben vom Glorienschein des Lehrers unterzeichnete er mit seinen Schülern eine Wahlinschrift.[7] Andere Grundschulen waren unter dem südlichen Portikus der großen Palästra untergebracht;[8] die *ludi magistri,* die von ihren Schülern bezahlt wurden, übten hier ihre Kunst aus und erinnerten mit frommen Wünschen an die regelmäßige Zahlung des Schulgeldes. »Wer mir das Honorar zahlt, das er mir für meinen Unterricht schuldet, der soll von den Göttern des Himmels erhalten, was er sich wünscht.«[9] Der heilige Augustinus berichtet später, wie sich die Schüler untereinander absprachen und, um den Lehrer um seine Bezahlung zu prellen, in Massen zu einem anderen überwechselten und gegen Anstand und Billigkeit das Geld für sich behielten.[10]

Die Kinder, die Sema unterrichtete, waren zu jung, um solche Ränke zu schmieden. Die feste Hand dieses griechischen Sklaven hätte sie schnell zur Ordnung gerufen. Die Schuleinrichtung war dürftig, leicht beweglich und provisorisch: Bänke für die Schüler, wenn nicht gar ein einziger Sitz für den Lehrer, der dann die Schüler mit ihrem Schreibtäfelchen vor sich auf dem Boden des Portikus des Forums oder der großen Palästra niedersitzen ließ. Es ging darum, in beiden Sprachen lesen und schreiben zu lernen. Der Lehrer war zwar oft grob, doch er zerbrach sich den Kopf, um den Übergang von einer

Sprache in die andere zu erleichtern, indem er wortwörtliche Par-
allelübersetzungen in zwei Spalten anfertigte, wie wir sie aus den
zweisprachigen Handbüchern des 3. Jahrhunderts kennen. Erlaubte
diese Methode, die wenigstens für den Sektor der gebräuchlichen
Konversation an unsere modernen Methoden der mühelosen Fremd-
sprachen-Erlernung erinnert, einen fröhlichen Unterricht? Es scheint
nicht so: in Pompeji wurde Versagen hart bestraft, und die Spaziergänger, die sich unter dem Portikus des Forums ergingen, haben
mehr als einmal erlebt, daß die nackte Kehrseite eines Jungen mit
dem Stock bearbeitet wurde, während zwei Mitschüler ihn an Armen und Beinen in seiner erniedrigenden Position festhielten.[11]

Die discentes

Auf einer höheren Bildungsstufe standen die Lehrer der *discentes*,
der Schüler, die eine Art höherer Schule besuchten. Wir kennen drei,
Saturninus[12], Valentinus[13] und Verna[14], aus den Wahlprogrammen.
Unter dem schlichten Namen Saturninus verbirgt sich ein bedeutender Mann, Cassius Saturninus, der Eigentümer des Hauses des Fauns
(VI, 12,2–5). Man ist vielleicht erstaunt, einen reichen Angehörigen
der Aristokratie, der eines der schönsten Häuser der Stadt sein eigen
nennt, unter den Lehrern zu finden. Aber warum soll ein angesehe-
ner Mann kein Interesse an der Bildung seiner Mitbürger gehabt
haben, da wir doch wissen, wieviel den Pompejanern an Bildung
lag? Valentinus und Verna dürften Freigelassene oder Söhne von
Freigelassenen gewesen sein. Diese Lehrer haben feste Räume zu
ihrer Verfügung, welche von außen einem Laden gleichen. Wenn der
Schüler die Schwelle überschritt, stand er in einem weitläufigen
Raum, dessen vorderer Teil einen Garten (*hortulus*) darstellte, der
von dem hohen Schiebefenster über der Tür[15] erhellt wurde. Pflanzen wuchsen in Töpfen, die auf dem Boden aufgestellt waren, oder
täuschend ähnliche Abbildungen stellten Früchte, Pflanzen und
Blüten dar. Im hinteren Teil befand sich eine Pergola (Laubengang),
die auf ihren Bänken Platz für fünfzehn Schüler und ihren Lehrer
bot; sie lag höher als der Garten und konnte über eine hölzerne
Treppe erreicht werden, die mit einer steinernen, jetzt noch vor-

handenen Stufe verkeilt war. Unter der Pergola waren die Latrinen, die Garderobe und die Bibliotheksschränke untergebracht,
die die Behälter mit den Papyrusrollen enthielten. Die pompejanischen Architekten hatten so die Schulgebäude genormt. Hier unter-
richteten die Lehrer Rhetorik, hier lasen und kommentierten sie die
grundlegenden Texte der griechischen und lateinischen Literatur.
Aber in Pompeji machten sich wie anderswo Veränderungen bemerkbar; das Schulwesen paßte sich den modernen Strömungen an.
Die Kenntnisse der griechischen Sprache waren dem Pompejaner der
flavischen Zeit nicht mehr so wichtig wie dem Pompejaner der Zeit
Ciceros kurz nach Errichtung der sullanischen Kolonie. Die lateinische Literatur ist mit Vergil und Cicero salonfähig geworden. Eine
totale Zweisprachigkeit war nur für eine Elite erreichbar und von
Nutzen; die Masse konnte ihre mittelmäßigen Fähigkeiten nicht damit verzetteln. Nur die intelligentesten der Sklaven und Freigelassenen aus dem Orient blieben, indem sie Latein lernten, Bindeglied
zwischen den beiden Kulturen. Geschichts- und Geographiekennt-
nisse wurden ergänzt durch eine juristische Schulung; die Lehrer an
den »höheren Schulen« mußten Rechtskundige (*iuris periti*) sein und
ihre Schüler mit den wichtigsten juristischen Vorgängen vertraut
machen können; so gaben sie ihre Erfahrungen in politischen und
verwaltungstechnischen Dingen, die die Kolonie betrafen, weiter.
In diesem Sinne ist die Schule eine Vorbereitung auf das öffentliche
Leben.

Die Berufsschule

In Pompeji könnte es auch eine »Berufsschule«[16] gegeben haben,
wenn es sich bei den Zeichnungen, die man bei den Cornelii, Proculus und Amandus (VII, 12,14), gefunden hat, um Muster für
Werkstücke handelt, die die dreizehn Schüler, die unter der Pergola
Platz finden konnten, auszuführen hatten. Es handelt sich um eine
Treppe mit sieben Stufen, um eine mit dem Zirkel konstruierte
Rosette für ein Pflaster aus *opus sectile* oder ein geometrisches Mo-
saikmotiv und zwei konzentrische Kreise, die entweder einen runden Turm oder einen Brunnen darstellen sollen. Ein Handwerksmei-

ster lehrte also die Zimmerleute, Mosaikarbeiter und Maurer die Grundbegriffe ihres zukünftigen Handwerks. Wenn es eine solche technische Schulung gegeben hat, versteht man besser, warum die Steinmetzen von Capua die Wölbsteine, die später in der Fassade des Amphitheaters ihren Platz finden sollten, zuerst auf dem Boden aufgezeichnet haben.[17]

Keine akademische Bildung

Muß man als Krönung des ganzen annehmen, daß es in Pompeji akademische Bildung gegeben hat? Der italienische Gelehrte M. della Corte[18] war davon überzeugt, und zwar aufgrund eines Gemäldes, das man in einem der oben beschriebenen Schulsäle (IX, 8,2) entdeckt hat. Der Lehrer heißt hier Potitus; er war Verwalter des Poppaeus Sabinus. Das Bild, das etwa vierzig Personen dargestellt haben dürfte, zeigt in seinem erhaltenen Rest zwölf Männer, bärtige, nachdenkliche Philosophen, die sich auf ihren traditionellen Stock stützen oder Papyrusrollen in der Hand halten. Inmitten der Männer, die allein dastehen oder sich in Gruppen unterhalten, thront das Haupt der Akademie – abgezehrt und mit verwildertem Bart – in der Haltung des Menander von Pompeji oder des Vergil von Sousse. Die Akademie ist in einem Garten versammelt; man erkennt Bäume, Säulen und einfache Sitze. Es dürfte sich um die Darstellung der Gärten des Epikur zu Athen handeln; zwei Ansichten von Athen unterstützen diese Vermutung; eine zeigt das Barathron am Fuß des Lykabettos, die andere vor dem Hintergrund der Akropolis und des Lykabettos ein Gebäude mit einem Portikus, einen runden Turm, eine Demeter-Statue und eine halbrunde Marmorbank. Potitus könnte also die epikureische Philosophie verbreitet haben. Aber haben diese Darstellungen dokumentarischen Wert? Sind es nicht vielmehr Genreszenen ohne Verbindung mit der Realität, die uns lediglich über die Vorliebe des Hausbesitzers aufklären? Es ist in der Tat ziemlich unwahrscheinlich, daß es in Pompeji, das so nahe bei Rom und Neapel liegt, eine Philosophenschule gegeben haben soll. Selbst wenn die Lehre Epikurs in Pompeji und ganz Kampanien[19] verbreitet war, gingen die Schulprogramme wohl nicht über die juristische Belehrung hinaus, die für die zukünftigen Verwalter der Kolonie unerläßlich war.

Der öffentliche Schreiber

Eine Schulpflicht gab es in der Antike nicht. Der Schulbesuch ging zurück, sobald dringende Feldarbeiten zu erledigen waren; die Faulpelze und die Dummen mußten später auf den öffentlichen Schreiber[20] zurückgreifen, der am Forum seinen kleinen Tisch aufgestellt hatte. Die Bildung der Mädchen wurde selbst in höheren sozialen Schichten vernachlässigt. Verschiedene vornehme Damen Pompejis müssen ihre griechischen Sklaven die *apochae* des Bankiers L. Caecilius Iucundus unterzeichnen lassen. Sie können zwar geschäftliche Transaktionen vornehmen, müssen aber – mangels Bildung – einem Vertrauensmann den endgültigen Abschluß des Geschäftes überlassen. Die pompejanische Schule hat das Gedächtnis der *pueri* und der *discentes* geübt, die im übrigen mehr Latein als Griechisch können.

Das Latein in Pompeji

Die Pompejaner sprachen zweifellos kein ciceronisches Latein, sondern ein Umgangslatein, das noch in der Entwicklung begriffen war;[21] man ist versucht, es »barbarisch« zu nennen. In der Aussprache spielt die Betonung eine größere Rolle als die Quantität. Die Tendenz zur Synkope ist stark; die unbetonten Vokale werden sehr nachlässig artikuliert. Diese Phänomene weisen darauf hin, daß das Latein mit exspiratorischem Akzent gesprochen wurde. Puristen stellen mit Überraschung und Kummer die Synkope des nachtonigen *i* fest: *domina* wird zu *domna*;[22] das *m* des Akkusativs fällt weg: *quisquis amat nigra* = wer ein schwarzhäutiges Mädchen liebt;[23] ein kombinatorisches *habeat* verwandelt sich in *abiat*[24] und erinnert an das Spätlatein. Die Umgangssprache erlaubt die Zusammenstellung zweier Akkusativobjekte, von denen eines das Genitivattribut des anderen ist: *Da fridam* (statt *frigidam*) *pusillum* = gib ein bißchen frisches Wasser.[25] Dies alles sind lokale Besonderheiten einer Sprache, die sich noch entwickelt und deren Vokabular sich auszeichnet durch zahlreiche ausgesprochen volkstümliche oder vulgäre Wendungen und griechische Lehnwörter vor allem im familiären und technischen Bereich. Die Kasus reduzieren sich zunehmend auf Nominativ und Akkusativ; der Akkusativ wird zum eigentlichen obliquen Kasus. Jetzt versteht man die Rutenstreiche der Lehrer, die dem akademischen Sprachgebrauch der großen Autoren der Republik und des Kaiserreichs treu blieben und gegen die Invasion regelwidriger Formen und Wendungen, welche aber nicht aus dem Oskischen kamen, kämpften. In Pompeji wurde vor 79 ein Vulgärlatein gesprochen und geschrieben, das Grundlage der romanischen Sprachen ist.

Das Große Theater (Abb. 35)

Das griechische Gebäude. Das älteste und größte Theater Pompejis ist das Große Theater.[26] Die Samniten haben um 200 v. Chr. auf dem Abhang des Hügels ein steinernes Theater im hellenistischen Stil erbaut. Zu dieser Zeit herrschte der kulturelle Einfluß Griechenlands in allen Städten Kampaniens vor. Die *cavea,* der Zuschauerraum, hat die Form eines Hufeisens; vier halbkreisförmige Wände stützen den Erdwall, auf dem steinerne Ränge für 5000 Personen errichtet sind.
Die Bühne (Abb. 36). Die Bühne (A) gleicht der des Theaters von Segesta: παρασκήνια flankieren ein προσκήνιον mit Kolonnaden.

Abb. 35. Plan des Theaterviertels

A Portikus am Eingang des Forum triangulare
B Forum triangulare
1–1 Kolonnade. – 2 Wandelgang. – 3 Dorischer Tempel. – 4 Schola mit Sonnenuhr. – 5 Grabbezirk. – 6 Altäre. – 7 Brunnen. – 8 Sockel der Statue des Marcellus
C Samnitische Palästra
1 Kolonnade. – 2 Sockel und Stufen. – 3–3 Nebengebäude

D Wasserreservoir
E Großes Theater
1 Nebengebäude. – 2 Bühne. – 3 Orchestra. – 4 Ima Cavea. – 5 Media Cavea. – 6 Summa Cavea. – 7–7 Tribünen
F Odeon
1 Nebengebäude. – 2 Bühne. – 3–3 Tribünen
G Gladiatorenkaserne
1 Durchgang zur Via Stabiana. –

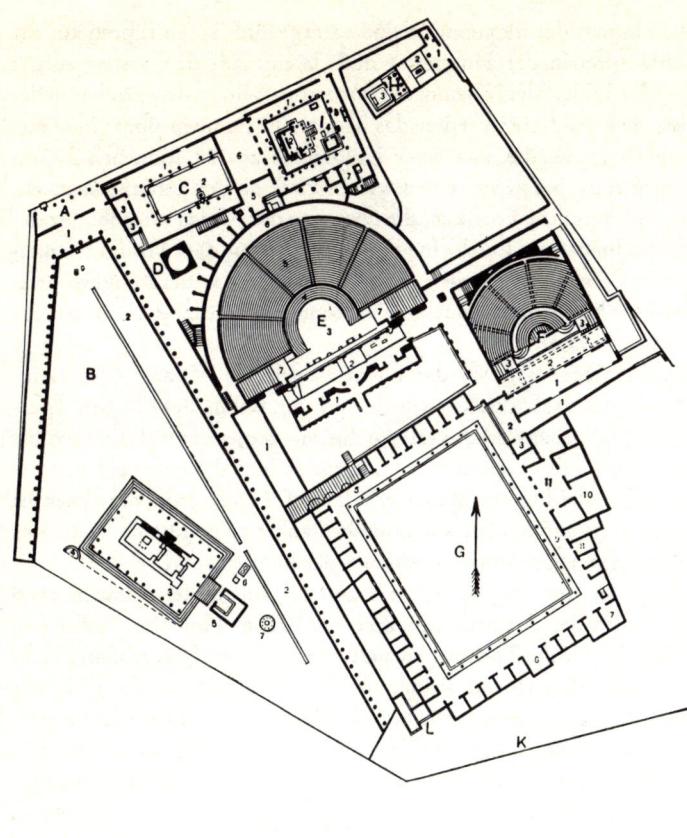

2 Eingang. – 3 Zimmer des Türhüters. – 4 Verschlossener Durchgang
zum Großen Theater. – 5 Treppe
zum Forum triangulare. – 6 Exedra. –
7 Raum, in dem man Waffen gefunden hat. – 8 Saal der Wache. – 9 Treppe zum Obergeschoß. – 10 Küche. –
11 Speisesaal

H Tempel des Zeus Meilichios
1 Kolonnade. – 2 Altar. – 3 Cella. –
4 Zimmer des Sakristans

I Isis-Tempel
1 Kolonnade. – 2 Cella. – 3 Heiligtum des Harpokrates. – 4 Raum für
Reinigungsriten. – 5 Saal für Initiationsriten. – 6 Saal der Mysterien. –
7 Wohnung des Priesters

K Stadtmauer

L Fundament der Stufen

Die Mauern der παρασκήνια sind schräg: fünf Türen führen auf die
Bühne, drei in der hinteren Wand, je eine auf den Seiten; offene
πάροδοι bilden den Zugang zur *orchestra*. Wie in den großen hellenistischen Städten[27] verfügt das Theater in Pompeji über eine Gar-
tenpromenade, die von einer Kolonnade aus 74 ionischen Säulen
umgeben ist. Sie grenzt einen weiten Platz ab und umfaßt angenehme und nützliche Portiken, die über eine der beiden πάροδοι mit der
Via Stabiana und durch eine breite Treppe mit dem Forum triangulare in Verbindung stehen. Zweimal wurde das ursprünglich griechische Theater umgebaut und verwandelte sich langsam in ein römisches Theater.

Als die Sieger nach 80 das kleine überdachte Theater nach römi-
schem Muster errichteten, wurde auch die Bühne des Großen Theaters (B) umgebaut. Man verlegte die παρασκήνια zurück und wölbte
die πάροδοι ein; diese führten nur zur Bühne, die tiefer gelegt worden war. Die hintere Mauer erhält fünf Türen; jede von ihnen ist
von zwei Paar Säulen auf Sockeln flankiert; insgesamt 20 Säulen
bilden also den prächtigen Schmuck der Bühnenwand.

Cavea. In den letzten Jahren des 1. Jahrhunderts haben zwei
Duumvirn der augusteischen Zeit, die Brüder Holconii, Rufus und
Celer, das Große Theater erneuert, verändert und vergrößert.[28] Der
Architekt M. Artorius Primus ist für die Modernisierung verantwortlich. Er baute eine *crypta* und einen unterirdischen Gang zwischen der *media cavea* und der *summa cavea*, die sich an den halbkreisförmigen Gang anlehnen konnte. Die Ränge nehmen so eine
größere Anzahl Zuschauer auf. Er richtete über den gewölbten
πάροδοι *tribunalia*, Ehrentribünen, ein, die dem Veranstalter der
Spiele, dem Kaiser oder seinem Stellvertreter, vorbehalten waren.
Das Fassungsvermögen des Großen Theaters wurde beträchtlich erhöht. Die *cavea* war in drei Sektoren unterteilt: die *ima cavea* anstelle der hellenistischen *orchestra*, die sich für römische Schaustel-
lungen nicht eignete; vier breite Sitzreihen nahmen die bedeutenden
Persönlichkeiten der Kolonie mit ihren *bisellia* auf, deren sich die
Augustalen in ihren Gräbern so stolz rühmen. Die *media cavea* mit
zwanzig höheren Rängen waren durch sechs Treppen in fünf *cunei*
unterteilt; zwei weitere *cunei* waren über den gedeckten πάροδοι

eingerichtet. Die *summa cavea* über der *crypta* hatte vier oder fünf
Stufen. Die Umfassungsmauer hinter der letzten Sitzreihe hatte
außen Lavasteinkonsolen, an denen die Haltepfähle für das schat-
tenspendende Sonnensegel befestigt wurden. Die *summa cavea* war
vom Forum triangulare aus leicht zugänglich. Artorius ersetzte

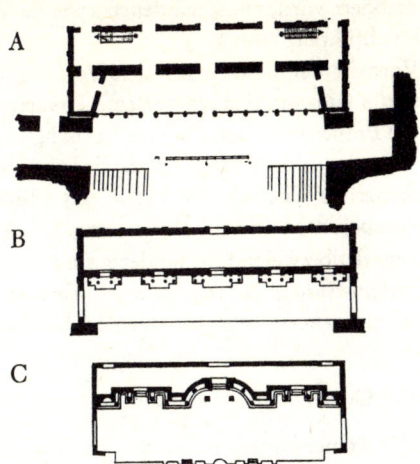

A

B

Abb. 36.
Die Umgestaltungen
der Bühne
des Großen Theaters

C

die Stufen aus Travertinkonglomerat[29] durch Travertin und krönte
durch dieses prächtige Detail seinen genialen Plan, der die Vergrößerung des Theaters im Auge hatte, ein Zeugnis für die wachsende
Beliebtheit szenischer Spiele und für den Bevölkerungszuwachs von
Pompeji.

Die zweite Umwandlung der Bühne. Unter Nero, zwischen 63 und
68, erhielt die Bühne nach dem Vorbild der römischen Theater ihre
endgültige Gestalt. Sie ist niedrig und wird beherrscht von einer
reich dekorierten Wand, der *frons scenae.* Sie setzt sich zusammen
aus einer großen halbrunden Mittelnische und zwei rechteckigen
Seitennischen. Nach den Vorschriften der Theaterarchitektur[30] hat
sie drei Türen: die Königstür (*aula regia*) und die beiden *hospitalia*
nach der Stadt und nach dem Land hin. Die Säulen stehen auf einem
Sockel, der reich mit Girlanden, Masken und Statuen in Nischen
dekoriert war. Durch die Krümmungen und Vorsprünge der Bühne

verlieren die Kulissen an Bedeutung. Sie stehen höher als der Bühnenboden, so daß die Schauspieler über kleine Treppen auf die Bühne kommen – ein Detail, das die pompejanischen Maler nicht darzustellen vergaßen. Die Wand der Vorderbühne (*proscenium*) hat eine halbkreisförmige Nische, die von zwei rechteckigen Nischen flankiert wird, zwischen denen zwei kurze Treppen in die *orchestra* hinabführen.

Vorn ist der Graben für den Vorhang eingelassen. An der Oberfläche und unterirdisch verlegte Lavasteine waren mit Löchern für die Pfähle versehen, die den Vorhang hielten. Dieser wurde zu Beginn der Vorstellung hinabgelassen; im Unterschied zu unseren modernen Theatern bedeutete das Hinaufgehen des Vorhangs in Pompeji das Ende der Vorstellung.

Innerhalb zweier Jahrhunderte sind die Pompejaner von einem rein hellenistischen Theater zu einem römischen übergegangen. Die *porticus post scenam* wurde in eine Gladiatorenkaserne verwandelt.

Das Odeon oder das überdachte Theater (Abb. 35)

Die Römer hatten in Pompeji ein Modell erstellt, nach dem sich das hellenistische Theater ausrichten mußte. Zur Zeit Sullas ließen die Duumvirn C. Quinctius Valgus und M. Porcius[31], die wir bereits als reiche Weinbergbesitzer kennengelernt haben,[32] ein *theatrum tectum*[33], ein überdachtes Theater, auch Odeon genannt, erbauen.

Das Dach. Warum brauchte Pompeji ein überdachtes Theater? Aus Gründen der Akustik, denn das Gebäude war für musikalische Veranstaltungen und Einzeldeklamationen bestimmt. Die Überdachung stellte ein schwieriges technisches Problem dar.[34] Das rechteckige Gebäude mißt 28,60 auf 34,80 m; die Bühnenwand ist 6 m hoch; der oberste Korridor liegt 8,60 m über dem Niveau der *orchestra*. Dieser Typus eines Gebäudes kann dank seiner Höhe und seiner relativ kleinen Grundfläche ganz gut mit einem Dach versehen werden. Es handelt sich hier weder um ein Sattel- noch um ein Pyramidendach, sondern um ein Walmdach, dessen vier Flächen auf den Außenmauern des rechteckigen Gebäudes aufsitzen. Ein besonderes Dach schützte das *postscenium*, das mit dem Portikus auf die Via Sta-

biana in Verbindung stand. Die Außenmauern, die keinen besonderen Druck auszuhalten hatten, konnten das Dach gut tragen. Fenster in den Seitenwänden erhellten Zuschauerränge und Bühne.

Cavea. Wegen des Daches fällt die genau halbkreisförmige *cavea*
steil ab; die *ima cavea* ist besonders sorgfältig gestaltet; vier breite
Tuffsteinstufen nahmen die tragbaren Sitze (*bisellia*) der Dekurionen und Ehrengäste auf; eine Brüstung – ein typisch römisches Detail – trennte die *ima cavea* von der *media*; 35 Stufen wurden von
sechs Treppen in fünf strahlenförmige *cunei* unterteilt. Das Odeon
faßte insgesamt 1300 Zuschauer,[35] die ihre Plätze dank sorgfältiger
Planung bequem erreichen konnten. Zur *ima cavea* gelangte man
durch die *orchestra*; zur *media cavea* führten halbkreisförmige Stufen; die obersten Ränge waren über einen Seiteneingang von der
Via Stabiana aus zugänglich. Die beiden *tribunalia*, die Ehrenlogen,
waren über den beiden Eingangsgewölben eingerichtet; man erreichte sie von der *cavea* aus über kleine Treppen. Das einfache Bauwerk
war elegant dekoriert; die hellenistische Fülle mildert die strenge
Linienführung der römischen Architektur. Zwei Atlanten oder Ge-
bälkträger aus Tuffstein stützen die Enden der Mauer, welche wie
in Sizilien und Griechenland die *cavea* begrenzt. Die Brüstung zwischen der *ima* und *media cavea* ist mit zwei kraftvoll gestalteten
Greifenfüßen aus Tuffstein geschmückt. Die einfache Bühne hat
eine Dekoration des 2. Stils erhalten, die zweifellos im Verlaufe von
Ausbesserungsarbeiten entstanden ist. Im ganzen gleicht das Odeon
von Pompeji dem von *Bovianum vetus* (Pietrabbondante).

Theaterstücke

Da Pompeji für die Bevölkerung einer bescheidenen Provinzstadt
über zwei Bühnen verfügte, muß die Theatersaison besonders reich-
haltig gewesen sein. Wenn wir die Stücke, die auf dem Programm
standen, kennten, wüßten wir mehr über den Geschmack, das Interesse und die Vorlieben des Publikums.

Viele pompejanische Gemälde stellen Theaterszenen dar. Sind sie
dem zeitgenössischen Theaterleben Pompejis entlehnt, oder handelt
es sich einfach um Kopien älterer griechischer und hellenistischer Ge-

mälde? Selbst wenn man von dieser Hypothese ausgeht, enthalten sie Details, die der Realität, welche die Schauspieler vor Augen hatten, entnommen sind, sowohl was die Theaterarchitektur als auch was Kostüme und Kulissen angeht. Die Bilder des 2. Stils geben Vitruv[36] recht, der drei Arten von Szenenbildern beschrieben hat: den tragischen Dekor: königliche Paläste, Tempel, Heiligtümer mit Säulen, Basen und Statuen; den komischen Dekor bestehend aus Privathäusern mit Balkonen und Fenstern und Stadtansichten; den Dekor des Satyrspiels mit Bäumen, Höhlen, Gärten, Bergen und Meeresküsten.

Vermischung der Gattungen

Im Gegensatz zu dieser Theorie muß man in Pompeji feststellen, daß bisweilen die Gattungen vermischt wurden, besonders die der Komödie und der Tragödie. Über den Gemälden sind komische und tragische Masken oben auf kleinen Treppen angebracht; die einen stammen aus der volkstümlichen Farce, die anderen mit der hochgekämmten Frisur (ὄγκος) aus der Tragödie. Diese Masken wurden wirklich benutzt: eine stellt Andromeda dar und gleicht dem Bild von Andromeda und Perseus in einem Haus an der Via Stabiana in der Nähe des Theaters. Eine der komischen Masken stellt einen bärtigen Vater dar, eine andere einen jungen Mann mit gelocktem Haar (σπεῖρα), der gemäß dem gebräuchlichen Typus der Neuen Komödie eine runde Kapsel für seine *volumina* (*capsa*) trägt.

Pompeji bietet drei Beispiele für diese Mischung im Haus des Casca Longus (I, 6,11), im Haus der Dioskuren und in der Casa del Centenario (IX, 8,3). In zweien dieser Häuser gibt es ein Bild mit Lykos, Megara und Amphitryon, in der Casa del Centenario ist ihnen noch Herkules beigesellt. Wir scheinen es hier mit einer Bearbeitung des »Herakles« von Euripides zu tun zu haben, den Accius in einen »Amphitryon« verwandelte. Amphitryon ist der Vater des Herkules. In beiden Gemälden steht er in der Nähe der Megara, der Gemahlin des Herkules. Der böse Tyrann Lykos stützt sich rechts auf einen Altar und zittert vor Angst, da man ihm Her-

kules ankündigt. Amphitryon spielte also auf der lateinischen Bühne
eine größere Rolle als bei Euripides.

In der Casa del Centenario sind noch andere Szenen aus der Tragödie dargestellt: Priamos im Gespräch mit Hekuba, Priamos vor
Achill auf den Knien liegend und um den Leichnam Hektors bit-
tend. Diese Bilder gehören zu einem lateinischen Stück, das die Geschichte Trojas erzählt. Auf einer anderen Wandfläche richtet Medea
ihr Schwert gegen ihre Kinder, die von ihrem Erzieher herbeigeführt
werden. Eine solche Szene gibt es in der »Medea« des Euripides
nicht; dort werden die Kinder im Haus umgebracht. Bei Seneca
tötet Medea die Kinder auf offener Bühne, und rhetorisches Pathos
erfüllt die Szene. Im Haus der Dioskuren trägt die Heldin ein Kind,
eine Amme folgt ihr. Es könnte sich um Auge und Telephos handeln; die tragische Heldin ist durch den großen ὄγκος und den hohen
Kothurn gekennzeichnet.

Und nun die komischen Szenen, die mit den tragischen in Verbindung gebracht sind: im Haus des Casca (I, 6,11) beschimpft ein alter
Sklave eine Frau und einen jungen Mann. In der Casa del Centenario trifft ein junger Mann in Begleitung eines fackeltragenden Sklaven und eines kleinen Knaben ein, dem er die Hand auf den Kopf
gelegt hat; ein Diener betrachtet die Szene durch die Tür. An einer
anderen Stelle steht ein Greis mit einem Sklaven an einem Altar, auf
dem eine Gans liegt, die mit einem Pfeil getötet worden ist, links
eine bekränzte und bändergeschmückte Priesterin, die einen weiteren Kranz in der Hand hält. Man weiß nicht, auf welches Stück
diese Szenen anspielen. Im Haus der Dioskuren erinnern eine Frau
und ein alter Mann an Personen aus Menander.

Die Pompejaner wechseln gerne vom Lachen zum Weinen über und
umgekehrt; die Stücke sind wie die alten Puppenspiele gebaut; die
Zuschauer haben gleichen Genuß von der Tragödie wie von der
Komödie.

Die Tragödie. Einige Gemälde zeigen das Große Theater in Pompeji
mit Personen aus der Tragödie auf der Bühne. Bei dem Goldschmied
Pinarius Cerealis erscheint Iphigenie mitten vor einer prachtvollen
frons scenae auf der Treppe, die von der Königstür herabführt, die
reich mit Säulen und Akroterien geschmückt ist. Sie wird eingerahmt

von Thoas, der vor seiner Leibgarde sitzt, und dem unzertrennlichen Paar Orest und Pylades. Es handelt sich um eine Szene aus der »Iphigenie« des Naevius, der sich an der »Iphigenie bei den Taurern« des Euripides inspirierte. Auf diesem Bild bewegen sich die Personen vor der Kulisse des Großen Theaters; man kann alle Details der Bühne erkennen.

Naevius (235–204 v. Chr.) war in Kampanien geboren; er schrieb neun Tragödien, in denen lateinische Elemente die Nachahmung der griechischen Vorlagen abmilderten. Livius Andronicus dürfte ebenfalls in Pompeji gespielt worden sein. Am beliebtesten war aber sicher Seneca. Seine neun Tragödien – »Hercules furens«, »Troades«, »Phoenissae«, »Medea«, »Phaedra«, »Oedipus«, »Agamemnon«, »Thyestes« und »Hercules Oetaeus« – sind in den Jahren 41 bis 49 und 49 bis 59 n. Chr. entstanden. Aus derselben Zeit stammen die Gemälde, die Szenen aus Tragödien darstellen und von Seneca beeinflußt sind. Er hat Euripides frei nachgeahmt: im »Hercules furens« gibt er Amphitryon eine bedeutende Rolle; in den »Troades« kombiniert er die »Troades« und die »Hecuba« der griechischen Tragödien des Euripides; die »Phoenissae« sind das Ergebnis einer Kontamination des »Oedipus« und der »Phoenissae« desselben Autors. Seine »Phaedra« entfernt sich vom »Hippolytos« des Euripides sehr weit; er hat einen realistischeren und verwegeneren Charakter gezeichnet. »Oedipus« ist vom »Oidipus Tyrannos« des Sophokles abgeleitet, auch »Agamemnon« ist von Sophokles beeinflußt, doch hat Seneca ein düsteres, bewegtes Drama daraus gemacht. Die Quellen des »Thyestes« sind schwer zu bestimmen (Ennius oder Varius); der Autor hat Furcht und Schrecken hervorrufen wollen. Im »Hercules Oetaeus«, der von den »Trachinierinnen« des Sophokles inspiriert ist, ist Herkules ein weiser Stoiker. Das Ohr der Pompejaner ließ sich beeindrucken von der oratorischen Emphase, die auch Nero, der Kaiser und Schauspieler, so liebte, und von pompösen Beschreibungen, die den Mangel an Bühnenhandlung überdeckten. Sein Auge fand Befriedigung in blutigen Szenen, magischen Opferhandlungen und Beschwörungen von Toten. Pathos und Rhetorik, Lyrismus und Gewalttätigkeit beherrschten die Tragödien auf der Bühne des Großen Theaters in den Jahren 50 bis 79.

Die Komödie. Dem Pompejaner gefällt die Neue Komödie des Menander, der in Pompeji berühmt war. Der Dichter ist in dem Haus, das seinen Namen trägt (I, 10,4), auf einem attischen Sessel sitzend und mit Lorbeer bekränzt dargestellt. Er hält eine Papyrusrolle in der Hand, auf der zu lesen ist: »Menander war der erste, der die Neue Komödie in vier Büchern schrieb.« Er ist auch auf den Bechern von Boscoreale gegenwärtig mit einer Fackel und der Maske eines Höflings; neben ihm spielt ein Skelett die Flöte, und der Dichter Archilochos von Myrina schlägt die Leier. Eine Inschrift bezeichnet ihn als »Menander von Athen«.

Mit ihm ist die Komödie zur Sittenkomödie geworden (Abb. 34), zum Spiegel des Alltags der reichen Bourgeoisie der damaligen Zeit. Das Kostüm der Schauspieler ist die Alltagskleidung; musikalische Zwischenspiele sind für diese Komödiendarstellung sehr wichtig. Eines davon können wir uns vorstellen dank eines Mosaiks des Dioskorides von Samos, das in der sogenannten Villa des Cicero gefunden wurde. Eine Frau, der ein armseliger Zwerg folgt, untermalt mit der Flöte den einfachen Tanz zweier Männer, von denen einer die Zimbel, der andere das Tamburin (τύμπανον) schlägt. Derselbe Mosaikkünstler läßt uns in einer anderen Szene einen Blick in das Leben der Frauen in den Komödien Menanders tun: eine alte und zwei junge Frauen sitzen um einen Tisch, auf dem ein Lorbeerkranz und Weihrauch liegen. Die Alte scheint einen Zauber vorzubereiten; man hat ihr offenbar Fragen vorgelegt, sie gestikuliert heftig und trinkt Wein. Die eine der jungen Frauen ringt die Hände vor Verzweiflung, die junge Dienerin hält sich bescheiden zurück. Der Sklave nimmt einen bedeutenderen Platz ein, wie es in dieser Zeit üblich war. Bei Casca Longus beleidigt und verspottet ein Sklave ein junges Paar, indem er ihm Hörner macht. Die junge Frau und ihr Geliebter scheinen sehr erschrocken; der Mann beschützt die Frau. Der Sklave hat graue Haare und trägt einen weiten, drapierten Mantel wie ein Bürger, ja der Mantel ist sogar mit Fransen verziert, ein Zeichen des Luxus. Vielleicht handelt es sich nicht um einen Sklaven, sondern um einen Freigelassenen oder einen Pappus. Die Freigelassenen und die Sklaven der *familia urbana* dürften viel Spaß an den Abenteuern der Helden des Menander gehabt haben, aber auch an den Stücken von Plautus und Terenz, die von Menander beeinflußt sind und großen Erfolg hatten.

Die Atellane. Man darf nicht vergessen, daß Kampanien die Heimat der Atellanen gewesen ist, einer volkstümlichen Farce, die Typen präsentiert, welche Naevius wohl als erster auf die Bühne gebracht hat: den Politiker (in der »Agitatoria«), den Wahrsager (im »Hariolus«), die Köhlerin (in der »Carbonaria«), die Kranzhändlerin (in der »Corollaria«), die Tunikaträgerin (in der »Tunicularia«) und den Töpfer (im »Figulus«), alles Charaktere, wie sie im täglichen Leben vorkommen und wie sie auf den Terrakotten Süditaliens dargestellt sind. Wir kennen noch andere Typen, die von Novius und Pomponius um 89 literarisch behandelt wurden; *Maccus* mit dem großen Maul ist Soldat, *Bucco,* der Fresser und Schwätzer, ist Gladiator, *Pappus,* der Alte, ist Pächter, die beiden *Dosseni* sind Bucklige. Die Motive der Stücke sind dem Landleben entnommen: *Rusticus, Agricola, Vacca, Asina, Maialis,* der Grobian, der Bauer, die Kuh, die Eselin, das Schwein. Sie zeugen für die Lebenskraft des ländlichen Pompeji. Auch Themen aus dem Familienleben sind beliebt: der Onkel (*Patruus*), der Erbschleicher (*Heres, Petitor*), die Zwillinge (*Gemini*), die Hochzeit (*Nuptiae*). Die verschiedenen Berufe erscheinen ebenfalls auf der Bühne: der Haruspex, der Augur, der Arzt, der Kitharaspieler, die Maler, die Fischer und Walker. Das Interesse gilt also dem Alltagsleben, das man auf der Bühne karikiert; die Pompejaner haben Freude an der Farce, an der »Commedia dell'Arte«, an der »Revue«, aus denen sich neue Formen des Schauspiels entwickeln.

Der Mimus. Der Mimus ahmt das Leben nach in den verschiedenen Formen des Gesichtsausdrucks und läßt die Maske verschwinden, das Kostüm ist die Alltagskleidung. Der Schauspieler führt darin Tänze und akrobatische Nummern sizilianischen Ursprungs auf; die kurzen Szenen sind oft unanständig; die Inhalte sind burlesk und drehen sich unablässig um ein und dasselbe: Ehebruch, ein Thema, das sich beim Publikum besonderer Gunst erfreute. Nach und nach ersetzen die Mimen die Atellanen und werden auf der Bühne des Großen Theaters gespielt. Ein Gemälde stellt einen jungen Mann dar, der mit der Chlamys bekleidet in der *regia* steht; zwei andere

Krieger befinden sich vor den *hospitalia*; dahinter sieht man zwei Sklaven, von denen einer eine Weinamphore trägt, der andere eine Fackel hält; sie scheinen ein Bankett vorzubereiten.

Die Pantomime. Die stumme Pantomime mit ihren Gesten und Tänzen wurde ebenfalls für würdig erachtet, auf der Bühne des Großen Theaters dargestellt zu werden. Eine davon ist uns bekannt, sie behandelt den Wettkampf des Apollon mit Marsyas. Im linken *hospitalium* erprobt Athena die Flöten, die sie erfunden hat; im rechten hat Marsyas die Flöten der Athena an sich genommen, im Königstor spielt der siegreiche Apollon die Leier, während im Hintergrund vier Mitglieder des Chors den Hergang darstellen.

Athletische Spiele. Selbst athletische Spiele dringen auf die Theaterbühne vor; dies scheint erst spät der Fall gewesen zu sein, vermutlich in der Zeit, als das Amphitheater wegen des Streits mit den Bewohnern von Nocera geschlossen war. Einige Jahre lang mußten sich die Pompejaner mit gemimten Kämpfen begnügen, wie es auf einem Gemälde dargestellt ist. In der mittleren Tür steht der Athlet nach gewonnenem Kampf mit der Palme, die ihm eine Victoria gereicht hat, während ihn der Zweite und Dritte im Wettkampf, vor den anderen Türen stehend, umrahmen, wie auf dem Siegerpodest der Olympischen Spiele heute die Bronze- und die Silbermedaille die Goldmedaille eskortieren.

Das Odeon blieb dem musikalischen Vortrag und der Dichterlesung vorbehalten: ein bekränzter Dichter mit tragischer Maske rezitiert Verse aus seinem Werk.[37]

Die Schauspieler

Ein weiteres Zeugnis für die Vorliebe der Pompejaner ist die Gunst, deren sich die Schauspieler bei ihnen erfreuen. Sie schätzen ihre Fähigkeiten bei der Darstellung ernster Rollen, die Wandelbarkeit ihrer Stimme, je nachdem, ob sie Männer oder Frauen zu spielen haben. Die Schauspieler studieren ihre Maske und meditieren vor ihr die Rolle. Leider kennen wir die Namen der großen Tragöden und Komödiendarsteller nicht. Es ist bezeichnend, daß uns nur der Name des Archimimen Paris[38] auf einem Anschlag überliefert ist.[39]

Er war der Star der Bühne.[40] Eine griechische Inschrift grüßt ihn als »den schönen Paris«[41]. Er könnte der Archimime aus der Zeit Domitians gewesen sein, der als Liebhaber der Kaiserin im Jahre 84 auf öffentlicher Straße[42] hingerichtet und an der Via Flaminia[43] begraben wurde. Norbanus Sorex spielte zweite Rollen in den Mimen. Er war reich genug, um seine Züge in einer Büste verewigen zu lassen; er war Anhänger der Isis-Religion.[44] In Pompeji sind die Schauspieler nicht ehrlos; selbst diejenigen, die in den Schauspielen auftreten, deren geistiges Niveau weit unter dem der echten Theaterstücke liegt, erhalten Bürgerrecht und werden geehrt.

Die Vorliebe für die Mimen und Pantomimen sowie der Starkult um die Archimimen könnte einen beunruhigen: auch ein Mime wie Marceau kann trotz seines Talents nicht die klassischen Theaterstücke, ja nicht einmal die Boulevard-Stücke ersetzen. Eine Kultur drückt sich nicht in Gesten aus, sondern in der Sprache und in der Schrift. Glücklicherweise gibt es die Graffiti, um unsere Befürchtungen zu dämpfen. Die Pompejaner haben die Belehrungen der *ludi magistri* nicht vergessen; sie haben gelesen, mit Vorliebe Verse, sie haben auch selbst welche geschmiedet, oft schlechte; doch manchmal haben sie auch Worte gefunden, die uns noch heute anrühren.

Die Grenzen der literarischen Bildung

Man kann sich also ein recht klares Bild von der literarischen Bildung der Pompejaner machen.[45] Von pompejanischem Gedankengut und einer pompejanischen Philosophie kann man allerdings nicht sprechen. Es gibt hier keine Papyrus-Villa wie in Herculaneum; man entdeckt keine Spuren von literarischen Zirkeln oder Philosophenschulen; Pompeji war kein Kulturzentrum im eigentlichen Sinn. Die Bibliothek im Hause des Menander enthielt nur dramatische Werke.

Die Inschriften und Graffiti zeugen mehr von der Lebensform und den Vorlieben der Pompejaner als von einer Kultur, die um ihrer selbst willen erstrebt wird. Der kampanische Geist übernimmt die große römische Dichtung, er genießt sie oder wandelt sie ab in der Parodie oder paßt sie den eigenen Neigungen an. Er verarbeitet die griechische und hellenistische Poesie und übernimmt aus der alexandrinischen Tradition das erotische Epigramm. Auch in diesem Punkt kreuzen sich in Pompeji lateinische und hellenistische Welt. Zu den typischen Aspekten des literarischen Lebens gehören die Liebesepigramme – sie vermitteln ein Bild der Liebe, wie sie in den obszönen Konversationen der Lupanare und den vulgären Äußerungen der Straße lebt – und die zärtlichen oder bitteren Dialoge ohne Tiefgang. Es handelt sich im ganzen um eine provinzielle Kultur wie in den anderen Zentren Kampaniens und Italiens; sie ist begrenzt, aber von der ursprünglichen Kraft und Farbe der Landschaft durchtränkt.

Dem Ausdruck des Gefühls der Liebe wird der Vorzug gegeben. Seit Sulla ist die Kolonie *colonia Veneria*; sie ist Sitz der Venus (*Veneris sedes*)[46]; eine Vereinigung hatte sich gebildet, die *iuvenes Venerii* oder *Veneriosi*, die in der Venus Fisica die höchste Gottheit sahen. Pompeji bleibt in den Augen unserer Zeitgenossen die Stadt der freien Liebe, in der die Elegie besonders gepflegt wurde.

Die Dichter, die man zitiert

Welche Dichter kennt man und ahmt man nach? Ein Vers des Ennius, des ersten Sängers der römischen Größe, begleitet eine Darstellung der Himmelfahrt des Romulus. Die Bilder, die die römische Ursprungssage zum Gegenstand haben, sind zahlreich in Pompeji; im Gebäude der Eumachia findet sich das *elogium* des Aeneas und des Romulus.[47]

Fünfmal ist die Anrufung der Venus des Lukrez wiederholt: *Aeneadum genetrix*, Mutter der Nachkommen des Aeneas; das Symbol der Liebe wird durch den Gedanken an die römische Abstammung abgewandelt. Der schmerzliche Mythos der Iphigenie, der in einem berühmten Gemälde festgehalten ist, wurde ebenfalls von Lukrez behandelt.

Von Vergil ist ein einziges Zitat aus den »Georgica«[48] erhalten; öfter werden die »Bucolica«[49] zitiert; am bekanntesten sind aber die ersten Verse aus dem 1. und 2. Buch der »Aeneis«, die manchmal in burleske Parodien verwandelt werden, manchmal aber auch von einem gewissen Humor geprägt erscheinen.[50] Unter den epischen Dichtern, die in Pompeji bewundert wurden, nahm Vergil den ersten Platz ein wegen der zarten Harmonie seiner Verse und auch wegen des Pathos seiner Dichtung.

Nicht verwunderlich ist die Vorliebe für Ovid, dessen »Amores«[51], »Heroides«[52], »Metamorphosen«[53] und »Ars amatoria«[54] gelesen werden. Der Pompejaner verbindet Properz[55] mit den »Amores«[56]:

> *Candida me docuit nigras odisse puellas.*
> *Odero si potero: si non invitus amabo.*
> (Ein Mädchen mit heller Haut hat mich gelehrt, die dunkelhäutigen Mädchen zu hassen. Ich werde sie hassen, wenn ich kann; wenn nicht, werde ich sie gegen meinen Willen lieben.)

Properz sprach nur von den *castae puellae,* den keuschen Mädchen. Properz[57] und Ovid gebrauchen immer wieder die Gemeinplätze der alexandrinischen Poesie und bezeugen, daß der Erfahrungsbereich der pompejanischen Poesie von den Themen genährt wird, die dem Geist der hellenistischen und römischen Epochen gemeinsam sind. Pompeji ist die Stadt des Epigramms und der Elegie; es bewahrt das Andenken des Horaz[58] und des Catull[59]. Epigrammatische Inspiration lebt in den drei Distichen, die die *graeca pietas,* dargestellt auf einem Gemälde im Hause des M. Lucretius Fronto (V, 4,11), preisen; das Bild zeigt, wie Pero ihren greisen Vater Mikon nährt. In griechischer Sprache wird ein Epigramm des Leonidas von Tarent aufgegriffen, das durch Diogenes Laertius bekannt ist.[60]

Zusammenfassung

Diese poetischen Reminiszenzen zeigen uns ein Menschenbild, das geprägt ist von liebenswürdiger Ironie und plebejischer Heftigkeit, von bewußter Sinnlichkeit und weichlicher Leidenschaft, von Reinheit und Schändlichkeit. Bildung wurde nicht um ihrer selbst willen erstrebt, sondern wegen der Vorteile, die sie bringt. In der Schule krönen die Unterweisung in praktischen Rechtsdingen und die Einführung in die Grundlagen der Technik die Jahre der Ausbildung. Pompeji liegt am Zusammenfluß der hellenistischen und der römischen Kultur, aber nach und nach gewinnt die römische Strömung die Oberhand, wie wir es in den Formen der Architektur und der Entwicklung der Bühnenschauspiele gesehen haben. Doch der Triumph des römischen Elements ist vielleicht der Untergang des uneigennützigen Bildungsstrebens und der hellenistischen Verfeinerung des Geschmacks. Mit der Atellane gewinnt die bäuerliche Lebenskraft bei den Pompejanern die Oberhand und befreit primitive Instinkte. Der Vulkanausbruch am 24. August 79 traf die Kultur in einer Krise. Wir wissen nicht, ob an diesem Morgen der Vulkan mit seinem Brüllen die Stimme eines »klassischen« Schauspielers übertönt oder ob er einer burlesken Pantomime mit viel Spektakel ein Ende gesetzt hat; Dio Cassius hat uns dies nicht im Detail überliefert. Aber wir wissen, daß die pompejanische Bildung, wenn nicht gar die Kultur der Stadt, bereits dem Untergang geweiht war, und wir können mit dem unbekannten Dichter sprechen:

Nichts kann ewig dauern.
Wenn die Sonne ihr ganzes Licht verströmt hat, nimmt der
Ozean sie wieder auf.
Phoebe nimmt ab nach dem Vollmond,
Die wilden Stürme verwandeln sich in sanfte Brisen.[61]

Fünftes Kapitel
Sport und Muße

Für den Menschen der Antike gehörte zu einer umfassenden Erziehung auch die harmonische Entwicklung des Körpers. Sportliche Betätigung spielt eine wichtige Rolle in allen Schulprogrammen. Die Palästra verlängert und vervollständigt den Sportunterricht der Schulen. Der junge Bürger hat den Ehrgeiz, seine Kraft und Geschicklichkeit zu bewahren, und alle Pompejaner treiben in den Thermen Körperhygiene. Aber nicht nur diesem Zweck dienen die Bädereinrichtungen, die für die römische Zivilisation so charakteristisch sind: sie befriedigen auch das Bedürfnis nach *otium,* nach Muße[1], die sich zusammensetzt aus gelehrten Gesprächen und Ruhe; hier hat auch die Bildung Platz, und die Freuden des Geistes stimmen den Menschen friedlich. Die Masse füllt außerdem die Amphitheater, wo sie blutigen Schauspielen applaudiert und so manche Instinkte abreagiert. Auch in diesem Punkt ist der Pompejaner einem rein griechischen Erbe untreu, das in der Samnitenzeit seinen Alltag durchdrungen hatte. Wenn er Palästren und Thermen errichtet, entfernt er sich von den hellenistischen Modellen; er fügt diesen Einrichtungen erstmals ein Amphitheater bei und gibt damit auch im Bereich der Entspannung und Muße der römischen Lebensform den Vorzug.

Die Palästren

Die samnitische Palästra (Abb. 35)

Ein länglicher Hof nördlich vom Großen Theater zwischen dem Isis-Tempel und dem Eingang zum Forum triangulare bezeichnet den Platz der samnitischen Palästra.[2] Ursprünglich war der Hof ganz mit einer Kolonnade umgeben, die an den Langseiten sechs und an den Breitseiten fünf Säulen besaß. Später, zweifellos nach dem Erdbeben von 62, wurden die Säulen auf der Ostseite entfernt und der gewonnene Platz dem Isis-Tempel zugeschlagen. Die übriggebliebenen Säulen sind dorisch und ziemlich kurz. Wahrscheinlich hat das Dach des Portikus direkt auf einem Holzarchitrav geruht.

Dem Nordeingang gegenüber steht vor der Südkolonnade ein Tuffsteinsockel; vor diesem befindet sich ein Tisch aus demselben Material. Der Sockel, zu dem man über enge Stufen hinaufsteigen konnte, trug die Statue eines Gottes, des Schutzpatrons des Gebäudes. Auf dem Tisch lagen an Wettkampftagen die Siegerkränze; der Sieger stieg die Stufen hinauf und krönte die Gottheit der Palästra, die sich für einen Augenblick in ihm inkarniert hatte. Die Statue ist restauriert worden, man hat aber irrtümlich einen speertragenden Hermes daraus gemacht. Im Osten lagen die Räumlichkeiten, wo die Athleten mit Öl eingerieben und mit der *strigilis* abgeschabt wurden; ein Becken mit fließendem Wasser stand für Waschungen bereit.

Die Errichtung des Gebäudes geht in vorrömische Zeit zurück, wie eine oskische Inschrift uns lehrt. Es wurde von dem Quaestor Vibius Vinicius mit dem Geld erbaut, das Vibius Adiranus in seinem Testament der pompejanischen Jugend vermacht hatte. Es handelt sich um ein Gymnasium unter freiem Himmel, wo die Knaben sich wie in den Gymnasien Griechenlands[3] im Lauf und Sprung, vor allem aber im Ringen, Faustkampf und Pankration übten.[4] Das bescheidene Bauwerk paßte zur samnitischen Aristokratie, aber den Römern erschien es für bedeutende athletische Wettkämpfe unzulänglich, als die Palästren der Thermen nicht mehr dem Zeitgeist angepaßt waren.

Die Große Palästra

Sie erbauten also die Große Palästra, die zwischen 1935 und 1939 freigelegt wurde. Man entdeckte einen weitläufigen *campus,* der verschiedene Funktionen zu erfüllen hatte: er war zugleich Unterrichtsort, Ziel für Spaziergänge, Kasernenhof, Sklavenmarkt und Platz für Hahnenkämpfe.[5] Möglicherweise wollten die Römer eine Art Marsfeld, das in seiner Größe der Provinzstadt angepaßt war,

in den Bereich des Amphitheaters einfügen: wenn die Zuschauer bei
den Spielen vom Regen verscheucht wurden, konnten sie rasch Zuflucht unter dem Portikus der Palästra finden.

Die Große Palästra ist nach neuen architektonischen Prinzipien angelegt. Der große rechteckige Platz umfaßt mehr als 15 000 m² und
ist von einer rechteckigen Umfassungsmauer umgeben, die nach den
Achsen des *decumanus* und der *cardines* ausgerichtet ist. Zwei breite
Straßen isolieren die Anlage von den benachbarten *insulae* im Norden und Westen; im Süden trennt eine Mauer sie von der Befestigung. Die Maße sind im Osten 141,30 m, im Westen 142,20 m, im
Norden 107,80 m und im Süden 107 m; die Gesamtfläche ist damit
größer als sechs *insulae* zusammen. Das Gelände neigt sich leicht
nach Süden und Südosten.

Die Umfassungsmauer gleicht der Mauer eines *castrum*; sie hat zehn
Eingänge, fünf auf der Ostseite, zwei im Norden entsprechend den
Gäßchen der *insulae*, drei auf der Westseite, auf der Südseite keinen.
Im Innern bilden drei Kolonnaden drei mittels eines Podium er-
höhte Portiken; die vierte Seite besteht einfach aus der Umfassungs-
mauer. Die Palästra erscheint wie ein großer Platz mit dreiseitigem
Portikus, dessen Kolonnade 118 Säulen zählt und 357 m lang ist.
Inmitten des Hofes ist ein Schwimmbecken (*natatio*) eingelassen, das
34,55 m auf 22,25 m mißt, eine Fläche von 744 m² und einen Inhalt
von 1340 m³ hat. Der Boden senkt sich wie in den modernen
Schwimmbädern bis zu 2,60 m ab. Ein Bleirohr führte das Wasser
aus dem Wasserturm des Gäßchens des Loreius Tiburtinus heran;
Möglichkeiten zur Entleerung und Reinigung waren vorgesehen; das
Abwasser floß durch einen Kanal, der die große Latrine, die der
Palästra im Südosten angegliedert war, reinigte.

In der Mitte des Westportikus war eine rechteckige Exedra, wie wir
gesehen haben, dem Kult der Gottheit der Palästra oder des Kaisers
geweiht;[6] im Süden war eine Reihe von Räumen eingerichtet, wo
sich die Athleten auf die Spiele vorbereiten und vor dem Schwimmen reinigen konnten. Ihre schweißnasse, ölige Haut wurde mit der
strigilis abgeschabt. Junge Sklaven halfen dabei, sie brachten das
Öl und hielten die Tücher bereit.

Der Hof war mit zwei Reihen Platanen bepflanzt, die 7,50 m Abstand voneinander hatten. Pompeji bietet das erste Beispiel für eine Baumarchitektur. Man hat Abdrücke von den Wurzeln und den verkohlten Stämmen genommen: manche der Bäume waren 79 bereits hundert Jahre alt; die Anlage der Palästra dürfte also in die ersten Jahre der Herrschaft des Kaisers Augustus zurückgehen, d. h. in die Zeit zwischen 27 und 25 v. Chr. Wir wissen, daß der Kaiser die *iuventus* neu organisiert hat; seine Enkel trugen den begehrten Titel »Prinzen der Jugend«; die Palästra diente auch als Gelände für die militärische Ausbildung der Fußsoldaten und der Reiterei. Das Erdbeben von 62 zerstörte den *campus*. Die Kolonnade wurde stark beschädigt. Man besserte sie mit Backsteinsäulen aus, aber die Arbeiten waren 79 noch nicht abgeschlossen. Die Wasserzufuhr zur *natatio* war ebenfalls noch unterbrochen, da das Zuleitungsrohr zerstört war.

Im ganzen weist die Große Palästra gewisse Analogien zu den griechischen Gymnasien auf, die einfache, schattige Bahnen waren, und bleibt so in der hellenistischen Tradition; römische Züge erhält sie durch die Einführung des Schwimmbades und die Vereinigung von Thermen und Palästra.

Die Doppelanlage, die die Sandbahn des Gymnasiums mit den Einrichtungen der Palästra verbindet, wirft die Frage nach der Art der Übungen auf, die dort durchgeführt wurden.[7]

Übungen und Spiele

Zunächst ist festzuhalten, daß die Übungen von Menschen ausgeführt werden, die nur ihre körperliche Gewandtheit entwickeln wollen. Wir können hier also nicht die professionellen Faustkämpfer berücksichtigen, die einzeln oder in Gruppen an den Spielen teilnahmen, die Aulus Clodius Flaccus anläßlich seines ersten Duumvirats auf dem Forum veranstaltete.[8] Uns interessieren nur die Amateure. Trotzdem sind unsere Nachforschungen schwierig, denn wir verfügen über nur wenige Darstellungen der Spiele, die in der Palästra üblich waren. Allzuoft zeigen die Gemälde lediglich einzelne Athleten, die zu rein dekorativen Elementen werden und ganz der Architektur angepaßt sind. Doch die Wandgemälde eines Hauses

(VIII, 2,22–24), die nach dem Erdbeben von 62 erneuert wurden, bieten ein szenographisches Schema, dessen Hintergrund aus Athletenfiguren besteht, ebenso wie in den Bädern des Hauses des Menander (I, 10,4). Die häufigsten und am meisten geschätzten Übungen waren der Diskuswurf, der Sprung mit Gewichten und das sehr populäre Ringen, das man etwa mit dem modernen Catchen vergleichen könnte.

Der Sieger in den Wettbewerben wurde gefeiert und erhielt die verschiedensten Belohnungen: eine Palme, einen Kranz, Gefäße aus Ton oder Bronze, eine große Bronzeschale mit Fuß (*labrum*). Sport war populär. Doch gewisse Übungen haben einen speziell militärischen Charakter. Die Graffiti der Palästra erwähnen Schwadronen und Zenturien – die Bezeichnung Schwadron galt für die Reiterei, Zenturie für die Fußsoldaten. Auch der Wettlauf mit Waffen gehört zu den Übungen der Palästra: ein Läufer mit Kranz und Palme hält in der Rechten den großen Schild und zwei Lanzen in der Linken; zu seinen Füßen liegt der kleine Rundschild und das Schwert. Junge Leute zu Pferde vollführten ausgeklügelte und komplizierte Manöver, die *ludus Troiae* oder *Truia*, Troja-Spiel, genannt wurden. Maß sich die ganze pompejanische Jugend auf dem weiten *campus*? Hatten die Römer das geschlossene aristokratische Ideal der samnitischen Palästra überwunden?

Die »Jugend« von Pompeji

Alle autoritären Regierungen verherrlichen die Jugend. Augustus hat – wie wir bereits erwähnt haben – die *iuventus* mystifiziert, und der gelehrte Pompeji-Spezialist Matteo della Corte hat die *iuventus* Pompejis mit den Augen eines Italieners gesehen, der von den Slogans des Faschismus in die Irre geführt war. Sein Buch, das er ihr 1924 gewidmet hat, ist daher mehr als verdächtig. Versuchen wir eine leidenschaftslose Analyse der antiken Realität, indem wir Vergleichspunkte in der römischen Welt suchen. In Mactar[9], einer Stadt Zentraltunesiens an der Südgrenze des Tell, erwähnt eine Inschrift aus dem Jahre 88 n. Chr. die »*iuventus civitatis Mactaritanae*«. Hier die Übersetzung: »Die Jugend der Stadt Mactar, die getreuen

Anhänger des Mars Augustus haben auf öffentlichem Gelände eine Basilika und zwei Speicher aus eigenen Einkünften und unter der Aufsicht zweier Mitglieder, Saturnius, Sohn des Arisim, und Fortunatus, Sohn des Lulhim, errichtet.« Diese beiden sind die Sekretäre des Kollegiums, dessen 69 Mitglieder umfassende Liste (*album*) der Inschrift angefügt ist. Wir wissen, daß es gesetzlich zugelassene Kollegien junger Männer (*iuvenes*) gegeben hat. In Italien und in den am stärksten romanisierten Provinzen haben sich diese *collegia* entwickelt, eine Art aristokratischer Clubs, die die Söhne der Bourgeoisie des *municipium* vereinigten. Als Söhne reicher Väter hatten sie die Verpflichtung, Spiele zu veranstalten, die *lusus iuvenum* oder *iuvenalia*, den Kaiser zu verehren und ihre politische Loyalität unter Beweis zu stellen. Auf militärischem Sektor war ihre Rolle auf Paraden und Defilees zu Pferde beschränkt. Die kaiserliche Macht bediente sich also dieser *collegia* nicht als Zentren der höheren militärischen Ausbildung, um die Kader der Armee zu formen.

In der Inschrift von Mactar ist aber nicht die Rede von *collegia iuvenum*, sondern von der *iuventus*. Im Unterschied zu den *collegia* erinnern die *iuventutes* in den Provinzen und im ländlichen Italien an die Schweizer Vereinigungen zur Vorbereitung auf den Militärdienst: es hätte sich hier also um eine Art Miliz gehandelt, in der alle jungen Leute des Bezirks zu dienen aufgerufen waren. Die Magistrate hatten damit eine Streitmacht zu ihrer sofortigen Verfügung, die rechtlich nicht anerkannt, sondern nur geduldet war. Die *iuventutes* spielten anfangs eine große Rolle bei der Übermittlung offizieller Korrespondenz. In Mactar wachte die *iuventus* über die Versorgung des Militärs mit Getreide (*annona*); sie errichtete zwei Speicher, in denen das Getreide für die römischen Besatzungstruppen gelagert wurde.

Es bestand vielleicht kein absoluter Gegensatz zwischen den beiden Institutionen. In Pompeji scheint man es mit einem *collegium iuvenum* zu tun zu haben, denn einige der Übungen gleichen denen der Vorbereitung auf den Militärdienst. Matteo della Corte hat darin den Beweis für die Existenz vormilitärischer Vereinigungen gesehen, die seiner Meinung[10] nach über ein Lokal verfügten, das er Schola Iuventutis (III, 3,6) genannt hat. Dieser imposante Saal öffnete sich

in seiner ganzen Breite auf die Via dell'Abbondanza und war mit
einem Gitter verschlossen. Längs der Wände waren Schränke aufgestellt, die Waffen und Parade-Ausrüstungen enthielten. Die Dekoration verherrlichte die Ehren des Kriegsdienstes: auf den äußeren
Pilastern waren Beutewaffen dargestellt, unter anderem auch die
caesarischen Trophäen, die an die Siege Caesars in der ganzen Welt
erinnerten.[11] Im Innern weisen zwei Palmen auf die Siegeszeichen
hin, die der Kämpfer der Palästra erhält; über den Pilastern wechseln die Feldzeichen der Legionen mit zehn fliegenden weiblichen
Genien ab, die Schild und Angriffswaffe tragen.

Fast genau gegenüber hätte sich in den Bädern der Julia Felix (II,
4,3) mit ihrer geräumigen Palästra, die von einem Euripos durch-
flossen war und ein Gymnasium enthielt, die pompejanische Jugend
versammeln können. Eine Inschrift, die die Vermietung anbietet,
enthält die Bezeichnung *balneum Venerium et nongentum,* was
schwer zu übersetzen und zu interpretieren ist. Für Matteo della
Corte ist es kein Problem: die *iuvenes* in Pompeji tragen den Namen
Venerii Pompeiani nach dem Namen der Kolonie; es wären 900 an
der Zahl gewesen. Julia Felix hätte also das Bad des Clubs der 900
pompejanischen Jugendlichen vermietet. Für *Venerii* können wir die
Interpretation des gelehrten Epigraphikers zur Not akzeptieren.
Aber es ist kaum anzunehmen, daß das Bad 900 jungen Aristokraten
gehörte. Die Idee des geschlossenen Clubs bleibt erhalten, wenn
nongentum, wie Mommsen vermutet, eine Bezeichnung für Adlige
ist. Es ist gut möglich, daß in Pompeji eine Anzahl geschlossener
Zirkel für die reiche Jugend existiert hat. Auch in der großen Palästra war sie anzutreffen, denn nur ein so weites Gelände war geeignet für ihre Übungen zu Pferde und zu Fuß. Die strenge Mauer,
die an die Befestigung eines *castrum* erinnert, vervollständigt die
militärische Atmosphäre. Die jungen Leute bildeten aber keine ständige Miliz, sondern beschäftigten sich als gute Untertanen des Kaisers mit Übungen, die sie physisch und moralisch auf ihre Rolle als
Bürger vorbereiteten. Nur die Söhne der städtischen Bourgeoisie
konnten daran teilnehmen: man braucht Zeit und Geld, um zu reiten
oder sich mit körperlichen Übungen zu beschäftigen, die auf den
Kampf vorbereiteten. So leistet sich eine kleine Provinzstadt in der

Zeit des permanenten Berufsheers den Luxus einer Vereinigung von Reitern und einer Vereinigung für die Vorbereitung auf den Militärdienst, was von den jüngsten Jahren an die soziale Hierarchie zu untermauern hilft.

Die öffentlichen Thermen

Ihre Bedeutung. Die griechische Palästra, die sich rund um einen Hof ausbreitet, war oft mit einer Bade-Einrichtung verbunden. Die pompejanischen Architekten lernten diese Lektion und ließen die Thermen zunächst nur eine Seite des Palästra-Hofes einnehmen. Doch die körperlichen Übungen werden im Laufe der Zeit immer mehr vernachlässigt. Sportliche Betätigung ist ein griechisches Erbe, das die Römer am wenigsten assimiliert haben.[12] Das Ideal der allseitigen Vervollkommnung des Menschen bedeutete ihnen nicht so viel; sie machten aus den Übungen in der Palästra ein Vorspiel zum Bad.

»Im Unterschied zu den Oskern übernahmen die Römer die athletischen Übungen nicht. Körperliche Übungen fanden unter der Kategorie Hygiene, nicht als Sport Eingang in das römische Leben. Die römische Palästra ist architektonisch ein Anhängsel der Thermen, die im Verhältnis zu den Sportanlagen übergroß ausfallen.«[13]

Während der Sport für die Griechen Selbstzweck ist und Wettkampfcharakter hat, dient er nach Ansicht der Römer nur dazu, den Körper zu erhitzen und den Genuß des Bades dadurch zu vergrößern.

Wie wichtig die Thermen im Leben der Pompejaner waren, läßt sich an ihrer Zahl ablesen – wir zählen drei sehr große Anlagen – und an ihrem Standort an den verkehrsreichsten und am besten zugänglichen Plätzen: die Stabianer Thermen an der Kreuzung des Holconius, die Thermen des Forums an der Kreuzung der Straße des Forums mit der Via di Nola und die zentralen Thermen an der

Kreuzung von *decumanus maximus* und *cardo maximus*. Römische Normen gewinnen langsam die Oberhand in der Thermenarchitektur; man kann die Veränderungen leicht verfolgen von den Stabianer Thermen, die aus der Samnitenzeit stammen, über die Thermen des Forums aus den ersten Jahren der römischen Kolonie bis hin zu den zentralen Thermen, die in den letzten Jahren Pompejis errichtet worden sind und zum Zeitpunkt des Vulkanausbruchs noch nicht fertiggestellt waren.

Die Stabianer Thermen (Abb. 37)

Die Stabianer Thermen sind ziemlich groß; sie nehmen den ganzen südlichen Abschnitt von VII, 1 ein und haben sieben Eingänge auf drei verschiedenen Straßen, der Via Stabiana, der Via dell'Abbondanza und dem Gäßchen des Lupanars oder der Thermen. Der Haupteingang liegt an der Via dell'Abbondanza, zwei Türen an der Via Stabiana führen zu den Bädern der Männer und der Frauen und zum Heizofen. Auf der Seite des Lupanar-Gäßchens findet sich ein Durchgang zur Palästra, zu den Zellen für Einzelbäder und zum Frauenbad.

Das Alter der samnitischen Anlage läßt sich an dem großen, mit einem schönen Fries dekorierten Tuffsteinportal und an der oskischen Inschrift des Quaestors Maras Atinius[14] auf dem Zifferblatt der Sonnenuhr, die die Arbeitsstunden des Personals und die Badezeiten für die Benutzer anzeigte, ablesen. Die Anlage besteht aus drei Teilen: der Hauptabschnitt umfaßt das Männerbad, das Frauenbad und den zwischen beiden gelegenen Heizungstrakt (*praefurnium*); im Norden schließt sich eine Reihe Einzelkabinen mit Badewanne und Latrine an. Im Zentrum der Anlage befindet sich eine Palästra mit einem Portikus auf drei Seiten, auf der vierten liegt das Schwimmbecken, flankiert von Räumen für verschiedene Dienstleistungen.

Das Bauwerk hat verschiedene Veränderungen durchgemacht, nachdem man eine neue Heizungstechnik für Thermen entwickelt hatte und nach dem Bau des augusteischen Aquädukts die Möglichkeit bestand, Wasserleitungen zu verlegen. In den ersten Jahren der rö-

mischen Kolonie zur Zeit Ciceros schrieben die Duumvirn C. Uulius
und P. Aninius[15] den Bau eines *laconicum* und eines *destrictarium*
sowie die Erneuerung der Portiken und der Palästra aus. Das *destrictarium* ist der Raum, wo die Athleten *se detergunt*, sich nach
den Übungen in der Palästra mit der *strigilis* von Schweiß, Öl und
Staub reinigen; möglicherweise bezeichnet das Wort auch die *schola
labri*, den Raum, in dem man sich waschen kann, bevor man in die
Badewanne oder das Schwimmbecken steigt. Das echte *laconicum*,
auf das wir noch zu sprechen kommen, war hier nicht zu finden.

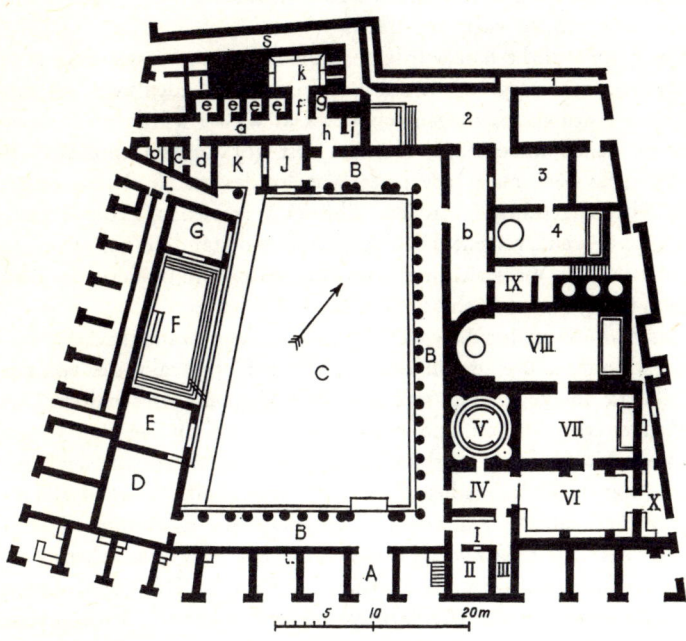

Abb. 37. Plan der Stabianer Thermen

A Haupteingang
B Kolonnade
C Palästra
E Schwimmbecken
I–VIII Männerbad
   IV Vorraum. – V Frigidarium. –

VI Apodyterium. – VII Tepidarium. –
VIII Caldarium
IX Ofen
1–6 Frauenbad
   1, 5 Eingänge. – 2 Apodyterium. –
   3 Tepidarium. – 4 Caldarium

Der älteste Kern der Anlage ist zweifellos der Nordflügel, wo man eine Reihe dunkler Räume vorfindet, die an einem Korridor mit einer Tür zum Gäßchen der Thermen hin lagen. Sie wurden später nicht wieder instand gesetzt und waren wohl zugunsten der Bäderanlage an der Ostseite aufgegeben worden. Beim Anblick dieser Räume erinnert man sich daran, daß Scipio Africanus in seiner Villa in Liternum anfangs des 2. Jahrhunderts v. Chr. ein enges, dunkles Badezimmer besaß, wie es in alten Zeiten üblich war, und daß Seneca[16], der uns diese Einzelheit überliefert hat, mit Staunen und mit Humor hinzufügte: »Unsere Vorfahren bedurften der Dunkelheit, um sich so richtig warm zu fühlen.«

Das ursprüngliche Bad wurde ausschließlich vom Wasser eines großen Brunnens gespeist, der sich heute in einem Laden zwischen den beiden Nordwesteingängen befindet. Das Wasser wurde wie in einer bescheidenen Badeanlage, die man erst vor kurzem entdeckt hat (VIII, 5,3–6)[17], mit Hilfe eines Wasserrades geschöpft und einem Behälter zugeführt, der in der Höhe der Terrassen lag; von dort aus wurde es weiterverteilt. Diese Einrichtung bestand bis zum Bau der augusteischen Wasserleitung; aber auch später funktionierte das Rad noch und garantierte eine zusätzliche Versorgung.

Das Bad unterteilt sich gemäß dem allgemeinen Brauch in einen Teil für Männer und einen für Frauen. Der größere Trakt, der von der Palästra aus zugänglich war, war den Männern vorbehalten. Das Mauerwerk aus Tuff und *opus incertum* datiert den Bau in die zweite Hälfte des 2. Jahrhunderts v. Chr. Die Anordnung der Räume folgt dem kanonischen Plan für Thermenanlagen: *apodyterium* (Auskleideraum); *tepidarium* (Laubaderaum), *caldarium* (Warmbaderaum), *frigidarium* (Kaltbaderaum mit Schwimmbecken).

Der echte Eingang liegt im Portikus der Palästra. Die Vorhalle zum *apodyterium* und das *frigidarium* sind reich dekoriert; der Boden ist mit Marmor gepflastert, die Wände sind rosa. Die gewölbte Decke mit achteckigen und runden Kassetten ist mit Stuckreliefs versehen, die auf blauem und schwarzem Grund Frauengestalten, Amoretten und Tiere darstellen.

Das zylindrische *frigidarium* mit einem Schwimmbecken, das aus einem in einer Nische liegenden, runden Brunnen gespeist wird, ist eine luftige Konstruktion mit einem Lichtschacht wie im Pantheon zu Rom und Baiae, einer runden Öffnung im azurblau bemalten Gewölbe. Das Badebecken hatte einen Marmorrand mit vier Nischen. Auf den Mauern und Nischenwänden war ein wunderbarer Garten mit Bäumen, Büschen und Vögeln unter einem blauen, bestirnten Himmel dargestellt. Die Badenden vergaßen so die Enge des Raums und hatten die Illusion von Weiträumigkeit und Natur.

Das *apodyterium* ist nach der Vorhalle der am schönsten dekorierte Raum: auf einem Podium mit einer Stufe standen vier kräftige Pfeiler, die nach dem Erdbeben die Wände gestützt haben dürften. Sie sind mit Nischen versehen, in denen die Badenden ihre Kleider ablegten; die Nischen sind schlicht mit Rot oder Weiß ausgemalt. Die Kassettendecke ist sehr reich verziert; eine kleine Tür stellt die Verbindung zum *tepidarium* her, einem Raum mit mittleren Temperaturen.

Das *caldarium* ist ebenfalls nach den Regeln gestaltet. In einer rechteckigen Nische steht in der Nähe des Ofens die Wanne (*alveus*) mit dem heißen Wasser; ihr gegenüber befand sich eine Apsis mit einem Bronzebrunnen (*labrum*), an dem man Waschungen vornehmen und sich in der überhitzten Atmosphäre des Raums erfrischen konnte. Die Hitze wurde durch eine Unterbodenheizung (*suspensura*) an den Raum abgegeben, die durch das *praefurnium* mit Heißluft versorgt wurde. Sergius Orata war der Erfinder dieser praktischen Einrichtung, die die giftigen und Übelkeit erregenden Kohlebecken bestens ersetzte. Um den Zug und die Erwärmung der Wände zu sichern, war ein ganzes Röhrenwerk in den Wänden verlegt; *tegulae mammatae* (Ziegelsteine mit vier Höckern) stützten die doppelten Wände.

Das *praefurnium* stellte die Symmetrie-Achse des ganzen östlichen Traktes dar; nördlich davon schloß sich das Frauenbad mit umgekehrter Raumanordnung an: *caldarium, tepidarium, apodyterium*, wo ein Kind, das seine Mutter oder Schwester begleitet hatte, zum Zeitvertreib ein Schiff auf die Wand malte.

Die Palästra, das griechisch-hellenistische Erbe, besaß ein Schwimmbecken mit den Maßen 22 mal 8 mal 1,50 m; das Schwimmen stellte eine neue Art von Hydrotherapie dar. In den angrenzenden Räumen salbten sich die Athleten vor dem Kampf mit Öl, bestreuten sich mit Sand und reinigten sich nach der Übung mit der *strigilis*. Ein Kübel, der aus einem Brunnenrohr in einer Nische gespeist wurde, erlaubte eine erste Waschung; außen hatte die Wand eines dieser Räume eine Dekoration im 4. Stil erhalten, die aus dem bacchantischen und dem olympischen Zyklus die Themen »Zeus in seiner Majestät« und den »Raub des Hylas« entlehnte. Die Entstehungszeit des Gemäldes deutet auf eine späte Erneuerung der Räume hin. Nach 62 wurden die Thermen trotz der Instandsetzungsarbeiten nicht mehr benutzt.

Die Thermen des Forums (Abb. 38)

Die Thermen des Forums gehören zusammen mit dem Odeon und dem Amphitheater zu jener Gruppe von öffentlichen Gebäuden, die in den ersten Jahren der sullanischen Kolonie erbaut wurden. Mit öffentlichen Mitteln ließen der Duumvir L. Caesius und die Aedilen C. Occius und L. Niraemius[18] sie aus Lava-*reticulum*, das mit gutem Mörtel verbunden war, in einem Stadtteil errichten, der zentraler gelegen war als der Standort der Stabianer Thermen.

Sie sind kleiner als die Stabianer Thermen, aber in gleicher Weise angelegt, in zwei Abteilungen, je eine für Männer und eine für Frauen. Im Norden dient ein nicht überdachter Hof mit Portikus als Palästra;[19] die relativ kleine Fläche zeigt an, daß sich die Römer entschieden vom griechischen Ideal entfernten. Das Männerbad hat drei Eingänge nach drei Straßen hin, das Frauenbad nur einen auf der Straße der Fortuna; aber eine Vorhalle, die bis in den Bürgersteig hineinragt, macht den Zugang diskreter.

Das *apodyterium* des Männerbades war nicht mit Nischen, sondern mit Bänken versehen; die Benutzer legten ihre Kleider vielleicht auf Holzregalen ab. Es wurde durch eine verglaste Luke in der Südwand, die sich auf einer Bronze-Angel drehte, erhellt.

Das *frigidarium* ist rund und besitzt vier Nischen wie in den Stabianer Thermen; der runde *alveus* war mit Marmorstufen versehen, auf denen sich die Badegäste ausruhen konnten. Das Kuppelgewölbe war in der Mitte von einem Lichtschacht durchbrochen; Bäume und Brunnen in roter und weißer Farbe und ein Stuckrelief auf dem Kranzgesims, das einen Wettlauf von Amoretten darstellt, bildeten die Dekoration.

Das *tepidarium* war nicht nach dem revolutionären System des Ser-

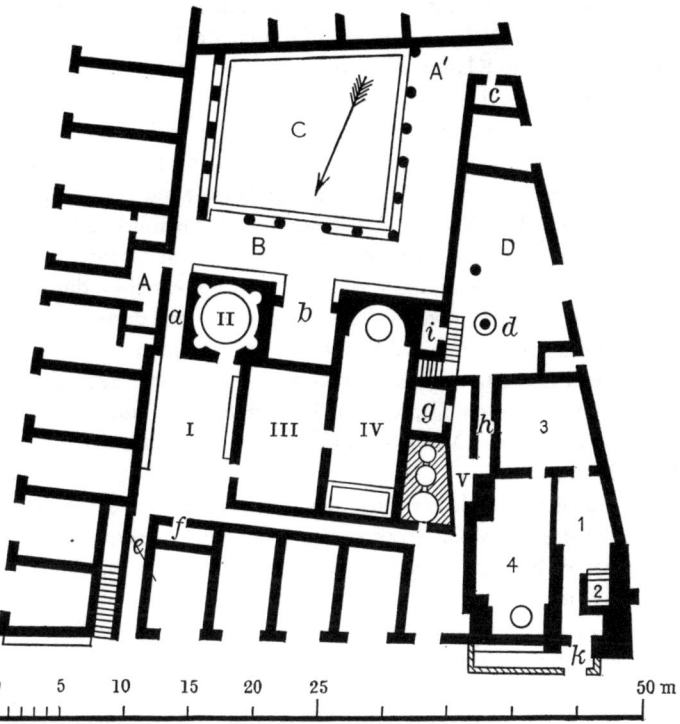

Abb. 38. Plan der Thermen des Forums

A, A' Eingänge
B Kolonnade
C Palästra-Hof
D Hinterhof zum Schwimmbecken der Frauen
I–IV Männerbad

I Apodyterium. – II Frigidarium. – III Tepidarium. – IV Caldarium
V Ofen
1–4 Frauenbad
1 Apodyterium. – 2 Kaltes Schwimmbecken. – 3 Tepidarium. – 4 Caldarium. – d Sonnenuhr

gius Orata beheizt; keine *suspensura,* keine doppelte Wand, sondern
ein großes Kohlebecken aus Bronze, das wie die Bronzebänke von
N. Nigidius Vaccula[20] gestiftet war, erwärmte den Raum; die kostbare Stiftung war mit dem sprechenden Wappen – einer kleinen
Kuh (*vaccula*) – gekennzeichnet. Die Wände sind mit Nischen versehen, die durch muskulöse, wildblickende Atlanten voneinander
getrennt werden, die das reich mit Akanthuslaub geschmückte Gesims tragen. Die Decke ist mit Stuckfüllungen dekoriert, auf denen
Ganymed in den Klauen des Adlers, Amor mit dem Bogen und
Apollon auf einem Delphin dargestellt sind.

Das *caldarium* mit seinen goldgelben Wänden und den eleganten
Pilastern aus rotem Porphyr ist noch recht gut erhalten. Der Raum
wird durch eine *suspensura* und doppelte Wände mit *tegulae mammatae* beheizt. Die Wanne ist als besondere Annehmlichkeit für die
Badegäste mit Marmorstufen versehen, eine Nische (*schola*) gegenüber enthält das *labrum,* das – wie Vitruv es vorschreibt – durch ein
Fenster erhellt wird. Zwei weitere Fenster sind auf derselben Seite
des Raumes im Gewölbe, das mit Stuckornamenten versehen ist,
eingelassen. Das Marmor-*labrum* kostete die Kolonie 5250 Sesterzen; es wurde aufgestellt, als Cn. Melissaeus Aper und M. Staius
Rufus[21] zum zweiten Mal das Amt des Duumvirn versahen, d. h. im
Jahre 3–4 n. Chr.[22]

Das Frauenbad ist kleiner, aber sein Heizungssystem ist vollkom-
mener als das des Männertrakts; alle Räume haben *suspensura.* Sie
haben leider bei dem Erdbeben von 62 sehr gelitten; im Jahre 79
war die Wiederherstellung noch in vollem Gange.

Die Heizung, die beiden Teilen gemeinsam war, verfügte über drei
Zisternen, die mit Regenwasser und Leitungswasser gefüllt waren.
Sie stand in Verbindung mit einem Hof, wo sich auf einem Pfeiler
das Zifferblatt einer Sonnenuhr befunden haben könnte, die die
Arbeitsstunden des Personals angab.

Die Zentralen Thermen (Abb. 39)

Die Römer hatten also in den ersten Jahren der Kolonie relativ
bescheidene Thermen erbaut, deren Architektur den Stabianer Ther-

men nachgebildet war. Die Zentralen Thermen, die nach dem Erdbeben von 62 geplant wurden, deuten auf einen Bruch mit der Vergangenheit hin und kündigen eine neue Ära in der Thermenarchitektur an.

Sie sind das größte, nach 62 errichtete öffentliche Gebäude und
gehören zu den städtebaulichen Neuerungen, die von einer unter-
nehmungslustigen Bourgeoisie unterstützt wurden. Man wollte dem
Ostteil der Stadt eine Bäderanlage geben: unter diesem Gesichts-
punkt ist die Wahl des Bauplatzes ausgezeichnet.

Pompeji öffnet sich so der großen Thermenarchitektur, die neuen
Ansprüchen und einem neuen Geschmack Rechnung trägt: man
wünscht im Gegensatz zu früheren Zeiten mehr Licht; viele Pompe-

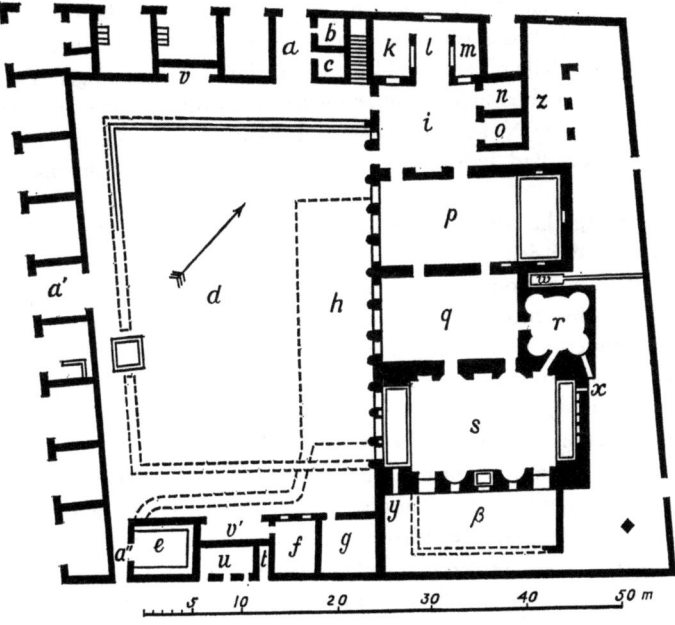

Abb. 39. Plan der Zentralen Thermen

d Palästra. – h Schwimmbecken. – i, 1 Vestibulum, Hof. – p Apodyterium. –
q Tepidarium. – r Laconicum. – s Caldarium. – x, y Öfen

janer sind gezwungen, auf den Luxus eines Privatbades zu verzichten,[23] weil sie nach dem Erdbeben nicht mehr die nötigen Mittel aufbringen können, die Bäder wieder instand zu setzen. Man macht also die größten Anstrengungen, um der Kolonie eine große Bäderanlage zur Verfügung zu stellen, die in ihren weiten, von breiten, verglasten Fenstern erhellten Räumen eine möglichst große Anzahl von Badegästen aufnehmen konnte. Die Architektur, die sich sowohl des Backsteins als auch des Tuff-*reticulum* bedient, erlaubt die gewagtesten Konstruktionen und dient dem Willen, die Beschränkungen durch die Materie aufzuheben. Dies ist ein typischer Zug der Flavischen Dynastie, die in das Kolossale verliebt ist.

Die Zentralen Thermen nehmen die gesamte Fläche einer *insula* ein; man hat alle Häuser eingerissen, die vor 62 auf dem Gelände standen. Eine einzige Ladenreihe flankiert die Thermen an der Ostseite; eine hohe Umfassungsmauer sorgt für totale Abgeschlossenheit. Die drei großen Säle blicken auf einen weiten Hof mit dreiseitigem Portikus. Ihre breiten Fenster füllen die Säulenzwischenräume der vierten Seite. Eine Neuerung besteht auch darin, daß die Thermen nur ein einziges Bad haben, das natürlich den Männern vorbehalten ist.

Die Anlage hat drei Eingänge; zwei davon liegen an den großen Straßen; der dritte, ein Nebeneingang auf einem Gäßchen an der Südseite, wird vom Personal benutzt. An der Nordseite betritt man einen großen Saal, der die Vorhalle für drei Räume bildet, die untereinander in Verbindung stehen: eine Verkaufshalle, wo man alles, was man zum Baden braucht, erwerben kann und wo sicherlich auch Speisen und Getränke angeboten wurden, ein Versammlungsraum für Clubs und ein literarischer Salon.

Zwei Türen, nicht mehr nur eine wie in den anderen Thermen, führen zum *apodyterium*, dem ersten einer ganzen Reihe rechteckiger Räume. Jeder hat drei Fenster, die auf die Palästra blicken; alle Böden sind mit *suspensura* und die doppelten Wände mit *tegulae mammatae* versehen. Die dicken Mauern ermöglichen die Konstruktion von Gewölben, Apsiden, Nischen und großen Wandöffnungen, ohne daß der Druck die Stabilität des Gebäudes gefährdet.

Zwei Türen, die im Verhältnis zu denen in der Nordwand des *apo-

dyterium leicht verschoben sind, stellen die Verbindung zum *tepida-rium* her. An seiner Westseite ist – leicht vorspringend – ein rundes *laconicum*, eine heiße, trockene Schwitzstube, eingerichtet. Das *cal-darium* ist noch länger als die anderen Räume; es hat kein *labrum* mehr, dafür aber zwei Badebecken – *alvei* – an den Breitseiten, die von zwei Öfen beheizt werden: sie konnten 26 bis 28 Badende aufnehmen. Dieser Raum ist der am besten beheizte und beleuchtete der ganzen Anlage: eine der Wannen erhält Licht und Sonnen-wärme von der Palästra her; an der langen Südseite, die wie ein Nymphäum mit rechteckigen und halbkreisförmigen Nischen ge-schmückt ist, blicken drei große und zwei kleine Fenster auf einen Garten, der durch eine Mauer vor den Blicken der Heizer, die dort arbeiten, geschützt ist.

Ein *frigidarium* war nicht vorgesehen, aber im Hof war ein Schwimm-becken längs der Fenster des *caldarium-tepidarium* und des *apody-terium* geplant; nur auf der Nordseite sollte es einen Durchgang zum Hof hin geben. Die Zentralen Thermen waren nämlich im Jahre 79 noch längst nicht fertiggestellt; es gab noch keinen Wasser-anschluß, das Schwimmbecken war noch nicht ausgehoben, die Öfen noch nicht gebaut, die Marmorverkleidung noch nicht angebracht; im Hof war lediglich die Abflußrinne für die Dachtraufen des Porti-kus verlegt, aber es stand noch keine einzige Säule. So, wie der Bau vom Untergang der Stadt überrascht wurde und wie wir ihn heute vor uns haben, macht er jedoch schon den Eindruck von Größe und bestätigt den Triumph der Vorschriften des Vitruv. Auch Pompeji ist vom Atem einer revolutionären Architektur berührt worden.

Der Fortschritt der Technik

Die Entwicklung zu mehr und mehr römischen Formen hin macht auch den Fortschritt der Technik des Thermenbaus deutlich, der für die römische Zivilisation so bezeichnend ist.

Das laconicum. In allen drei Anlagen ist uns ein runder Raum des gleichen Typus aufgefallen, der mit vier Nischen, die sich diametral gegenüberliegen, und mit einem Gewölbe versehen war. Haben wir es mit einem *laconicum* oder einem *frigidarium* zu tun? Die Inschrift

der Stabianer Thermen, die aus der Zeit der augusteischen Erneuerung stammt, spricht von einem *laconicum*. Dem strengen Wort-
gebrauch nach handelt es sich bei einem *laconicum* um eine trockene
Schwitzstube, eine Einrichtung, die von den Spartanern überkommen ist. Die Hitze wurde durch eine Feuerstelle im Innern erzeugt,
was den Nachteil hatte, daß Kohlendioxyd im Raum entstand. In
den Stabianer Thermen und in den Thermen des Forums ist das
Gewölbe überdies durchbrochen von einer Öffnung, wodurch die
Heizung des Raumes nicht eben erleichtert wurde. Wenn es sich um
eine trockene Schwitzstube handelte, welche Funktion hatte dann
das Becken? Die Wasserzuleitung beweist, daß es sich um ein kaltes
Schwimmbecken handelte. Das Wort *laconicum*[24] bezeichnet also einfach einen runden Saal mit konischem Gewölbe; es hat sich von der
ursprünglichen Bedeutung »trockene Schwitzstube« ganz entfernt.
In den beiden ersten Bäderanlagen handelt es sich um ein verklei-
nertes *frigidarium*. Anders in den Zentralen Thermen. Dort ist das
laconicum wieder eine echte trockene Schwitzstube, die von einem
Spezialofen unter der *suspensura* beheizt wird. In dieser Zeit werden die Kaltbäder, die *frigidaria*, immer größer, wie es sich an der
natatio der Zentralen Thermen und der Großen Palästra zeigt. Die
Neuanpassung der Raum-Bezeichnungen gibt gleichzeitig Zeugnis
von dem Fortschritt der Heizungstechnik.

Die Heizung. Die alten Pompejaner, die das Wasser noch aus Brunnen gewannen, heizten die Luft mit Kohlebecken;[25] das heiße Wasser
kam aus einem Bronzekessel, der außerhalb des Raumes stand. Als
man mit Hilfe der Hypokausten den Boden beheizen konnte, stie-
gen die Temperaturen nicht über 30° C. Zusammen mit dem heißen
Wasserdampf des *labrum* und des *alveus* konnte eine Temperatur
von etwa 40° C erreicht werden. Man mußte zusätzlich mit Kohlebecken heizen. Durch die Beheizung der senkrechten Wände ergab
sich dann eine Temperatur von mehr als 60° C. Nun verdiente das
laconicum den Namen Schwitzstube wirklich; man konnte den Raum
nur mit Holzsandalen betreten. Die neuen großen Fenster fingen
zudem das Sonnenlicht auf und erhöhten die Raumtemperaturen
zusätzlich. Hohe Temperaturen wurden von der Medizin der Zeit

lautstark empfohlen; der Körper sollte die Giftstoffe ausschwitzen und der Geist dadurch frei werden für die Genüsse der Bildung. **Das Personal.** Immer zahlreicheres Personal arbeitete in den immer größeren Anlagen. Für die Heizung mußte Holz herangeschafft und in die erforderliche Länge zersägt werden; das war die Aufgabe von Sklaven, die dem Heizer (*fornacator*) zur Hand gingen.[26] Helfer sorgten für das Wohlbefinden der Badegäste: sie halfen Behinderten, die Stufen der *alvei* zu überwinden oder ins Schwimmbecken zu steigen; die sogenannten *perfusores*[27] verabreichten Leuten, denen das Untertauchen verboten war, Duschen. Nach dem Bad konnten die Benutzer ihren entspannten Körper einem Heer von Haarentfernern, Parfumeuren und Masseuren[28] überlassen; als Masseure fungierten oft Neger,[29] heute gelten eher die Asiaten als Spezialisten der Massage. In diesen glücklichen Augenblicken der Entspannung lag das höchste Vergnügen der Pompejaner. Es gab noch einen raffinierteren Genuß: Meerbäder in speziellen Thermen.

Meerbäder und Süßwasserbäder

Leute, die auf der zur Porta Ercolano führenden Gräberstraße spazierengingen, wurden auf eine Werbe-Inschrift aufmerksam, die in einer Nische der sogenannten Cicero-Villa angebracht war:[30] »Thermen des M. Crassus Frugi. Meerbäder und Süßwasserbäder. Der Freigelassene Ianuarius empfiehlt sie.« M. della Corte[31] war der Meinung, daß hier für die Bäder von Baiae geworben würde, die Plinius der Ältere[32] als Heilbäder für Kranke lobte. Maiuri[33] teilt diese Auffassung nicht, denn Baiae sei zu weit von Pompeji entfernt. Es ist wahrscheinlicher, daß den Reisenden eine Bade-Einrichtung ins Gedächtnis gerufen wurde, die etwa 3 km entfernt am Strand lag und über einen Querweg, der hinter dem Grabmal der Istacidii abzweigt, zu erreichen war. Er führte zu dem Vorgebirge von Uncino, das die Reede von Torre Annunziata abriegelt; dort gab es römische Thermen und eine Thermalquelle. Man erreichte das unterirdisch verlaufende Wasser mit Hilfe von Brunnen; das Gebäude stammt, nach der Art der *suspensura* zu schließen, aus flavischer Zeit. Wir kennen auch einen M. Crassus Frugi, der 64 Konsul war;

es könnte sich um den Besitzer der Anlage handeln. Die Therapie der Thermen von Baiae wurde auch in Pompeji angewandt.

Im ganzen ist also festzustellen, daß sich die Thermen weiter verbesserten und daß immer größere Teile der Bevölkerung die hygienischen Einrichtungen benutzen konnten. Die zwei Türen, die uns in den Sälen der Zentralen Thermen aufgefallen sind, regelten den Verkehr der Kommenden und Gehenden im Sinne von Einbahnstraßen. Daß dies nötig war, beweist, wie begeistert die Bevölkerung solche Einrichtungen benutzte. Verlorene Stunden des Nichtstuns oder besser, gewonnene Stunden des körperlichen Wohlbefindens in Erwartung der bevorstehenden Spiele im Amphitheater, an denen es mit Gestik und Stimmaufwand teilzunehmen galt!

Das Amphitheater und seine Spiele

Die Spiele des Amphitheaters sind mit Sicherheit römisch; die Architektur der Anlage hat keine griechischen Vorbilder. In Pompeji ist das erste römische Amphitheater entstanden, was seinen exemplarischen Wert und seine Bedeutung unterstreicht. Den hohen Rang, den die Spiele unter den Vergnügungen der Bevölkerung einnahmen, beweist die Tatsache, daß das Amphitheater nach dem Unglück von 62 als einziges öffentliches Gebäude rasch und vollständig repariert worden war.

Seine Lage. Es lag im Südosten der Stadt auf einem Gelände, das die Gründer der Kolonie einem öffentlichen Gebäude vorbehalten hatten. Das Viertel ist nicht so dicht besiedelt und hat keine Läden. Die Privathäuser haben weitläufige Gärten, was ihnen Ähnlichkeit mit den großen Vorstadtvillen verleiht; hier wohnen Julia Felix und Loreius Tiburtinus. Der Verkehr der Zuschauer kann sich reibungslos abwickeln; die Palästra, die dem Amphitheater gegenüberliegt, ist leicht zugänglich. Verkehrsstockungen werden vermieden dank der langen Erfahrung der römischen Architekten, die es sich immer angelegen sein ließen, das »Verkehrschaos« in den Städten nicht weiter zu vergrößern.

Das Entstehungsdatum. Das homogene pompejanische Bauwerk läßt sich dank einer altertümlichen Inschrift[34] über dem Eingangstor leicht datieren: »C. Quinctius Valgus und M. Porcius, *duumviri quinquennales,* haben sich zu Ehren der Kolonie und kraft ihres Amtes zusammengetan, um auf ihre Kosten ein Gebäude für Schauspiele (*spectacula*) zu errichten und haben den Grund und Boden für alle Zeiten den Bewohnern der Kolonie zum Geschenk gemacht.« Wir kennen die Bauherren bereits; sie sind uns als Weinproduzenten und Exporteure und als Erbauer des Odeon[35] begegnet; damals wa-

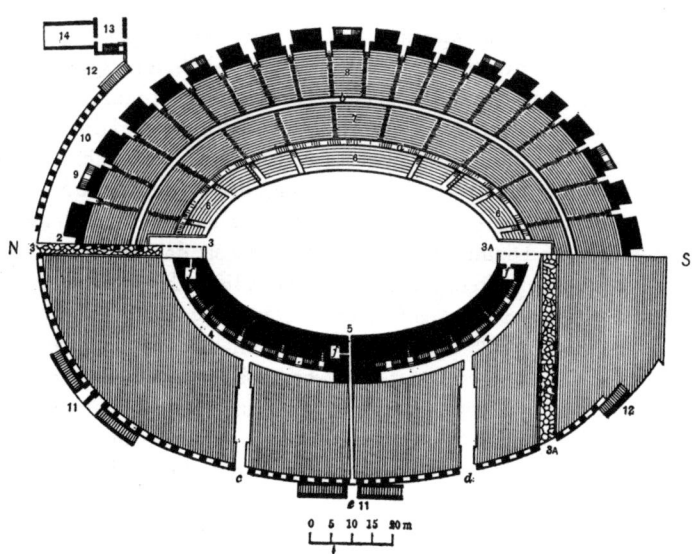

Abb. 40. Plan des Amphitheaters

1 Podium
2 Galerie
3, 3A Eingänge zur Arena
4, 4 Crypta
5 Durchgang zur Porta libitinensis (?)
6 Ima Cavea
7 Media Cavea
8 Summa Cavea
9 Treppe zu den Logen
10 Terrasse

11, 11 Doppelte Außentreppen
12, 12 Einfache Außentreppen
13 Turm der Stadtmauer
14 Stadtmauer
a Erste Praecinctio
b Zweite Praecinctio
c, d Seiteneingänge
e Porta libitinensis (?)
f, f, f Carceres

ren sie noch einfache *duumviri*; die Errichtung des Amphitheaters kann also auf das Jahr 70 oder 65 v. Chr. datiert werden.

Nun sieht es aber so aus, als stamme das erste Gebäude, das *amphitheatrum* benannt wurde, erst aus den Jahren 53/52, wenn man Plinius dem Älteren Glauben schenken darf. Zu dieser Zeit wollte Curio der Jüngere[36], ein Freund Caesars, die Wähler blenden: er kündigte szenische Spiele und ein anschließendes *munus* (Gladiatorenspiele) an. Er hatte den Einfall, zwei Holztheater bauen zu lassen, die sich um einen Zapfen drehen ließen; sie waren an den Scheitelpunkten ihrer Krümmung tangential verklammert. So wurden an einem Vormittag gleichzeitig zwei Theatervorstellungen gegeben, die sich gegenseitig nicht störten. Für die Gladiatorenspiele am Nachmittag drehte man die beiden Theater um und entfernte die Bühneneinrichtungen: aus den beiden hufeisenförmigen Halbkreisen entstand ein Oval mit einer einzigen Arena. Durch diese kühne Idee war das Amphitheater – oder besser gesagt der Name *amphitheatra* – in Rom geboren. In Pompeji war die Realität der Bezeichnung voraus. Da die Duumvirn nicht wußten, wie sie das neuartige Gebäude benennen sollten, hießen sie es etwas linkisch *spectacula*; die Zuschauer wurden *spectaculi* oder *spectantes* genannt; einige von ihnen sprachen sich 79 zugunsten der Kandidatur des M. Holconius Priscus aus.[37] In einer anderen Inschrift bildet *in spectaculis* den Gegenbegriff zu *in foro,* bezeichnet also ein Bauwerk in Pompeji. Die frühe Entstehung der Anlage in Pompeji ist also unanfechtbar;[38] sie wird bestätigt durch die Besonderheiten der altertümlichen Bauweise und Einteilung.

Der Bau. Getreu ihrem Prinzip, sparsam zu wirtschaften, suchen die Architekten der römischen Kolonie einen Bauplatz, der für die Anlage eines Amphitheaters besonders geeignet ist, weil er nur ein striktes Minimum an Erdarbeiten erfordert. Sie lehnen die Ellipse zum Teil an die Stadtmauer an, wodurch sie einen Teil des Baukörpers einsparen, der die Zuschauerplätze aufnehmen soll. Außen besteht der Mauerring aus blinden Arkaden, die auf einem Sockel aufsitzen, der aus verschiedenfarbigem Tuffbruchstein besteht. Eine schräge Mauer schließt die Arkaden ab. Die Arena und die erste Sitzreihe liegen tiefer als das Niveau des Geländes; der Abraum mußte nicht abtransportiert werden, er bildet den Erdwall, der die Mauer des Podiums stützt. Die Maße des Baus betragen außen 140 mal 105 m; die Arena ist 66,80 mal 35,40 m groß. Anfangs begnügten sich C. Quinctius Valgus und M. Porcius damit, die Arena ausheben und die Mauer des Podiums errichten zu lassen, die sich 2,50 m über die Arena erhebt und von Kalksteinen mit plastischem Schmuck gekrönt wird; zwischen dieser Mauer, die die Arena abschloß, und der Außenmauer ließen sie eine schräge Rampe aufschütten und einen Zugang zur Arena anlegen: die Spiele konnten beginnen. Die Steinstufen für die Zuschauer kamen erst später. Der Duumvir M. Cantrius Marcellus[39] ließ anstelle von Spielen und Illuminationen als Geschenk an das Volk drei Felder (*cunei*) Stufen bauen; die *magistri* des Stadtteils und andere *duumviri*, T. Atullius Celer, L. Saginius, N. Istacidius Cilix, A. Audius Rufus und P. Caesetius Capito[40], taten es ihm nach und ließen den Erdwall verkleiden. So arbeiten die ortsansässigen Familien mit den Römern der Kolonie zusammen, um das Monument zu verschönern, in dem die Spiele stattfinden, die bei den Kampanern schon lange beliebt waren und die sie über die Etrusker an die Römer weitergaben.

Im Jahre 62 wird das Gebäude beschädigt. Dank der soliden Bauweise stürzt es nicht zusammen; es zeigten sich lediglich Risse in den Durchgängen zur Arena. Die Beamten lassen die Gewölbe sofort mit Doppelbögen aus Backstein verstärken. In zwei sich gegenüberliegenden Nischen, die in den Anläufen des letzten Doppelbogens der Ostpassage ausgespart sind, werden zwei Inschriften angebracht, die die Namen von C. Cuspius Pansa, Vater[41], und C. Cuspius Pansa, Sohn[42], verewigen. Die Plazierung der beiden Inschriften zwingt zu einer Datierung nach 62; dann könnte C. Cuspius Pansa, der Kandidat für die Aedilität im Jahre 79, der Sohn des zweiten und der Enkel des erstgenannten sein.[43] Die beiden Cuspii sind die Wiederhersteller des Gebäudes; es ist daher leicht verständlich, daß der Enkel beliebt war und von allen Anhängern der Spiele in der Arena unterstützt wurde.

Die Struktur des Gebäudes (Abb. 40 und 41). Das verstärkte Gebäude war zwar solide, aber nicht schöner geworden. Der pompejanische Baumeister löste nur unter größten Schwierigkeiten Pro-

bleme, die die flavischen Architekten später spielend bewältigten,
ein neuer Beweis für das Alter der Anlage. Die Zuschauer mußten das Gebäude leicht betreten und rasch wieder verlassen können; von allen Plätzen aus mußte man gute Sicht auf die Arena
haben.
Fest mit der Außenmauer verbunden waren zwei Treppen mit doppelter Rampe und zwei mit einer Rampe; sie ruhten auf Bögen und
Pilastern und führten in die erste Etage hinauf: eine einfache Lösung, aber sie machte das Oval noch schwerfälliger. Die Gladiatoren
und die Tierkäfige gelangten durch zwei monumentale Tore in die
Arena. Im Osten liegt ein mit großen Fliesen gepflasterter und mit
seitlicher Wasserrinne versehener Gang mit einem Gewölbe, das von
sechs später errichteten Doppelbögen gestützt wird; ein rechtwinkli-
ges Knie läßt ihn auf die Hauptachse der Arena münden; rechts und
links von ihm sind einige *carceres,* Räume für die Gladiatoren oder
für die Tiere, angelegt. Auf der anderen Seite der Arena liegt in der
Richtung der großen Achse ein gerade verlaufender Gang, der den
ganzen Mauerring durchquert; auch er ist mit Doppelbögen verstärkt; in der Nähe der Arena befindet sich ein *carcer.* Daß die
Gänge nicht symmetrisch angelegt sind, liegt an der Einbeziehung
der Stadtmauer im Osten; die ungleichmäßige Verteilung der *carceres* ist erstaunlich. Ebenso verwunderlich ist ein Gang auf der
kurzen Achse, der eng und schräg geneigt zwischen den Pfeilern der
Außentreppe mit der Doppelrampe beginnt und am Podium endet
und mit einem Raum in Verbindung steht, der einem *carcer* ähnelt.
Handelt es sich um die *porta libitinensis,* durch die die getöteten
Menschen und Tiere weggeschafft wurden? Oder handelt es sich
aufgrund seiner Lage um den Gang, den der Magistrat, der die
Spiele veranstaltet, benutzt, um zu seiner Loge zu gelangen?[44]
Rechts und links dieses Ganges erleichtern zwei weitere Durchgänge,
die sich an den Enden verengen, den Zugang zu einer *crypta,* einem
unterirdischen Gang, der aus vier unzusammenhängenden Sektoren
besteht; sie werden unterbrochen von den Toren am Ende der langen Achse, und an denen der kurzen Achse von Mauerwerk abgeriegelt. Von diesem unterirdischen Gang aus, der an eine ähnliche
Anlage im großen Theater erinnert, führt ein ganzes System von

schrägen Gängen und Treppen zu den Stufen des Podiums und den ersten Reihen der *media cavea*. Wenn wir von den schwerfälligen Außentreppen einmal absehen, entdecken wir hier erste Ansätze zu einer Regelung des Publikumsverkehrs; noch fehlen aber Quergänge und durchlaufende, ringförmige Korridore. Die Architekten hatten noch einen weiten Weg vor sich.

Dies wird einem bewußt, wenn man über die Außentreppen zur ersten Etage hinaufsteigt. Ein zweiter ringförmiger Gebäudeteil, der im Verhältnis zum ersten um ein beträchtliches Stück zurückverlegt ist, um den Publikumsverkehr zu erleichtern, besteht aus einzelnen Blöcken von Mauerwerk, die von einem Gang durchbrochen sind,

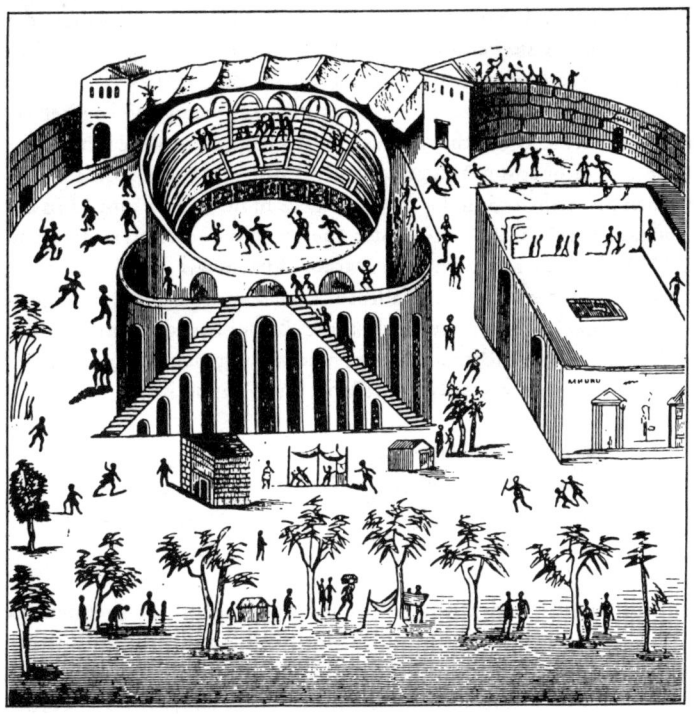

Abb. 41. Der Streit im Amphitheater vom Jahre 59

der zu den Plätzen der *summa cavea* führt; das Mauerwerk trägt Logen, zu denen eine seitliche Treppe mit zwei Rampen von der Terrasse aus hinaufführt; nur jede dritte Loge ist so zugänglich; die beiden anderen betritt man über eine vordere Rampe (Abb. 42).

Auf der Außenseite der Terrasse der ersten Etage springen die durchlöcherten Konsolen über die Fassade vor, die die Masten für das *velum* trugen; wenn das *velum* gespannt war, änderten sich die Bedingungen des Schauspiels ganz und gar.

Im vertikalen Aufbau kann man also drei *caveae* und zwei *praecinctiones* unterscheiden, die gleichzeitig Gang und Brüstung sind. Zwischen der *ima* und der *media cavea* verhinderte die 0,78 m hohe durchlaufende Balustrade jegliche Vermischung von vornehmen Zuschauern und einfachen Leuten. Die *praecinctio* zwischen der *media* und der *summa cavea* war 0,33 m hoch und an jeder zweiten Kreuzung von einer Treppe unterbrochen; die *media cavea* hat 20 Treppen, die *summa cavea* 40, so daß die am wenigsten begüterten, d. h. die meisten Zuschauer das Amphitheater entweder durch die *crypta* oder über die Außentreppen verlassen konnten. Die 35 elliptischen Sitzreihen (5 in der *ima cavea*, 12 in der *media* und 18 in der *summa cavea*) und die Logen der oberen Galerie konnten insgesamt 20 000 Zuschauer aufnehmen. Daraus dürfen wir keine voreiligen Schlüsse auf die Zahl der Stadtbewohner ziehen. Für die pompejanischen Spiele reisten zumindest die Bewohner der umliegenden Städtchen, wenn nicht ganz Kampaniens an, genauso wie die Pompejaner die Arenen von Nocera, Nola und Pozzuoli aufsuchten.

Abb. 42
Die obere Galerie des Amphitheaters
1 Treppen. – 2 Logen

In der *summa* und *media cavea* untergliederten die Treppen die Sitzreihen in *cunei*; in der *ima cavea* grenzten steinerne Brüstungen sechs *cunei* mit je fünf Reihen ab; auf der kleinen Achse dem großen Tor gegenüber bildeten nur vier Stufen einen *cuneus*; dort wurden die tragbaren Sitze (*bisellia*) – zuweilen aus Marmor – aufgestellt, auf denen die Magistrate, die Dekurionen und die Mitglieder der religiösen Kollegien Platz nahmen. Im Mittelpunkt des *cuneus* ist eine Stufe unterbrochen, um den Platz des Kaisers oder seines Stellvertreters zu markieren.

Das Amphitheater in Pompeji repräsentiert ein Anfangsstadium in der Architektur solcher Gebäude; ihm fehlt die reine Linienführung etwa des Kolosseums. Erst die flavische Zeit bringt die revolutionären Lösungen der Probleme, die der Verkehr des Publikums und der kämpfenden Menschen und Tiere stellt. Aber das pompejanische Amphitheater ist schon das Abbild der sozialen Hierarchie und vereinigt bereits alle Klassen bei einem grausigen Schauspiel.

Die Spiele

Die Pompejaner waren ganz vernarrt in die Spiele. Man denke nur an die Exzesse, zu denen sich im Jahre 59 in seiner leidenschaftlichen Anteilnahme und in der von den Kämpfen ausgehenden Erregung – verbunden mit tieferliegendem Groll – ein parteiisches Publikum, das das »fair play« nicht kannte, hinreißen ließ. Nachdem es von der Katastrophe des Jahres 62 schwer heimgesucht worden ist, darf es das Amphitheater wieder eröffnen. Die Wände bedecken sich mit zahlreichen Anschlägen, mit denen die Veranstalter die Ränge zu füllen trachten.

Die Organisation. Die Veranstalter sind keine kleinen Leute; das Gesetz verpflichtet die Magistrate, Spiele zu geben, welche mehr oder weniger aufwendig sind; verschiedene Duumvirn ersetzen sie durch weniger kostspielige oder dauerhaftere Geschenke wie z. B. den Bau von Sitzreihen; doch es gibt auch besonders großzügige Pompejaner wie Cn. Alleius Nigidius Maius, *duumvir quinquennalis*, Flamen des Vespasian[45], der *princeps* der Kolonie[46] und erster Impresario der Gladiatoren[47] genannt wird. Die Veranstalter sorgen für Gladiatoren, die in besonderen Schulen ausgebildet werden, und haben Geschäftsfreunde, die ihnen wilde Tiere liefern. Viermal gab Cn. Alleius Nigidius Maius auf eigene Rechnung Spiele, die die Stadt nichts kosteten.[48] Unter den Aristokraten herrschte ein übler Wettstreit. Es ging darum, wer die meisten Gladiatoren stellte und

die mörderischsten Tierhetzen veranstaltete. Besonders verschwen-
derisch und aufwendig zeigten sich Tiberius Claudius Verus[49], Duumvir 61/62, der die Luft parfümieren ließ, Decimus Lucretius Satrius Valens, der ständige Flamen des Nero, und sein Sohn, die
fünf Tage lang dreißig Paar Gladiatoren auftreten ließen,[50] sowie
Aulus Suettius Certus[51], Numerius Festius Ampliatus[52] und Popidius Rufus[53]. Aber keiner trieb es so weit wie der Magistrat von
Pozzuoli, der vier Tage lang vierzig Paar Gladiatoren kämpfen
ließ;[54] der Aufwand hatte seine Grenzen.

Kalender der Spiele. Der Kalender der Spiele ist reichlich gefüllt:
nach einem Winter ohne Vorstellungen begannen Ende Februar die
Kämpfe und gingen bis Juli; feste Termine sind 25./26. Februar[55],
28. März[56], 4. April[57], 8./9./10./11./12.April[58], 20. April[59], 2. Mai[60],
12./13./14. Mai[61], 16. Mai[62], 31. Mai[63], 13. Juni[64] und 4. Juli[65]. Die
heißen Monate sind spielfrei. Nur am 28. August hat es einmal einen
Kampf gegeben.[66] Im Herbst gibt es keine Feste zur Weinlese, wie
wir es den mittelmeerischen Gebräuchen entsprechend vielleicht erwartet hätten; Ende November findet eine in zwei Teile gegliederte
Festwoche (24./25./26.[67] und 27./28./29. November) statt.[68] In
Nola gibt es Veranstaltungen am 1./2./3. Mai;[69] in Nocera am 5./
6./7./8. Mai[70] und in Pozzuoli am 12., 14., 16. und 18. Mai.[71] Die
Pompejaner waren also ständigen und oft gleichzeitigen Verlockun-
gen ausgesetzt. Hinzu kamen regelmäßige Feste, z. B. die Apollon-
Spiele, *ludi Apollinares*, am 5. Juli; an diesem Tag gaben die Magistrate die Spiele, die ihnen das Gesetz vorschrieb. Die Magistrate
veranstalteten aber nicht nur Spiele im Amphitheater. Man lese nur
die lange Inschrift[72], in der Aulus Clodius Flaccus, der dreimalige
Duumvir, *quinquennalis* und vom Volk ernannte Militärtribun, in
allen Einzelheiten seine Nachwelt informiert:

»Anläßlich seines ersten Duumvirats am Tage der Apollon-Spiele
auf dem Forum eine Parade; Stiere, berittene Stierkämpfer und
ihre *cuadrilla*, drei Paar Clowns, eine Mannschaft Faustkämpfer
und einzelne Faustkämpfer; Vorstellungen mit allen möglichen
Spaßmachern und Pantomimen, unter ihnen Pylades, Verteilung

von zehntausend Sesterzen unter das Volk zu Ehren seines Duumvirats.

Anläßlich seines zweiten Duumvirats als *quinquennalis* am Tage
der Apollon-Spiele auf dem Forum eine Parade, Stiere, Stierkämpfer und ihre *cuadrilla*, eine Mannschaft Faustkämpfer. Am
zweiten Tag auf eigene Kosten im Amphitheater dreißig Paar
Athleten, vierzig Paar Gladiatoren; Tierhetze mit Stieren, Stierkämpfern, Wildschweinen, Bären; eine zweite Tierhetze mit
verschiedenen wilden Tieren gemeinsam mit seinem Kollegen.
Anläßlich seines dritten Duumvirats zuerst Darbietungen, dann
Spaßmacher gemeinsam mit seinem Kollegen.«

Auch außergewöhnliche Anlässe, z. B. die Einweihung eines Gebäudes, waren von Spielen begleitet; Anschläge in roter und schwarzer Schrift kündigten sie an. Der Organisator – immer ein Beamter –
war auf die Bequemlichkeit seiner Mitbürger bedacht. Auf der
Bühne des Odeon kann man lesen:[73] »Zum Heile des Kaisers Vespasian Caesar Augustus und seiner Söhne und anläßlich der Weihe des
Altars wird die Gladiatorentruppe des Cn. Alleius Nigidius Maius,
Flamen des Kaisers, am 4. Juli ohne Verzug kämpfen. Es wird Tierhetzen geben, das *velum* wird aufgezogen.« Es handelt sich um die
Weihe des Altars im Vespasian-Tempel. Zur Einweihung der Archive gab wiederum Cn. Alleius Nigidius Maius Spiele am 13. Juni:
»Parade, Tierhetze, Ringer. Das *velum* wird aufgezogen.«[74] Manchmal wurde die Atmosphäre erfrischt, indem man mit Safran vermischtes Wasser versprengte.

Die Gladiatoren

Zahlreiche Gladiatoren waren an den Spielen beteiligt, die manchmal drei, vier oder gar fünf Tage dauerten. Zwanzig bis fünfunddreißig Paare scheinen die gewöhnliche Zahl gewesen zu sein. Hinzu
kommt die gleiche Anzahl Ersatzleute, die *suppositicii.* Ein Gladiator ist teuer; wer sich eine *familia,* eine Truppe guter Gladiatoren
halten wollte, mußte ein solides Vermögen haben, denn die Ehre
kostete eine Menge Geld. Ein entsprechend umgebautes Haus (V,

5,3) – Gladiatorenkaserne genannt – beherbergte zunächst die *familiae gladiatoriae*; auf dem Stuck der Säulen zeugen zahlreiche Graffiti von den Erfolgen in der Arena und den Liebesabenteuern der Insassen. Unter den Flaviern wurde ein größeres Gebäude gebraucht, das nun wirklich den Namen Gladiatorenkaserne verdiente: der *ludus gladiatorius*.

Ludus gladiatorius (Abb. 35). Er entstand erst spät, denn die Spiele in der Arena wurden nach 62 und vor allem in flavischer Zeit immer beliebter. Nach dem Erdbeben wurde der vierseitige Portikus des Großen Theaters in eine Gladiatorenkaserne verwandelt. Der Architekt hat das *opus mixtum* der letzten Epoche zur Gestaltung der Außenwände benutzt, die Pilaster im Innern des großen Versammlungs- oder Speisesaals bestehen aus reinem Backstein. Die Gemälde gehören dem 4. Stil an und stellen in der Exedra das allbekannte Paar Mars und Venus dar, in den Zimmern Gladiatorenwaffen. Durch die Bilder läßt sich das Gebäude identifizieren; die Entdeckung von fünfzehn Helmen, Beinschienen, einem Schulterschutz für Netzkämpfer, einem Pferdeskelett mit reichem Geschirr sowie des Gefängnisses bestätigen den Verwendungszweck des Gebäudes. Im Gefängnis fand man die gefesselten Leichen zweier Gladiatoren, die wegen schlechter Führung verurteilt worden waren.

Man hatte den Portikus so umgebaut, daß im Erdgeschoß und im ersten Stock auf Holzbalkonen einzelne Zellen angelegt werden konnten. Die Küche enthielt einen gewaltigen Kamin mit vier Feuerstellen. Man hatte einen Versammlungsraum eingerichtet und eine Wohnung für den Intendanten, den *lanista*; sie lag im zweiten Stock. Der Hof diente als Platz für das tägliche Training der Kämpfer.

Ihre Popularität. Sie hatten selbst beim Training großen Zulauf; es war zwar verboten, sich zu nähern, aber Zaungäste haben sicher nicht gefehlt. Die Gladiatoren waren sehr populär; die Menge kannte ihre Namen und kritzelte sie auf die Mauern; sie rief auch ihren Favoriten begeistert zu. Die Götter des Stadions verblichen hinter den Göttern der Arena. Man preist sie in Inschriften, man karikiert sie sehr vorteilhaft (Abb. 44), man feiert vor allem ihre Liebesabenteuer: Crescens ist der Gebieter der Mädchen,[75] er ist die späte Medizin der Nachtpüppchen und der Morgenpüppchen und der andern;[76] Celadus bringt die Mädchen zum Seufzen, er ist ihr Liebling.[77] Es gibt Skizzen von Siegesszenen:[78] ein Gladiator steigt von einem Podest, den Siegeskranz auf dem Kopf, die Palme in der Hand. Manchmal ist eine dramatischere Szene festgehalten: der Sieg nach dem Todesstoß für den Gegner.[79] Der Gladiator setzt Tag für Tag bei jedem Kampf sein Leben aufs Spiel. Ein junger, starker Mann, der alles riskiert und möglicherweise mit seinem Blut den Staub der Arena beflecken wird, fasziniert die Frauen. Die Leidenschaft, die moderne Stierkämpfer zu entfachen imstande sind, entspricht den Gefühlen hochgestellter Pompejanerinnen, die sich nicht scheuten, im Schmuck ihrer Juwelen der öffentlichen Meinung zu trotzen und für einige Stunden die Zelle mit einem Gladiator zu teilen. Hat nicht die Asche des 24. August 79 auf immer ein Liebespaar vereint?

Der Kampf. Der Kampf bedarf gewisser Vorbereitungen; die Malereien am Podium belehren uns über diese erste Phase (Abb. 43): in der Mitte der Arena markiert der Schiedsrichter mit einem Stock den Raum, in dem gekämpft werden soll; rechts ein teilweise be-

Abb. 43. Vorbereitungen zum Gladiatorenkampf

waffneter Gladiator; zwei Diener bringen ihm ein Schwert und einen Helm; links ein Musiker mit einer gekrümmten Trompete (*tuba*) und zwei Diener mit einem Helm und einem kleinen Rundschild. Wenn das Gladiatorenpaar bewaffnet und geharnischt ist, kann der Kampf beginnen.

Es sind uns Aufzeichnungen über einen Teil der Kämpfe vom 12. bis 15. Mai eines unbekannten Jahres erhalten.[80] Wie ein Anhänger des Pferderennsports oder des Boxens hat der Zuschauer sein Programm mit Notizen versehen und die Ergebnisse der Kämpfe festgehalten.

Thrakier – Mirmillo
(mit thrakischen Waffen) – (mit gallischen Waffen)

Sieg	Pugnax aus der neronischen Schule	3 Siege
Tod	Murranus aus der neronischen Schule	3 Siege

Hoplomachos – Thrakier
(mit schweren Waffen) – (mit thrakischen Waffen)

Sieg	Cycnus aus der julischen Schule	9 Siege
Begnadigt	Atticus aus der julischen Schule	14 Siege

Essedarii
(Wagenkämpfer)

Begnadigt	Publius Ostorius	51 Siege
Sieg	Scylax aus der julischen Schule	26 Siege

Wie man sieht, gab es verschiedene Arten von Gladiatoren; der Thrakier ist leicht bewaffnet mit dem kleinen Rundschild und dem kurzen, gekrümmten Schwert. Der Hoplomachos trug dagegen eine schwere Rüstung; die *essedarii* kämpften vom Wagen aus. Verschiedene Arten von Gladiatoren tauchten in dieser Liste nicht auf, z. B. die Netzkämpfer, die mit Dreizack und Netz bewaffnet sind, und die Reiter, die zu Pferde kämpfen.

Die Mehrzahl der Gladiatoren sind Berufskämpfer, die in Schulen herangebildet wurden, wo die verschiedenen Kampftechniken gelehrt werden. Die besten Gladiatoren Kampaniens, wenn nicht gar ganz Italiens, kommen aus Capua, wo Schulen nach Julius Caesar und Nero benannt sind. Die Schulen verkauften die Gladiatoren an die Veranstalter und verdienten sehr viel Geld damit. Die Gladiatoren sind meist Sklaven, jedoch sind nicht selten auch Freigelassene unter ihnen.[81] Bei der oben erwähnten Veranstaltung vom 12. bis 15. Mai kämpfte auch ein Freier, Publius Ostorius; offenbar übte er den Beruf schon länger aus, denn er hatte bereits einundfünfzig Siege verbuchen können. Das Publikum und die Magistrate scheinen an diesem Tag sehr gnädig gestimmt gewesen zu sein: es gab nur einen Toten, die beiden anderen Besiegten wurden begnadigt. Das Verhältnis ist nicht ungünstig, aber birgt sich nicht ein Hintergedanke in dieser Entscheidung? Ein Gladiator, der nur drei Siege errungen hat, ist uninteressant; er riskiert es, bei einem der nächsten Kämpfe ausgeschaltet zu werden; wer schon vierzehn oder gar einundfünfzig Mal gesiegt hat, verdient Gnade, wenn er ein Freier ist, und als Berufsgladiator stellt er ein Kapital dar, das es zu schonen gilt.

Die Tierhetze. Der Gladiatorenkampf ist nicht das einzige Schauspiel in der Arena. Dort findet auch die *venatio* statt, der Kampf des Menschen gegen wilde Tiere oder eines Haustiers gegen ein wildes Tier, eines Löwen gegen Gazellen. Diese letztgenannte Variante hat es in Pompeji nicht gegeben; aber man kennt aus zahlreichen Texten die *venatio legitima,* die reguläre, vom Gesetz gebilligte. Derselbe Ausdruck taucht im Zusammenhang mit Kämpfen in Nola und Nocera auf. Sie sind also nichts Besonderes, keine Auswüchse der Phantasie oder der Protzerei von Magistraten. Die Stierkämpfer kämpfen gegen Stiere; Wildschweine, Bären und alle anderen Arten von Tieren haben Gladiatoren als Gegner. Die Tierhetze ist der zweite Akt des Schauspiels nach den Kämpfen zwischen den Gladiatorenpaaren. Die Tiere wurden in Käfigen herangeschafft und in den *carceres* in der Nähe der Arena untergebracht. Durch eine Schiebetür, die sich seitlich oder nach oben bewegen ließ, konnten die Tiere freigelassen werden. Im ersten Amphitheater der römischen Welt waren keine unterirdischen Käfige für die Tiere angelegt. Da die Arena ohnehin bereits ausgehoben war, wäre eine weitere Unterhöhlung des Bodens vielleicht gefährlich gewesen. Die Flavier paßten die Architektur des Amphitheaters den Erfordernissen zahlreicher und bedeutender *venationes* an; doch Pompeji griff trotz seiner unzulänglichen Anlagen diese Art von Darbietungen auf, die immer populärer wurden.[82]

Im Alltag der Pompejaner des Jahres 79 sind Sport, Hygiene und Freizeitvergnügen gang und gäbe. Es sind nicht mehr nur die samnitischen Patrizierfamilien, die sich in der Palästra üben, oder einige Privilegierte, die die Stabianer Thermen benützen. Sicherlich sind es immer noch die Reichen, die am meisten von der Großen Palästra profitieren. Diese ist indessen nicht das Lokal eines geschlossenen Clubs, sie steht allen offen. Die Reichen haben ihre privaten Bäder, doch die einfachen Bürger haben Zutritt zu immer größeren Thermenanlagen, die mit der Bevölkerungszahl, dem Interesse an körperlichen Übungen und der Pflege der Hygiene wachsen. Die Freizeitvergnügungen mögen uns grob und beängstigend erscheinen; sie wecken offenbar die Blutgier und befriedigen eine sinnlose, ungesunde Grausamkeit. Wir kennen die Einwände, die man gegen den Stierkampf zu erheben pflegt; sie werden niemals diejenigen überzeugen, die den Adel des Tieres und die harte, von der Intelligenz

Abb. 44. Karikaturen von Gladiatoren

getragene Arbeit des Menschen, der das Tier züchtigt und schließlich über es triumphiert, bewundern; der Zuschauer läßt sich von der tragischen Größe des Kampfes hinreißen. Selbst wenn wir die grausamen Gladiatorenkämpfe verurteilen, ist wohl festzuhalten, daß das Herz der Menge beim Anblick einer *venatio* höher schlägt und

daß die Pächter aus dem Umland, die Gemüsehändler aus dem
Sarno-Tal, die nach Knoblauch und Zwiebeln duften, in den Schenken der Porta Nocera oder bei den Tischen der fliegenden Getränke-
verkäufer auf ihre Favoriten so manches Glas trinken und dann in
der Arena neben der Erholung von Arbeit und Mühen Mut und
Schönheit erleben.

Zusammenfassung

Pompeji und Rom

Man lebte in Pompeji nicht wie in Rom, und es wäre absurd, eine Stadt von 12 000 bis 15 000 Einwohnern mit einer Metropole zu vergleichen, die eine Million Einwohner hat,[1] eine Kolonie wie viele andere mit der Hauptstadt eines Kaiserreichs. Rom ist sich selbst genug; Pompeji ist nicht von seinem Hinterland zu trennen, wo seine Vorstadtvillen und das Ackerland liegen, welches die Stadt ernährt und reich macht. Der Stadtbevölkerung sind also noch 3000 bis 5000 Menschen hinzuzuzählen, die über ein reiches, durch seinen vulkanischen Boden fruchtbares Landgebiet hin verstreut leben. Wichtiger als die Bevölkerungsziffer ist die Verwurzelung der Aristokratie mit ihrem Grund und Boden: der Ackerbau bringt ihr ein solides Vermögen ein, und sie fühlt sich zur Verwaltung der Kolonie berufen. Die Freigelassenen haben den Ehrgeiz, sich zum gleichen Rang zu erheben; sie führen der Aristokratie zwar neues Blut zu, stärken aber die grundkonservative Einstellung der herrschenden Klasse. Von den von außen herangetragenen religiösen Einflüssen einmal abgesehen, zeigt sich Pompeji Revolutionen und plötzlichen Veränderungen gegenüber unzugänglich. Die neue Architektur formt nur ein einziges Stadtviertel, mit maßvoller Kühnheit tastet man den traditionellen Städtebau an, der von seinem Mauerring wie eine uneinnehmbare Festung verteidigt wird. Pompeji lebte also das Leben einer weitgehend auf sich selbst beschränkten Kleinstadt in der Provinz, die jedes Jahr auf der Waagschale der Wählergunst die Größen der einzelnen Stadtviertel zu wägen pflegte.

Klassengegensätze

Unter diesen Bedingungen werden die sozialen Gegensätze durch die unveränderlichen politischen und ökonomischen Idealvorstellungen aufrechterhalten. Man hat allzuoft in Pompeji eine Stadt der Zurückgezogenheit und der Ruhe gesehen, in der eine Elite in der

Freude des Nichtstuns alle Vorzüge der Kultur und Zivilisation genossen hätte. Wir haben durch unsere Darstellung mehr als nur
Schatten auf dieses idyllische Bild geworfen. Als befestigte Stadt, als
Stadt der Arbeit ist Pompeji ein Beispiel für die Bedeutung des
lateinischen Gegensatzpaares *negotium–otium*. Am Anfang steht
das *negotium*, das Tätigsein, der Handel, der die Stunden verschlingt und den Schlaf verkürzt, dann erst kommt das *otium*. Die
humiliores, die Menschen der niederen Klasse, mühen sich ab, damit
die Angehörigen der oberen Klasse, die *honestiores*, ihren Geist in
gelehrten philosophischen Diskussionen spielen lassen und sich der
Lektüre ihrer Lieblingsautoren widmen können. Die Arbeit der
einen ist die Bedingung für die Freiheit der anderen. Nichts kenn-
zeichnet die Situation besser als jener August 79, als die meisten
reichen Besitzer von Villen und großen Stadtwohnungen vor der
Hitze in andere Städte, Landgebiete und Gestade geflohen waren,
während ein Heer von Sklaven unter der Aufsicht eines Freigelassenen das Haus oder das Landgut besorgten und Bauarbeiter in den
Häusern ihrer abwesenden Herren die Instandsetzungsarbeiten fort-
setzten. Zwei parallele Formen alltäglichen Lebens, die sicher etwas
voneinander wissen, aber durch einen tiefen Graben voneinander
getrennt sind. Gewiß gibt es für den Sklaven die Aussicht, daß sich
seine Lebensumstände bessern, wir haben davon gesprochen; aber
wenn er erst einmal freigelassen ist, kauft er seinerseits Sklaven.
Seine Freiheit läßt ihn die Kluft überspringen, er tut nichts, um sie
auszufüllen, und der Kreislauf beginnt von neuem.

Pompeji, eine glückliche Stadt

Diese Stadt mit ihren krassen sozialen Gegensätzen kennt jedoch
keine inneren Wirren, keinen Klassenkampf. Woher kommt die
Ruhe, das Fehlen von Verbitterung? Pompeji, *colonia Veneria Felix
Pompeianorum*, steht unter dem Schutz von Venus und Sulla, dem
Glücklichen, *Felix Sulla*, d. h. unter dem doppelten Schutz von
Liebe und Glück.
Überall wird das Glück sichtbar: »Hier wohnt das Glück« (*Felici-
tas*).[2] – »Dies ist ein gesegneter Ort.«[3] – »Glücklich Ianuarius Fufi-

cius, der hier wohnt.«⁴ – »Glückliche Menschen, es möge euch wohl ergehen.«⁵ Die Liebe ist Urheberin dieses Glücks, die Liebe in all ihren Erscheinungsformen von heftiger, übersteigerter Erotik über die unglückliche, verhinderte Liebe bis zur romantischen Liebessehnsucht. Alle sozialen Klassen haben teil an den Freuden der Liebe, in der sich Leib und Seele entfalten. Auch die Kultur und die Bildung tragen zum Glück bei; die Reichen imitieren eine Prinzenerziehung, und selbst die Ärmsten können Homer und Vergil hersagen.

Prunkliebe und Spottlust

Wenn ein Mensch glücklich ist, will er sehr bald anderen seine Freude mitteilen, er kritzelt seine Lieblingsverse auf die Wände, er schmiedet selber neue, indem er voller Humor die Verse, die er fest im Gedächtnis hat, parodiert. Seine Schrift ist in die Höhe gezogen, schräge Züge werden nach Belieben oberhalb und unterhalb des Buchstabenkörpers fortgesetzt (Abb. 8);⁶ diese graphischen Eigenheiten lassen sich als Charaktereigenschaften deuten, sie verraten einen Hang zur Übertreibung, Phantasie, Sinn für Fremdartiges und Bewegung. Für einen Graphologen ist eine solche Schrift Zeichen für überschäumende Vitalität. So sieht die Schrift von Sportlern aus, die sich gerne zur Schau stellen, von Schauspielern, denen die barocke Malerei des 4. Stils gefällt. Jeder Pompejaner neigt zur Prahlerei und Großtuerei, wirft sich gern in die Brust und bramarbasiert; der Kleinstadtbürger ist immer dazu bereit, sich mit dem Nachbarn anzulegen: die Streitigkeiten im Jahre 59 n. Chr. beruhen teilweise auf diesem Überlegenheitskomplex und dem wilden Lokalpatriotismus einer jeden kleinen Stadt in Kampanien.

Jeder macht sich über seinen Nächsten lustig (Abb. 45) und verspottet die Götter des Olymps. Der Pompejaner aus dem Volk ist seiner selbst sicher: durch seine Andachtsübungen erwirkt er sich ein ruhiges Gewissen, ansonsten will er gerne sechs Stunden arbeiten und den Rest der Zeit in *otium* und mit Schlafen zubringen:⁷ das *otium* bringt die Menschen verschiedenster Stände einander näher, mögen sie nun die Stunden in der Bibliothek oder im *thermopolium* verbringen.

Pompeji offenbart seine ganze Geschichte hindurch eine sichere Begabung für das Glücklichsein und eine außergewöhnliche Vitalität. Das Erdbeben hat seine Energie nicht gelähmt, eine ungeheure Anstrengung läßt es aus den Ruinen wiedererstehen, und die Anpassungsfähigkeit der Aristokratie ist nur mit der Hingabe der kleinen Leute zu vergleichen. Man spürt, wie sich eine ganze Stadt in eine übermenschliche Aufgabe einspannen läßt. Vielleicht wurde am 24. August 79 zwischen 10 und 13 Uhr an den Gestaden Kampaniens unter vier Metern Asche ein wenig vom Menschenstolz (Hybris) eines jeden begraben.

Abb. 45. Karikatur des Rufus

Anmerkungen und bibliographische Übersicht

Eine Bibliographie über Pompeji würde einen ganzen Band umfassen. Wir verweisen der Einfachheit halber auf die Angaben in den Anmerkungen, wo die wichtigsten Bücher und Artikel erwähnt sind.

Die wichtigsten Abkürzungen:

A.E.	Année Épigraphique
A.I.I.N.	Annali dell'Istituto italiano di Numismatica
A.J.Ph.	American Journal of Philology
Annales E.S.C.	Annales. Économies, Sociétés, Civilisations
Ath.	Athenaeum
B.C.H.	Bulletin de Correspondance hellénique
B.E.F.A.R.	Bibliothèque des Écoles françaises d'Athènes et de Rome
B.S.A.F.	Bulletin de la Société nationale des Antiquaires de France
C.I.L.	Corpus Inscriptionum Latinarum
D.A.	Daremberg, Saglio, Pottier, Dictionnaire des Antiquités
F.A.	Fasti archeologici
Helbig	W. Helbig, Die Wandgemälde der vom Vesuv verschütteten Städte Campaniens, Leipzig 1868
I.G.	Inscriptiones Graecae
I.I.	Inscriptiones Italiae
I.L.S.	Dessau, Inscriptiones Latinae Selectae
J.R.S.	Journal of Roman Studies
J.S.	Journal des Savants
M.A.A.R.	Memoirs of the American Academy in Rome
M.E.F.R.	Mélanges de l'École française de Rome
M.S.A.F.	Mémoires de la Société nationale des Antiquaires de France
N.S.A.	Notizie degli Scavi di Antichità
P.P.	La Parola del Passato
R.A.	Revue archéologique
R.A.A.N.	Rendiconti della Accademia di Archeologia, Lettere e Belle Arti di Napoli
R.E.	Real-Enzyklopädie der klassischen Altertumswissenschaften
R.E.A.	Revue des Études anciennes
R.E.L.	Revue des Études latines
R.I.C.	H. Mattingly, E. Sydenham, Roman Imperial Coinage
R.M.	Römische Mitteilungen
R.N.	Revue Numismatique

Erstes Buch

1. Kapitel

1 J. Williams, *Observations of Comets extracted from the Chinese Annals*, London 1871, S. 11–12.
2 Das Datum war lange Zeit umstritten; man schwankte zwischen 62 und 63; vgl. R. Lecoq, *Quelle date assigner à la catastrophe de Campanie, 62 ou 63 P.C.?*, in: Ant. Class., Bd. XVIII, 1949, S. 85 bis 91 und G. O. Onorato, *La data del terremoto di Pompei 5 febbraio 62 d.C.*, in: Rendiconti, Atti della Accad. naz. dei Lincei, Reihe VIII, IV, 1949, S. 644–661.
3 Seneca, *Quaest. nat.* VI, 1–3.
4 Die beste Beschreibung Pompejis in der Zeit zwischen 62 und 79 ist A. Maiuri, *L'ultima fase edilizia di Pompei*, Rom 1942.
5 Zu den Kennziffern der einzelnen Häuser s. nächstes Kapitel.
6 Tacitus, *Ann.* II, 47 und IV, 13.
7 A. Boethius, *The Neronian Nova Urbs* …, in: Corolla … Gustavo Adolpho dedicata, 1932, S. 84–97.

8 C.I.L. X, 1406.
9 C.I.L. X, 846.
10 J. Marquardt, *Manuel Antiq. Rom.*, Paris 1889, VIII, S. 237–240 und C.I.L. X, 858.
11 Cn. Alleius Nigidius Maius gab große Spiele im Amphitheater anläßlich der Restauration des *tabularium*: C.I.L. IV, 7993.
12 C.I.L. X, 1018.
13 Plinius, *Epist.* VI, 16.
14 Ebd. VI, 20.
15 Wir folgen A. Rittmann, *L'eruzione vesuviana del 79. Studio magmalogico e vulcanologico*, in: Pompeiana, 1950, S. 456–474.
16 Ungefähr im 8. Jh. v. Chr. könnte ein Ausbruch stattgefunden haben, vgl. *Greci e Italici in Magna Grecia*, Tarent 1962, S. 176.
17 Dio Cassius LXVI, 22.
18 Ebd. 23.
19 Vgl. E. C. Graf Corti, *Vie, mort et résurrection d'Herculanum et Pompéi*, Paris 1953, S. 75–84.

2. Kapitel

1 Sueton, *Titus* VIII, 9; Dio Cassius LXVI, 23.
2 C.I.L. IV, 1227, 2995, 6697, 8114; M. Della Corte, *Esplorazioni di Pompei immediatamente successive alla catastrofe dell'anno 79*, in: In Memoria Vasile Parvan, Bukarest 1934, S. 96–109.
3 Statius, *Silv.* IV, 4, 79–84.
4 Martial IV, 44.
5 Ausführlich bei E. C. Graf Corti, auf den wir uns beziehen.
6 Für alles Folgende vgl. J. Seznec, *Herculanum and Pompei in French Literature of the eighteenth cen-*

tury, in: Archaeology II, 1949, S. 150–158; M. Praz, *Gusto neoclassico*, Neapel ²1950. Zu erwähnen sind in diesem Zusammenhang auch L. Bertrand, *La Fin du Classicisme et le Retour à l'Antique dans la seconde moitié du XVIIIe siècle et les premières années du XIXe en France*, Paris 1897; L. Hautecœur, *Rome et la Renaissance de l'Antique à la fin du XVIIIe siècle*, Paris 1912.
7 Bd. VIII, S. 150–154.
8 Im Jahre 1843 schreibt G. de Nerval in einem Brief an seinen Vater,

daß man nur unter großen Schwierigkeiten Zugang zum Museum von Portici erhält.

9 *Correspondance de Montesquieu* (F. Gebelin), Bordeaux 1914, Bd. II, S. 400, 575.

10 Diderot, *Œuvres complètes*, Bd. VI, S. 378–379.

11 Ebd., Bd. X, S. 177 f.

12 F. Kimball, *The reception of the art of Herculanum in France*, in: Studies Robinson II, S. 1254–1256.

13 Für England Ch. F. Mullett, *Englishmen discover Herculanum and Pompei*, in: Archaeology X, 1957, S. 31–37.

14 F. Latapie (P. Barrière, A. Maiuri), *Description des fouilles de Pompéi*, in: R.A.A.N., neue Serie XXVIII, 1953, S. 223–248.

15 A. Maiuri, *Fra case ed abitanti*, S. 3–8.

16 Wir folgen hier A. Maiuri, *Gli Scavi di Pompei dal 1879 al 1948*, in: Pompeiana, 1950, S. 9–40.

17 V. Spinazzola, *Pompei alla luce degli scavi nuovi di Via dell'Abbondanza (anni 1910–23)*, a cura di S. Aurigemma, Rom 1953.

Zweites Buch

1. Kapitel

1 Einige Höhenangaben: Porta Vesuvio 44 m; Porta Ercolano 42,53 m; Forum 33,60 m; Kreuzung der Via Stabiana mit der Via di Nola 32,17 m; Kreuzung der Via Stabiana mit der Via dell'Abbondanza 24,29 m; Forum triangulare 25 m; Arena des Amphitheaters 12,80 m; Porta di Stabia 8 m.

2 Plinius, *Nat. Hist.* III, 60.

3 Strabo V, 242.

4 *Greci e Italici in Magna Grecia*, a.a.O., S. 167.

5 *Greci ...*, S. 174: der archaische Tempelbau des 7./6. Jh.s aus Kalkstein und Holz ist nach der Mitte des 6. Jh.s durch einen Tuffstein-Tempel ersetzt worden.

6 *Greci...*, S. 174, erwähnt nur eine griechische Handelsniederlassung; auf jeden Fall bestätigt der Fund einer mit Kügelchen dekorierten Bogenfibel auf dem Forum triangulare die Chronologie; sie stammt nämlich aus dem 8./7. Jh.

7 J. Gagé, *Apollon romain*, Paris 1955, S. 53, macht Vorbehalte.

8 A. Maiuri, *Saggi di varia antichità*, Venedig 1954: *Greci e Etruschi a Pompei*, S. 241–274. Zu den Problemen, die sich aus den jüngsten Ausgrabungen in Kampanien und der Anwesenheit der Etrusker ergeben, vgl. E. Lepore, in: P.P. XCV, 1964, S. 143–160.

9 J. Heurgon, *Recherches sur l'histoire, la religion et la civilisation de Capoue préromaine, des origines à la deuxième guerre punique*, Paris 1942, S. 62–65. Vgl. auch R. Donceel, *Le Texte de Polybe (II, 17,1) sur la présence des Étrusques en Campanie*, in: Bull. Inst. hist. belge de Rome XXXV, 1963, S. 5–12.

10 Über die Bedeutung dieser Revolution vgl. R. Bloch, *Appendice au*

livre II de Tite-Live, Coll. »Univ. France«, 1961, S. 101–110.

11 I. Sgobbo, *Gli Etruschi in Pompei alla luce di un nuovo documento*, in: Rend. Napoli XXXI, 1956, S. 37–76, vertritt die unhaltbare These, daß Sprache und Religion der Etrusker mitten in der samnitischen Epoche weiterbestanden hätten.

12 N.S.A., 1942, S. 285 ff.

13 Von Gerkan, *Der Stadtplan von Pompeji*, Berlin 1940, S. 15 ff.

14 A. Maiuri, *Studi e ricerche sulla fortificazione di Pompei*, in: Monumenti antichi XXXIII, 1930, Sp. 113–286.

15 An der Porta di Nola hat man keine präsamnitischen Bauelemente gefunden; man muß mit seinem Urteil trotzdem sehr vorsichtig sein, denn zwischen der Palästra und dem Amphitheater ist ein Stück Befestigung entdeckt worden, das noch nicht aus Kalkstein erbaut war; es besteht aus schwärzlichen Tuffblöcken, dem sog. *pappamonte*. F. Castagnoli, *Ippodameo di Mileto e l'urbanistica a pianta ortogonale*, Rom 1956, S. 31 f. glaubt zu Unrecht, daß der Plan der neuen Stadt nur den Griechen zu verdanken ist.

16 Wir folgen hier Maiuri, nicht Patroni, der die Region VI für etruskisch hielt und die Mauer ebenfalls den Etruskern zuschrieb. Castagnoli, S. 26–32.

17 Vgl. J. Heurgon, *Capoue préromaine*, S. 81 ff.

18 J. Heurgon, *Trois études sur ver sacrum*, Brüssel 1957.

19 XII, 31,1.

20 XII, 76,5.

21 IV, 37,1.

22 IV, 44,12.

23 V, 4,12.

24 V, 4,7.

25 M. Sordi, *I rapporti romano-ce-* riti e l'origine della »civitas sine suffragio«, Rom 1960, S. 118 f.

26 Livius IX, 38; Polybios III, 9.

27 F. Sartori, *Problemi di storia costituzionale italiota*, Rom 1953, S. 17.

28 Vgl. hierzu J. Heurgon, *Capoue*, S. 243 ff.

29 C. Nicolet, *Les equites campani et leurs représentations figurées*, in: M.E.F.R. LXXIV, 1962, S. 463 bis 517.

30 XIX, 76,3.

31 IX, 26,5 ff.

32 Livius IX, 30,4.

33 G. O. Onorato, *La sistemazione stradale del quartiere del Foro Triangolare di Pompei*, in: Rend. Accad. Lincei, Reihe VIII, VI, 1951, S. 250–264.

34 Pompeji hätte somit eine griechische Etymologie (M. Nissen, *Pompeianische Studien*, S. 580 ff.).

35 Conway, Anm. 42.

36 Wir werden die gesamte Frage im 1. Kap. des III. Buches wiederaufnehmen.

37 J. Carcopino, *Des Gracques à Sylla*, ³1952, S. 169–170.

38 Es handelt sich um oskische Inschriften, sog. Kreuzungs-Inschriften, *eituns*; Onorato, S. 53–57.

39 Ovid, *Fasti* VI, 567–568.

40 Van Buren, in: M.A.A.R. V, S. 110; X, S. 14 ff. Es handelt sich nicht um Zeichen für die Verlegung, sondern um die Namen der Unternehmer: C.I.L. IV, S. 604.

41 Appian, *B.C.* I, 50.

42 Orosius V, 18,23.

43 G. O. Onorato, *La partecipazione di Cicerone alla guerra sociale in Campania*, in: R.A.A.N. XXIV bis XXV, 1949/50, S. 415–426.

44 Er weilte z. B. dort am 19. August 44 (*Ad Att.* 17,7).

45 Cicero, *Phil.* XII, 11,27.

46 I, 33,72; II, 30,65.

47 Plutarch, *Cic.* 8; Cicero, *Acad.* 2,

3,9; *Ad. Att.* 1, 20,1; 5, 2,1; 10,
15,4; *Ep.* 16,4; 13,8; *Ad Fam.* 7,
3,1; *Ep.* 4, 12,20; *Ad Q.fr.* 2, 14,1.
J. Carcopino, *Les Secrets de la
Correspondance de Cicéron*, Paris
1948, Bd. 1, S. 83.
48 Tacitus, *Ann.* XIV, 17.

49 Im Museum von Neapel, Inv. Nr.
112–222.
50 Tacitus, *Ann.* XIII, 31.
51 A. Maiuri, *Pompei e Nocera*, in:
R.A.A.N. XXXIII, 1958, S. 35
bis 40.

2. Kapitel

1 C.I.L. X, 793, 842, 931.
2 C.I.L. X, 799 = I.L.S. 122.
3 C.I.L. X, 796.
4 C.I.L. X, 933.
5 C.I.L. IV, 427, 4260, 4814, 2124.
6 C.I.L. IV, 1545, 1744, 1499, 7625.
7 C.I.L. IV, 7993.
8 C.I.L. X, 832 = I.L.S. 898.
9 C.I.L. X, 932 = I.L.S. 224.
10 A. Maiuri, *Fra Case ed abitanti*,
S. 11 f.; de Franciscis, S. 41 f.
11 A. Maiuri, *Villa dei Misteri*, S.
223 ff.; de Franciscis, S. 55.
12 De Franciscis, S. 59 f.
13 C.I.L. X, 830, 837 (Sacerdos Augusti); 838, 947, 948 (Flamen Augusti).
14 C.I.L. X, 945 f. (Sacerdos divi
Augusti).
15 C.I.L. X, 961.
16 C.I.L. IV, 1185, 3884, 7995.
17 C.I.L. IV, 1180 = Diehl 245 = Onorato 92.
18 C.I.L. X, 820 = I.L.S. 5398 = Onorato 50; Augustus wird *Parens Pa-
triae* genannt (C.I.L. X, 823 = Onorato 84).
19 C.I.L. X, 821.
20 Vgl. die Münzen in R.I.C.
21 A. W. Van Buren, *Gnaeus Alleius
Nigidius Maius*, in: A.J.Ph.
LXVIII, 1947, S. 382–393, gegen
Maiuri, *Ultima fase*, S. 19 und 49,
der ihn als Altar des Tempels der
öffentlichen Laren ansieht.
22 A. Mau / Fr. N. Kelsey, *Pompeii
it's life and art*, New York 1899,
S. 109; A. Maiuri, *Ultima fase*,

S. 43 ff., plädiert zugunsten eines
Originalbaus und spricht sich gegen den Umbau eines älteren Heiligtums zu Ehren des Genius des
Augustus aus.
23 C.I.L. X, 1026 = I.L.S. 6372 = Onorato 71.
24 Sueton, *Nero* 20.
25 Tacitus, *Ann.* XV, XXXIV.
26 A. W. Van Buren, *Pompeii, Nero,
Poppaea*, in: Studies Robinson II,
S. 970–974.
27 C.I.L. IV, 9171, sofern die erwähnte
Sabina mit Poppaea zu identifizieren ist.
28 Della Corte, *Case²* I, X; *Insula
Poppaeorum Sabinorum*, S. 243–
249; A. Maiuri, *La casa del Menandro e il suo tesoro di argenterie*, Rom ¹1933.
29 C.I.L. IV, 3726, 1074 u. a.
30 C.I.L. IV, 3525 = Diehl 97 = Onorato 90. Die Hypothese von Sogliano bleibt zweifelhaft.
31 C.I.L. IV, 7203, 7579, 1059; 768 =
Diehl 137 = Onorato 143.
32 A. Maiuri, *Ultima fase*, S. 16 und
53.
33 C.I.L. IV, 8075 = Diehl 262 = A.E.
1962, 133; della Corte, *Case²*,
Anm. 638, S. 259; J. Carcopino,
*Un Procurateur méconnu de Né-
ron*, in: B.S.A.F., 1960, S. 150–158.
34 Sueton, *Nero* 36.
35 Livius X, 38.
36 G. O. Onorato, *Pompei municipium
e colonia romana*, in: R.A.A.N.
XXVI, 1951, S. 115–156.

37 C.I.L. X, 800, 938, 1075; unter ihnen Aedilen (I.L.S. 6357 a).
38 Bekannt ist Vibius Popidius, *quaestor* C.I.L. X, 794 = I.L.S. 5538 = Onorato 42.
39 Vgl. C.I.L. X, 787.
40 Bestätigt durch Plinius, *Nat. Hist.* II, 51,137; XIV, 3,38.
41 Cicero, *Pro Sulla* XXI.
42 Ebd. XXI, 60–62.
43 C.I.L. X, S. 90; IV, S. 426.
44 Bekannt sind die *quinquennales* der Jahre 15/16, 25/26, 40/41, 50/51, 55/56.
45 C.I.L. IV, 3702.
46 C.I.L. X, 787.
47 C.I.L. X, 793.
48 C.I.L. X, 800, 802, 804.
49 C.I.L. X, 884 ff.
50 Vgl. III. Buch, 5. Kap.
51 Vgl. z. B. C.I.L. X, 788.
52 Museum von Neapel, *Le pitture antiche di Ercolano, Pompei e Stabia*, Bd. III, Neapel 1762.
53 Mau / Kelsey, S. 124.
54 C.I.L. X, 6017.
55 Es entstand in den Jahren 140 bis 120 v. Chr.: A. Maiuri, *Saggi e ricerche intorno alla Basilica*, in: N.S.A. V, 1951, S. 225–260.
56 Apocha CXLIII vom 10. Juli 59.
57 Ebd. CXLIV.
58 Mommsen, in: C.I.L. X, S. 92; C.I.L. IV, S. 427.
59 Apocha CXVII, CXXI, CXXII.
60 C. Cuspius Pansa war *praefectus i. d. ex d(ecreto) d(ecurionum) Lege Petronia*, d. h. Präfekt, der Recht sprach gemäß dem Dekret der Dekurionen und der Lex Petronia. C.I.L. X, 858.
61 C.I.L. X, 901 f.
62 C.I.L. X, 904.
63 C.I.L. IV, 60 = Diehl 112 = Onorato 22.
64 C.I.L. IV, 7807.
65 Della Corte, zu C.I.L. IV, 7747; er ist der Meinung, es handle sich um die Porta di Sarno; Onorato

(57) glaubt – wohl mit Recht –, daß die Porta di Nola gemeint ist.
66 C.I.L. IV, 7425, 7855.
67 Eph. Epigr. VIII, 317 = I.L.S. 6377.
68 C.I.L. X, 924 = I.L.S. 6381 = Onorato 16.
69 C.I.L. IV, 814, 853, 1042.
70 Die *magistri* hatten einen *scriba*, einen Schreiber: C.I.L. X, 1074.
71 C.I.L. IV, 7203, 7576, 7579, 7584.
72 C.I.L. IV, 7605.
73 Die geläufige epigraphische Formel lautet: *ex d.d.* (*ex decreto decurionum*, gemäß dem Beschluß der Dekurionen); vgl. z. B. C.I.L. X, 787, 789, 790, 791, 793 u.a.
74 C.I.L. IV, 7584.
75 P. Willems, *Les Élections municipales à Pompéi*, in: Bull. Acad. roy. Sciences, Lettres et Beaux-Arts de Belgique LVI, 1886, S. 51–190; diese Ausführungen sind mit Vorsicht zu konsultieren, vgl. A. Mau, in: R.M. IV, 1889, S. 289 ff.
76 A. E. Astin, *Professio in the abortive election of 184 B.C.*, in: Historia XI, 1962, S. 252–255.
77 C.I.L. IV, 3529.
78 C.I.L. IV, 7621.
79 C.I.L. IV, 3884.
80 C.I.L. IV, 222.
81 C.I.L. IV, 7243, 7464.
82 C.I.L. IV, 7343, 7618, 230.
83 C.I.L. IV, 7418, 7536.
84 C.I.L. IV, 3775, 3884.
85 C.I.L. IV, 175.
86 C.I.L. IV, 7242 = Onorato 102.
87 C.I.L. IV, 597 = Diehl 157 = Onorato 103; IV, 122, 359 f.
88 C.I.L. IV, 222, 660.
89 C.I.L. IV, 1083 = Onorato 126.
90 C.I.L. IV, 187 = Diehl 153 = Onorato 104; C.I.L. IV, 3683.
91 C.I.L. IV, 7942, 7954, 7316 = Onorato 142.
92 C.I.L. IV, 888.
93 C.I.L. IV, 3516, 7927.

94 C.I.L. IV, 7245, 7300.
95 C.I.L. IV, 6616, 6628.
96 C.I.L. IV, 525, 1022, 7963.
97 C.I.L. IV, 3683, 7809 = Diehl 925
= Onorato 122.
98 C.I.L. IV, 698 = Onorato 129.
99 C.I.L. IV, 271 f., 973.
100 C.I.L. IV, 1007.
101 C.I.L. IV, 7488.
102 C.I.L. IV, 797.
103 C.I.L. IV, 404, 420, 460, 935 h,
1158, 7724, 7858, 7944.
104 C.I.L. IV, 3498 (Trebius Valens).
105 C.I.L. IV, 6684 (Helvius Sabinus),
315, 566, 702 (C. Cuspius Pansa),
1007 (G. Gavius Rufus und M.
Holconius Priscus), 7619 (C. Lollius Fuscus).
106 C.I.L. IV, 3409.
107 C.I.L. IV, 7974 (L. Ceius Secundus).
108 C.I.L. IV, 309 (M. Holconius Priscus).
109 C.I.L. IV, 7684 (C. Cuspius Pansa).
110 C.I.L. IV, 706 (Cn. Helvius Sabinus).
111 C.I.L. IV, 3678 = Diehl 161 =
Onorato 132.
112 C.I.L. IV, 7201 in Versen (C. Cuspius Pansa).
113 C.I.L. IV, 943 (M. Holconius
Priscus).
114 C.I.L. IV, 720 (L. Popidius Secundus).
115 C.I.L. IV, 3471.
116 C.I.L. IV, 429.
117 C.I.L. IV, 3702 = Diehl 132 =
Onorato 134.
118 C.I.L. IV, 7146, 720, 3409, 1012,
968, 7681.
119 C.I.L. IV, 576.
120 C.I.L. IV, 581 = Diehl 169 =
Onorato 125.
121 C.I.L. IV, 576.
122 C.I.L. IV, 7389.
123 C.I.L. IV, 7841, 7864.
124 Della Corte, *Case*², 308–314.
125 C.I.L. IV, 7539.

126 C.I.L. IV, 7735.
127 C.I.L. IV, 7733.
128 C.I.L. IV, 7724.
129 C.I.L. IV, 7524, 7530.
130 C.I.L. IV, 7735.
131 C.I.L. IV, 3478.
132 C.I.L. IV, 3471.
133 C.I.L. IV, 3477, 3482.
134 C.I.L. IV, 120.
135 C.I.L. IV, 117 = Onorato 107.
136 C.I.L. IV, 7627, 7658.
137 C.I.L. IV, 7630.
138 C.I.L. IV, 7605.
139 C.I.L. IV, 7619.
140 C.I.L. IV, 7429 = Diehl 935 =
Onorato 139.
141 C.I.L. IV, 7618, 7624.
142 C.I.L. IV, 7618.
143 C.I.L. IV, 7048, 3649, 3666, 7195,
443, 852, 7928, 6625, 7197, 7443,
7642.
144 C.I.L. IV, 7490, 7605, 7685, 7275,
7290, 7851, 7418, 7818, 3775, 171,
193.
145 Unterstrichen durch das Wort *universi*.
146 C.I.L. IV, 490, 6672.
147 C.I.L. IV, 3423–83.
148 C.I.L. IV, 149–202, 183.
149 C.I.L. IV, 241.
150 C.I.L. IV, 99.
151 C.I.L. IV, 826.
152 C.I.L. IV, 951, 960.
153 C.I.L. IV, 485.
154 C.I.L. IV, 3478, 7164, 7963.
155 C.I.L. IV, 753.
156 C.I.L. IV, 7473.
157 C.I.L. IV, 312, 3639, 7838.
158 C.I.L. IV, 864.
159 C.I.L. IV, 886, 7273.
160 C.I.L. IV, 677.
161 C.I.L. IV, 710 = Onorato 106.
162 C.I.L. IV, 274.
163 C.I.L. IV, 97, 113.
164 C.I.L. IV, 743.
165 C.I.L. IV, 7643.
166 C.I.L. IV, 609.
167 C.I.L. IV, 7684.
168 C.I.L. IV, 1011.

169 C.I.L. IV, 7257, 7900.
170 C.I.L. IV, 7231.
171 C.I.L. IV, 787.
172 C.I.L. IV, 275, 673, 698.
173 C.I.L. IV, 7919.
174 C.I.L. IV, 7851 = Diehl 938.
175 C.I.L. IV, 1147 = Onorato 127.
176 C.I.L. IV, 7585 = Onorato 110.
177 C.I.L. IV, 3338 = Onorato 110.
178 C.I.L. IV, 7539.
179 C.I.L. IV, 103 = Diehl 129 = Onorato 118.
180 Della Corte, *Case²*, S. 305.
181 C.I.L. IV, 8473, 8475.
182 C.I.L. IV, 7489.
183 C.I.L. IV, 7873.
184 C.I.L. IV, 7862, 7866.
185 C.I.L. IV, 7863.
186 A. Scalera, *La donna nelle elezioni municipali a Pompei*, in: Rend. Accad. Lincei, Reihe V, XXVIII, 1919, S. 387–405.
187 C.I.L. IV, 3678 = Diehl 161 = Onorato 132.
188 C.I.L. IV, 3683.
189 C.I.L. IV, 7167.
190 C.I.L. IV, 7669; della Corte, *Case²*, 785 f. Cornelia (3479), Iunia (1168), Pollia (368), Vibia (3746).
191 C.I.L. IV, 7464; della Corte, *Case²*, 772 f.
192 C.I.L. IV, 7469; della Corte, *Case²*, 774.

193 C.I.L. IV, 171.
194 C.I.L. IV, 6610; della Corte, *Case²*, 159.
195 Della Corte, *Case²*, 672 f.
196 C.I.L. IV, 7295.
197 C.I.L. IV, 7288.
198 C.I.L. IV, 7291.
199 Della Corte, *Case²*, 318, 319 (III, 6,1).
200 C.I.L. IV, 7749.
201 C.I.L. IV, 368.
202 C.I.L. IV, 7632, 7649.
203 C.I.L. IV, 7619, 7624, 7668.
204 C.I.L. IV, 822, 3718, 7464, 7614, 7794.
205 C.I.L. IV, 7517, 7650.
206 C.I.L. IV, 768 = Diehl 137 = Onorato 143; IV, 1059.
207 Della Corte, *Case²*, S. 203 f.
208 C.I.L. IV, 1122.
209 C.I.L. IV, 2939.
210 C.I.L. IV, 843.
211 C.I.L. IV, 1083.
212 C.I.L. IV, 6616, 6628.
213 Diehl 166 = Onorato 124.
214 C.I.L. IV, 7676 = Diehl 885 = Onorato 126.
215 C.I.L. IV, 480, 470.
216 C.I.L. IV, 783.
217 Macrobius, *Saturn.* 11, 3,11.

3. Kapitel

1 J. Day, *Agriculture in the life of Pompei*, in: Yale Classical Studies III, 1932, S. 165–208.
2 Strabo V, 4,8.
3 Strabo V, 4,3.
4 Plinius XIV, 10.
5 Ebd. 21 f.
6 C.I.L. IV, 2557–58, 2559; C.I.L. VIII, 22, 640, 31.
7 C.I.L. IV, 5622.
8 Plinius XIV, 34.
9 Ebd. 35.

10 Ebd. 35.
11 C.I.L. X, 830 für M. Holconius Rufus, dessen Ehrenstatue man gefunden hat. A. de Franciscis, S, 37–39.
12 Plinius XIV, 70.
13 C.I.L. IV, 9326.
14 C.I.L. IV, 5595–5600, 9353–66.
15 C.I.L. IV, 2588, 5605–28, 9375–78; N.S.A., 1927, S. 91; C.I.L. XV, 4736; P. Remark, *De amphorarum inscriptionibus latinis quaestiones selectae*, Tübingen 1912, S. 23.

16 C.I.L. IV, 5584; Remark, S. 24.
17 C.I.L. IV, 5583.
18 C.I.L. IV, 5743; Remark, S. 24; Plinius XV, 92.
19 Plinius XIV, 107.
20 Ebd. 143.
21 C.I.L. IV, 5589; Remark, S. 24.
22 C.I.L. IV, 5585 f., 9324; Remark, S. 25; Plinius XIV, 80. Nach Varro kann der Flüssigkeitsentzug auch zwei Drittel betragen.
23 Cato XXIV; Columella II, 22,4; XII, 37.
24 C.I.L. IV, 5592; Remark, S. 24.
25 C.I.L. IV, 5741; Plinius XI, 34, 38, 39; XIV, 26 f.
26 C.I.L. IV, 5742; Remark, S. 30; Plinius XIV, 80.
27 C.I.L. IV, 5594 f.; Remark, S. 25.
28 Martial XIII, 106.
29 C.I.L. IV, 5730; Remark, S. 13; R.E. s. v. »Antonius«, 79.
30 Plinius XIV, 136.
31 Ebd. 8.
32 C.I.L. IV, 2610, 8489, 9437.
33 C.I.L. IV, 9439–54.
34 C.I.L. IV, 5430.
35 C.I.L. IV, 2604–08, 5745–60, 9422–9428.
36 C.I.L. IV, 2567; Remark, S. 31.
37 *R. R.* I, 6.
38 Seneca, *Quaest. Nat.* VII, 27.
39 C.I.L. IV, 5854, 5729.
40 Cato II, 8.
41 C.I.L. IV, 5740.
42 C.I.L. IV, 5741.
43 L. A. Moritz, *Grain mills and flour in classical antiquity*, Oxford 1958.
44 Bei dem Bäcker Modestus.
45 C.I.L. IV, 1768 f.
46 Apicius IV, 5,3; V, 8,2; VI, 9,2; VII, 12,2; VIII, 5,2.
47 P. Grimal / Th. Monod, *Sur la véritable nature du »garum«*, in: R.E.A. LIV, 1952, S. 27–38.
48 XX, 46.
49 Columella X, 135; Plinius XXXI, **93–95.**
50 A. Maiuri, in: R.A.A.N. 1958, S. 79–81.
51 Z. B. 3 mal 2 mal 1,20; vgl. die Anlagen einer Fabrik, die in der Nähe der Porta Nocera entdeckt worden ist.
52 C.I.L. IV, 5657.
53 C.I.L. IV, 2589–94, 5707–09, 5699 bis 5702, 9412–19.
54 C.I.L. IV, 5673, 5706, 9388–94.
55 C.I.L. XV, 4723, wenn mit *muria arguta* Thunfisch gemeint ist (feinste Lake).
56 C.I.L. IV, 5679–82, 5683, 9396 bis 9406.
57 C.I.L. IV, 5673; *Muriae flos* 9430 bis 34.
58 C.I.L. IV, 5717 f., 5719, 9407–11.
59 C.I.L. IV, 7678.
60 C.I.L. IV, 5686.
61 C.I.L. IV, 2583, 5651, 5716.
62 N.S.A., 1914, S. 112.
63 Ebd., 1912, S. 185.
64 C.I.L. X, 1024 = I.L.S. 6366 = Onorato 6.
65 C.I.L. IV, 5687, 5688, 5690, 5694, 5704, 5710, 5711, 5723, 5724, 9399 bis 9406, 9410.
66 C.I.L. XV, 4686; Plinius, *Nat. Hist.* XXXI, 94.
67 Apocha C.
68 *Fusus*, in: D.A. II, S. 1424–27 (G. Lafaye).
69 C.I.L. V, 5363. Das römische Pfund hat 324 Gramm.
70 C.I.L. IV, 6714.
71 C.I.L. IV, 6712.
72 C.I.L. IV, 6715; 864 = Onorato 121 = Diehl 184.
73 C.I.L. IV, 9109.
74 C.I.L. IV, 3130; della Corte, S. 232 f.
75 *Fullonica*, in D.A. II, S. 1349–52 (A. Jacob).
76 Dig. XLIII, 10, 1,4.
77 De Franciscis, 30 f.; C.I.L. X, 865.
78 C.I.L. IV, 1392, 1393, 2306, 3951, 4428, 9108.
79 C.I.L. IV, 1393.

80 C.I.L. IV, 753.
81 C.I.L. IV, 1393.
82 C.I.L. IV, 9083.
83 C.I.L. IV, 864 = Diehl 184 = Onorato 121.
84 C.I.L. IV, 7812.
85 Cicero, *Ad Fam.* XV, 17,2.
86 C.I.L. X, 8047, 19 (Vibii); N.S.A., 1929, S. 202 (Iulii).
87 C.I.L. X, 8042, 47 und 48 (L. Eumachius und L. Eumachius Eros).
88 C.I.L. X, 8042, 60, 63, 64 (Iulii).
89 C.I.L. X, 8053, 99, 101.
90 C.I.L. X, 8056, 179, 180.
91 Strabo V, 4,8.
92 Statius, *Silv.* I, 2,265.
93 M. Baratta, *Il porto di Pompei*, in: Ath., Neue Reihe, XI, 1933, S. 250–260.
94 Eher als ein Neptun-Tempel; della Corte, S. 369 f.
95 C.I.L. X, 8157.
96 Fienga, *Esplorazioni del pago marittimo pompeiano*, in: Atti del III Congresso Naz. di Studi Romani, S. 172 ff.
97 A. Maiuri, *Navalia Pompeiana*, in: R.A.A.N. XXXIII, 1958, S. 7–24.
98 Sueton, *De Rhet.* 4.
99 Le Gall, in: M.S.A.F., 1954, S. 41 ff.
100 VI, 1,25; VII, 1,40.
101 Della Corte, S. 41.
102 Petron, *Sat.* 76.
103 A. Stazio, *Rapporti fra Pompei ed Ebusus nelle Baleari alla luce dei rinvenimenti monetali*, in: A.I.I.N. II, 1955, S. 33–57.
104 Gallia VI, 1948, S. 214; VIII, 1950, S. 129; F. Benoit, *Fouilles sous-marines. L'épave du Grand Congloué à Marseille*, in: Suppl. Gallia XIV, Paris 1961, S. 48.
105 J. Heurgon, *Les Lassii pompéiens et l'importation des vins italiens en Gaule*, in: P.P. VII, 1952, S. 113–118.
106 C.I.L. X, 1074.

107 C.I.L. X, 793.
108 C.I.L. IV, 2564, 6421–23, 5918, 5574, 5588.
109 R. Étienne, *Bordeaux antique*, 1962, S. 98–100.
110 C.I.L. XII, 5683, 226 und 5686, 700.
111 C.I.L. XIII, 10002, 402a.
112 C.I.L. XIII, 10002, 402b.
113 C.I.L. X, 8049, 10,2 ex.
114 C.I.L. X, 800; M. Porcius wird hier *quattuor vir* genannt; es handelt sich wohl nicht um dieselbe Person, vgl. C.I.L. X, 844.
115 C.I.L. X, 844 = I.L.S. 5636 = Onorato 43.
116 C.I.L. X, 852 = I.L.S. 5627 = Onorato 44.
117 Cicero, *De lege agr.* III, 2,8 und III, 4,14; C.I.L. X, 5282 und 1140.
118 C.I.L. X, 810 = I.L.S. 3785.
119 C.I.L. VIII, 22637,36; 22640,62.
120 C.I.L. VIII, 22637,45; in Pompeji C.I.L. X, 8047,15. Die pompejanische Ölproduktion reichte nicht aus, den Bedarf der Stadt zu decken; man führte Öl aus der spanischen Provinz Baetica ein. A. Tchernia, *Amphores et marques d'amphore de Bétique à Pompéi et à Stabies*, in: M.E.F.R. LXXVI, 1964, S. 419–449.
121 C.I.L. VIII, 22637,30; in Pompeji C.I.L. X, 8042,41.
122 Gordon, in: J.R.S., 1927, S. 172.
123 XLVIII und CXIV.
124 R.E. VIII, 2, Sp. 2404 f. s. v. »Hordeonius« (Münzer).
125 Hatzfeld, in: B.C.H., 1912, S. 47 s. v. »Lolli«.
126 Cicero, *Verr.* III, 61–63.
127 CVIII, 4.
128 A. Maiuri, *Statuetta eburnea d'arte indiana a Pompei*, in: Le Arti, 1938/39, I, S. 111–115; J. Ph. Vogel, *Note on an ivory statuette from Pompei*, in: Annual Bibl. of Indian archaeol. XXII, 1938, S. 1 bis 5; H. Deydier, *Contribution*

à l'étude de l'art de Gandhara,
Paris 1950, S. 112 f.
129 J. Heurgon, *Les Origines campaniennes de la Confédération cir-
téenne,* in: Libyca V, 1957, S. 7
bis 24.
130 P. Sittius Coniunctus (IV, 726,
3468) und C. Calventius Sittius
Magnus (IV, 526, 7465).
131 P. Sittius Speratus (XIV); P. Sittius Zosimus (XLIII–XCVIIII).
132 C.I.L. IV, 5900 f.
133 C.I.L. IV, 7473 = Diehl 932 = Onorato 116.
134 C.I.L. IV, 1053, 1062.
135 Q. Lollius Saturninus CVIII.
136 C.I.L. X, 1064 = I.L.S. 5382 = Onorato 58.
137 N.S.A., 1910, S. 402 = Onorato
14; vgl. auch C.I.L. IV, 7075.
138 Cicero, *Ad Att.* 6, 2,3 etc.
139 Angabe von G. Onorato.
140 Horaz, *Carm.* II, 16; *Ep.* I, 12.
141 C.I.L. IV, 26 = Diehl 125 = Onorato 105.
142 C.I.L. X, 857 a.
143 C.I.L. X, 827.
144 N. Sandelius Messius Balbus; L.
Sepunius Sandilianus. C.I.L. X,
831 = I.L.S. 5619 = Onorato 60.
145 C.I.L. IV, 5577.
146 C.I.L. IV, 2599–2601.
147 C.I.L. IV, 1292.
148 C.I.L. IV, 2833.
149 C.I.L. IV, 5511.
150 C.I.L. IV, 2555, 5514, 5521 f.,
5525, 5560–62, 9345, 28, 29.
151 C.I.L. IV, 5518, 5570.
152 C.I.L. IV, 2566, 6896, 9313.
153 C.I.L. IV, 2602 f.
154 C.I.L. IV, 2618, 5563–68.
155 C.I.L. IV, 5558.
156 C.I.L. IV, 5536–41, 2565, 9320 f.
157 C.I.L. IV, 5594.
158 C.I.L. IV, 5535.
159 C.I.L. IV, 5526.
160 D. Atkinson, *A Hoard of Samian
ware from Pompei,* in: J.R.S. IV,
1914, S. 27–64.

161 Mau/Kelsey, S. 110–118.
162 C.I.L. X, 810 = I.L.S. 3785.
163 C.I.L. X, 899.
164 C.I.L. X, 813.
165 C.I.L. X, 808 f.
166 Vgl. C. Zangemeister, in: C.I.L.
IV, Suppl., 3340, 1898, S. 275 ff.
und Mau/Kelsey, Kap. LVII, S.
489–495.
167 *Le tavolette cerate di Pompei rin-
venute a 3 e 5 luglio 1875,* in:
Atti. Accad. Lincei, Reihe II, 3,
S. 130 ff. (23. April 1876).
168 *Die Pompeianischen Quittungsta-
feln des L. Caecilius Iucundus,* in:
Hermes XII, 1877, S. 88–141 (Ges.
Schriften III, S. 221 ff.).
169 C.I.L. IV, 5788.
170 C.I.L. IV, 3434.
171 C.I.L. IV, 3428.
172 C.I.L. IV, 3473.
173 C.I.L. X, 860.
174 Vgl. hierzu A. de Franciscis, S.
31 ff.
175 A. Maiuri, *Fra case ed abitanti,*
S. 49 f., bleibt dieser Auffassung
treu.
176 C.I.L. IV, 3340.
177 C.I.L. X, 891.
178 Zu den neuen Täfelchen von Herculaneum vgl. u. a. G. Pugliese
Carratelli, *L'instrumentum Scrip-
torium nei monumenti pompeiani
et ercolanesi,* in: Pompeiana, S.
266–278.
179 Tacitus XIII, 31.
180 59 von 153 Quittungen sind datiert; 12 stammen aus dem Jahre
55, 11 aus dem Jahre 56, 15 aus
dem Jahre 57; in den Jahren, die
am besten vertreten sind, können
wir also mit etwa 30 bis 40 geschäftlichen Vorgängen rechnen.
181 Della Corte, S. 360–363.
182 C.I.L. X, 874, im Haus VIII,
1,46; im Haus des P. Vedius Siricus (VII, 1,25).
183 C.I.L. X, 875, in VI, 14; vgl. auch
C.I.L. X, 876: *Lucru(m) accipe.*

184 C.I.L. IV, 117 = Onorato 107; C.I.L. IV, 120; Apochae XXXVII, LXXI, XCII, XCVII; M. della Corte, in: Rend. Accad. Pont. III, 1949/50, S. 347–353; J. Frey, *Les Juifs à Pompéi*, in: Rev. Bibl. XLII, 1933, S. 365–384; della Corte², S. 28.
185 C.I.L. IV, 5244, 3765.
186 C.I.L. IV, 1507; N.S.A., 1911, S. 465, Anm. 1; N.S.A., 1946, S. 123, Anm. 355.
187 N.S.A., 1946, S. 98, S. 114–117; C.I.L. IV, 6990.
188 C.I.L. IV, 8010.
189 *Verpa, verpus* vgl. Juvenal, *Sat.* XIV, 99, 104; Martial, *Epigr.* XI, 94–101; XII, 82.
190 C.I.L. IV, 4976; Plinius, *Nat. Hist.* XXXI, 95.
191 C.I.L. IV, 4300, 4321.
192 C.I.L. IV, 8216.
193 C.I.L. IV, 2569.
194 J. Guttman, *A Reexamination of the Judgement of Salomon Fresco at Pompei*, in: Bull. of the Israel Exploration Society XVIII, 1954, S. 176–182.
195 C.I.L. X, 796b = I.G. XIV, 701 = Onorato 69.
196 Für das Folgende verdanken wir viel dem ausgezeichneten Artikel von E. Lepore, *Orientamenti per la storia sociale di Pompei*, in: Pompeiana, S. 144–166.
197 Appian, *B. C.* I, 100, 470 und 104, 489.
198 Cicero, *Pro Sulla* XXI.
199 Livius, *Perioch.* LXXXIX, verbessert von Carcopino, *Sylla ou la monarchie manquée*, Paris 1931, S. 61.
200 Appian, *B. C.* I, 104, 489.

201 G. Tibiletti, *Lo sviluppo del latifondo in Italia dall'epoca graccana al principio dell'impero*, in Xe Congr. Int. Sc. Storiche, Roma, 4–11 settembre 1955, Relazioni II, Storia dell'antichità, S. 285.
202 Tacitus, *Ann.* III, 53.
203 Ebd. XIV, 27.
204 Columella IV, 30.
205 Cato II und XI; Tibiletti, S. 286.
206 Della Corte², S. 344–347.
207 C.I.L. IV, 6867–69.
208 Columella, *R. R.* VIII, 1,2.
209 C.I.L. IV, 3864.
210 C.I.L. IV, 2551 = 5520.
211 C.I.L. IV, 5528 und 5588.
212 C.I.L. IV, 5528.
213 C.I.L. IV, 5605, 5610.
214 Petron, *Sat.* 53.
215 C.I.L. IV, 1136; A. Maiuri, *Fra case ed abitanti*, S. 70 (diese Passage entstand im Oktober 1951), beschreibt den Willen zu überleben, der bei Julia Felix wirksam ist. Die Zentralen Thermen waren noch nicht fertiggestellt, das Bad der Palästra unbenutzbar; da hatte sie den klugen Einfall, auf ihrem schönen Besitz ein Bad einzurichten, und zögerte nicht, ihren Luxus-Garten durch Mieträume zu verunstalten.
216 CIV–CXIV.
217 C.I.L. X, 1936, 551, 901; IV, 1084, 3884.
218 Plinius, *Nat. Hist.* XIV, 47–49.
219 Petron, *Sat.* 76.
220 M. L. Strack, *Die Freigelassenen in ihrer Bedeutung für die Gesellschaft der Alten*, in: Hist. Zeitschrift CXII, 1914, S. 23.
221 P. Veyne, *Vie de Trimalcion*, in: Annales E.S.C. 1961, S. 213–247.

4. Kapitel

1 J. Day, in: Yale Classical Studies III, 1932, S. 165–208.
2 C.I.L. IV, 6672.
3 Plinius, *Nat. Hist.* XIX, 55 f.
4 Columella X, 135 f.; XII, 10; Plinius, *Nat. Hist.* XIX, 41,3; XV, 19; Petron, *Sat.* 53.
5 C.I.L. IV, 4533, 4889.
6 C.I.L. IV, 4422, 5380.
7 C.I.L. IV, 4533, 4888, 4889.
8 C.I.L. IV, 5430, 6722.
9 C.I.L. IV, 2597, 5738.
10 C.I.L. IV, 99; 3423, 3483.
11 A. Maiuri, *Fra case ed abitanti,* S. 92.
12 C.I.L. IV, 149, 180, 183, 202, 206.
13 Plinius XV, 70–72.
14 C.I.L. IV, 5761.
15 C.I.L. IV, 2562.
16 D. Casella, *La Frutta nelle pitture pompeiane,* in: Pompeiana, S. 355 bis 386; vgl. auch A. Maiuri, *Nuove pitture di giardino a Pompei,* in: Boll. Arte, 1952, S. 5–12.
17 C.I.L. IV, 241.
18 C.I.L. IV, 3678 = Diehl 161 = Onorato 132.
19 C.I.L. IV, 7273 = Diehl 919 = Onorato 111.
20 C.I.L. IV, 485, 951, 960.
21 C.I.L. IV, 3702, 4256.
22 C.I.L. IV, 8505.
23 C.I.L. IV, 710 = Onorato 106.
24 A. Maiuri, *Casa del Menandro e il suo tesore di argenterie,* S. 241 bis 403.
25 Mau/Kelsey, S. 94–101.
26 C.I.L. IV, 1096, 1096a, 1097a, 1115.
27 C.I.L. IV, 4182, 6779, 8863; I.I. XIII, 2, 1963, Anm. 53.
28 Helbig, Nr. 1489–1500.
29 C.I.L. IV, 64.
30 C.I.L. IV, 64, 138, 1136, 2324.
31 C.I.L. IV, 1136, Verpachtung für 5 Jahre.
32 Haus der Vettier (VI, 15,1).

33 A. Maiuri, *Peinture romaine,* S. 144.
34 Della Corte, S. 236 ff.; C.I.L. IV, 7182.
35 C.I.L. IV, 1698.
36 C.I.L. IV, 743.
37 C.I.L. IV, 609, 2184.
38 Die käufliche Liebe schenkt auch Vergessen; die Kosten sind niedrig. Der normale Preis schwankt zwischen 1 und 2 As; im *Satiricon* kostet ein Prostituiertenzimmer 1 As; der Preis von 4 Sesterzen ist eine Ausnahme.
39 C.I.L. IV, 807, 3779; vgl. Tönnes Kleberg, *Hôtels, restaurants et cabarets dans l'Antiquité romaine,* Uppsala 1957.
40 C.I.L. IV, 807, 1822, 4957, 5386.
41 C.I.L. IV, 241, 336, 494, 537, 629, 814, 1048, 1838, 3502, 3948, 4100, 6700; N.S.A., 1908, S. 271.
42 C.I.L. IV, 1896.
43 C.I.L. IV, 2145, 2146, 2147, 2152, 2155, 2156, 2159, 2160.
44 C.I.L. IV, 3948.
45 C.I.L. IV, 1291.
46 C.I.L. IV, 1292.
47 C.I.L. IV, 1679.
48 C.I.L. IV, 1679.
49 Della Corte, S. 23.
50 C.I.L. IV, 97.
51 C.I.L. IV, 2040, 5019.
52 Petron, *Sat.* 29.
53 Della Corte², S. 119, S. 70; C.I.L. IV, 9166.
54 Veyne, S. 215 f.
55 C.I.L. X, 865.
56 Vestalis, in Apocha XX.
57 C.I.L. X, 824.
58 C.I.L. X, 826, 895, 899–910.
59 C.I.L. X, 924.
60 Carrington, S. 121.
61 Quittung CLV.
62 In den religiösen Vereinigungen werden Sklaven und Freie gleichberechtigt aufgenommen.

63 L. Breglia, *Circolazione monetale ed aspetti di vita economica a Pompei,* in: Pompeiana, S. 41–59.
64 E. Pozzi, *Tesoretto di età flavia da Pompei,* in: A.I.I.N. V–VI, 1958/59, S. 211–229.
65 Ein Denar entspricht also 4 Sesterzen, die Sesterze ist 4 As wert.
66 Der Liste von L. Breglia fügen wir den Schatz von 6300 Sesterzen an, der von E. Pozzi bekannt gemacht worden ist.
67 Wir korrigieren einige Druckfehler in der Liste von L. Breglia, C.I.L. IV, 5380.
68 Bestätigt durch C.I.L. IV, 4227.
69 C.I.L. IV, 4428.
70 C.I.L. IV, 4000.
71 C.I.L. IV, 4888, vgl. auch 4227.
72 10 000 Sesterzen beträgt die Sum-

me, die der Dekurio als *summa honoraria* ausschütten muß.
73 A. Héron de Villefosse, *Le trésor de Boscoreale,* in: Monuments Piot V, 1899, S. 30; R.N., 1895, S. 574.
74 Day, S. 179–181.
75 Quittungen CXXXVIII–CLIII.
76 Plinius, *Ep.* VII, 18 und C.I.L. X, 5853.
77 Diesen Wert könnte man für das *Pompeianum* Ciceros ansetzen und nicht 375 000 Sesterzen wie J. Carcopino, *Les Secrets* ... I, S. 91. Erinnern wir uns daran, daß Plutarch VIII, 2 von einem kleinen Landbesitz in der Nähe von Neapel und einem weiteren, ebenfalls kleinen Besitz bei Pompeji spricht. Unsere Untersuchungen geben Plutarch recht.

5. Kapitel

1 IV, 44.
2 I. Buch, 2. Kap.
3 Onorato 67 = N.S.A., 1921, S. 445.
4 Während der etruskischen Periode soll ein Gott *Fith* als Repräsentant des Herkules in Pompeji verehrt worden sein. I. Sgobbo, *Gli Etruschi in Pompei alla luce di nuovo documento,* in: R.A.A.N. XXXI, 1956, S. 37–76.
5 G. K. Boyce, *Corpus of the Lararia of Pompei,* in: M.A.A.R. XIV, 1937, Nr. 68, 108, 118, 261, 273, 479.
6 C.I.L. IV, 733.
7 Della Corte², S. 301–303.
8 A. Maiuri, *Bicentenario degli scavi di Pompei,* Neapel 1948, S. 28.
9 Zu dieser Krise vgl. A. Bruhl, *Liber pater,* Paris 1953 (B.E.F.A.R. 175) S. 82 ff.
10 Bei dieser ganzen Darstellung folgen wir P. Grimal, *Les jardins romains, à la fin de la République et aux deux premiers siècles de*

l'Empire, Paris 1943 (B.E.F.A.R. 155), S. 338 ff. (²1967).
11 Bruhl, S. 148 ff.
12 G. K. Boyce, Nr. 13, 118, 171, 176, 240, 448, 463, 498.
13 R. Schilling, *La Religion romaine de Vénus depuis les origines jusqu'au temps d'Auguste,* Paris 1954 (B.E.F.A.R. 178), Anhang I, S. 383–389; C.I.L. X, 928; IV, 6865.
14 Vgl. III. Buch, 4. Kap.
15 C.I.L. IV, 1520.
16 C.I.L. IV, 2457, 538, 26; 4007.
17 Schilling, S. 284 ff.
18 Onorato 74.
19 Öffentliche Priesterin der Ceres. Onorato 7; C.I.L. X, 1036. Sie gehört ebenfalls der *gens Alleia* an; C.I.L. X, 812, 1074a/b; andere öffentliche Priesterinnen: C.I.L. X, 810, 811, 812, 813, 816, 950, 998, 999.
20 C.I.L. IV, 9125, 9128, 9129, 9138.
21 A. Maiuri, *Ultima fase,* S. 64–68.

22 G. K. Boyce, Nr. 118, 171, 185, 271, 383, 496.
23 Onorato 65.
24 Vgl. II. Buch, 1. Kap.
25 Mau/Kelsey, S. 63–69.
26 C.I.L. X, 796.
27 Vgl. II. Buch, 1. Kap.
28 C.I.L. X, 928 = I.L.S. 318 = Onorato 66.
29 C.I.L. X, 788, 789, 791, 859, 951.
30 C.I.L. X, 806, 820, 822.
31 Boyce, Nr. 118.
32 Boyce, Nr. 249.
33 N.S.A., 1921, S. 445.
34 V. Tran Tam Tinh, *Essai sur le culte d'Isis à Pompéi*, Paris 1964.
35 C.I.L. X, 1781 = C.I.L. I², 577.
36 Vgl. Kap. 3 dieses Buches.
37 C.I.L. IV, 1581.
38 C.I.L. IV, 4189.
39 C.I.L. X, 848.
40 C.I.L. X, 846 = Onorato 51 = I.L.S. 6367.
41 Tran Tam Tinh, S. 41, Anm. 8, glaubt nicht, daß er der Sohn eines Freigelassenen ist.
42 Della Corte², S. 218 f.
43 C.I.L. IV, 2660.
44 C.I.L. IV, 787.
45 C.I.L. IV, 1011.
46 Della Corte², S. 311. Entgegen der Meinung Spinazzolas glauben wir nicht, daß man dem Haus seinen Namen nehmen und es D. Octavius Quartio zuschreiben muß.
47 Fr. di Capua, *Sacrari pompeiani*, in: Pompeiana, S. 60–85; Boyce, Nr. 471.
48 Boyce, Nr. 220.
49 Della Corte², S. 62.
50 Boyce, Nr. 141.
51 Boyce, Nr. 372, 409, 415.
52 Mau/Kelsey, S. 162–176.
53 Museum von Neapel, Inv. Nr. 8975.
54 C.I.L. X, 849.
55 Id. 814; im Nationalmuseum Neapel, Inv. Nr. 4991; de Franciscis, S. 27–30.
56 Tran Tam Tinh, S. 92 ff.
57 Man fand sie in einigen Häusern von Pompeji.
58 Apuleius, *Met.* XI, 22,7.
59 Ein Gemälde aus Herculaneum, heute im Museum von Neapel, Inv. Nr. 8919.
60 Die Amphoren, die mit heiligem, für die Heilung Kranker bestimmtem Nilwasser gefüllt waren, tragen die Inschrift: Σέραπις δῶρα; C.I.L. IV, 9811 f.
61 C.I.L. X, 7966 = I.G. XIV, 701 = Onorato 69.
62 Der Monat August wird auch als Monat Pharmouthi bezeichnet.
63 A. Maiuri, *Di un singolare emblema sacro in una bottega pompeiana*, in: Hommages Bidez-Cumont, Brüssel 1949, S. 185–192.
64 Petilius Surus: C.I.L. IV, 2455; Surus C.I.L. IV, 1385a, 4179, 4372, 4486, 4776, 4695, 4485.
65 O. Elia, *Vasi magici e mani pantee a Pompei*, in: R.A.A.N. XXXV, 1960, S. 5–10.
66 Vgl. hierzu J. Carcopino, *Études d'histoire chrétienne*, Paris 1953, *Le carré magique*, S. 11–91.
67 A. Maiuri, N.S.A., 1937, S. 77.
68 *Apostelgeschichte* XXVIII, 13 f.
69 Tertullian, *Apol.* XL, 8.
70 Vgl. I. Buch, 2. Kap.
71 1962 haben wir uns davon überzeugen können, daß aller Stuck verschwunden und jegliche Kontrolle unmöglich ist.
72 C.I.L. IV, 6344, 6346; XV, 4760; Carcopino, S. 286.
73 Della Corte², S. 395–397, gibt sich nicht geschlagen.
74 C.I.L. X, 809 = I.L.S. 64 = Degrassi, I.I. XIII, 3, Anm. 86 = Onorato 83.
75 N.S.A., 1913, S. 145, Abb. 2; Rizzo CXCIV, 1.
76 Sogliano, *Pitture murali campane*, S. 617.
77 C.I.L. X, 796.

78 B. Schweitzer, *Antiken im ostpreu-*
    ßischen Privatbesitz, S. 45 und 197,
    S. XXVI.
79 C.I.L. X, 885–886 = I.L.S. 6389 =
    Onorato 78.
80 C.I.L. X, 888 = I.L.S. 6390 = Ono-
    rato 79.
81 C.I.L. X, 890 = I.L.S. 6391 = Ono-
    rato 80.
82 Vgl. II. Buch, 3. Kap.
83 C.I.L. X, 1026 = I.L.S. 6372 =
    Onorato 81; C.I.L. X, 1030 =
    I.L.S. 6373 = Onorato 19.
84 Vgl. II. Buch, 2. Kap.
85 G. Ch. Picard, *Les Trophées ro-*
    mains, Paris 1957 (B.E.F.A.R. 187)
    S. 338 f.
86 Vgl. II. Buch, 3. Kap.
87 Vgl. III. Buch, 5. Kap.
88 Vgl. II. Buch, 1. Kap.

89 C.I.L. X, 800.
90 C.I.L. X, 802.
91 C.I.L. X, 1074; vgl. III. Buch,
    5. Kap.
92 L. Leschi, *Mosaïque à scènes dio-*
    nysiaques de Djemila-Cuicul (*Algé-*
    rie), in: Mon. et Mém. Fondation
    Piot, 1935/36, S. 139 ff.
93 K. Lehmann, *Ignorance and search*
    in the Villa of Mysteries, in: J.R.S.
    LII, 1962, S. 62–68.
94 J. Toynbee, *La Villa Item and a*
    Bride's Ordeal, in: J.R.S. XIX,
    1929, S. 77 ff.
95 Ch. Picard, in: R.A., ²1954, S.
    100.
96 Dagegen J. Marcadé, *Roma-Amor*,
    Genf 1961, S. 118.
97 Ch. Picard, in: R.A. ²1954, S. 100.
98 Fr. di Capua, *Sacrari*, S. 61.

Buch III

1. Kapitel

1   Mau/Kelsey, S. 239–243.
2   A. Maiuri, *Portali con capitelli*
    cubici a Pompei, in: R.A.A.N.
    XXXIII, 1958, S. 203–218, zählt
    39 Beispiele auf.
3   Soprano, *I triclini all'aperto di*
    Pompei, in: Pompeiana, S. 288 bis
    310.
4   Petron, *Sat.* 77.
5   Vgl. III. Buch, 5. Kap.
6   A. Maiuri, *La Casa del Menandro*
    e il suo tesoro di argenterie, Rom
    1933.
7   A. Maiuri, *La Villa dei Misteri*,
    Rom ²1945.
8   Vgl. II. Buch, 5. Kap.
9   Vgl. II. Buch, 3. Kap.
10 F. Zevi, *La Casa Reg. IX, 5,*
    18–21 a Pompei e le sue pitture

    (*Studi miscellanei 5*), Rom 1964,
    S. 13.
11 Wir benutzen hauptsächlich Grimal,
    S. 216 ff.
12 Wir danken hier besonders Denise
    Joly, die uns Einsicht gegeben hat
    in ihre wichtige Darstellung im
    Rahmen der École française de
    Rome über *La mosaïque pariétale*
    à Pompéi et à Herculanum; von
    derselben Autorin: *Quelques aspects*
    de la mosaïque pariétale au pre-
    mier siècle de notre ère d'après
    trois documents pompéiens, in: La
    Mosaïque gréco-romaine (Collo-
    ques Internationaux du C.N.R.S.)
    Paris 1965, S. 57–73.
13 Vgl. II. Buch, 5. Kap.
14 Vgl. III. Buch, 3. Kap.

2. Kapitel

1 Selim Augusti, *La tecnica dell'antica pittura parietale pompeiana,* in: Pompeiana, S. 313–354; wir folgen seiner Darstellung Schritt für Schritt. Ders., *Restauro e conservazione della pittura pompeiana,* in: Atti VII congr. Int. Arch. class., Rom 1961, I, S. 159–162.

2 R. Mengs, *Opere,* Bassano *1783.*

3 A. Requeno, *Saggi sul ristabilimento dell'antica arte dei Greci et dei Romani pittori,* Parma 1787.

4 Vitruv VII, 3 und 6, beschreibt einen Untergrund, bestehend aus sechs Schichten, den die Griechen benutzten.

5 Erinnern wir uns an die Farbtöpfe, die in einem Spezialgeschäft gefunden wurden und heute im Museum von Neapel ausgestellt sind. Vitruv VII, 7–14, beschreibt die natürlichen und die künstlichen Farben.

6 A. Mau, *Geschichte der dekorativen Wandmalerei in Pompeji,* Berlin 1882.

7 A. Maiuri, *La Peinture romaine,* Genf 1953, S. 42–49.

8 H. G. Beyen, *The wall-decoration of the cubiculum of the villa of P. Fannius Synistor near Boscoreale in its relation to ancient stage-painting,* in: Mnemosyne, 4. Reihe, X, 1957, S. 147–153.

9 O. Elia, *Nota per uno studio della decorazione parietale a Pompei,* in: Pompeiana, S. 97–110.

10 Vitruv VII, 5,1; G. Ch. Picard, *L'Art romain,* Paris 1962, S. 121 ff.

11 Die Interpretation von Grimal, S. 98.

12 Vitruv VII, 5,3–4.

13 Plinius XXXV, 29.

14 K. Schefold, *Vergessenes Pompeji,* S. 73 ff.

15 A. Maiuri, *Ultima fase,* S. 105 bis 112.

16 Mau, in: R.M., 1896, S. 3 ff.; Mau/Kelsey, S. 321 ff.

17 K. Schefold, *Vergessenes Pompeji,* S. 133.

18 Ebd., S. 140: *Nachahmung älterer Dekorationssysteme.*

19 C. L. Ragghianti, *Pittori di Pompei,* Mailand 1963.

20 Ebd., S. 51 f.

21 Ebd., S. 66.

22 Ebd., S. 64–66.

23 Ebd., S. 66.

24 Ebd., S. 66 f.

25 A. Maiuri, *Pompei,* S. 49.

26 Ragghianti hat die Einheitlichkeit der Malerei in IX, 5,18–21 jedenfalls anerkannt; F. Zevi, S. 65, schreibt sie dem gleichen Maler zu.

27 Ragghianti, S. 74.

28 P. Veyne, *Cave canem,* in: M.E. F.R. LXXV, 1963, S. 59–66.

29 Grimal, S. 250 ff.

30 Ch. Picard, in: R.A., 1954, S. 99.

31 A. Maiuri, *Peinture,* S. 133–138; J. M. Croisille, *Les natures mortes campaniennes* (Coll. Latomus LXXVI) Brüssel 1965.

32 Vgl. II. Buch, 4. Kap.

33 Ch. Picard, *Au »Triclinium d'été« de la villa dite de P. Fannius Synistor, près de Boscoreale. La décoration pariétale: religion ou histoire?,* in: J.S., 1958, S. 49–68 und 102–119.

34 Petron, *Sat.* 34.

35 Vgl. III. Buch, 4. Kap.

36 Vgl. II. Buch, 5. Kap.

37 J. Heurgon, in: J.S., 1952, S. 185 f.

3. Kapitel

1 Vgl. III. Buch, 5. Kap.
2 A. Maiuri, *Fra case*, S. 185 ff.
3 Dies war die Meinung von A. Maiuri, *Fra case*, S. 187.
4 A. Maiuri, *Pozzi e condotture d'acqua nell'antica città di Pompei. Scoperte di un pozzo presso la Porta Vesuvio*, in: N.S.A., 1931, S. 546–576.
5 A. Maiuri, *Saggi e ricerche intorno alla Basilica*, in N.S.A., 1951, S. 225–260.
6 Über die Wassertürme und Druckkammern vgl. R. Étienne, *Le quartier nord-est de Volubilis*, Paris 1960, S. 20–23.
7 A. Maiuri, *Fra case*, S. 187.
8 Vgl. II. Buch, 1. Kap.
9 C.I.L. X, 1064 = I.L.S. 5382 = Onorato 58.
10 C.I.L. IV, 97, 113.
11 A. Maiuri, *Fra case*, S. 190.
12 C.I.L. IV, 112.
13 A. Maiuri, *Fra case*, S. 192.
14 Gemälde im Museum von Neapel.
15 Mosaik im Museum von Neapel.
16 C.I.L. X, 830 = I.L.S. 6361b = Onorato 2.
17 Vgl. II. Buch, 2. Kap.
18 Mau/Kelsey, S. 227 ff.
19 A. Maiuri, *Fra case*, S. 127 ff.
20 C.I.L. IV, 5092.
21 C.I.L. IV, 2457, 4007.
22 C.I.L. IV, 6865.
23 C.I.L. IV, 8137.
24 C.I.L. IV, 1824.
25 C.I.L. IV, 8408.
26 C.I.L. IV, 3199.
27 C.I.L. IV, 4091.
28 C.I.L. IV, 5296.
29 J.-P. Cèbe, *A propos d'un terme d'injure pompéien: Mortu(u)s*, in: M.E.F.R. LXXIV, 1962, S. 529 bis 531.
30 A. Maiuri, *Fra case*, S. 133.
31 Petron, *Sat.* 71,7.
32 Mau/Kelsey, S. 397–420.
33 C.I.L. X, 994 f.
34 Vgl. III. Buch, 4. Kap.
35 C.I.L. X, 996.
36 C.I.L. X, 998.
37 C.I.L. X, 997.
38 C.I.L. X, 999, 1004–07.
39 C.I.L. X, 1019.
40 C.I.L. X, 1023.
41 C.I.L. X, 1024.
42 C.I.L. X, 1026.
43 C.I.L. X, 1030.
44 C.I.L. X, 1033.
45 C.I.L. X, 1041.
46 C.I.L. X, 1032.
47 C.I.L. X, 1036.
48 C.I.L. X, 1037–40.
49 C.I.L. X, 1042.
50 Unveröffentlicht. A. Maiuri bereitet die Veröffentlichung gerade vor; vgl. A. Maiuri, *Pompei*, S. 87 f.
51 Die Gräber in der Nähe des Amphitheaters sind zwischen 1886 und 1887 ausgegraben worden: Mau/Kelsey, S. 423–428.
52 J.-M. Dentzer, *La Tombe de C. Vestorius dans la tradition de la peinture italique*, in: M.E.F.R. LXXIV, 1962, S. 533–594.
53 Onorato 10.
54 E. Pozzi, *Exedra funeraria fuori porta di Nola*, in: R.A.A.N. XXXV, 1960, S. 175–186.
55 N.S.A., 1890, S. 329.
56 Onorato 8.
57 A. Maiuri, *Fra case*, S. 133.

4. Kapitel

1 Vgl. III. Buch, 2. Kap.
2 Museum von Neapel, Inv. Nr. 9084.
3 C.I.L. IV, 9263–9312.
4 C.I.L. IV, 3407.
5 Apodhae XXXII und CXXXVI.
6 Della Corte², S. 152.
7 C.I.L. IV, 668.
8 Della Corte², S. 335.
9 C.I.L. IV, 8562.
10 Augustinus, *Conf.* V, 12,22; *Epist.* 259,4; Marrou, in: M.E.F.R. XLXI, 1932, S. 92–110.
11 Gemälde im Museum von Neapel.
12 C.I.L. IV, 275.
13 C.I.L. IV, 698 = Onorato 129.
14 C.I.L. IV, 694.
15 Della Corte², S. 110.
16 Ders., S. 152.
17 A. de Franciscis, *Osservazioni sul disegno d'arco dell'Anfiteatro campano di S. Maria Capua Vetere*, in: Rend. Accad. Lincei XIV, 1959, S. 399–402.
18 Della Corte², S. 110.
19 P. Boyancé, *Lucrèce et l'Épicurisme*, Paris 1963, S. 21, kritisiert zu Recht die übertriebene Position von G. Della Valle.
20 Museum von Neapel.
21 V. Väänänen, *Le Latin vulgaire des inscriptions pompéiennes*, Helsinki 1937.
22 C.I.L. IV, 6865.
23 C.I.L. IV, 6892.
24 C.I.L. IV, 538.
25 C.I.L. IV, 1291.
26 Zu den pompejanischen Theatern vgl. M. Bieber, *The History of Greek and Roman Theatre*, Princeton 1961.
27 Vitruv V, 9,1.
28 C.I.L. X, 833 f. = I.L.S. 5638 = Onorato 48.
29 Und nicht aus Tuffstein; F.A. VI, 1953, Nr. 3808 (A. Maiuri); A. Maiuri, *Il restauro della cavea del teatro di Pompei*, in: B. Arte XXXIX, 1954, S. 264–267.
30 Vitruv V, 6,8.
31 C.I.L. X, 844 = I.L.S. 5636 = Onorato 43.
32 Vgl. II. Buch, 3. Kap.
33 Statius, *Silv.* III, 5,91, gebraucht für Neapel den gleichen Ausdruck.
34 M. Murolo, *Il cosidetto »Odeo« di Pompei ed il problema della sua copertura*, in: R.A.A.N. XXXIV, 1959, S. 89–101.
35 1262, um genau zu sein.
36 Vitruv V, 6,9; vgl. III. Buch, 2. Kap.
37 Gemälde im Museum von Neapel, Inv. Nr. 12733.
38 C.I.L. IV, 7919 = Diehl 909 = Onorato 108.
39 C.I.L. IV, 1179.
40 C.I.L. IV, 3867, 3877.
41 C.I.L. IV, 1294.
42 Dio Cassius, LXVII, 3.
43 Martial XI, 13.
44 Vgl. II. Buch, 5. Kap.
45 M. Gigante, *La cultura letteraria a Pompei*, in: Pompeiana, S. 111 bis 143, vorbereitet durch della Corte, *Epigraphica II*, 1940, S. 171.
46 Martial IV, 44,5.
47 C.I.L. X, 808.
48 C.I.L. I, 163.
49 C.I.L. II, 21; II, 51 (dreimal); III, 1; V, 72; VII, 44; VIII, 70.
50 C.I.L. I, 1 (dreizehnmal); I, 135, 192, 234, 242, 468, 469; II, 1 (zwölfmal); 148, 223; IV, 223; V, 389; VII, 1; IX, 269 (zweimal), 404.
51 C.I.L. I, 4, 67; I, 8,77; II, 19,57.
52 C.I.L. IV, 17.
53 C.I.L. IV, 113.
54 C.I.L. I, 475.
55 C.I.L. I, 1,5.
56 C.I.L. III, 11,35; A. W. Van Buren, *A Pompeian Distich*, in: A. J. Ph. LXXX, 1959, S. 380–382.

57 C.I.L. II, V, 9; III, 16,13; IV, V, 47.

58 *Ep.* I, 2,32; *Carm.* IV, 1.

59 A. W. Van Buren, in: R. Pont.

Accad. Arch. XIX, 1942/43, S. 191 bis 195.

60 C.I.L. VI, 50.

61 C.I.L. IV, 9123 = Lommatzch, C.E. 2292.

5. Kapitel

1 J.-M. André, *Recherches sur l'otium romain*, Paris 1962 (**Annales litt.** Univ. Besançon, Bd. 52).

2 Mau/Kelsey, S. 159–161.

3 J. Delorme, *Gymnasion. Étude sur les monuments consacrés à l'éducation en Grèce (des origines à l'Empire romain)*, Paris 1960 (B.E. F.A.R. 196).

4 Pausanias VI, 21,2; VI, 23,2.

5 C.I.L. IV, 3890.

6 Vgl. II. Buch, 5. Kap.

7 A. Maiuri, *Ludi ginnico-atletici a Pompei*, in: Pompeiana, S. 167–205.

8 C.I.L. X, 1074d = I.L.S. 5053, 5054 = Onorato 91.

9 G.-Ch. Picard, *Civitas Mactaritana (Karthago VIII*, 1957) S. 77–95.

10 Della Corte², S. 294.

11 G.-Ch. Picard, *Les Trophées romains*, Paris 1957, S. 220–223.

12 R. Ginouves, *Balaneutikè. Recherches sur le bain dans l'Antiquité grecque*, Paris 1962 (B.E.F.A.R. 200) S. 149.

13 H.-I. Marrou, *Histoire de l'Éducation dans l'Antiquité*, S. 337 ff.

14 Conway, Anm. 43 = Onorato 59.

15 C.I.L. X, 829 = I.L.S. 5706 = Onorato 46.

16 Seneca, *Ep.* 86, 4.

17 A. Maiuri, *Pompei: scoperta di un edificio termale nella Regio VIII, Insula 5, 3–6*, in: N.S.A., 1950, S. 116–136.

18 C.I.L. X, 819.

19 Er ist so klein, daß man ihn auch für einen Garten halten könnte.

20 C.I.L. X, 818 und 8071, 48 = Onorato 64; Della Corte², S. 40 und Anm. 4.

21 C.I.L. X, 817 = I.L.S. 5726 = Onorato 63.

22 C.I.L. X, 824 und 893.

23 Erinnern wir uns daran, daß die Badeanlagen im Haus des Menander im Jahre 79 noch mitten im Wiederaufbau stecken.

24 A. Lezine, *Architecture romaine d'Afrique*, Paris 1963, S. 30 f.

25 Ebd., S. 11 ff.

26 C.I.L. IV, 1150.

27 C.I.L. IV, 840.

28 C.I.L. IV, 6890.

29 A. Maiuri, *Casa del Menandro*, S. 147 (Mosaik des *caldarium*).

30 C.I.L. X, 1063.

31 Della Corte², S. 1 f.

32 Plinius, *Nat. Hist.* XXXI, 2,5.

33 A. Maiuri, *Note di topografia pompeiana*, in: R.A.A.N. XXXIV, 1959, S. 73–88.

34 C.I.L. X, 852 = I.L.S. 5627 = Onorato 44.

35 Vgl. III. Buch, 4. Kap.

36 Plinius, *Nat. Hist.* XXXVI, 117.

37 C.I.L. IV, 7585 = Onorato 110.

38 Gegen Carcopino, *Vie quotidienne à Rome à l'apogée de l'Empire*, Paris 1939, S. 338, Anm. 99.

39 C.I.L. X, 857d = I.L.S. 5653a = Onorato 45.

40 C.I.L. X, 853–857c.

41 C.I.L. X, 858 = I.L.S. 6359 = Onorato 4.

42 C.I.L. X, 859 = I.L.S. 6359a = Onorato 5.

43 Vgl. II. Buch, 2. Kap.; Mommsen

war bereits gegen Nissen und Onorato zur selben Datierung gekommen.
44 Neppi Modona, S. 255.
45 C.I.L. IV, 1180.
46 C.I.L. IV, 1177, 7989b.
47 C.I.L. IV, 7990.
48 C.I.L. IV, 7991.
49 C.I.L. IV, 7989 = Onorato 94.
50 C.I.L. IV, 3884 = Diehl 242 = Onorato 95.
51 C.I.L. IV, 1189 = Onorato 96.
52 C.I.L. IV, 1183 = Onorato 97.
53 C.I.L. IV, 1186 = Onorato 98.
54 C.I.L. IV, 7994 = Diehl 978 = Onorato 100.
55 C.I.L. IV, 7989.
56 C.I.L. IV, 1185, 7995.
57 C.I.L. IV, 7992.
58 C.I.L. IV, 3884.
59 C.I.L. IV, 1186.
60 C.I.L. IV, 2508.
61 C.I.L. IV, 2508.
62 C.I.L. IV, 1183.
63 C.I.L. IV, 1189.
64 C.I.L. IV, 7993.

65 C.I.L. IV, 1180.
66 C.I.L. IV, 1989.
67 C.I.L. IV, 1179.
68 C.I.L. IV, 1199.
69 C.I.L. IV, 3881.
70 C.I.L. IV, 3882 = Diehl 241 = Onorato 101.
71 Vgl. Anm. 54.
72 C.I.L. X, 1074 = I.L.S. 5053,4 = Onorato 91.
73 C.I.L. IV, 1180 = Diehl 245 = Onorato 92.
74 C.I.L. IV, 7993 = Diehl 981 = Onorato 93.
75 C.I.L. IV, 4356.
76 C.I.L. IV, 4353.
77 C.I.L. IV, 4356.
78 C.I.L. IV, 8055.
79 C.I.L. IV, 8056.
80 C.I.L. IV, 2508; Mau/Kelsey, S. 217–219.
81 C.I.L. IV, 8055, 8056.
82 Entgegen der Meinung von Neppi Modona, S. 255, Anm. 2, gibt es doch Reste einer Sicherheitsbalustrade.

Zusammenfassung

1 J. Carcopino, *Vie quotidienne* ..., S. 35.
2 C.I.L. IV, 1454.
3 C.I.L. IV, 2320.
4 C.I.L. IV, 1435.
5 C.I.L. IV, 1347.

6 R. Marichal, *L'Aspect culturel et social de certaines écritures pompéiennes*, in: R.E.L. XXXVI, 1958, S. 36 f.
7 Kaibel 1122.

Bibliographische Ergänzung

J. Andreau, *Histoire des séismes et histoire économique: le tremblement de terre de Pompéi (62 ap. J. C.)*, in: Annales E. S. C. XXVIII, 1973, S. 369–395.

J. Andreau, *Les affaires de Monsieur Jucundus,* Rom 1974 (Coll. de l'École française de Rome 24).

J. Andreau, *Remarques sur la société pompéienne (à propos des tablettes de L. Caecilius Jucundus),* in: Dialoghi di archeologia VII, 1973, S. 213–254.

P. Castren, *Ordo Populusque Pompeianus. Polity and Society in Roman Pompei,* Rom 1975 (Acta Instituti Romani Finlandiae VIII).

J. M. Croisille, *Les natures mortes campaniennes. Répertoire descriptif des peintures de nature morte du Musée National de Naples, de Pompéi, Herculaneum et Stabies,* Brüssel 1965 (Coll. Latomus LXXVI).

H. Eschebach, *Die städtebauliche Entwicklung des antiken Pompeji,* Heidelberg 1970 (MDAI, Röm. Abt. XVII, Ergänzungsheft).

Neue Forschungen in Pompeji und den anderen vom Vesuvausbruch 79 n. Chr. verschütteten Städten, hrsg. von B. Andreae und H. Kyrieleis, Recklinghausen 1975.

K. Schefold, *La peinture pompéienne. Essai sur l'évolution de sa signification* (édition revue et augmentée. Traduction de J. M. Croisille), Brüssel 1972 (Coll. Latomus CVIII).

Kleines lateinisch-deutsches Wörterverzeichnis*

aedilis Aedil, römischer Beamter
aerarium Staatsschatz, Staatskasse
ager Pompeianus Gebiet der Stadt P.
ager vectigalis vom Staat verpachtetes Land
agger Böschung einer Befestigung
ala (Pl. *alae*) Seitenraum, der zum Atrium hin ausgerichtet ist
alveus Badewanne
apocha (Pl. *apochae*) Quittung
apodyterium Auskleideraum
arcosolium Grabnische
augustales Vereinigung von Freigelassenen, die sich dem Kaiserkult widmet
aureus wertvolle Goldmünze
bisellium Ehrensitz von doppelter Breite in Theater und Amphitheater
carcer unterirdischer Raum im Amphitheater für Gladiatoren oder wilde Tiere
cardo Hauptstraße in Nord-Süd-Richtung
castellum aquae Wasserturm
cavea (*ima*, *media*, *summa*) untere, mittlere und obere Sitzreihen in Theater und Amphitheater
cenaculum Zimmer der oberen Etage
chalcidicum Vorhalle
compitalia Fest der Kreuzwege
compitum Kreuzung, Kreuzweg
cubiculum Schlafzimmer
cuneus keilförmiges Segment von Sitzreihen im Theater
decumanus Hauptstraße in Ost-West-Richtung
dolium (Pl. *dolia*) bauchiges Gefäß, Faß
duoviri iure dicundo Zweimännerkollegium, das in einer Kolonie die Gerichtsbarkeit verwaltet, letztlich die munizipalen Höchstmagistrate

emblema Mittelstück (eines Mosaiks)
familia (*urbana*, *rustica*) Sklaven, die zu einem Haushalt in der Stadt oder auf dem Land gehören
frons scenae Bühnenwand
fullonica Walkerei
fundus Grundbesitz
furnus Ofen
horti Pompeiani Gemüsegärten bei Pompeji
hospitalia die beiden Seitentüren der Theaterbühne
imagines maiorum Ahnenbilder
insula Häuserblock
iuventus die Jugend
labrum Wasserbecken
laconicum Schwitzstube
lanarius Wollhersteller und -händler
libertus, *libertinus* Freigelassener
lucrum Gewinn
ludi magistri Lehrer in der Schule
macellum Markt
magistri vici et compiti niedere Beamte für ein Stadtviertel
Mater Deum Kybele, die Mutter der Götter
municipium Landstadt, nach eigenen Gesetzen von eigenen Magistraten verwaltet, mit dem römischen Bürgerrecht ausgestattet
natatio Schwimmbad
negotiatores Händler, Kaufleute
numen göttliche Macht, Kraft
obsequia Pflichten, Verpflichtungen
oecus Empfangsraum, Salon
opus latericium Mauerwerk aus Ziegelstein
opus listatum Mauerwerk aus Schichten von Tuff-Bruchstein zwischen waagerechten Backsteinschichten
opus reticulatum Mauerwerk aus rautenförmigen Tuffsteinen

* Dieses Verzeichnis ist die entsprechende Übertragung des Verzeichnisses der französischen Originalausgabe.

opus signinum Pflaster aus zertrümmerten Backsteinen

orchestra halbkreisförmiger Platz, auf dem der Chor des griechischen Theaters agiert

ordo Stand, soziale Klasse

otium Freizeit, Muße

pagus (*maritimus, suburbanus*) (am Meer oder vor der Stadt gelegener) Vorort

pietas Frömmigkeit, Ehrfurcht

podium erhöhter Unterbau eines Tempels; Mauerbrüstung der ersten Sitzreihe im Amphitheater

pomerium freier, geweihter Raum längs der Stadtmauer

porta libitinensis Tür des Amphitheaters, durch die die getöteten Gladiatoren hinausgetragen wurden

praecinctio (Pl. *praecinctiones*) Gürtelmauer mit Rundweg im Theater und Amphitheater

praedium Landgut

prelum Arm der Traubenpresse

proscenium Vorbühne

quattuorviri oberstes Beamtenkollegium eines *municipium*

quinquennalis Beamter des *municipium* mit den Machtbefugnissen eines Zensors

sanctus, sanctissimus ehrwürdig, hochehrwürdig

schola iuventutis Versammlungshaus der Jugendlichen

sevir Freigelassener, Mitglied eines Sechsmännerkollegiums, das sich dem Kaiserkult widmete

socii Bundesgenossen(kriege); Handelsgesellschaft (für *garum*)

statio salinensium Büro für den Salzverkauf

suspensura »schwebender« Fußboden auf Gewölben oder kleinen Pfeilern in Räumen mit Unterbodenheizung

taberna Laden

tablinum zentraler Raum, zum Atrium hin ausgerichtet

tabulae ceratae mit Wachs überzogene hölzerne Schreibtäfelchen

tegulae mammatae Spezialziegelsteine mit Bossen für hohle Wände

thermopolium (Pl. *thermopolia*) Schenke, in der heiße Getränke verkauft werden

torcularium Kelter

urbs Stadt

vectigalia Abgaben, Steuern

velum großes Sonnensegel für Theater oder Amphitheater

venatio (*legitima*) (der gesetzlichen Regelung entsprechende) Tierhetze

ver sacrum Gelübde in besonderen Notzeiten, alles Lebende zu opfern, das in einem bestimmten Frühjahr zur Welt kommt

vicini Nachbarn, Bewohner eines Stadtviertels

vicomagister Freigelassener, der den Kult der Laren der Kreuzwege versieht

vicus Stadtviertel

vilicus Gutsverwalter

villa rustica Landhaus

volumen (Pl. *volumina*) Schriftrollen

Orts- und Objektregister

Haus der Entstehung Roms (V, 4,12 bis 13) 62
- des (bronzenen) Epheben s. Haus des P. Cornelius Tages
- des Epidius Rufus und Epidius Sabinus (IX, 1,20–22) 17, 65, 260, 284, 328–329
- des Fauns (VI, 12,2–5) 37, 54, 180, 284, 286, 297, 301, 328, 354
- der Gelehrten (VI, 14,43) 289, 309
- des Generals Championnet (VIII, 2,1–5) 52
- der Gladiatoren (V, 5,3) 60
- der silbernen Hochzeit (V, 2) 18, 58, 59, 60, 61, 64, 263, 264, 274, 353
- der Holconii (VIII, 4,4) 17, 306
- mit dem schönen Impluvium (I, 9,1) 76
- der Julia Felix (II, 4,3) 48, 76, 202, 205, 209, 232, 316, 380, 394
- des Kaisers Joseph II. (VIII, 2,39) 72, 283
- des Kalks (VIII, 5,28) 18
- des Kastor und Pollux oder der Dioskuren (VI, 9,6–7) 160, 214, 264, 319, 364, 365
- des Kitharaspielers (I, 4,5) 264
- des Labyrinthes (VI, 11,9–10) 265, 328
- mit dem Lararium (I, 6,4) 319
- der verhängnisvollen Liebe (IX, 5, 18) 321
- der Liebenden (I, 10,11) 69, 74
- des Loreius Tiburtinus (II, 2,2) 15, 18, 67, 131, 164, 166, 231, 284, 288, 297, 394
- des M. Lucretius (IX, 3,5) 214, 306
- des Lucretius Fronto (V, 4,11) 59, 60, 61, 62, 164, 224, 306, 372
- des Meleager (VI, 9,2) 164, 265
- des Menander oder des Quintus Poppaeus (I, 10,4) 17, 18, 39, 68, 74, 115, 197, 200, 214, 264, 267, 279, 281, 290, 296, 320, 330, 367, 370, 378
- des Moralisten (V, 1,18) 67, 74
- des Nigidius Vaccula s. Haus des Kastor und Pollux

Haus des M. Obellius Firmus (IX, 10,1–4) 11, 62, 274
- mit dem Obstgarten (I, 9,5) 76
- des Pansa (VI, 6,1) 37, 191, 264, 328
- des Paquius Proculus (I, 7,1) 39, 67, 241
- des Pinarius Cerialis (III, 4,4) 67, 222, 365
- des Cn. Poppaeus Habitus s. Casa degli Amorini dorati
- des Quintus Poppaeus s. Haus des Menander
- des Romulus und Remus (VII, 7, 10) 243
- des Sallust (VI, 2,4) 37, 53, 65, 263, 274, 301
- des Sarnus (VIII, 2,17) 72
- des Seemanns (VII, 15,12) 160
- des Siricus (VII, 1,47) 306, 319
- des Skeletts (VII, 14,9) 36
- der indischen Statuette (I, 8,5) 160
- der vier Stile (I, 8,17) 69
- des Trebius Valens (III, 2,1) 15, 67
- des Triptolemos (VII, 7,5) 73, 88
- des M. Vecilius Verecundus s. Laden
- des L. Veranius Hypsaeus s. Fullonica
- des Vesonius Primus (VI, 14,20) 36
- der Vestalinnen (VI, 1,7) 37, 110, 260
- der Vettier (VI, 15,1) 15, 17, 59, 60, 61, 224, 225, 287, 289, 306, 308, 309, 313, 321
- des Zentauren (VI, 9,3–5) 263, 284, 301

Judenviertel (VII, 1) 181

Kapitol s. Tempel des kapitolinischen Jupiter (Jupiter-Tempel)
Kreuzung des Holconius (Kreuzung der Via dell'Abbondanza und der Via Stabiana) 326, 381
Kurie (VII, 2,8) 14, 16, 122

Verzeichnis der Textabbildungen mit Quellennachweis

Tafelnachweis

Alle Gemälde und Mosaiken ohne Herkunftsangabe befinden sich im Nationalmuseum von Neapel.

Inhalt

Zweites Buch
Die Menschen und ihre Beschäftigungen

Erstes Kapitel

Drittes Buch
Vergnügungen und Spiele

Zweites Kapitel
Die Welt der pompejanischen Malerei

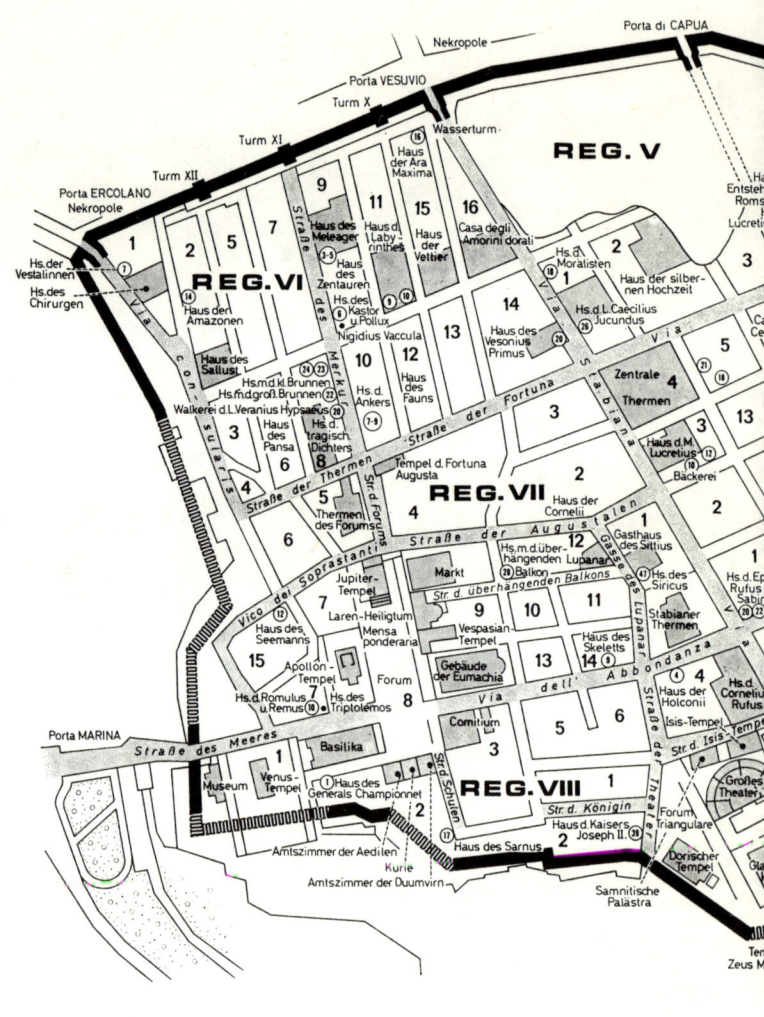

Nekropole

Porta di CAPUA

Porta VESUVIO

Turm X

Wasserturm

Turm XI

REG. V

Porta ERCOLANO
Nekropole

Turm XII

Hs. der
Vestalinnen

Hs. des
Chirurgen

REG. VI

9

11

Haus
der Ara
Maxima

7

15

16

Casa degli
Amorini dorati

Haus des
Meleager

Haus des
Laby-
rinthes

Haus
der
Veltier

Entstehi
Roms
Lucretii

1

2

5

Hs. d.
Moralisten

1

2

3

Haus der silber-
nen Hochzeit

Haus der
Amazonen

Haus des
Zentauren

Hs. des
Kastor
u. Pollux

Nigidius Vaccula

14

Hs. d. L. Caecilius
Jucundus

Ca

Cei

Haus des
Sallust

13

Haus des
Vesonius
Primus

Zentrale

4

5

Hs. m. d. kl. Brunnen
Hs. m. d. groß. Brunnen
Walkerei d. L. Veranius Hypsaeus

10

12

Thermen

21

13

Haus
des
Pansa

6

Hs. d.
tragischen
Dichters

8

Hs. d.
Ankers

Haus
des
Fauns

3

Hs. d. M.
Lucretius

Bäckerei

Straße der Thermen

5

Tempel d. Fortuna
Augusta

Straße der Fortuna

2

Haus der
Cornelii

REG. VII

Thermen
des Forums

4

Straße der Augustalen

12

Hs. m. d. über-
hängenden
Balkons

Gasthaus
des Sittius

Hs des
Sirícus

Hs. d. Ep
Rufus u
Sabin

Jupiter-
Tempel

Markt

Str. d. überhängenden Balkons

Lupanar

Laren-Heiligtum

Mensa
ponderaria

9

10

11

Stabianer
Thermen

Haus des
Seemanns

15

Apollon-
Tempel

Vespasian-
Tempel

Haus des
Skeletts

14

4

Hs. d.
Cornelius
Rufus

Gebäude
der Eumachia

13

Hs. d. Romulus
u. Remus

Hs des
Triptolemos

Forum

8

Haus der
Holconii

Isis-Tempel

Porta MARINA

Straße des Meeres

Comitium

Basilika

1

5

6

Str. d. Isis

Museum

Venus-
Tempel

Haus des
Generals Championnet

2

3

REG. VIII

1

Großes
Theater

Amtszimmer der Aedilen
Kurie
Amtszimmer der Duumvirn

Haus des Sarnus

Str. d. Königin

Haus d. Kaisers
Joseph II.

Forum
Triangulare

Dorischer
Tempel

Gla

Samnitische
Palästra

Ten
Zeus M

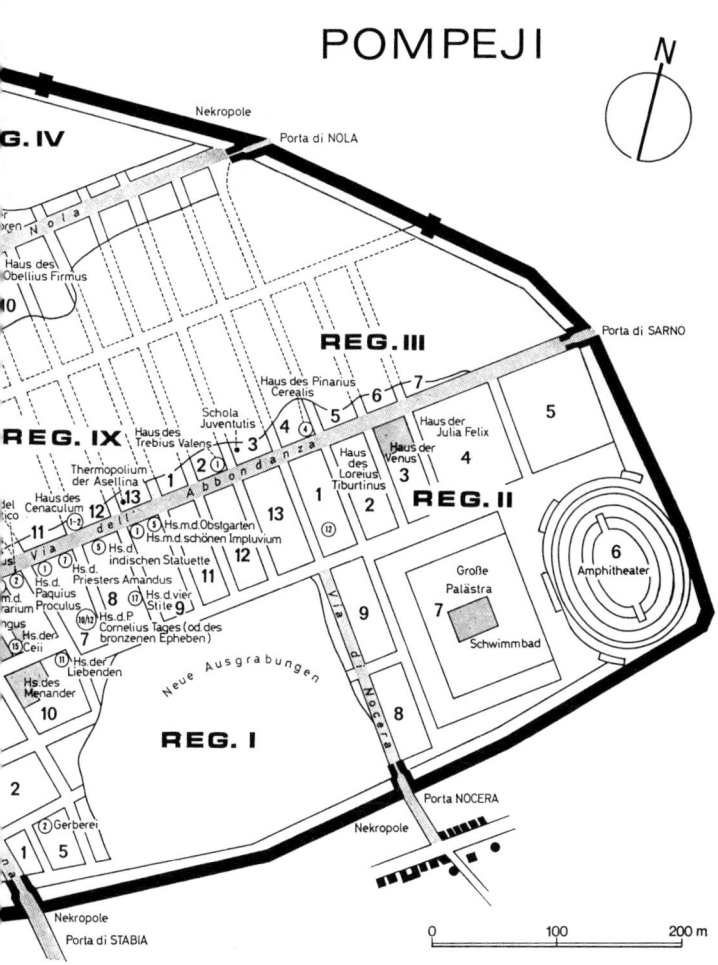

POMPEJI

N

Nekropole

Porta di NOLA

G. IV

Nola

Haus des
Obellius Firmus

10

Porta di SARNO

REG. III

Haus des Pinarius
Cerealis

7

6

5

5

Schola
Juventutis

Haus der
Julia Felix

Haus des
Trebius Valens

3

4

REG. IX

4

Haus
des
Loreius
Tiburtinus

Thermopolium
der Asellina

2

Haus
der
Venus

3

REG. II

Haus des
Cenaculum

13

1

2

del
ico

Via
dell'
Abbondanza

13

Hs.m.d.Obstgarten

Hs.m.d.schönen Impluvium

12

Haus des
Paquius
Proculus

Hs.d.
indischen Statuette

11

Große
Palästra

6

Amphitheater

Hs. d.
Priesters Amandus

Hs.d.vier
Stile

9

11

9

7

2

m.d.
arium

rarium

gus

Hs.d.P.
Cornelius Tages (od.des
bronzenen Epheben)

Hs.der
Ceii

Schwimmbad

Hs.der
Liebenden

Neue Ausgrabungen

8

Via d. Nocera

Hs.des
Menander

10

REG. I

2

Porta NOCERA

Gerberei

Nekropole

1

5

Nekropole

0   100   200 m

Porta di STABIA